CRIMINAL JUSTICE POLICY AND PLANNING

PLANNED CHANGE

5th Edition

계획된 변화

형사사법 정책론

Wayne N. Welsh · Philip W. Harris 지음

이창한 · 황성현 · 이완희 · 이강훈 · 이준형 옮김

형사사법 프로그램과 정책을 분석/계획하기 위한 체계적 모델을 제시!

ROUTLEDGE

도서출판 그린

저자 서문

이 책의 목적은 넓은 의미에서 학생, 실무자 또는 정책입안자들에게 형사사법적 문제를 분석하고 해결책을 개발하기 위한 과학적 기술을 제공하기 위함이다. 새로운 프로그램과 정책을 개발하는 데에 필요한 가이드라인을 제공하는 것뿐만 아니라 기존의 형사사법의 개입들을 분석하는 방법을 제시하였으며, 이러한 노력들이 정치적인 영향이나 검증되지 않은 직감이 아닌 논리적이고 계획적인 접근에 의해 이루어졌는지 묻고자 한다.

일부 계획되었을 변화는 우리 삶의 모든 면에 영향을 미친다. 형사사법 내에서 새로운 개입은 지속적으로 증가하는 것처럼 보이는 범죄를 줄이기 위함이다. 최근의 '삼진아웃제(상습적인 중범죄자들이 대상인)', 브래디법(총기구매에 앞서 일정기간 대기하고 신원을 확인하는), 마약법원, 부트캠프(대안교육기관, 훈련기관), "마약과 씨앗", 재소자 재사회화 계획, 불심검문 그리고 그 외의 것들과 같은 주목할 만한 개입들이 지난 몇 년간 시행되었다. 하지만 이런 개입들은 어느 정도 합리적 계획의 접근에 따라 이루어졌는가? 어떠한 문제를 다루려고 시도하며 그들이 범죄에 대해 가정하는 일반적인 이론은 무엇인가? 어떤 어려움을 예상할 수 있는가?(교도소 공간의 부족, 지속적이지 않은 프로그램 또는 정책에 대한 비판, 불공평, 또는 위헌적)

우리의 주안점은 다음과 같다: 우리가 "계획된 변화"라고 부르는 것은 매년 개발, 시행, 개정, 해체, 재창조되는 수많은 형사사법정책, 프로그램, 프로젝트를 포함한다. 우리는 그러한 정책, 프로그램, 프로젝트가 현재 어떻게 개발되고 있고 어떻게 개발되어야 하는지에 관심이 있다. 너무나 많은 형사사법 개입이 공약을 지키지 못하는 주된 이유는 허술한 계획과 잘못된 문제 분석이다.

삼진아웃제의 예시를 고려해보자. 증거들은 이 법이 공정하지 않고 비용이 많이 들고 비효율적임을 시사하고 있다. 디키(Dickey, 1997)의 주장처럼, "그 법에 숨겨진 비용과 의도하지 않은 결과를 평가했을 때 법의 단순한 목표는 그 범위에서 경고하는 효과들에 의해 가려진다(62쪽)." 우리는 우리의 작업을 안내하는 7단계 프레임워크를 활용하여(서론 참조) 사례연구 1.1에서 빈약한 계획이 가져오는 일부 위험을 조명하고자 한다.

인간의 고통과 재정적 측면에서 성공하지 못한 개입의 비용이 큰 것을 통해 우리는 형사사법 문제에 대한 해결책을 고안하는 데 있어서 더 잘할 수 있고 또 더 잘해야만 한다. 개입은 회의적이어야 하고, 심지어 비판적이어야 하지만, 냉소적이어서는 안 된다. 허술한 계획임에도 불구하고 이것조차도 형사사법의 가장 시급한 문제를 해결하고 줄이는 것은 가능하다. 우리는 학생, 실무자, 정치인, 학계, 기획자를 초대하여 그들 자신의 가정, 결정 그리고 조사계획을 주제로 삼는다.

이 새로운 5번째 개정판에서 우리는 성공적인 프로그램과 정책뿐만 아니라 성공하지 못한 프로그램과 정책에 대해서도 함께 의논하고자 한다. 우리는 최근에 확인된 문제(ex. 불법 이민정책, 인신매매, 경찰관련 총격, 집단감금)와 혁신(ex. 사법재투자, 불심검문, HOPE 프로젝트, 안전 공동체 정책 그리고 Operation Ceasefire 프로그램)을 측정한 새로운 사례연구와 예시를 포함했다. 또한, 우리는 무수히 많은 프로그램과 정책(ex. DARE 과 'DARE PLUS', 삼진아웃제, 브래디 법)에 관련된 모든 조사연구와 통계치를 업데이트하였다. 5번째 개정판의 변화 중 강조하고 싶은 점은 다음과 같다:

- 다양한 형사사법 문제(학교폭력, 가정폭력, 에이즈, 약물남용)와 개입에 대한 조사와 통계치를 업데이트하였다.
- 형사사법 시스템의 모든 갈래를 포함하며 최신 주제, 강화된 정책에 주안점을 둔 예시와 사례연구들을 업데이트하였다.
- 두 가지 새로운 사례연구: 사례연구 1.2: 필라델피아 경찰관 총격사건, 사례 연구 4.3: 사법 재투자: 행동 계획.
- 5장에 해석적 범죄학을 새롭게 다루었다.
- 법무 지원국 모니터링 요건 및 재무 관리 시스템용 법무 프로그램 기준에 대한 자료를 업데이트하였다.
- 증거기반 프로그램, 논리 모델링, 성향점수분석에 대한 논의를 업데이트하였다.
- 주요 개념을 설명하는 관련 논문과 기사의 새로운 인용, 웹사이트 기재하였다.
- 사례연구와 개념에 대해 깊이 있게 공부하도록 학생들을 위한 연습문제와 과제를 새로이 제공하였다.
- 기사, 보고서 및 비디오에 대한 링크, 자세한 파워포인트 장 개요, 추가 사례

연구를 포함하여 학생들을 위해 개발된 온라인 자료 들을 업데이트하였다.

- 강의자들의 수업강의를 위하여 시험, 퀴즈, 연습문제, 논의할 주제, 과제, 그룹 프로젝트, 답안, 파워포인트 프레젠테이션이 포함된 새로운 온라인 자료를 개발하였다.

개정판에서 새롭게 다루어지는 두 가지의 간략한 변화를 언급하고자 한다. 첫째, 개정 4판 이후 서론을 더 이상 하나의 장으로서 숫자 표기를 하지 않았다. 대신에 7개 각 장은 계획된 변화의 7단계 모델에 상응하도록 장의 숫자를 부여했다(예시: 1장은 1단계: 문제 분석으로 수정, 2장은 2단계: 목적과 목표설정으로 수정). 이러한 변화는 강의자는 물론 학생들에게도 각각의 단계와 해당하는 장을 맞춰볼 수 있게끔 시도된 것이다. 둘째, 7단계 모델의 서로 다른 두 가지 활용을 계속해서 분명히 구분하고 있다: (1) 새로운 개입을 개발하기 위한 것과 (2) 기존의 개입을 분석하기 위한 것이다. 서론에서 표 2개(표 1.1과 표 1.2)는 이런 두 가지 목적 각각에 대해 별도로 7단계 모델의 주요 단계를 요약한 것이다.

저자로써, 우리가 직면한 도전은 형사사법의 문제와 개입을 분석하는 방식에 있어서 명확하고 간결하게 제시하고 소통해야 한다는 것이다. 이 임무에 적합한 책이 없다는 사실도 발견했다. 어떤 책은 너무 전문적이거나 기술적이며, 어떤 책들은 특이하거나, 추상적이거나, 초점이 맞춰지지 않았다. 그리고 더욱 어려웠던 점은, 그 어떤 책도 형사사법 프로그램과 정책을 분석하거나 계획하는 것에 있어 체계적인 모델을 제시하지 않았다. 이 책은 그러한 도전을 받아들였다. 의심할 여지가 없이 5번째 개정판도 완벽하지 않으며 우리는 개선을 위해 모든 논의와 제안을 환영한다. 계획된 변화의 지지자들은 가만히 있을 것인가?

참고문헌

Dickey, W.J.(1997). The impact of "three strikes and you're out" laws: What have we learned? *Corrections Management Quarterly*, 1, 55-64.

역자 서문

일반적으로 형사사법학(Criminal Justice)은 경찰, 검찰, 법원, 교정, 보호관찰과 같이 형사사법기관의 기능과 역할에 중점을 두며 범죄의 원인에 따른 정책과 운영에 기초가 되는 학문을 다룬다. 따라서 범죄의 원인과 예방책을 과학적인 접근방법을 통해 경험적으로 검증하는 범죄학(Criminology)과 상호보완적 관계에 있다. 기본적으로 비슷한 분야를 연구하는 유사한 학문처럼 보여 학계에서는 아직도 학문의 정체성에 대한 논의가 끊이지 않고 있다. 그동안 우리사회는 범죄의 원인과 예방에 주목해 왔고 범죄현상과 원인을 규명하여 범죄방지대책을 수립하는 범죄학 저서 및 번역서는 쉽게 찾을 수 있다. 하지만 형사사법모델과 형사사법기관의 대응문제를 소개하고 구체적으로 형사사법문제를 분석하고 해결책을 개발하는 방법론적 접근을 다루는 교재는 찾기 어려운 실정이다. 따라서 범죄학, 경찰학, 형사사법학을 전공하는 학자들과 대학생, 현업종사자와 정책결정자들에게 널리 알려져 있는 '웰시(Welsh)와 해리스(Harris)'의 저서인 '형사사법정책론: 계획된 변화, 개정 5판(Criminal Justice Policy and Planning 5th Edition)'을 번역하여 출판하기로 결심하였다. "웰시(Welsh)와 해리스(Harris)"의 저서는 다른 책들과는 달리 형사사법시스템에서 변화의 행정 절차에 대한 종합적이고 구조적인 설명을 제공하고 있다. 실제로 이 저서의 목적은 넓게 얘기하면 학생과 현업종사자, 정책결정자들이 형사사법 문제를 분석하고 해결책을 개발하는 과학적 기술을 익히게 하는 것이다.

이 책은 학생들과 정책입안자들에게 프로그램 정책 개발에 대한 7가지 단계의 모델(문제 분석, 목적 및 목표 설정, 프로그램 또는 정책의 설계, 실행계획, 실행과 모니터링, 결과 평가, 재평가 및 재검토)을 다루고 있다. 다른 교제들과는 차별적으로 시스템 분석의 실행, 모델의 구체화, 표적 집단의 식별, 비용 산출, 자료 수집, 평가 실행과 같은 필수적인 절차들을 다루고 있다. 또한 이 책은 자료들을 훨씬 더 이해하기 쉽도록 실생활에서의 사례연구와 프로그램 및 정책의 사례를 폭넓게 소개하고 있어 누구나 쉽게 이해할 수 있게 구성되어 있다.

이 번역서는 원 저자가 전달하려는 내용과 의미를 명확히 전달하기 위해 주요 키워드를 통일하여 일관성 있는 표현을 사용하였고, 원서에서 기술하는 내용은 하나도 빠짐없이 번역하여 원문의 저서목적에 어긋나지 않게 충실하게 번역하였다.

끝으로, 바쁜 와중에도 '형사사법정책론: 계획된 변화, 개정 5판(Criminal Justice Policy and Planning 5th Edition)' 번역에 참여해주신 역자들에게 먼저 감사의 표시를 전하고 싶다. 특히 영어표현의 순조로운 의미전달을 위해 전반적으로 용어의 통일성 작업과 전체번역 감수에 아낌없이 도움을 주신 고려사이버대학교 황성현 교수님께 감사의 말을 전하고 싶다. 또한 번역작업의 모든 과정을 빠짐없이 체크하고 꼼꼼하게 교정을 도와주신 강원도립대학교 이강훈 교수님과 동국대학교 이완희 교수님께 감사의 말을 전한다. 마지막으로 이 번역서 출판을 흔쾌히 허락해 주신 Routledge와 그린출판사에 감사드리며 편집에 노고를 아끼지 않으신 윤치영 과장님께 진심으로 감사의 말을 전하고 싶다.

2019년 7월
동국대학교에서
대표역자 이창한

차 례

제6장 결과 평가 | 229

제7장 재평가 및 검토 | 265

서 론

이 장의 개요

- ◆ 형사사법 개입의 사례는 총기 규제 및 규정(예를 들어, 브래디법), 삼진아웃제, 청소년권리포기법(juvenile waiver law), 특별 문제해결 법원(지역법원, 약물법원, 가정폭력법원)을 포함한다.
- ◆ 계획된 변화 대 계획되지 않은 변화. 신규 또는 수정되는 어떤 프로젝트, 프로그램 또는 정책은 일부 특정문제에 변화를 만들도록 의도된다. 그것은 범위가 제한적이고, 의뢰인들의 삶의 질을 향상시키는 것을 목표로 하며, 소비자를 위한 역할을 포함하고, "변화관리자(change agent)"가 그것을 이끈다.
- ◆ 계획된 변화에는 3가지 접근법이 있다. 정책, 프로그램, 프로젝트가 여기에 포함된다.
- ◆ 계획된 변화의 필요성은 3가지 추세에 의해 분명해져 왔다. 3가지 추세에는 자원의 감소, 책임, 지식 및 기술의 확장이 포함된다.
- ◆ 계획된 변화의 위험. 기존의 절차와 조건들에 대한 어떤 변화에 대해서도 저항이 있기 마련이다. 변화에 대한 2가지 광의의 접근법을 신중하게 고려되어야 한다: 협력 전략(collaborative strategies) 대 갈등 전략(conflict strategies).
- ◆ 계획된 변화를 위한 7단계 모델은 문제를 분석하고 그 원인을 결정하며, 개입을 계획하고 실행하는 데에 필요한 일련의 단계들을 구체화한다. 7단계는 (1) 문제 분석 (2) 목적 및 목표 설정 (3) 프로그램 또는 정책의 설계 (4) 실행계획 수립 (5) 프로그램/정책 실행 모니터링을 위한 계획 수립 (6) 결과 평가를 위한 계획 수립 (7) 재평가 및 검토로 이루어진다.

형사사법에는 많은 다른 유형의 "프로그램", "정책" 그리고 "프로젝트"가 있다. 정부(연방, 주(州), 지역), 지역사회, 민간기관 내에서의 이러한 다양한 개입들이 이루어진다. 사실, 사람들은 이러한 많은 개입이 실제 형사사법의 대부분을 구성한다고 주장할 수 있다: 형사사법의 목적을 달성하기 위해(예를 들면, 범죄 행동을 감소시키기 위해, 공공안전을 지키기 위해서) 무엇이 효과적인지를 찾으려는 일련의 끊임없는 혁신과 실험들. 이와 같은 수많은 혁신들은 형사사법 목적의 달성을 개선하기 위해 개인, 단체, 조직, 지역사회, 심지어 어떤 경우에는 사회적·문화적 기준까지 변화시키려고 한다. 그렇다면 형사사법은 많은 대학 강좌와 형사사법에서의 전문적인 훈련들이 만든 일상적인 경찰, 법원 그리고 교정기관의 활동 그 이상의 것이 된다. 여기에서 형사사법 개입의 몇 가지 사례를 제시하고자 한다(도표 1.1).

문제는 많은 형사사법 개입이 미숙한 계획, 실행 그리고 평가로 인해 목적을 이루지 못한다는 점이다. 범죄감소를 위해 "무엇이 효과적인지"를 아직 발견하지 못했다고 말하는 것이 솔직하다. 그럼에도 불구하고 우리가 진정으로 필요한 것은 더 많은 프로그램이나 새로운 프로그램이 아니라, 더 나은 프로그램이다. 우리는 그런 개입들의 효과성을 높이기 위해 계획된 변화, 정책 그리고 프로그램이 개발되고, 실행되고, 평가되고, 관리될 수 있는 방법과 과정에 대해 더 잘 이해할 필요가 있다. 그러한 변화는 정부, 지역사회, 민간 그리고 비영리 기관들 어디에서나 존재한다. 이 책은 기존의 개입을 분석하고 개선할 뿐만 아니라 성공 가능성을 극대화하기 위한 새로운 개입에 대한 체계적 틀을 제공한다.

도표 1.1 형사사법 개입의 사례들

- 제2의 기회법(Second Chance Act, P.L. 110-199), 교도소 내 마약치료 및 출소 후 지역사회 사후관리, 직업훈련 및 기초교육, 출소 후 취업지원, 재통합 지원을 포함한 출소자 사회통합(prisoner reentry) 정책과 프로그램들.
- 불심검문(Stop, Question, and Frist, SQF)–경찰관이 범죄행위에 대한 합리적 의심이 있다면 어떤 사람을 정지시키고, 무장했거나 위험하다는 합리적 의심에 근거하여 몸수색을 하는 범죄예방전략. 최근 몇 년간 경찰의 SQF가 무고한 사람과 소수인종을 불공정하게 대상으로 삼는다는 비판을 받아 왔다.
- 특별 문제해결 법원–높은 범죄발생지역에 거주하는 이웃의 삶의 질을 개선하려는 지역법원(community court), 중독범죄자에 대해 형사제재와 함께 치료를 병행하려는 마약법원, 피해자 안전과 피고인의 책임을 강조하는 가정폭력법원.
- 시카고의 총기문제해결활동(Operation Cease Fire)은 폭력에 대한 공동체 규범과 폭력과 연관된 위험과 비용에 대한 인식을 바꾸고, 갈등의 이해당사자들을 위한 대안을 확대시킴으로써 폭력을 감소시키려 시도하였다.
- 가정폭력 범죄자들에 대한 의무적 체포 정책.
- 장기간 상습범죄자를 격리시키려는 "삼진아웃제".
- 청소년권리포기법–심각한 청소년범죄는 성인법원으로 회부되거나 자동적으로 성인범죄로 심리 받을 수 있다.
- 메건법(Megan's Law, 모든 주는 그 지역사회 내에서 성범죄로 유죄선고를 받은 범죄자들의 위치를 주민들에게 알리는 절차를 밟도록 의무화한 연방법). 유죄선고를 받은 성범죄자는 항상 주 당국에 최근 주소를 신고하도록 요구받고, 주 당국은 이 정보를 일반에 공개해야 한다.

1. 계획된 변화 대 계획되지 않은 변화

계획된 변화(planned change)는 기획을 포함한다. 기획은 어떤 사람 또는 집단이 문제에 대해 명쾌하게 생각하고 구체적인 해결책을 도출하는 것을 의미한다. 그러나 해결책(개입)은 철저하고 명백하거나 신중한 계획이 취해졌는지에 따라 매우 다양하다(도표 1.2).

계획된 변화

새로운 것이든지 개정된 것이든 어떤 프로젝트, 프로그램 또는 정책은 특정문제에 변화를 만들기 위해 의도된다. 의도된 변화는 개인, 단체, 조직, 조직의 시스템, 지역사회, 시, 지역, 주(州), 또는 매우 드물게는 전체 문화 또는 사회 내에서 발생할 수 있다.

이 책에서 사례연구나 예시들이 보여주듯이, 개입은 종종 미숙하게 계획되고 심지어 계획되지 않을 때도 있다. 계획되지 않은 변화(unplanned change)는 직설적으로 사전기획이 전혀 없었다는 것을 의미한다. 대신에 종종 계획되지 않은 변화는 위기, 언론이 대중화시킨 극적 사건, 정치적 기회, 형사사법공무원에 대한 소송 또는 특정 문제에 대한 검증되지 않은 일련의 가정에 대한 반응으로 일어난다. 비록 진정한 의도로 동기부여 되지 않을지라도, 계획되지 않은 변화는 비효과적이고 가치 있는 공공자원을 낭비할 수 있다.

계획된 변화는 성공적인 개입의 가능성을 높이지만 그렇다고 보장할 수는 없다. 계획된 변화가 성공적일 때조차도 영원한 것은 아니다. 계획된 변화는 해결하려는 문제들처럼 역동적이다. 핵심적 지도자 역할을 했던 사람들은 시간이 지나면서 나타나고 사라진다. 문제에 대한 초기의 충격과 개입에 대한 열정은 약해지며, 정치적 환경은 변하고, 다른 문제는 더 많은 관심을 요구하고, 개입의 영향이 알려지지 않을지 모른다. 그러나 좋은 계획은 그런 요인들을 명백하게 고려함으로써 성공의 가능성을 높인다.

일반적으로 계획된 변화는 계획되지 않는 변화와 적어도 3가지 측면에서 다르다(Kettner, Daley, & Nichols, 1985).

1. 계획된 변화는 범위가 제한적이고 구체적이다. 그것은 구체적 목적과 성취 가능한 목표로 국한된다; 해결책을 모색하기에 앞서 문제에 대한 분명하고 정확한 정의를 찾는다.

도표 1.2 프로그램이나 정책의 탄생: 사례

1. 저소득 청소년 관련 비영리단체가 방과 후 비행예방 프로그램 개발 제안을 요청하는 글을 읽은 후 주정부에 자금을 신청한다.
2. 1990년대 비극적인 학교 내 총기사건들이 이어지자, 미전역에 걸친 수백 개의 학군들이 훈육정책을 개정하고 보다 강력한 보안장비를 설치하겠다고 발표했다.
3. 가석방자가 일상적인 교통단속에 걸리자 경찰관에게 총기를 발사해 숨지게 한다. 주의 가석방 정책에 대한 집중적인 조사와 개정이 즉각적으로 뒤따른다.
4. 지역경찰은 "범죄다발지역(hot spot)"를 확인하기 위해 범죄지도를 활용하고, 특정지역의 특정문제를 다루기 위한 경찰자원을 재배치한다.
5. 9·11 테러 공격 이후 미국 연방정부는 2001년 10월 26일 연방공무원에게 의심스런 테러리스트 활동을 광범위하게 조사할 수 있는 권한을 부여하는 애국법(Uniting and Strengthening America by Providing Appropriate Tools to Interact and Obstruct Terrorism), P.L. 107-56을 통과시켰다. 이 법은 전자 감시능력 확장과 어떤 사법관할 당국에서 발부 받았더라도 증거가 발견되는 관할당국에서 유효한 전국적인 수색영장, 테러용의자 자산 동결, 기소 없이도 비시민권자에게 최소 7일간 구금할 수 있는 권한이 포함되었다.

여러분은 이런 개입들이 어느 정도 계획되어졌다고 생각하는가?

1	2	3
전적으로 계획되지 않았다	어느 정도 계획되었다	철저하게 계획되었다

2. **소비자를 위한 역할을 포함한다.** 프로그램과 정책은 개입에 의해 영향을 받는 사람들의 독특한 관점과 필요성을 고려해야 한다. 개입의 "대상(targets)"(예를 들어서 중간처우시설에 있는 출소자) 이외에도 "소비자(consumers)"는 개입에 영향을 받기 쉬운 구체적인 범위 내에 있는 이들까지 포함한다. 이웃, 지역학교, 범죄피해자는 중간처우시설 프로그램에 의해 영향을 받을 수 있는 소비자의 사례들이다. 협력적 개입 계획은 프로그램 계획 모니터링 그리고 평가의 중요한 한 부분이다.

3. **"변화관리자(Change Agent)"가 계획된 변화를 인도한다.** 일부는 새로운 프로그램의 기획과 개발 또는 오래된 프로그램의 개정에 대한 협력을 책임지고 해야 한다. 그런 개인들이 해결해야 할 문제분석을 이끌고, 문제원인을 찾고, 다른 곳에서 사용 중인 유사한 개입을 검토하며, 기획과정에 연관된 의뢰인, 실무자 그리고 수혜자의 협력을 용이하게 할 것이다. 이런 개인들은 다양한 배경에서 나올 수 있다: 카운티 보호관찰 같은 특정기관에 의해 지명된 프로그램 책임자, 연구 지원금을 받은 대

학교수, 전과자 프로그램을 담당하는 비영리 기관의 운영자, 계획을 수립하는 형사사법기관에 의해 채용된 컨설턴트, 또는 교도소 수용의 대안입법을 주도하는 주(州)의원일 수도 있다.

2. 계획된 변화의 3가지 접근법; 정책, 프로그램, 프로젝트

계획된 변화에는 3가지의 일반적인 접근방식이 있는데, 구체성과 복잡성의 측면에서 서로 다르다. 가장 구체적 유형의 개입은 프로젝트(project)이고, 다음은 프로그램(program)이며, 가장 복잡하고 포괄적인 것이 정책(policy)이다.

정책은 규칙 또는 지침(간단한 것에서 복잡한 것까지)의 복잡성과 정책(유연하게 제약받는)을 적용하는 이에게 부여되는 재량의 정도가 다양하다. 강사가 수업성적을 어떻게 계산하는가는 정책의 문제이며, 학생은 대체로 수업이 시작될 때 이 정책을 알게 된다. 기존의 성적평가 정책의 존재는 모든 학생이 공정하게 다뤄질 것임을 보장하는 데에 도움을 준다. 마찬가지로 경찰관은 법정에서 피고인에게 불리하게 이용될지도 모르는 질문을 하기 전에 그들이 체포한 사람에게 미란다 원칙을 읽어주도록 요구받는다. 이들 사례는 개인의 이익을 보호하기 위해 설계된 간단한 규칙에 속한다. 비록 대법원이 구체적 예외사항을 만들었지만 재량권은 비교적 제한을 받는다. 종종 정책들은 훨씬 더 복잡하다: 연방정부가 1960년대에 대규모의 사회적·경제적 문제를 다루기 위해 만들어진 존슨(Lyndon Johnson) 대통령의 빈곤과의 전쟁과 같은 "사회적" 정책을 만들 수도 있다. 기관들 또한 그들의 자원을 어떻게 사용할 것인지 명시적 정책을 만든다: 미국 보건부의 청소년 폭력예방의 강조는 이 문제해결을 위한 특정 자원이 별도로 배정된 방식으로 전체 예산이 편성되어 있었다. 정책은 비교적 복잡하고(다른 규칙과 지침들이 다른 상황에 적용되고 지침들은 비교적 광범위하다) 유연하다(정책은 결정권자에게 특정 프로그램을 개발하고 자금을 지원하는 재량권 사용을 허용한다). 복잡성과 유연성이 항상 일치하지는 않는다: 예를 들면 주정부의 양형지침은 일반적으로 복잡하지만(다른 규칙이 다른 범죄자와 범죄에 적용된다) 형량을 선고하는 판사에게 주어진 재량권의 범위는 상당히 다양하다. 이 문제는 제3장에서 더욱 심층적으로 다루어질 것이다.

정책

결정을 내리는 방법에 대한 규칙이나 지침들

프로그램의 한 예로 고위험지역에 거주하는 소수인종 청소년을 위해 방과 후 프로그램을 제공하는 지역의 소년소녀클럽(Boy and Girls Club)을 들 수 있다. 또 다른 예로는 범죄자들이 구금되는 시간의 양을 줄이기 위한 병영훈련(Boot Camp) 교정프로그램이다. 범죄자는 교도소 수용보다 엄격한 육체적, 학업적 서비스가 제공되는 보호관찰부 단기 집중프로그램 처분을 받는다. 이론적으로 이런 프로그램은 교정비용을 감소시키고, 교정의 사회복귀 효과를 증가시키며, 응보적 처벌의 목표를 충족시킬 수 있다. 이후 프로그램은 일련의 목적과 조직에 의해 함께 연계된 서비스로 구성된다.

프로그램

특정 개인, 단체, 조직, 지역사회 내에서 구체적 목적과 목표를 달성하기 위한 일련의 서비스

프로젝트는 보통 단기목표를 달성하기 위한 조직 내의 집단, 조직체계 그리고 지역사회의 집중적인 노력이다. 지역사회 교정프로그램 평가, 음주운전 강력단속의 시작 그리고 전산화된 정보시스템의 필요성에 대해 평가하는 것은 모두 프로젝트의 사례들이다.

프로젝트

보통 단일한 필요성, 문제, 이슈에 초점을 맞춘 특정 개인, 단체, 조직, 지역사회에 제공되는 시간이 제한적인 서비스

프로그램과 프로젝트의 차이는 개입이 영구적이냐 단기적이냐에 따라 가끔 모호한 반면, 프로그램과 정책의 차이는 더 많은 주의가 필요하다. 두 가지 사례는 변화의 가장 일반적인 유형(도표 1.3)인 프로그램과 정책의 차이를 설명해 준다. 아래 두 가지 사례에서 프로그램은 지방, 주, 연방 차원에서 만들어진 훨씬 큰 정책의 작은 구성요소이다. 각 사례에서 정책(이 두 가지 사례에서는 입법)은 어떤 인구집단을 위한 특

정 프로그램의 사용을 인가하거나 권한을 부여한다.

도표 1.3 프로그램과 정책의 관계

문제	프로그램	정책
구치소 과밀수용→	병영훈련→	연방 차원의 범죄 법안
마약 남용→	"잡초와 씨앗"→	연방정부의 "마약과의 전쟁"

특정 범죄자에 대한 구금의 대안으로서 만들어진 엄격한 군대식 훈련캠프인 병영훈련(boot camp)은 1994년 폭력범죄규제법(Violent Crime Control and Law Enforcement Act)에 의해 법제화하고 재정지원을 받는다. 연방정부는 1995년 병영훈련에 사용할 수 있는 경쟁력 자금으로 2,450만 달러를 배정하였고, 1996~2000년 기간에 79억 달러를 승인하였다.

1992년 "마약과의 전쟁"을 추진하고 있던 부시정부 정책의 일환으로 시작된 미 법무부의 프로젝트인 "잡초와 씨앗"(operation "Weed and Seed")은 두 갈래의 지역사회의 개입이다. 첫째, 법집행 기관과 검사는 폭력범죄와 마약남용 범죄자를 "근절하는(weeding out)" 데에 협력하고, 문제지역으로 다시 돌아가는 것을 예방하려는 노력이다. 둘째, "씨앗뿌리기(seeding)"는 예방, 개입, 치료, 이웃재활 등을 포함하는 지역사회서비스 개발과 관련된다. 각각의 사례에서 연방정책이 특정프로그램의 개발과 자금지원을 주도했다.

그러므로 정책은 종종 많은 특정프로그램에 대한 권한부여와 추진력을 포함하지만 정책은 특정문제를 해결하기 위해 어떤 종류의 접근방식이 사용되어야 할지에 대한 매우 일반적인 처방만을 종종 제공할 뿐이다. 우리는 많은 프로그램의 개발이 어떤 문제가 처음에 관심과 우선순위에 놓일지, 또한 어떤 종류의 개입 접근법(지역사회 내에서 개인을 변화시키는 것 Vs 지역사회의 특정상황을 변화시키는 것)이 문제해결에 사용될지를 결정하는 정치적 절차에서 발생된다는 것을 알 수 있다.

3. 계획된 변화의 필요성

형사사법의 목적을 달성하기 위해 "무엇이 효과적인지(what works)"를 찾는 문제는 아직 해결되지 않았으며 조만간 끝날 것 같지도 않다. 사실 많은 사람들(정책결정권자, 학자, 정치인, 시민)은 어떤 개입의 접근방식(예를 들어, 유죄판결을 받은 범죄자에 대한 마약치료 vs. 마약 남용을 감소시키기 위한 보다 강력한 형사제재)이 바람직한지에 대해 의견이 극심하게 불일치한다. 비록 가치를 놓고 그렇게 심한 불일치가 있는 것은 아니지만, 특정 개입(예컨대, 학교 기반 비행예방 프로그램)이 얼마나 효과적인지에 대해서는 폭넓은 동의를 찾기는 여전히 어렵다.

몇 가지 요인이 프로그램 효과성에 대한 논쟁을 불을 지폈다. 하나는, 사회적 개입의 장기적인 효과를 평가하기가 어렵다는 점이다. 측정하고 통제하기 위한 많은 사회적 변수들이 존재하고, 이런 복잡성은 종종 측정을 어렵게 한다. 또한 목적 자체가 엉성하게 정의될 수도 있다. 또한, 문제나 목적 둘 다 잘 정의되었으나 개입이 정확하게 실행되지 않아서, 프로그램의 성패를 가늠하는 평가결과를 신뢰할 수 없다는 것이다.

우리는 다음 장들에서 이러한 이슈를 더 자세하게 다룰 것이지만 우리의 요점은 형사사법에서 "무엇이 효과적인지"에 대한 일치된 합의는 현재로서는 거의 없다는 것이다. 우리는 이러한 합의 부족의 주요한 이유는 계획된 변화의 원칙에 대한 충분한 관심이 없기 때문이라고 주장한다. 최근 진행 중인 3가지 추세는 계획된 변화의 필요성을 분명하게 하고 있다(Kettner, Daley, & Nichols, 1985): (1) 감소하는 자원 (2) 책임성 (3) 지식 및 기술의 확장이 바로 그것이다.

1) 감소하는 자원

1980년 이래 사회복지서비스 비용, 특히 저소득층과 소수인종에게 영향을 주는 프로그램(예컨대, 보조금을 주는 헬스케어, 복지, 맞벌이 부모를 위한 데이케어, 학교 점심급식, 방과 후 프로그램)에서 대규모 삭감이 있었고(Gans, 1996), 이러한 삭감은 2000년 이후에도 지속되었다(불평등에 관한 APSA 태스크포스와 미국의 민주주의, 2004; Jacobs & Skocpol, 2005). 1981년 이래 '사회복지서비스 포괄지원 프로그램(Social Service Block Grant : SSBG)'은 고정달러(예를 들어, 인플레이션을 통제한, 역주: 인플레이션을 제거한 실질 달러) 기준으로 77%까지 감소했다(Dutta-Gupta, Pavetti, & Finch, 2012).

이러한 변화에 대한 설명의 일부는 높은 세금 부담에 대한 대중의 우려 속에서 찾을 수 있다. 하지만 세금이 공적서비스 제공의 기초이고, 세금삭감은 서비스(어떤 곳에서는)의 감축을 의미한다. 사회복지서비스의 감축은 불평등을 증가시키고 이미 존재하는 사회문제를 확대시켰을지도 모른다(Piven, 2006). 예를 들어, 부랑자 문제는 정신건강관리, 약물남용치료, 의료에 대한 재정삭감으로 악화되었다(Rossi, 1991).

부분적으로는 자원감소의 결과로서 많은 단체들이 법적으로(소송을 통해) 그리고 정치적으로(법과 정부 프로그램에서 변화를 지지함으로써) 변화를 촉진하기 위해 조직되었다. 이런 노력은 종종 특정문제에 대한 인식을 높이고 변화를 자극하는 데에 성공하였다. 좋은 사례로서 가정폭력의 문제가 있다. 1900년대 초반 여성단체들은 투표권과 노동권을 포함한 수많은 변화를 위해 조직되어 시위를 벌였다. 1970년대와 1980년대 여성단체의 지지는 성희롱, 강간, 가정폭력을 다루는 경찰과 법원정책의 변화를 이끌었다. 그런 지지활동은 기존의 프로그램과 정책이 효과적으로 작동하지 않고 있으며, 어떤 변화가 필요하다는 인식 형성에 크게 기여하였다(Buzawa & Buzawa, 2003). 우리는 기존 정책과 프로그램에서 변화를 위한 캠페인을 벌인 단체의 수많은 사례(예를 들면, 자격과 혜택을 제한하는 복지개혁에 항의하는 단체; 홈리스, AIDS 등등의 문제를 다루는 프로그램과 정책을 지지하는 단체)를 찾을 수가 있다.

2) 책임성

공적자원이 축소됨에 따라, 기관들은 목표를 달성하는 데 있어 그들의 효과성과 효율성을 입증해야 한다는 요구가 점점 더 많아지고 있다. 많은 사람들은 공적자금이 항상 잘 사용되는 것이 아니라고 의심해 왔다. 비록 목적을 달성하기 위한 수단이 논쟁의 여지가 많지만, 어떻게 하면 공적기관들을 보다 효율적이고 책임감 있게 만들 수 있는가에 대한 논의가 지난 10여 년간 수면 위로 다시 떠올랐다(Welsh & Zajac, 2004a). 이런 사례는 특히 상당한 공적지출, 상충되는 가치와 목표, 중대한 이해관계가 있는 교육, 인적서비스, 공공부분 복지의 경우이다(Zajac, 1997). 매년 주와 연방정부의 예산청문회는 공공 기관장에게 개선된 결과와 비용효율성에 근거해서 재정지원 요구를 정당화하도록 요구하고 있다(Cohen, 2000; Welsh & Farrington, 2000). 최근 형사사법연구와 "증거에 기반한" 프로그래밍 요구에 대해 열광하지만, "증거"의 기준이 무엇을 의미하는 지에 대해서는 많은 이견이 있다(Gandhi et al., 2007).

미의회 보고서에 따르면, 대부분의 범죄예방전략 효과성은 국가가 그것을 평가하는 데에 더 많이 투자할 때까지는 여전히 미지수이다(Sherman et al., 1998). 과학적으로 인정되고 엄격한 기준과 방법론을 활용하여 500개가 넘는 영향평가서를 검토한 결과 단지 소수의 평가서에 대해서만 최종적인 결론을 내렸을 뿐이다. 저자들은 의회가 요구되는 평가범위를 제한하면서 재정지원 평가가 효과성에 대한 질문에 답하기 위해서는 충분한 자금을 제공해야 한다고 결론 내렸다. 이런 접근법이 효과를 발휘하려면 의회는 프로그램 지출을 위해 배정된 자금지원을, 평가에 지불하는 자금에 상응하도록 매칭해야 한다.

3) 지식 및 기술의 확장

우리는 이전보다 더 큰 기술능력을 가지고 있고, 이런 변화는 새로운 기회와 문제를 만들어 왔다. 컴퓨터 기술의 진보는 정보수집, 저장 그리고 복구기술을 극적으로 증가시켰다. 우리는 이제 신고된 범죄, 경찰체포, 유죄선고, 양형, 교도소 수용기간, 보호관찰 그리고 재범정보를 포함한 많은 유형의 형사사법자료에 대해 접근할 수 있다. 개선된 자료수집 및 접근은 구체적 필요성과 문제를 분석할 능력이 향상되었다는 것을 의미한다.

예를 들면, 개선된 형사사법정보시스템은 양형에서 인종 차별과 같은 문제를 이해하는 데에 기여하였다(Tonry, 1995). 고성능 컴퓨터와 통계 패키지 덕택에 장시간에 걸쳐 다른 지역에 있는 수천 명의 피고인들 처리정보를 수집하고 비교하여, 형선고에 영향을 미치는 다양한 법적(예를 들면, 이전 범죄기록) 그리고 법외(예컨대, 인종, 사회경제적 지위) 요소들을 통계적으로 통제하는 게 가능해졌다. 더 이상 양형의 차이가 존재하는지에 관한 논쟁은 없지만 왜, 어디서, 얼마나 많은가에 대한 논쟁은 있다. 컴퓨터는 또한 무엇이 효과가 있었는지를 발견하는 연구자의 분석능력을 향상시켰다. 청소년 및 성인 교정프로그램의 효과는 점점 더 정교한 결과평가와 메타분석의 주제가 되고 있다(제6장을 볼 것).

다른 기술적 변화들은 범죄수사와 범죄자 감시능력을 향상시켰다. 컴퓨터화된 DNA 및 지문 확인시스템은 잠재적 용의자를 범죄과학수사 샘플과 검토하여 일치여부를 확인하는 데에 걸리는 시간을 크게 감소시켰으며, 지역적 그리고 전국적 데이터 은행 모두 현재 형사사법기관에서 수사를 위해 활용할 수 있게 되었다. DNA 검사 및 분석기술이 점점 더 정교해지면서 포렌식 DNA 증거는 유죄인 용의자를 기소하고, 무고한 사람을 찾아내는데 더 자주 활용되어 왔다(Lovrich et al., 2003). 이전의 많은 미제사건들은 용의자 목록에서 용의자의 신원 확인을 통해 체포할 수 있기 때문에 사건해결이 가능하게 되었다.

전자감시는 보호관찰 및 가석방 기관들이 교도시설 수용 대신 비용적으로 더 효과적인 지역사회에서 범죄자를 감독하는 것을 가능하게 했다. 그러나 점점 더 정교해진 마약 검사장비는 개인의 신체에서 미세한 양의 금지약물을 찾아내는 것을 가능하게 하여 가석방준수사항 위반으로 교정시설로 되돌아가는 가석방 대상자의 숫자를 크게 늘리는 결과를 낳았다(Petersilia, 2003).

컴퓨터화된 정보시스템이 증가하면서, "컴퓨터 범죄"라고 불리는 새로운 범죄는 진화되어 왔다. 범죄자는 기밀정보, 돈, 또는 2가지 모두(예를 들어, ID 절도)를 불법적으로 획득하기 위한 목적으로 개인과 기업의 컴퓨터 보안시스템에 침입하려고 시도한다. 말할 필요도 없이, 새로운 범주의 범죄를 확인하고 조사하고 기소하는 방법도 빠르게 진화하고 있지만, 범죄 그 자체의 성장속도보다는 더 느린 것 같다 (D'Ovidio, 2007; Rege, 2014; Stambaugh et al., 2000).

4. 계획된 변화의 위험성

기존 절차와 기존 조건에 대한 어떤 변화도 어느 정도의 위험을 수반한다. 계획된 변화는 누군가에 의해, 아마 의도된 수혜자(예컨대, 어떤 도시가 새로운 교도소 건축비용을 위하여 주를 상대로 로비에 성공했지만, 새 교도소 부지로 검토 중인 지역사회로부터 거센 항의에 직면할 수 있다)에게 조차도 저항을 받을 수 있을 것이다. 제안된 구체적 변화에 상관없이, 보편적 합의는 드물다; 저항이 일반적이기 때문이다.

많은 사례에서, 사람들은 변화가 그들의 직업안정성에 위협을 주거나 원치 않는 정밀조사(예를 들어, 경찰에 대한 불만을 반영할 시민검토위원회)를 가져올지 모르기 때문에 두려워하고 저항한다. 변화는 단지 상황을 더 악화시킬 거라는 두려움은 항상 있다. 예를 들어, 비판론자들은 2001년 10월 통과된 애국법(USA PATRIOT Act)에 따른 강력한 새 정부의 권력이 시민과 합법 이민자에게 원치 않게 많은 부당 괴롭힘과 구금을 낳았다고 지적하고 있다(Babington, 2006). 2013년 전직 국가안보국(NSA) 계약직원인 에드워드 스노든(Edward Snowden)에 의해 전미 감시프로그램의 전문이 공개되면서 미국 정부는 국민적 공분에 직면했다(Wilson & Goldfarb, 2013). 나중에 오바마 대통령은 정부가 수백만 미국인들의 통신기록을 확보할 수 있도록 허용한 애국법 215조를 엄격하게 적용하겠다는 계획을 발표하였다(같은 논문에서).

저항이 어떤 특정한 경우에 발생하게 되는 많은 다양한 이유에 관계없이, 변화를 제안한 사람들은 반대와 저항에 대비해야 한다. 다시 말해, 계획되지 않은 변화나 허술하게 계획된 변화 보다는, "변화관리자(change agent, 제안을 주도한 개인이나 기관)"가 기획단계 시작부터 다른 구성원들을 관여시켰다면 저항을 최소화하는 데 도움이 될 수 있다.

심지어 구체적 개입계획을 시작하기 전에, 변화관리자는 저항의 잠재적 원천을 확인하고, 저항을 다루는 2가지 다른 접근법의 잠재적 비용과 이점을 고려해야 한다: (1) 협력 전략(collaborative strategies); 또는 (2) 갈등 전략(conflict strategies)이다(Babington, 2006). 두 전략의 실제 결과는 해당 사례의 상세한 상황을 알지 못하면 예측하기가 불가능하고, 일반적으로 매력적이지 않은 선택사항으로 만드는 갈등 전략과 관련하여 몇 가지 심각한 비용이 발생한다:

- 갈등 전략은 더욱 큰 저항을 발생시킨다.
- 갈등 전략은 더욱 큰 자원을 필요로 한다.
- 갈등 전략은 더욱 예상치 않은 효과를 만들어낸다: 그리고
- 변화는 장기적이라기보다 일시적인(순응의) 경향을 보인다.

협력 전략은 이해당사자 모두의 개입을 모색한다. 예를 들면, 시 경찰당국은 지역사회 순찰활동이 경찰정책으로 채택되어 적용되기에 앞서 경찰관들에게 그들의 의견을 물을 것이다. 주 양형위원회는 양형지침의 초안을 작성하고 채택하거나 수정하기에 앞서 판사들에게 양형선고에서의 인지되는 어려움에 대해 질문할 것이다.

협력 전략

협력 전략은 변화의 영향을 받는 사람들의 참여를 강조한다. 개입을 부분적으로 또는 전부 반대하는 것으로 알려진 개인, 단체 또는 조직은 개입의 설계와 기획에 포함된다.

갈등 전략은 반대하는 사람들이 의견 불일치에 대한 강한 역사를 가지고 있는 곳에서 작동하기 더 쉽다; 지도자는 독재적이고 권위주의적인 방식을 선호한다; 자원은 부족하고 자원배분에 대해 많은 불일치가 있다; 제안된 변화에 대한 이해관계가 크다(예를 들면, 특정 당사자들에게 큰 혜택은 아마도 다른 당사자들에게는 큰 비용을 부담하는); 시간의 압박이 크다; 상대방을 성공적으로 압박할 가능성이 높다고 인식된다(정확하게 또는 부정확하게). 좋은 사례로 지역경찰당국을 상대로 한 잔혹한 소송이다. 시민들은 기존의 불만검토 시스템이 비효율적이고 경찰에 유리하게 편향되어 있다고 인식했기 때문에, 불만검토 절차의 법적 개혁이 진화해 왔다. 다른 사례는 과밀수용과 다른 구금 여건을 문제 삼아 지방, 주, 연방교도소를 상대로 제기된 소송이다. 이러한 소송은 13년 동안이나 지속되는 경우도 있는데, 보통 성공적이지 못하고 악의에 찬 토론과 협상기간 경과 이후 소송이 뒤따랐다(Welsh, 1995). 변화는 결국 생겨났지만, 인적자원과 재정자원에 상당한 비용을 치르게 되었다.

갈등 전략

갈등 전략은 적대적 방식으로 저항에 접근한다. 제안된 변화에 저항하는 사람들은 설득당하거나 견해를 바꾸도록 강요받아야 하는 반대자들로 보인다.

5. 계획된 변화를 위한 7단계 모델

"모델"은 (1) 문제를 분석하고 (2) 원인을 결정하고 (3) 구체적 개입을 분석하는(또는 계획하고 실행하는) 데에 필요한 일련의 단계를 구체화한다. 이 책에서 제시된 모델은 새로운 개입을 계획하고, 기존 개입을 분석하거나 두 가지 모두(예를 들면, 최근 프로그램 또는 정책의 개정)의 목적으로 사용될 수 있다(도표 1.4 참조).

도표 1.4 7단계 모델의 2가지 다른 활용

1. 저소득 청소년 관련 비영리단체가 방과 후 비행예방 프로그램 개발 제안을 요청하는 글을 읽은 후 주정부에 자금을 신청한다.
2. 1990년대 비극적인 학교 내 총기사건들이 이어지자, 미전역에 걸친 수백 개의 학군들이 훈육정책을 개정하고 보다 강력한 보안장비를 설치하겠다고 발표했다.

3. 가석방자가 일상적인 교통단속에 걸리자 경찰관에게 총기를 발사해 숨지게 한다. 주의 가석방 정책에 대한 집중적인 조사와 개정이 즉각적으로 뒤따른다.
4. 지역경찰은 "범죄다발지역(hot spot)"를 확인하기 위해 범죄지도를 활용하고, 특정지역의 특정문제를 다루기 위한 경찰자원을 재배치한다.
5. 9·11 테러 공격 이후 미국 연방정부는 2001년 10월26일 연방공무원에게 의심스런 테러리스트 활동을 광범위하게 조사할 수 있는 권한을 부여하는 애국법(Uniting and Strengthening America by Providing Appropriate Tools to Interact and Obstruct Terrorism), P.L. 107-56을 통과시켰다.

이 법은 전자 감시능력 확장과 어떤 사법관할 당국에서 발부 받았더라도 증거가 발견되는 관할당국에서 유효한 전국적인 수색영장, 테러용의자 자산 동결, 기소 없이도 비시민권자에게 최소 7일간 구금할 수 있는 권한이 포함되었다.

여러분은 이런 개입들이 어느 정도 계획되어졌다고 생각하는가?

1	2	3
전적으로 계획되지 않았다	어느 정도 계획되었다	철저하게 계획되었다

우리의 계획된 변화모델은 문제해결 접근법에 근거를 두고 있다: 목적은 이성적 과정을 통한 기획으로 구체적 문제의 해결책을 개발하는 것이다. '자유사회에서 범죄의 도전(The Challenge of Crime in a Free Society, President's Commission on Law Enforcement and Administration of Justice, 1968)'이라고 하는 대통령위원회 보고서는 "시스템"으로서 형사사법을 인식하는 최근의 개념을 형성하는 데에 매우 큰 영향을 미쳤으며(Walker, 1982), 포괄적이고 체계적인 계획을 통해 형사사법 프로그램과 정책을 개선하려는 시도를 자극하였다. 무어(Moore, 1998)가 제시하듯이

범죄위원회는 크게 두 가지를 염두에 두었다: (1) 효과적이고 괜찮은 형사사법체계를 만드는 방법 (2) 범죄를 다루는 방법…그들은 또한 형사사법제도의 절차와 기관이 어떻게 개발될 필요가 있는지에 대한 이론인 관리 또는 실행 비전을 가지고 있었다…(167-168).

이 비전은 이념과 열정보다는 자료와 지식에 의해 이끌어졌다.

위원회의 보고서는 1968년 '범죄통제 및 거리안전에 관한 포괄법(Omnibus Crime control and Safe Streets Act)'과 연방 '법집행지원국(Law Enforcement Assistance Administration, LEAA)'이 만들어지는 주요 계기가 되었다. 합리적인 형사사법 기획과 사회정의라는 위원회의 목적은 과거처럼 오늘날에도 여전히 남아있다. 무어는 대통령위원회 보고서의 긍정적인 기여를 반영하여 "보고서에서 제안된 실험들은 널리 적용되었고, 사회에 유익했다는 것에" 주목했다(176–177). 동시에 합리성과 사회정의의 목적은 처음에 예상했던 것보다 달성하기가 훨씬 더 어려운 것으로 밝혀졌다(U.S. Department of Justice, 1998).

우리는 여기에서 새로운(new) 프로그램이나 정책을 개발 중이거나 기존의(existing) 프로그램이나 정책을 분석하고 있다는 가정 하에 7단계 모델을 제시한다. 새로운 개입을 계획하는 중인지 또는 기존의 개입을 분석 중인지에 따라 절차가 약간 다르기 때문에 우리는 각 단계를 별도로 구분하여 요약한다(표 1.1과 1.2)[1]. 7단계는 이 장에서 단지 간단하게 기술하고; 각각에 대해서는 다음 장에서 자세히 설명한다.

1단계. 문제분석

첫 단계는 문제의 규모와 역사, 문제에 영향을 받는 사람 그리고 문제의 잠재적 원인에 대한 정보를 세심하게 수집하여 문제를 분석하는 것이다. 예를 들어, 우리는 다음과 같은 질문을 한다: 문제는 무엇이고 어디에 있는가? 얼마나 큰가? 문제가 얼마나 오랫동안 지속되어 왔나? 다른 집단의 사람들은 문제에 대해 다른 정의를 가지고 있는가? 누가 그 문제에 영향을 받는가? 문제의 원인은 무엇인가? 우리는 그 문제의 원인에 대해 어떤 이론을 가지고 있는가? 어떤 종류의 개입이 다른 지역에서 시도되었는가? 누가 특정 활동을 지지하고 그것에 반대하는가?

잘못된 문제분석의 위험은 엄청나며, 효과적인 개입을 완전히 망칠 수 있다. 많은 개입은 그 자체가 결함이 있어서가 아니라, 잘못된 문제(또는 부적절하게 정의된 문제)를 다루기 때문이다. 이 단계에서 주요활동은 다음 사항이 포함된다:

- 변화 필요성의 문서화: 문제에 대한 자료를 수집하고 분석
- 문제의 역사 기술

1) 프로젝트는 프로그램과 정책에 비해 기간이 짧고 더 집중적인 개입의 방법이라는 점에서 7단계 모델은 프로젝트에도 쉽게 적용될 수 있다.

표 1.1 새로운 개입: 프로그램과 정책 개발에 대한 체계적 접근

1단계. 문제분석	2단계. 목적과 목표 설정	3단계. 프로그램 또는 정책 디자인	4단계. 실행계획	5단계. 프로그램 또는 정책 실행	6단계. 결과 평가	7단계. 재평가 및 검토
변화 필요성문서화	목적 기술서 작성	다른 개입 옵션 선택	필요자원 확인	모니터링 자료 수집을 위한 도구설계	목표 대응 결과측정 수단 개발	실패를 위한 기획: 과장된 주장 피하기
문제의 역사 기술	목적별 구체적 결과 목표 작성	프로그램 설계: • 대상집단 정의 • 대상선정과정 정의 • 프로그램 구성요소 및 활동 정의 • 실무자 직무기술서와 필요기술 작성	자원확보 또는 재할당 계획	자료수집, 저장, 분석 책임자 지명	연구설계 구체화	성공을 위한 기획: 재평가, 학습, 수정의 실행이 중요
잠재적 원인 검토	목표설정 시 참여자 확인		실행임무의 완료시점 특정	정보시스템 능력 개발	잠재적 교란요인 확인	학습과 적응: 성공적 개입은 변화에 적응해야 함
이전 개입의 검토	영향모델 구체화		자기-규제 메커니즘 개발	이해당사에게 피드백을 제공하기 위한 메커니즘 개발	평가결과의 활용 및 사용자 확인	3단계에서 프로그램 또는 정책설계 시작
관련 이해당사자 확인	더 큰 시스템에서 양립가능하고 양립불가능한 목표 확인		지지 구축 계획 구체화		전체 프로그램 및 정책계획 재평가	4단계에서 실행계획 시작 5단계에서 프로그램/정책 모니터링 시작
시스템 분석 실행	기관 간 협력 필요성 확인	정책 설계: • 정책의 대상집단 정의 • 책임 당국기관 확인 • 정책 규정 및 절차 정의				평가자료 수집 및 분석; 이해당사자에게 피드백 제공(6단계)
변화의 장벽과 지지 확인						전체 프로그램/정책 계획의 재평가 환경에 적합하도록 수정

프로그램/정책 개정

표 1.2 기존의 개입: 프로그램과 정책 분석에 대한 체계적 접근

1단계. 문제의 분석	2단계. 목적과 목표 설정	3단계. 프로그램 또는 정책 개발	4단계. 실행계획	5단계. 프로그램 또는 정책 실행	6단계. 결과 평가	7단계. 재평가 및 검토
문서화된 변화의 필요성은 무엇인가?	프로그램 또는 정책의 목적 기술	어떻게 개입 접근법을 선택하였는가?	어떤 자원이 필요한가?(어떤 유형, 얼마나)?	모니터링 자료 수집을 위한 도구를 기술하기. 어떤 차이를 발견하였는가?	목표 대응 결과측정 수단의 기술	목적과 목표는 현실적이고 측정가능한가?
문제의 역사 기술	목적별 결과 목표 기술	프로그램 설계: •대상집단 정의 •대상 선택과정 정의 •프로그램 구성요소 및 활동 정의 •실무자 직무기술서 제공과 필요기술 구체화	자원은 어떻게 확보했나?	누가 자료수집, 저장, 분석을 책임졌는가?	사용한 연구설계 구체화	재평가, 학습, 수정은 얼마나 실행되고 있나?
어떤 잠재적 원인을 조사했는가?	목적 설정에 누가 참여했나?		시간에 맞게 실행 임무를 구체화하고 완수했나?	어떤 정보시스템을 개발했는가? 적절했나?	잠재적 혼란요인을 확인하고 대응했는가?	어떤 적용이 이뤄졌나? 또는 여전히 필요한가?
이전 개입을 조사했나? 어떻게 했나?	영향모델에 대한 가정 구체화					프로그램 또는 정책 설계에 대해 의도한 변화의 구체화(3단계)
관련 이해당사자를 확인했나? 어떻게 했나?	더 큰 시스템에서 양립 가능하고 가능하지 않는 목적은 어떻게 처리했는가?					실행계획에서 의도한 변화의 구체화(4단계)
시스템 분석은 실행했는가? 어떻게 했나?	기관간 협력의 필요성은 어떻게 확인하고 언급했는가?	정책 설계: •정책의 대상집단 정의 •책임 당국 확인 •정책 규정 및 절차 정의	어떤 자기규제의 메커니즘을 개발하였나?	이해당사자에게 피드백을 제공하기 위해 어떤 메커니즘을 개발했는가?	어떻게 평가결과를 활용하고 활용자를 확인했는가?	프로그램 또는 정책 실행 모니터링 절차에서의 의도한 변화의 구체화(5단계)
변화에 대한 장벽과 지지는 어떻게 확인하고 언급했는가?			프로그램 또는 정책의 지지를 어떻게 구축했는가?		추가된 프로그램 또는 정책은 결과에 어떤 함의를 가지나?	평가절차에서 의도한 변화의 구체화(6단계)
						재평가를 위한 절차와 일정표 구체화

프로그램/정책 개정

- 문제의 잠재적 원인 검토
- 이 문제를 변화시키기 위해 시도된 이전의 개입 검토
- 관련 이해당사자(문제나 개입에 합법적 관심이 있는 사람들) 확인
- 시스템분석 실행
- 변화의 장벽과 지지 확인

마지막 단계인 시스템분석은 문제가 존재하는 시스템에 관한 연구를 포함한다. 대부분의 문제는 하나 이상의 원천에 의해 발생하며, 대부분의 해결책은 시스템의 한 부분 이상에 영향을 미친다. 그 이후 다른 조건들이 문제를 해결하는 데 어떻게 상호작용하는지를 가능한 많이 배우는 것이 중요하다. 예를 들어, 교도소 과밀수용 문제는 단순히 더 많은 범죄발생의 결과도, 범죄자들을 더 많이 교도소로 보내는 판사의 문제도 아니다. 개정 입법과 법률이 명시한 형벌 또한 교도소 수용인원 증가에 기여한다(Blumstein & Beck, 1999). 이런 변화들이 어떻게 교도소 수용인원에 영향을 미치는지 이해하지 못하면 우리는 효과적인 해결책을 모색할 가능성이 거의 없다.

사례 1.1 문제로서의 매춘

일련의 공개적인 경찰 소탕작전과 체포 이후, 지역사회에서 매춘을 심각한 문제로 생각한다. 세심한 분석보다 직감에 따라 추정된 원인은 경찰이 단지 매춘문제를 충분히 심각하게 다루지 않았다는 점이다. 그렇다면 제안된 개입은 매춘부와 매춘 의뢰인들이 자주 다니는 지역을 겨냥한 강력한 법집행의 경찰소탕작전이었다. 그러나 이런 인과관계의 가정이 잘못되었거나 중요한 것을 빠뜨렸다면 어떨까? 그 문제가 주로 여름철 몇 달로 한정되어 있고, 대부분의 매춘부가 생존을 위해 돈을 벌려는 10대 가출 청소년이나 마약 중독자로 밝혀진다면? 이런 정보는 매우 다른 유형의 개입을 이끌 것이다: 쉼터, 위기상담, 마약치료, 직업 훈련 및 지원이 그런 유형에 속한다.

2단계. 목적과 목표 확인

모든 개입은 어떤 종류의 결과(예컨대, 문제에서 변화)를 달성하려 하지만 종종 개입이 무엇인지 이해하기는 어렵다. 목적(goal)은 개입의 광범위한 목표(aims)이다; 목표(objective)는 명확하고 측정 가능한 결과이다. 비용이 많이 투입되고, 잘 설계되어진

개입이 원하는 만큼의 개입효과를 적절하게 정의하지 못하는 것은 놀라운 일이다. 성공에 대한 구체적인 기준이 없다면, 개입이 얼마나 효과가 있었는지를 결정하는 것은 불가능하다. 만약 여러분이 어디로 가고 있는지 모른다면, 목적지에 도착하지 못했더라도 놀라운 일이 아니다. 이 단계에서 주요 활동은 다음 사항을 포함하고 있다:

- 목적 설정에서 다른 개인과 기관들의 참여를 모색해라.
- 결과를 구체화한 목적기술서를 작성해라.
- 목적별 구체적인 결과목표를 작성해라: 여기에는 영향을 측정하는 일정표와 측정도구가 포함된다.
- 영향모델을 명시하라: 개입이 어떻게 특정 원인에 따라 작동해서 문제에서의 변화를 가져올 것인지에 관한 기술이다.
- 더 큰 체계에서 양립가능하고 양립가능하지 않는 목적을 확인하라: 다른 이해당사자들의 가치가 어디에서 중첩되거나 충돌하는가?
- 기관 상호간 협력에 대한 필요성과 기회를 확인하라. 예를 들어, 경찰관과 검사는 새 음주운전금지법이 작용하기 위해 협력할 필요가 있다. 검사는 유죄를 이끌어내는 데 필요한 증거를 명백히 할 수 있다; 경찰관은 다른 종류의 증거를 확보할 가능성에 대한 전략을 세울 수 있다.

사례 1.2 음주운전금지법의 목적

음주운전자에 대한 형을 강화하는 새로운 주(州)법이 통과되었다. 2번째 적발된 위반자는 강제적으로 48시간 구치소에 수용된다; 3번째 적발될 경우 강제적 수용기간이 3개월로 늘어난다. 법률 통과 6개월 후 음주운전금지법의 효과성에 대한 광범위한 논쟁이 있었다. 법 찬성론자들은 음주운전에 따른 체포가 10% 감소한 사실을 거론했다. 비판론자들은 음주운전 사고의 증가를 보여주는 보험통계를 가리킨다. 누가 맞을까? 법률의 효과가 있는가 없는가? 격렬한 토론 뒤에 그들은 개입의 결과를 판단하기 위한 합의된 기준이 부족하다는 사실을 깨달았다. 결국, 바람직한 결과는 법률이 통과된 지 1년 후에 음주운전으로 인한 교통사고 사망률 30% 감소가 바람직한 결과(문제에서의 변화)라는 데에 동의했다. 법률 통과 이전에 어떤 구체적 목적으로 정의하지 않았다는 데에 어려움이 있다. 그런 목적 없이, 결과를 판단하기 위한 기준에 대해서는 지속적으로 논쟁이 있을 것이다.

3단계. 프로그램 또는 정책설계

3단계는 계획과정에서 가장 중요하고 시간 소모가 많은 단계 중 하나이다. 이 단계는 이전 두 단계에서 수집된 정보에 대한 상당한 검토가 필요하다. 검토는 '누가, 무엇을, 누구에게, 어떤 순서로, 얼마나 많이'와 같이 가능한 아주 상세하게 구체화하는 것이다. 이러한 내용은 실무자, 서비스내용, 의뢰인을 포함하여 프로그램이나 정책의 "핵심"이다. 프로그램과 정책을 검토하는 단계가 비슷하다면, 설계단계에서 프로그램과 정책을 구분하는 게 최선의 방법이다. 프로그램 설계의 주요 활동은 다음과 같다:

- 대상 집단을 정의하라: 누가 서비스를 제공받고 변화되는가? 대상의뢰인의 필요 정도(예를 들면, 마약 관련 정도)와 특징(예를 들어, 연령, 성별, 지리적 거주지)을 구체화하는 것이 종종 이에 해당된다.
- 의뢰인 선정과 수용(intake)절차를 정의하라: 개입을 위해 어떻게 의뢰인을 선정하고 모집하는가? 예를 들어, 마약법원 프로그램은 종종 약물전과가 없는 비폭력적 범죄자를 위한 것이다. 법원 기록으로부터 적절한 의뢰인 정보를 확보할 수 있다; 의뢰인의 신청도 필요하다; 프로그램에 대한 의뢰인의 적합성을 결정하기 위해 인터뷰 절차도 필요하다.
- 프로그램 구성요소를 정의하라: 제공될 서비스의 정확한 특성, 총량, 제공될 서비스를 명확화하라. 누가 무엇을 누구에게, 어떤 순서로, 얼마나 많이? 예를 들어, 병영훈련 프로그램은 몇 가지 요소를 포함할 수 있다: 군사훈련과 신체훈련, 학업적 또는 직업적 교육, 생활기술 또는 문제해결 훈련, 약물위험 인지교육, 사회 기술 훈련 등등.
- 실무자의 직무기술서를 작성하고 필요한 기술 및 훈련을 정의하라: 프로그램 운영을 위해 실무자의 인원과 어떤 유형이 필요한가? 어떤 특정 업무를 수행하는가? 자격요건과 필수적인 훈련은 무엇인가? 급여와 훈련에 필요한 비용은 얼마인가?

정책설계의 주요 활동은 다음과 같다:

- 정책의 대상 집단을 정의하라: 어떤 사람과 집단이 포함되고 포함되지 않는가?

예를 들어, 다양한 주의 입법자들은 새로운 삼진아웃법에 따라 포함되고 배제되는 구체적인 요건을 작성해야 한다. 어떤 범죄자(예를 들면, 중범죄 대 경범죄)와 어떤 범죄(예컨대, 폭력 범죄 Vs 재산 범죄)가 포함되어야 하는가?

- 책임 있는 정부당국을 확인하라: 누가 정책을 수행하고 무엇이 그들의 책임이 될 것인가? 예를 들어, 판사, 검사, 변호인 그리고 다른 사람들은 사건에서 어떤 역할을 하는가? 각 당사자는 각자의 책임과 옵션을 이해할 것인가? 그들은 특별훈련이나 오리엔테이션이 필요할까? 추가적인 법원이나 교도소 자원이 필요한가?
- 정책의 조항을 정의하라: 정책은 전달될 제재, 서비스, 기회, 개입 그리고 정책이 실행되도록 충족되어야 할 조건들을 확인해야 한다. 예를 들어, 삼진아웃 정책 하에서 주 입법자들은 사건절차와 양형결정을 어떻게 해야 하는지에 관한 구체적인 규정을 작성해야 했다: 기소결정을 검사가 어떻게 하는지, 심리는 공개 또는 비공개적으로 해야 하는지? 구금에 적절한 기간은? 등등
- 준수되어야 할 절차를 기술하라: 구체적 규칙을 실행하는 책임이 있는 개인은 정책이 일관성 있게 실행되도록 보장하는 조치를 명확히 이해해야 한다. 예를 들어, 삼진아웃법은 상습범죄자에 대한 기소, 재판절차 그리고 선고와 관련한 결정을 명시한다. 용의자와 그의 변호인에게 기소될 것이라는 법원의 문서로 기소될 것이라고 고지하는 절차, 법에 따른 용의자의 법적권리를 명시하는 것도 포함된다. 절차를 통해 이러한 양식에 서명하는 사람, 통지가 필요한 다른 개인 또는 기관, 유지 관리가 필요한 기록 등을 구체화할 수 있다.

사례 1.3 지역사회 모니터링 프로그램의 설계

미국의 BBBSA(Big Brothers Big Sisters of America)는 '건강한 청소년 개발 청사진(Blueprint for Healthy Youth Development)'에 의해 "유망한" 폭력예방 프로그램으로 인정되었다(Center for the Study and Prevention of Violence, 2015). 그 이유는 BBBSA가 부분적으로 잘 설계되었고 많은 사법관할권에 걸쳐서 적용될 수 있기 때문이다. 무작위 실험 결과, 폭행사건 뿐만 아니라 청소년 불법 약물사용에서 현저한 감소가 있는 것으로 나타났다. 또한 BBBSA에서 멘토링을 받은 청소년들은 학습과 학업성과가 개선효과가 있음을 보여주었다. 미국 전역에 걸쳐 7만 명 넘는 청소년이 500여개의 기관에서 지원과 멘토링을 받았다. BBBSA는 다른 멘토링 프고램과의 차이점은 구체적이고 엄격한 절차를 거쳤다는 점이다.

대상 선발과 수락:

- BBBSA는 보통 편부모 가정의 청소년(6~18세)을 대상으로 한다.
- 청소년 평가(youth assessment)는 서류신청서, 아이 및 부모와의 인터뷰 그리고 가정조사를 포함한다; 사례별로 사례담당자(caseworker)가 최상의 조합을 만들 수 있도록 아이에 대해 알게 되고 부모의 허락을 받을 수 있도록 설계되었다.

프로그램 구성요소:

- 자원봉사자는 1대1 관계로 청소년과 정기적으로 만난다.
- 기관은 초기 조사에서 종결까지 사례 관리(case management) 접근방식을 활용한다.
- 모든 자원봉사자는 오리엔테이션(orientation)을 받는다.
- 자원봉사자 심사(volunteer screening)는 지원서, 배경조사, 광범위한 인터뷰, 가정평가를 통해 이루어진다; 자원봉자가 중 정신적 또는 신체적으로 해를 끼치고, 아이와의 관계를 형성할 능력이 부족하거나 시간 약속을 지킬 것 같지 않은 이들을 배제되도록 설계되었다.
- 조합(match)은 청소년 욕구, 자원봉사자의 능력, 부모의 선호도, 프로그램 실무자의 능력에 맞춰 이루어진다.
- 감독(supervision)은 조합이 이뤄진 2주 이내에 부모, 청소년, 자원봉사와의 접촉을 통해 행해진다; 첫 해에는 매달 전화로 자원봉사자, 부모 그리고/또는 청소년과 연락한다; 멘토링 기간에는 분기별로 모든 부모들과 접촉한다.

실무자 직무기술, 능력, 훈련:

- 사례 관리자(case manager)는 지원자를 검사하고; 조합을 만들고 감독하며; 적합성 필요조건이 더 이상 충족되지 않으면 조합을 종료시킨다.

4단계. 실행계획

일단 설계가 완성되면, 다음 단계는 프로그램 또는 정책을 잘 "실행하기" 위하여 필요한 작업의 순서를 구체화하는 "실행계획'을 세우는 것이다. 이것은 기술적 업무와 대인관계 업무(예를 들면, 프로그램에 필요한 자원을 확인하고 획득하기; 사무공간과/또는 회의공간 확보; 실무자 채용 및 훈련; 의뢰인 유치 및 신고서 양식 설계; 장비 및 비품 구입; 날짜 설정; 구체적 업무 완수를 위한 책임 배정)가 포함된다. 이 단계에서 주요 활동은 다음과 같다:

- 필요한 자원을 확인하고 비용계획을 세워라: 얼마나 많은 자금조달이 필요

한가?

- 자원획득과 재할당 계획을 세워라: 자금조달은 어떻게 할 것인가?
- 어떤 실행임무가 성취될 건지 날짜를 명시하고, 책임을 업무 수행 실무자에게 할당하라.
- 자기규제 메커니즘을 세워라(직원의 성과를 모니터링하고 소통을 증진시키는 메커니즘을 만든다).
- 지지를 유지하고 계획을 구체화하라.
- 저항의 원천을 예상하고 대응책을 개발해라.

사례 1.4 비행예방 프로그램을 위한 실행계획

지역사회 기반 비행예방 프로그램의 주요 구성요소는 청소년들이 자신의 삶을 검토하고 목적을 설정하도록 격려 받는 7일간의 도전과정이다; 모든 멘토와 비행청소년이 매주 만나는 면담을 포함한다(Welsh et al., 1996). 프로그램의 재정지원 제안은 프로그램을 출범시키기 위해 필요한 수많은 임무와 책임, 비용을 상세하게 설명했다. 멘토링 구성요소에는 성인 멘토(자원봉사자)가 청소년이 7일간의 모든 과정과 후속 프로그램에 참가하도록 지원하는 훈련을 받았다(워크숍 리더 1명×3일×하루 350달러=1050달러).

5단계. 프로그램 또는 정책의 실행

이 단계에서는 프로그램 또는 정책이 적절히 실행되었는지를 알아보려고 시도한다. 모니터링은 프로그램/정책설계(3단계)가 계획대로 실행되고 있는지 결정하기 위해 정보를 수집하는 것이다. 무엇이 의뢰인에게 실제로 전달되고 있는지를 파악하기 위해 자료를 수집한다(예를 들어, 관찰, 설문조사, 인터뷰). 목적은 "서류상의 프로그램(설계)"과 "실행되는 프로그램" 사이의 간극를 확인하는 것이다. 그 다음에 프로그램 또는 정책의 설계(예를 들면, 프로그램 구성요소)나 그 실행을 수정하기 위한 조정이 이뤄질 필요가 있다. 이 단계에서는 다음과 같은 유형의 질문을 하게 된다: 프로그램이나 정책이 실제로 계획대로 실행되고 있는가? 의도된 대상집단에 다가가고 있는가? 실무 직원들은 그들에게 배정된 책임을 실행하고 있는가? 이 단계에서 주요 활동은 다음과 같다:

- 자료수집을 위해 모니터하는 도구를 설계하라.

- 자료수집, 저장, 분석을 위해 책임을 지정하라.
- 실행에서 어떤 차이가 존재하는지 확인하라.
- 실무자, 의뢰인, 이해당사자에게 피드백을 제공하기 위한 메커니즘을 개발하라.

사례 1.5 교도소 기반 치료공동체(therapeutic community, TC) 약물치료 프로그램의 모니터링

최근, 수정된 치료공동체 약물치료(TC) 프로그램이 교도소에서 널리 행해졌다. TC의 목적은 마약유혹으로부터 절제, 반사회적 행동 제거, 친사회적 태도와 가치의 개발을 포함한 약물범죄자의 삶 전체를 개선하는 것이다. 이 프로그램의 핵심은 개인 및 집단 상담, 심리상담 목적 친교집단, 동료 압박, 또래 압박(peer pressure), 역할모델, 인센티브와 제재 등이다. 교도소 TC 모델의 확산에도 불구하고, 지역과 주 교정체계에서 이 모델의 실행에 대한 유용한 정보가 거의 없다(Welsh & Zajac, 2004b).

택스먼과 버파드는 TC 모델과 관련 있는 어떠한 치료 구성요소가 있는지 정도를 검토하는 모니터링 기술을 개발했다. 잘 훈련된 연구자가 수행한 구조화된 관찰과 인터뷰, 공식 프로그램 자료의 검토, 의뢰인 기반의 자료(예를 들면, 약물 테스트, 위반, 징계 조치) 수집 등이 포함된다(Taxman & Bouffard, 2002). 6개의 단기구금 TC 프로그램을 검토한 결과, 전반적으로 원형의 TC 모델과 이들 6개 프로그램이 거의 일치하지 않았다:

- 프로그램 강조: 프로그램은 전반적인 TC 철학을 실행하지 않았다. 실무진과의 인터뷰를 통해, 그들이 특정 프로그램 모델, 공식적인 커리큘럼, 혹은 구조화된 치료단계를 사용하지 않았다는 것을 알게 되었다.
- 치료 과정: 연구자들은 자각훈련, 정서적 성장훈련, 또래와의 대면기술훈련에 초점을 두었다. 하지만 주로 가장 많이 사용된 것은 단체작업보다 개인을 강조했고, 지역사회와의 화합을 용이하게 하는 활동을 충분히 활용하지 않았다.
- 치료 형태: TC 모델과 대조적으로, 관찰자료와 인터뷰가 보여주는 것처럼 상담가와 단체구성원들 간에 비공식적인 회의는 비교적 드물었다.

6단계. 결과 평가

이 단계의 목적은 프로그램이나 정책결과(목표에 의해 정의한대로 문제에서 의도한 구체적 변화)를 측정하는 연구설계를 개발하는 것이다. 프로그램이나 정책은 의도한 목표를 달성하였는가? 왜 그렇거나 왜 그렇지 않은가? 새로운 프로그램 또는 정책을 위해,

평가까지 포함한 모든 계획은 실제 개입의 시작 이전에 행해져야 함을 주목하라. 이 단계에서의 주요 활동은 다음과 같다:

- 목표별 결과수치를 세우고 분석하라.
- 활용될 연구설계를 구체화하라.
- 잠재적 외생요인을 확인하라(측정 결과에 영향을 미쳤을 수 있는 프로그램 이외의 요인).
- 평가결과의 사용자와 활용을 확인하라.
- 전체 프로그램이나 정책계획을 재평가하라.

사례 1.6 지역사회 멘토링 프로그램의 평가

미국 BBBSA 프로그램(사례 1.3을 볼 것) 평가는 8곳의 다른 지역에서 BBBSA에 참가한 청소년들과 참가하지 않는 또래들과 비교하였다(Center for the Study and Prevention of Violence, 2015). 1년 6개월이 지난 이후, BBBSA 참가 청소년들은

- 통제집단에 비해 마약 사용을 시작할 가능성이 46% 낮았다;
- 통제집단의 청소년보다 알코올을 시작할 가능성이 27% 낮았다;
- 통제집단 청소년에 비해 타인을 폭행할 가능성이 거의 3분의 1 낮았다;
- 통제집단 청소년들보다 학업태도, 자세, 성과가 뛰어났다;
- 통제집단보다 그들의 부모 또는 보호자들과 수준 높은 관계를 가질 가능성이 높았다;
- 통제집단보다 또래들과 높은 수준의 관계를 형성할 가능성이 높았다.

7단계. 재평가 및 검토

새로운 프로그램 또는 정책을 위해, 계획의 모든 6단계는 최초 시작일 이전에 이상적으로 완료되어야 한다. 만약 이전 6단계에서 어떤 차이라도 발견하면, 진행하기 전에 이런 격차를 신중히 다뤄야 한다. 7단계는 프로그램이나 정책의 설계와 실행계획(3단계와 4단계)을 이행하는 것, 프로그램이나 정책의 실행을 모니터링(5단계)하고, 만약 적절하다면 결과를 평가(6단계)하는 것을 포함한다. 일단 평가자료를 분석했으면 모든 이해당사자들에게 피드백을 전달하고 수정이 필요한지 결정하기 위해 프로그램이나 정책의 설계를 철저히 재평가해야 한다. 그리고 이러한 과정을 통해, 변화관리자는 목표에 맞게끔 추가 조정이 필요한지 여부를 묻는다. 개입의 장점과 약

점은 무엇인가? 개입을 시작해야 할지 그리고 자금지원을 받아야할지 말지에 대한 결정을 해야 할지도 모른다. 이 단계에서의 주요 활동은 다음과 같다:

- 프로그램/정책 설계와 실행계획을 시작하라.
- 프로그램/정책 실행의 모니터링을 시작하라.
- 격차가 발견되면 설계 또는 실행을 조정하라.
- 프로그램/정책이 평가될 준비가 되어 있는지를 결정하라.
- 평가자료를 수집하고 분석하라.
- 사용자와 이해당사자에게 피드백을 제공하라.
- 전체 프로그램/정책 계획을 재검토 및 재평가하고 필요한 곳을 수정하라.

이 마지막 단계는 매우 중요하다. 형사사법체계의 변화는 많지만 거의 오래 지속되지 않는다. 몇몇 저자들은 상호적응의 중요성에 관해 의견을 밝혔다: 새로운 프로그램이나 정책이 효과가 있으려면 개입과 환경 모두가 변해야 한다(Berman, 1981; Harris & Smith, 1996; McLaughlin, 1976).

예를 들어, 뉴욕의 '대안적 양형과 취업서비스 센터(Center for Alternative Sentencing and Employment Service, CASES)' 실무자는 그들의 의뢰인이 대상집단에 적합하다는 확신을 가지길 원했다: 보호관찰을 받고 있는 범죄자가 아니라 교도소에 수용중인 범죄자(Clear et al., 2003; Schall & Neises, 1998). 이 프로그램은 범죄자가 지역사회에 머무르는 걸 가능하게 하는 집중적인 지역사회서비스를 제공하도록 설계되었다. 하지만 체계분석 결과는 퀸즈에서는 판사들이 뉴욕의 맨해튼에서 보다 유기징역 선고에 다른 기준을 사용했다. 예를 들어, 퀸즈에서는 판사들이 맨해튼 보다 범죄자들에게 유기징역 선고에 소극적이었다. CASES 프로그램이 보호관찰 프로그램으로 사용되지 않도록 실무자들은 각 지역의 선고 패턴에 따라 의뢰인을 받아들이는 기준을 조정했다. 프로그램의 적응은 그 목적(범죄자를 공동체에 계속 두는)을 달성할 수 있는 기회를 높였다.

6. 결론

어떤 변화 노력에서든지 체계적인 계획이 필요하다. 좋은 의도만으로 좋은 결과를 만들기에 충분하지 않다. 우리는 무엇이 문제이고 무엇이 필요한지를 이미 알고 있다고 가정하는 "프로그램 진행가 편견(activist bias)"을 경계해야 한다(Sieber, 1981). 이러한 지지자들은 우리에게 모든 장기적인 계획을 중단하고 당장 "실행하자"고 주장할 수도 있다. 계획되지 않거나 서투르게 계획된 변화의 위험은 이제 명확해야 한다: 부족한 기금에 대해 성공적인 경쟁을 할 수 없는 비싸고, 서투르게 표현되고, 형편없이 실행되고, 비효율적인 프로그램이나 정책들. 여러분이 보게 될 계획된 변화의 체계적 모델인 이 7단계에 대해 기억해야 할 4가지 요점이 있다:

1. 프로그램과 정책 계획은 상호작용하고 지속적인 과정이다. 각 단계에서 계획의 필요한 부분을 검토하고 수정하는 것은 중요하다. 이는 시간이 걸리지만 필요한 과정이다.
2. 합리적인 계획의 접근법은 논리적이고 효과적인 프로그램과 정책을 개발하는 틀을 제공한다. 결점은 (종종)계획을 하는데 비논리적이고 검증되지 않은 가정을 사용하는 것이다.
3. 성공의 열쇠는 모든 이해당사자들(예를 들어, 프로그램 실무자, 의뢰인, 협력이 필요한 개인 또는 기관, 자금제공자, 개입의 영향을 받는 시민, 선출직 대표들)의 참여와 의사소통이다.
4. 계획이 순조롭게 진행되는 경우는 드물다. 우리는 이 책에서 논의된 계획의 구성요소에 체계적으로 따르는 이점이 효과적인 정책과 프로그램을 개발할 가능성을 크게 향상시킬 수 있다는 것을 강하게 믿고 있다. 또한 우리는 이러한 계획을 하는 환경이 엉망이고 예측 불가능하다는 점을 인식하고 있다. 의지력, 성취하려는 명확한 비전 그리고 계획과정의 수많은 의사소통이 필요하다. 계획된 변화는 성공적인 개입의 가능성을 증가시킨다; 계획된 변화는 성공적인 개입의 가능성을 보장할 수는 없다.

각 장은 어떤 내용인가?

제1장: 이 장은 가장 중요하지만 대부분이 간과하는 단계에 대해 논의한다: 계획의 과정을 이끄는 문제 또는 이슈에 대해 정의하고 이해한다.

제2장: 일단 문제 또는 이슈에 대해 이해했다면, 우리는 우리가 무엇을 성취하려는 지를 확인할 수 있다. 제2장은 우리가 올바른 방향으로 향하고 있을 때 우리의 변화노력이 행해지는 주위에서 의사소통할 수 있도록 목적과 목표가 수립되는 방법을 논의한다.

제3장: 이 장에서 우리는 효과적인 정책과 프로그램을 설계하는 방법에 초점을 둔다. 설계는 '누가 개입으로부터 혜택을 받을 것인지', '무엇이 목표를 달성하는 능력에 크게 영향을 미칠 것인지'와 같은 수많은 중대한 결정을 포함한다.

제4장: 다음으로 우리는 예산책정과 재정계획, 실무자 교육, 책임할당을 비롯한 실제 계획에서 필수적인 계획의 실용적 측면을 배우게 된다.

제5장: 이 장은 우리를 책임감의 영역으로 안내한다. 우리는 무엇을 하고 싶은지 그리고 누가 무엇을 할 것인지를 결정하였다. 이제 우리는 우리가 하는 것을 확실히 할 필요가 있다. 활동을 감독하고 언제 그리고 왜 원래의 목표로부터 멀어졌는지를 학습한다.

제6장: 무엇이 효과가 있는지 없는지를 어떻게 알 수 있을까? 어떻게 과거의 성과보다 더 개선할 수 있을까? 이것들은 평가의 맥락에서 논의할 질문들이다. 유용한 결론을 이끌어내기 위해 평가수단을 이해하는 것은 중요하다.

제7장: 마지막으로 제7장은 우리를 경험의 세계로 안내한다. 우리가 계획을 실행함에 따라 대답을 요구하는 새로운 정보가 만들어진다. 프로그램이나 정책은 서류상으로 괜찮아 보였을지 모르지만, 현실의 사람과 조직, 경쟁 목적들에 맞게 조정해야만 한다. 평가자료의 결과는 끊임없는 재평가와 개선하는 과정으로 활용해야 한다.

우리는 다음 7개의 장에서 계획의 7단계와 각 단계의 주요 개념과 용어를 자세하게 다룬다. 우리는 이러한 개념을 설명하고 여러분들이 이러한 개념을 다양한 형사사법 맥락에서 어떻게 적용할 수 있을지 알 수 있도록 돕기 위해 사례연구를 제시하는 데에 상당한 중점을 두었다.

토의할 질문

1. 계획된 변화의 필요성을 증가시킨 3가지 경향을 설명하라.
2. "계획된 변화"를 정의하고 사례를 제시하라.
3. "계획되지 않은 변화"를 정의하고 사례를 제시하라.
4. 다음 각각의 사례를 정의하고 기술하라: (1) 정책 (2) 프로그램 (3) 프로젝트.
5. 왜 갈등전략보다 협력전략이 선호되는지에 대해 설명하라.
6. 계획된 변화의 첫 6개 단계를 간략하게 기술하라(문제분석, 목적과 목표의 설정, 프로그램 설계, 실행계획 개발, 모니터링, 결과평가). 각 단계에서 우리가 해야 할 주요 질문은 무엇인가?
7. 1968년 대통령 위원회의 보고서는 형사사법 계획에 대한 생각에 어떻게 영향을 미쳤는가?
8. "상호 적응"의 사례를 제시해라.

연습 1.1

세 문단으로 간략히 기술하시오: (a) 형사사법에서의 일부 **문제**. 이것이 왜 문제가 되는가? 무엇이 그 문제를 만드는가? (b) 이 문제에서 가능한 하나의 **원인**은 무엇인가? (c) 이 문제를 변화시킬 수 있는 가능한 하나의 **개입**(이 장 앞부분에서 정의한 대로 프로그램 또는 정책)은 무엇이 있는가? 예시로써, 다음 사이트를 참조한다:

http://www.crimesolutions.gov/

http://www.blueprintsprograms.com/

사례연구 1.1 서투른 계획의 위험: 삼진아웃제 입법사례

지시: 아래 사례연구를 읽고 이어지는 질문에 답변하시오.

1단계: 문제분석

프로그램이나 정책 계획에 대한 적절한 출발지점은 어떤 문제를 다뤄야 할지 묻는 것이다. 어떻게 특정 이슈가 변화의 대상이 되었고 왜 그랬는가? 문제가 얼마나 크고, 어디에 있고, 문제의 영향을 받는 사람은 누구인가? 변화의 필요성을 보여주기 위해 어떤 증거가 사용되었는가?

최근 몇 년간 범죄율이 꾸준히 증가했는데 심각한 범죄가 상습적인 중범죄자에 의해 많이 저질러지고 있다는 널리 퍼진 오해가 있다. 사실, 범죄율은 1990년대 전반에 걸쳐 꾸준히 감소하였고 재범률은 현저하게 안정적이었다. 캘리포니아 주의 삼진아웃제는 전미에서 가장 가혹한 선고 중 하나가 되었지만, 모든 문제분석이 이 분야의 정책개발을 이끌었는지는 의심스럽다.

추측은 사실보다 더 빠르고 확신적으로 확산되며, 정치인들은 문서화된 문제보다는 인지된 대중의 의지에 더욱 관심을 가질 수도 있다. 삼진아웃제는 악랄하거나 잘 알려진 범죄를 향한 대중의 분노에 대한 신속하고 가시적인 대응이었다(Parent et al., 1997). 위스콘신대학 법학교수인 월터 디키(Walter Dickey)에 따르면 "우리나라에는 심각한 범죄문제가 있다. 우리는 이것을 해결책으로 제시하였다. 다양한 관심과 동력을 얻었으나 비교적 비효율적이다"(Cannon, 1996).

캘리포니아 주 입법부는 1993년 중범죄 재범자인 리처드 앨런 데이비스(Richard Allen Davis)가 페탈루마 지역의 한 가정에 침입해 칼로 12살 폴리 클라스(Polly Klaas)를 납치한지 1년 뒤에 삼진아웃제를 압도적으로 승인하였다(Lagos, 2011). 클라스 시신은 9주 후 얕은 무덤에서 발견되었다. 데이비스는 많은 범죄경력이 있었고 범행 당시 가석방 위반으로 수배 중이었던 것으로 드러났다.

2단계: 목적과 목표 설정

프로그램이나 정책을 설계하기에 앞서, 우리가 달성하려고 기대하는 구체적인 결과와 하나의 행동과정을 선택하도록 이끄는 구체적인 가치를 명확히 해야 한다. 삼진아웃제의 의도는 폭력범죄자를 장기간, 즉 25년간 교도소에 수용하는 것이다. 이 논리에 따르면, 법을 통해 수용률을 성공적으로 증가시킨다면, 범죄자들이 석방되어 사람들을 희생시키는 일은 별로 없을 것이다. 만약 수용된 범죄자들이 석방되지 않았다면, 특별억제 효과는 없지만 이론적으로 일반억제 효과는 있다. 입법자들은 특정 범죄는 특별히 심각하게 간주되고, 그런 범죄를 저지른 사람은 엄격한 제재를 받을만하다는 메시지를 전달하였다.

이러한 법률들은 공평함(공정)과 같은 가치를 손상시킬 수 있다. 캘리포니아 주 사례연구(Greenwood et al., 1994)는 흑인이 삼진아웃제로 교도소에 수용된 사례가 백인에 비해 13배가 많다는 사실을 발견하였다. 캘리포니아 주 삼진아웃제 위반 재소자의 43%가 흑인이었는데, 캘리포니아 주 전체 인구의 단 7%, 중범죄로 체포된 이들의 20%만이 흑인인 것과 비교하면 확연히 높은 수치다. 삼진아웃제가 어떤 결과를 달성하려고 했는지, 인종적 차이를 비롯하여 의도하지 않은 수많은 결과를 회피할 수 없었는지 여부에 대해서는 논쟁이 계속되고 있다.

3단계: 프로그램 또는 정책 설계

어떤 프로그램이나 정책이 효과적이기 위해서는, 먼저 타겟층은 누구인지, 모든 필요한 규정이나 절차, 서비스가 무엇인지를 명확히 기술되어야 한다. 다시 말하자면, 누가 무엇을 누구에게 어떤 순서로 얼마나 많이 그리고 어떤 빈도로 이를 적용시킬지에 대한 기준이 명확해야 한다는 것이다. 하지만 삼진아웃제와 같은 경우, 이러한 것들이 지켜지지 않았다.

혹자는 각기 다른 주에서 시행 중인 모든 삼진아웃제가 유사하다고 말한다. 또한 연방정부에서 시행 중인 삼진아웃제와 주 단위에서 시행 중인 삼진아웃제 사이에 어느 정도 일관성이 있을 것이라고 기대하기도 한다. 하지만 실제로는 "삼진"이라는 개념과 법이 적용되는 범위, 법적 제재의 엄격성 정도가 주에 따라 매우 다양하게 나타나고 있다. 예를 들어, 어떤 주에서는 3번째 범죄를 저지를 범죄자에게 가석방 없는 종신형을 선고한다. 하지만 다른 주에서는 수형자가 30~40년간의 수용생활을 마친 경우 가석방 자격을 주기도 한다(Greenwood et al., 1998).

특히, 삼진아웃제가 대상집단으로 설정한 대상이 주마다 다르다. 처음으로 삼진아웃제를 도입한 캘리포니아 주에서는 실행 이후 몇 년 동안 약 1,300명의 범죄자들이 3건의 중범죄를 저질러 수용되었으며, 1만4000명이 넘는 인원이 2건의 중범죄를 저질러 수용되었다. 캘리포니아 주법은 두 번째 중범죄를 저지른 경우 징역형 선고를 2배로 늘리고 세 번째 유죄확정시에는 25년을 선고하도록 규정하였다. 또한, 캘리포니아 주법은 많은 비폭력 범죄를 포함하여 500가지 중범죄를 명문화하면서 이 때 중범죄에 소액 절도, 폭행 미수, 빈집털이도 포함시켰다. 그 결과, 삼진아웃제로 인해 형을 선고받은 전체 인원의 85% 가량이 비폭력 범죄에 저지른 사람들이었다. 예를 들어, 192명의 마리화나 소지자가 이진, 삼진아웃으로 형을 선고받았는데 이는 40명의 살인범, 25명의 강간범 그리고 24명의 납치범과 똑같이 이진, 삼진아웃을 선고받았다는 점에서 주목할 만하다(Greenwood et al., 1998).

삼진아웃제를 반대하는 사람들에게 셰인 테일러(Shane Tailor)의 경우는 최악의 사례로 꼽힌다. 27살의 테일러는 시골 전망대에 주차된 차에서 친구들과 맥주를 마시고 있었고 그 때 경찰차가 조사를 위해 멈췄다. 경찰관 한 명이 테일러의 지갑에서 메스암페타민이 담긴 작은 봉지 하나를 보게 되었다. 이로 인해 체포된 테일러는 이미 19살에 저지른 2차례 빈집털이 전과가 있었기 때문에, 삼진아웃제에 따라 캘리포니아 주법에서 가장 엄격한 처벌인 25년형을 선고받았다. 15년 후 테일러를 기소했던 검사와 형을 선고한 판사 모두 그 처벌이 지나치게 가혹했다는 사실을 인정하였다. 또한 테일러의 변호사들은 삼진아웃제가 수많은 억울한 경우들을 초래했다고 주장하였다(Greenwood et al., 1998).

4단계: 실행계획

삼진아웃제와 같은 새로운 정책을 실행하기에 앞서 체계적인 계획의 수립이 요구된다. 체계적인 계획을 통해 의사소통에 필요한 책임관계와 협력체계의 확보 그리고 업무의 구체화가 이루어지기 때문이다. 또한 법을 시행하는 모든 사람들이 자신의 역할과 책임을 분명하게 이해해야 한다. 이를 통해 예측 가능한 모든 장애물과 저항의 원인을 찾아낼 수 있다. 새롭게 제정된 삼진아웃제가 실행되기 전까지 모든 사람이 그들의 역할을 이해하고 받아들여야 한다. 하지만 실상은 이와 반대되는 많은 사례들이 존재한다.

주 검사들은 기존의 양형실무에 있어 새로운 법에 대한 필요를 느끼지 못했기 때문에 삼진아웃제를 피했다(Greenwood et al., 1998). 또한 삼진아웃제의 적용범위가 좁기 때문에 이를 활용하기 어렵다고 생각했다. 이 때문에 삼진아웃제의 대안으로 유죄협상(plea bargaining, 역주: 유죄인정을 조건으로 양형협상을 하는 것)이나 혐의사실협상(charge bargaining, 역주: 유죄인정을 조건으로 기소여부를 협상하는 것)이 점점 더 많이 활용되기 시작하였다.

일반적으로 형사법원은 사건처리를 빨리하고 절차의 지체를 피하기 위해 상당 부분 유죄 인정을 통해 사건을 처리하곤 했다. 하지만 삼진아웃제는 피고인이 유죄 인정을 하는 사건에서 검사가 단기형(최소 형량보다 낮은)을 구형하는 것을 억제함으로써 기존에 존재했던 유죄협상 관행을 깨뜨려 버렸다. 하지만 검사는 유죄협상 사용 전략을 바꾸어서 선고형량이 아닌 기소여부를 가지고 유죄 인정을 유도하기 시작하였다. 강제적 양형선고의 영향력에 관한 연구결과는 이와 유사한 경우를 아주 잘 보여준다. 연구에 따르면 공무원들은 더 신속하고 선별적으로 피의자를 체포 및 기소하며 전환처우 여부에 대해 결정하려는 경향이 있다. 그들은 또한 유죄 협상을 하려하지 않고 더 많은 사건을 재판에 회부한다(Tonry, 1987).

5단계: 모니터링

삼진아웃제와 같은 새로운 정책이 실행된 이후에는 이에 대한 관리와 감독이 필요하다. 즉 정해진 규정, 절차 또는 서비스가 실제로 어느 정도까지 제대로 실행되는지를 결정하기 위해 자료수집은 필수적이다. 어쩌면 이미 실행 중인 정책에 대한 조정이 필요할 수도 있으며 법이 적절하게 실행되어야만 제대로 된 정책평가도 이루어질 수 있기 때문이다. 이러한 전제 없이는 마치 우리가 "x"가 무엇인지 모를 때 "x가 y의 원인이 되었다"고 주장하는 것과 마찬가지인 셈이다. 삼진아웃제는 이러한 관점에 있어서도 문제점이 발견되었다.

1994년 연방정부에서 삼진아웃제가 제정된 이후 2년 동안, 9건의 사건에서만 이 법이 적용되었다(Lagos, 2011). 이는 연방 수준의 폭력범죄 중 2% 미만이 법적용을 받았다는 것을 의미하기 때문에 장기적인 관점에서 보면 극히 적은 수라고 말할 수 있다.

2010년 5월 캘리포니아 주 회계국 보고서는 삼진아웃 선고로 인해 교도소 예산이 192억 달러에 이른다고 보고하였다. 또한 이 보고서는 수용자들의 53% 가량이 심각하지 않은 비폭력적인 범죄로 인해 형을 선고받아 복역 중임을 발견하였다(Lagos, 2011).

유사한 법을 통과시킨 25개 주 가운데 많은 곳에서 거의 명목상으로 삼진아웃제를 시행하고 있었다(Lagos, 2011). 일부 주는 이 법을 전혀 시행하지 않았으며 다른 주에서는 이 법을 일관성 없이 시행해 왔다. 예를 들어, 캘리포니아 주 같은 단일한 주 내에서 조차 각기 다른 카운티들이 주법의 해석과 적용여부는 상당한 차이가 있다.

6단계: 평가

어떠한 정책이든, 특히 삼진아웃처럼 비용이 많이 드는 제도라면 정책이 본래 의도한 바를(예를 들어, 범죄 감소, 공공안전 보호) 효과적이고 효율적으로 달성했는지 여부에 대한 객관적 증거가 요구된다. 본래 삼진아웃제는 상습범을 수용함으로써 심각한 범죄를 줄이고 재범억제를 목표로 하였다.

랜드연구소의 1994년 보고서에 따르면 삼진아웃제의 통과로부터 25년 동안 범죄가 28%가 감소할 것이라고 예측하였다. 또한 랜드보고서는 삼진아웃제의 결과로써 교도소 공간의 신축과 추가적 운영이 필요하게 되어 그로 인해 엄청난 예산이 사용될 것이라고 예상하였다. 연구자들은 엄격한 제재를 피하기 위해 피고인들이 더욱 적극적으로 변호에 나설 것이며, 더 적은 유죄 인정과 더 많은 재판으로 인해 법원 업무가 늘어날 것으로 내다봤다. 또한 그러한 현상의 결과물로써, 사건 적체, 교도소 과밀현상 증가 등 여러 가지 사회 현상이 이어질 것이라고 예측하였다. 하지만 이에 대해 지금까지 나온 증거들은 서로 상반된 결과를 보여주고 있다(Greenwood et al., 1998).

- 삼진아웃제가 있는 주들은 그렇지 않은 주들보다 더 많은 범죄 감소를 경험하지 않았다.
- 삼진아웃을 시행하는 주들은 유죄선고 당 수용 가능성(예컨대, 유죄선고 1만 명 당 수용된 성인의 숫자)이 상당히 증가했음에도 불구하고 전체 수용 비율(예를 들어, 인구 1만 명 당 수용된 성인 숫자)이 더 높아지지 않았다.
- 캘리포니아 교도소에 수용된 수형자 총인원은 확실히 늘어났으나 삼진아웃제가 실행되기 전보다 더 빠른 속도는 아니었다. 캘리포니아는 이미 전국에서 수용 비율이 가장 높은 주들 중 하나였고 삼진아웃제는 이런 수용 비율이 눈에 띌 만큼 변화하지 않았다.
- 캘리포니아 법원의 업무량 증가 또는 사건 적체의 관점에서 어떤 장기적인 변화도 나타나지 않았다. 삼진아웃제를 어떻게 시행하는지에 있어서 그 기준이 카운티마다 너무나도 다양했기 때문이다. 예를 들어, 어떤 카운티의 검사는 삼진아웃제의 규정을 다른 주에 비해 보다 엄격하게 따랐다. 하지만 다른 카운티에서는 삼진아웃 대상이 되는 사건의 4분의 1에서 절반가량의 경우에서 이를 적용하지 않았다.

최근의 평가에서 연구자들은 1980~2000년 기간의 188개 대도시를 대상으로 수집한 공식 범죄통계자료를(UCR역주: 미국 FBI 범죄통계보고서, Uniform Crime Report) 분석하였다. 그 결과 삼진아웃제를 시행 중인 25개 주의 여러 도시에서 범죄율의 감소가 일어나지 않았다. 놀랍게도 해당 도시들의 상대적으로 높은 살인율과 삼진아웃제가 상당 부분 관련이 있는 것으로 드러났다(Kovandzic et al., 2004).

랜드연구소 연구자들은 이전의 법적용을 받은 수용자보다 삼진아웃에 의해 수용된 범죄자의 수용기간이 더 길어지는 시점이 될 때까지 그 효과성에 대해 알 수 없다고 지적하였다. 또한 범죄율에 영향을 미치는 여러 가지 사회적, 정치적, 경제적 요인들을 완전하게 통제하는 것이 어렵기 때문에 효과성 측정이 더욱 어렵다(Stolzenberg & D'Alessio, 1997; Zimring et al., 1999).

7단계: 재평가 및 검토

앞서 논의된 각각의 영역에서 보다 철저한 계획은 법 시행에 있어서 무일관성과 실패를 줄여줄 것이다. 더 나아가 예상하지 못했거나 의도하지 않은 정책의 부정적 효과(예를 들어, 법원 업무량과 적체 영향, 구치소나 교도소의 과밀수용 영향)를 줄이는 데에도 도움이 될 것이다.

캘리포니아에서는 1994년 당시 증가하던 폭력범죄에 대한 우려 때문에 삼진아웃제의 제정이 강력하게 주장되었다. 하지만 뒤이은 수용자 비율의 상승과 이후 20년간에 걸쳐 지속된 주 재정의 위기로 인해 캘리포니아는 마침내 2012년 11월 법을 완화하기로 의결하였다(Leonard & Dolan, 2012). 수정된 법은 강간이나 거주지 침입과 같이 최소 2개의 폭력범죄 또는 심각한 전과를 가진 범죄자들을 대상으로 적용되었다. 약 69%의 지지를 받은 발의안 36호에 의해 소액 절도나 마약소지와 같이 비교적 경미한 범죄를 저지른 범죄자들이 더 이상 25년간의 교도소 복역을 하지 않아도 된 것이다. 하지만 중범죄를 저질렀거나 폭력 범죄로 3차례 이상 유죄선고를 받은 범죄자의 경우 여전히 법정 장기형을 받을 수 있다. 경미한 범죄를 저질러 수용된 삼진아웃된 범죄자(약 3000명의 재소자)의 3분의 1이 새로운 법에 따라 감형을 요구하였다. 하지만 강간, 살인, 어린이 성추행 같은 중범죄로 전과력이 있는 재소자는 석방될 수 없었고 법원은 수용자가 공공안전에 위험하다고 판단될 경우 감형 요청을 기각하였다. 삼진아웃제는 새롭게 도입된 프로그램 또는 정책이 본래 정치인의 주장보다 훨씬 효과가 적었던 대표적인 사례로 꼽힌다(Auerhahn, 2001).

질문

1. 계획된 변화의 7단계 모델이 어떻게 삼진아웃제와 같은 기존 정책을 분석하는 데 쓰일 수 있는지 간단히 설명하시오.
2. 표 1.2를 참고하여 삼진아웃제에 대한 7단계 각각의 사례를 하나씩 짧게 기술하시오.

참고 문헌

APSA Task Force on Inequality and American Democracy. (2004). *American democracy in an age of rising inequality: Report of the American political science association task force on inequality and American democracy.* Washington, DC: American Political Science Association. Retrieved from: http://www.apsanet.org/imgtest/taskforcereport.pdf.

Auerhahn, K. (2001). *Incapacitation, dangerous offenders, and sentencing reform.* Albany, NY: State University of New York Press.

Babington, C. (2006). Congress votes to renew Patriot Act, with changes. *The Washington Post*, A03 (March 8).

Berman, P. (1981). Thinking about programmed and adaptive implementation: Matching strategies to situations. In H. Ingram & D. Mann (Eds.), *Why policies succeed or fail*(pp. 205-230). Beverly Hills, CA: Sage.

Blumstein, A., & Beck, A. J. (1999). Population growth in U.S. prisons, 1980-1996. In M. Tonry & J. Petersilia (Eds.), *Prisons: Crime and justice v. 26*, (pp. 17-61). Chicago: University of Chicago Press.

Buzawa, E. S., & Buzawa, C. G. (2003). *Domestic violence: The criminal justice response* (3rd ed.). Newbury Park, CA: Sage.

Cannon, A. (1996). Survey: "Three-strikes" laws aren't affecting crime. The federal government and states aren't hastening to use them. California is the notable exception. *The Philadelphia Inquirer* (September 10). Retrieved from: http://articles.philly.com/1996-09-10/news/25632678_1_third-felony-conviction-sentencing-laws-violent-felonies.

Center for the Study and Prevention of Violence, Institute of Behavioral Science, University of Colorado at Boulder. (2015). *Big Brothers Big Sisters of America: Detailed evaluation abstract.* Retrieved from: http://www.blueprintsprograms.com/evaluationAbstracts.php?pid=fe5dbbcea5ce7e2988b8c69bcfdfde8904aabc1f.

Clear, T. R., Cadora, E., Byer, S., & Swartz, C. (2003). *Community justice.* Belmont, CA: Wadsworth.

Cohen, M. A. (2000). Measuring the costs and benefits of crime and justice. In D. Duffee (Ed.), *Criminal justice 2000, v. 4 (NCJ-182411)* (pp. 263.314). Washington, DC: U.S. Department of Justice, National Institute of Justice.

D'Ovidio, R. (2007). The evolution of computers and crime: Complicating security practice. *Security Journal*, 20, 45.49.

Dutta-Gupta, I., Pavetti, L., & Finch, I. (2012). Eliminating social services block grant would weaken services for vulnerable children, adults, and disabled. Retrieved from: http://www.cbpp.org/research/eliminating-social-services-block-grant-wouldweaken-services-for-vulnerable-children.

Gandhi, A. G., Murphy-Graham, E., Petrosino, A., Schwartz Chrismer, S., & Weiss, C. H.(2007). The devil is in the details: Examining the evidence for "proven" schoolbased drug abuse prevention programs. *Evaluation Review*, 31, 43.74.

Gans, H. (1996). The war against the poor: *The underclass and antipoverty policy.* New York: Basic Books.

Greenwood, P. W., Rydell, C. P., Abrahamse, A. F., Caulkins, J. P., Chiesa, J., Model, K. E., & Klein, S. P. (1994). *Three strikes and you're out: Estimated benefits and costs of California's new mandatory-sentencing law.* Santa Monica, CA: RAND. Retrieved from: http://www.rand.org/publications/MR/MR509/.

Greenwood, P. W., Everingham, S. S., Chen, E., Abrahamse, A. F., Merritt, N., & Chiesa, J. (1998). *Three strikes revisited: An early assessment of implementation and effects (NCJ194106).* Washington, DC: U.S. Department of Justice, Office of Justice Programs, National Institute of Justice.

Harris, P., & Smith, S. (1996). Developing community corrections: An implementation perspective. In A. T. Harland (Ed.), *Choosing correctional options that work: Defining the demand and evaluating the supply.* Thousand Oaks, CA: Sage.

Jacobs, L., & Skocpol, T. (Eds.), (2005). *Inequality and American democracy: What we know and what we need to learn.* New York: Russell Sage Foundation.

Kettner, P.M., Daley, J. M., & Nichols, A. W. (1985). *Initiating change in organizations and communities.* Monterey, CA: Brooks/Cole.

Kovandzic, T. V., Sloan, J. J., III, & Vieraitis, L. M. (2004). "Striking out" as crime reduction policy: The impact of "three strikes" laws on crime rates in U.S. cities. *Justice Quarterly, 21*, 207. 239.

Lagos, M. (2011). Rethinking California's "three-strikes" law: Stanford project appeals sentences seen as too harsh. *San Francisco Chronicle (July 3).* Retrieved from: http://articles.sfgate.com/2011-07-03/news/29732356_1_three-strikes-law-three-strikesthree-strikes-cases.

Leonard, J., & Dolan, M. (2012). Softer 3-strikes law has defense lawyers preparing case reviews. *Los Angeles Times* (November 8). Retrieved from: http://articles.latimes.com/print/2012/nov/08/local/la-me-three-strikes-20121108.

Lovrich, N. P., Pratt, T. C., Gaffney, M. J., & Johnson, C. J. (2003). *National forensic DNA study report (NCJ 203970).* Washington, DC: U.S. Department of Justice, National Institute of Justice. Retrieved from: http://www.ncjrs.org/pdffiles1/niji/grants/203970.pdf.

McLaughlin, M. (1976). Implementation as mutual adaptation: Change in classroom organization. In W. Williams & R. E. Elmore (Eds.), *Social program implementation*(pp. 167.180). San Diego: Academic Press.

Moore, M. (1998). Synthesis of symposium. In U.S. Department of Justice, *The challenge of crime in a free society: Looking back, looking forward. Symposium on the 30th Anniversary of the President's Commission on Law Enforcement and Administration of Justice (NCJ 170029)* (pp. 167.178). Washington, DC: U.S. Department of Justice, Office of Justice Programs. Retrieved from: http://www.ojp.usdoj.gov/reports/98Guides/Iblf/lblf.pdf.

Parent, D., Dunworth, T., McDonald, D., & Rhodes, W. (1997). *Key legislative issues in criminal justice: Mandatory sentencing (NCJ 161839).* Washington, DC: U.S. Department of Justice, Office of Justice Programs, National Institute of Justice.

Petersilia, J. (2003). *When prisoners come home: Parole and prisoner reentry.* New York: Oxford University Press.

Piven, F. F. (2006). Response to "American democracy in an age of inequality." *Political Science and Politics*, 39, 43.46.

President's Commission on Law Enforcement and Administration of Justice. (1968). *The challenge of crime in a free society*. New York: Avon Books.

Rege, A. (2014). A criminological perspective on power grid cyberattacks: Using routine activities theory and rational choice perspective to explore adversarial decisionmaking [Special Issue on Cybersecurity, Cybercrime, Cyberwar]. *Journal of Homeland Security and Emergency Management (JHSEM)*, 11(4), 463.487. DOI: 10.1515/jhsem-2013-0061.

Rossi, P. (1991). *Down and out in America: The origins of homelessness* (2nd ed.). Chicago: University of Chicago Press.

Schall, E., & Neises, E. (1998). Managing the risk of innovation: Strategies for leadership. *Corrections Management Quarterly*, 2, 46.55.

Sherman, L. W., Gottfredson, D., MacKenzie, D., Eck, J., Reuter, P., & Bushway, S. (Eds.), (1998). *Preventing crime: What works, what doesn't, what's promising*. Washington, DC: U.S. Department of Justice, National Institute of Justice.

Sieber, S. D. (1981). *Fatal remedies*. New York: Plenum.

Stambaugh, H., Beaupre, D., Icove, D. J., Baker, R., Cassaday, W., & Williams, W. P. (2000). *State and local law enforcement needs to combat electronic crime (NCJ 183451)*. Washington, DC: U.S. Department of Justice, Office of Justice Programs. Retrieved from: http://www.ncjrs.org/pdffilesl/nij/183451.pdf.

Stolzenberg, L., & D'Alessio, S. J. (1997). "Three strikes and you're out": The impact of California's new mandatory sentencing law on serious crime rates. *Crime & Delinquency*, 43, 457.469.

Taxman, F., & Bouffard, J. A. (2002). Assessing therapeutic integrity in modified therapeutic communities for drug-involved offenders. *The Prison Journal*, 82, 189.212.

Tonry, M. (1987). *Sentencing reform impacts*. Washington, DC: U.S. Department of Justice, National Institute of Justice.

Tonry, M. (1995). *Malign neglect: Race, crime, and punishment in America*. New York: Oxford University Press.

U.S. Department of Justice. (1998). The challenge of crime in a free society: Looking back, looking forward. *Symposium on the 30th Anniversary of the President's Commission on Law Enforcement and Administration of Justice (NCJ 170029)*. Washington, DC: U.S. Department of Justice, Office of Justice Programs. Retrieved from: http://www.ojp.usdoj.gov/reports/98Guides/lblf/Iblf.pdf.

Walker, S. (1992). Origins of the contemporary criminal justice paradigm: The American Bar foundation survey, 1953.1969. *Justice Quarterly*, 9, 47.76.

Welsh, B.C., & Farrington, D. P. (2000). Monetary costs and benefits of crime prevention programs. In M. Tonry (Ed.), *Crime and Justice*. v. 27 (pp. 305.361). Chicago: University of Chicago Press.

Welsh, W. N. (1995). *Counties in court: Jail overcrowding and court-ordered reform*. Philadelphia: Temple University Press.

Welsh, W. N., & Zajac, G. (2004a). Building an effective research partnership between a university and a state correctional agency: Assessment of drug treatment in Pennsylvania prisons. *The Prison Journal*, 84, 143.170.

Welsh, W. N., & Zajac, G. (2004b). A census of prison–based drug treatment programs: Implications for programming, policy, and evaluation. *Crime & Delinquency*, 50, 108–133.

Welsh, W. N., Harris, P., & Jenkins, P. (1996). Reducing overrepresentation of minorities in juvenile justice: Development of community–based programs in Pennsylvania. *Crime & Delinquency*, 42, 76–98.

Wilson, S., & Goldfarb, Z. A. (2013). Obama announces proposals to reform NSA surveillance. *Washington Post* (August 9). Retrieved from: http://www.washingtonpost.com/politics/obama–to–announceproposals–to–reform–nsa–surveillance/2013/08/09/ee3d6762–011a–11e3–9711–3708310f6f4d_story.html.

Zajac, G. (1997). Reinventing government and reaffirming ethics: Implications for organizational development in the public sector. *Public Administration Quarterly*, 20, 385–404.

Zimring, F. E., Kamin, S., & Hawkins, G. (1999). *Crime & punishment in California: The effect of three strikes and you're out*. Berkeley, CA: Institute of Governmental Studies Press.

문제 분석

이 장의 개요

- ◆ 변화의 필요성을 기록(문서화)하라. 문제가 무엇이며, 어디에 있으며, 얼마나 중요한지 그리고, 누가 그 문제의 영향을 받고 있는지 분명히 밝히기 위해서 자료를 수집하고 분석하라. 그 문제에 대한 어떤 증거가 존재하는가?
- ◆ 문제의 연혁(history)을 서술하라. 얼마나 오랫동안 그 문제가 지속되어 왔는가? 그 문제는 시간이 지남에 따라 어떻게 변해왔는가?
- ◆ 문제의 잠재적 원인을 조사하라. 문제의 원인은 무엇인가? 그 문제와 관련된 어떤 학술적 이론들이 있는가? 문제에 대한 개입(intervention)은 연구에 의해 뒷받침된 하나 혹은 그 이상의 명확한 원인을 목표로 삼아야 한다.
- ◆ 문제를 해결하기 위해 시도했던 이전의 개입들을 조사하라, 가장 훌륭했던 개입들을 확인하라. 그리고, 선호되었던 개입 방식을 선택하라. 가능한 방책(方策)에 대한 직접적인 결정을 위해서 이용 가능한 정보를 분석할 필요가 있다.
- ◆ 관련 이해당사자를 확인하라. 다른 집단에 속해 있는 사람들은 그 문제에 대해 다른 정의를 내리고 있는가? 그 문제로 인해 영향을 받는 사람은 누구인가?
- ◆ 시스템 분석을 실행하라. 문제가 존재하는 시스템에 관한 연구를 수행하라. 그리고 그 시스템이 어떻게 문제를 발생시켰고, 원인이 되었는지 또는 문제를 지속시켜왔는지 밝혀내라.
- ◆ 변화에 대한 저항과 지지를 확인하라. 누가 특정 방책을 지지할 것 같은가 또는 누가 그 방책에 저항할 것 같은가?

특정 문제를 변화시키려고 할 때 발생하는 문제점을 파악하기 위해서는 약간의 예비 분석이 필요하다. 이러한 분석은 모든 후속 계획수립 활동의 단계를 설정하는데 중요하다. 우리는 이미 무엇을 해야 할지 알고 있으니 지금 당장 시작해야 한다고 주장하는 행동주의자의 편향(activist bias)을 주의하자. 거의 모든 경우에 있어 위와 같은 견해를 드러내는 사람들은 문제와 그 원인을 모호하게 정의 내리며, 성공적인 개입에 대한 지식은 거의 없다. 그들은 의도치 않게 허술한 계획과 제대로 실행되지도 않을 비효율적인 개입의 가능성이 극대화된 계획되지 않은 변화의 과정을 옹호하게 될 것이다. 수많은 시간의 노력과 성공적 변화를 이끌어내야 하는 동기부여가 이런 계획되지도 않은 변화에 낭비되어서는 안 된다. 우리가 문제를 어떻게 분석하느냐에 따라 어떤 종류의 개입을 할지가 정해진다. 문제를 분석함에 있어 결함이 존재한다면 후속 프로그램이나 정책 입안 역시 마찬가지로 잘못될 것이기 때문이다.

1. 변화의 필요성 기록(문서화)

문제에 대한 정보를 조사하는 것으로 부터 문제 분석은 시작된다. 우리는 다음과 같은 질문들에 관심이 있다; 그 문제를 어떻게 정의할 것인가? 그 문제는 얼마나 심각하고 어디에 존재하는가? 변화될 수 있는 잠재력은 있는가? 우리는 특히 (문제를 해결해야 할) 필요성 또는 문제 그 자체의 존재에 대한 증거를 제시하고자 한다.

여기서 매우 주의할 필요가 있다. 미디어와 정치인들 심지어 형사사법기관의 관료들 조차도 사회적으로 많은 문제들을 만들어 낸다는 점이다. 사회적 구성(social constructions)에 의해 특정한 문제들은 인지되고 특정 문제에 유독 관심과 자원이 집중되도록 하는 결정이 이뤄진다(Spector & Kitsuse, 2001; Walker, 2005). 그러나 문제의 인지(perceptions)와 그것에 대한 반응(reactions)은 문제의 실제 크기나 분포와 다를 수 있다. 우리는 문제를 문서화하고 기술하고 분석하는 수단이 필요하다. 최소한, 구체적인 조치를 취하기 전에 문제가 실제로 존재하는지 확인해야 하지만 효과적인 해결책을 계획하기 위해서는 문제의 크기와 분포에 대해서도 알 필요가 있는 것이다.

비록 구분이 다소 자의적일지라도 문제(problem)로부터 (그 문제를 해결해야 할) 필요성(need)을 구별해 내는 것은 때로 가치가 있다. 학생들이 가끔 많은 "상황(conditions)"들에서 (문제이거나 필요성이거나) 어느 쪽이든 상관없지 않느냐고 말하곤 한다; 예를 들어, 가정폭력의 피해자들이 만일 그들을 위한 쉼터를 이용하지 못하고 있다면, 필요성뿐만이 아니라 (이 집단의 반복적인 학대 사건과 같은) 문제까지 있는 것이 아닌가? 얼핏 보기에는 자의적으로 보일 수도 있지만, 문제 분석(어떤 종류의 정보를 수집할지)과 원인 분석(왜 특정 조건들은 부족하고 반면에 왜 다른 조건들은 있었는지에 관한 설명), 적절한 개입의 확인(중요한 간극을 메우는 서비스를 제공하려고 시도했는지 아니면 문제를 변화시키기 위해 어떤 개입을 제공하려고 시도하였는지)은 큰 차이가 있다. 필요성과 문제는 명백히 관련되어 있지만 그러나 동일하지는 않다.

필요성

특정 집단의 사람들을 불편하게 하거나 고통스럽게 만드는 어떤 것의 결핍(lack). 예를 들어, 유죄선고를 받은 범죄자에 대한 약물치료 프로그램 또는 학대받은 여성들을 위한 쉼터에 대한 필요성이 있다고 주장할 수 있다. 아래의 사례의 경우와 같이, 서비스의 결핍은 목표 집단이 겪는 어려움들을 끊임없이 계속 겪도록 만든다.

사례 1.1 학교 폭력: 통제 불능의 문제?

학교 안팎에서 발생한 총기사고는 학교 폭력에 대한 전국적인 논쟁을 불러일으켰다. 1999년 컬럼바인 고교 총격 사건, 2007년 버지니아텍 총기 난사 사건 그리고 그 밖의 학교 시설에서 발생해 널리 보도된 다른 총기 사건 같은 끔찍한 일이 이어졌다. 때문에 많은 학구(學區)와 학교들이 (위와 같은 사건을 막기 위한) 보안 수단과 징계 학칙을 개선하려 안간힘을 쓰고 있다. (위와 같은) 극적인 사건들이 학교가 통제불능 상태에 있다는 인식을 불러일으킬 수도 있지만 이와 반대로 (학교폭력에 대해) 온건한 해석을 보여주는 유용한 자료도 있다. 학교 범죄와 안전에 관한 국가의 1차적 자료 중 하나인 '학교 범죄와 안전 지표들(Indicators of School Crime and Safety)(Robers et al., 2014)'이라는 연례 보고서가 그것이다. 이 보고서는 다양한 자료로부터 도출된 지표들을 활용해 다음과 같은 결론을 보여주고 있다.

- 5~18세 청소년을 대상으로 2010년 7월 1일부터 2011년 6월 30일까지 조사한 결과, 학교에서 총 11명이 살해되었으며 3명이 자살하였다. "학교 관련 변사(變死)사건"의 정의를 살펴보면 "살인, 자살 또는, 법적 개입(법집행관이 관여된)으로 인해 미국의 초등학교 또는 중학교 이상의 기능을 하는 캠퍼스에서 치명적 부상이 발생했거나, 피해자가 학교에서 정규 수업을 참석하거나 또는 등하교중 발생하였거나, 공식적으로 학교가 후원한 행사에 참석했거나 이를 위해 여행하러 가거나 오는 중에 발생한 경우"를 포함한다(지표 1).
- 2012년 12~18세 학생들이 학교 내에서 당한 심각한 폭력범죄(강간, 성폭행, 강도, 가중처벌 폭행) 피해율(1000명 당 3.0명)은 학교 밖에서 발생하는 비율(1000명 당 2.9명)과 비교해 봤을 때 주목할 만한 차이가 없었다(지표 2).
- 2011년 12~18세 학생의 4%가 지난 6개월간 학교에서 범죄피해를 당한 적이 있다고 보고했다. 3%는 절도, 1%는 폭력 피해를, 0.1%는 심각한 폭력 피해를 당했다고 보고했다(지표 3).

다행히도, 컬럼바인 고교 총기 난사사건 같은 비극은 드물다. 최근 자료들에 의하면 학교 폭력이 통제 밖에 있다거나 학교 보안 정책 개정만이 올바른(또는 유일한) 해법이라고 주장하는 건 확실해 보이지 않는다. 어느 지역에서든 학교 (보안) 정책의 개정이나 개발에 앞서 철저하면서도 지역 사정에 맞는 문제에 대한 분석이 선행되어야 할 것이다.

다음으로, 문제에 관해 몇 가지 경계들(boundaries)을 적용해 보려고 한다. 예를 들어, 청소년 폭력에 대한 우려를 언급함으로써 시작해 볼 수 있다. 하지만 우리는 그 문제에 대한 정보, 다양한 원인에 대한 설명들 그리고 각기 다른 개입들에 대한 정보들로 금방 압도당하고 만다(Riedel & Welsh, 2015). 우리는 정말로 모든 종류의 청소년 폭력이나 또는 특정한 장소에서 발생하는 범죄에 관심이 있는 것인가? 우리는 조직 폭력, 학교폭력, 총기 관련 폭력, 약물 관련 폭력, 면식범 혹은 비면식범에 의한 폭력, 도구적(목표 지향적) 폭력 또는 정서적(감성적) 폭력 등과 같은 특정한 유형의 폭력에 정말로 관심이 있는가? 이것은 중요한 포인트다. 우리는 먼저 문제에 대한 정의를 좁히기 위해 약간의 조사를 할 필요가 있다. 특정 유형의 폭력뿐만 아니라 특정 연령 집단(예컨대 중학생들), 특정 사법관할권(예컨대 폭력범죄 비율이 높은 공동체나 특정 도시, 카운티, 주), 특정 인구학적 집단(예컨대, 도심내 거주하는 빈곤층 아이들)에 초점을 맞추는 것이 전적으로 가능하다. 특정한 방식으로 경계(개인적, 정치적 또는 이론적 관심)를 설정하기로 한 이유가 무엇이든 간에, 경계를 확인하는 것은 문제를 얼마나 넓게 또는 좁게 정의할 것인지를 판단하는 것과 관련이 있다.

문제(Problem)

특정 집단의 사람들을 불편하게 하거나 고통스럽게 만드는 어떤 것의 존재(presence). 예를 들면, 우리는 특정 공동체에서 약물을 구입하려는 중독자에 의해 저질러지는 강도사건 발생 비율이 높은 상황을 겪고 있다고, 또는 학대 피해 여성들이 법원에 보호 명령을 신청하는 사례가 빈번하게 반복되고 있다고 주장할 수 있다. 각각의 사례에서 특정 그룹의 사람들이 겪는 고통이 지속되도록 하는 명확한 조건이 있다.

발생률 혹은 빈도(Incidence)

특정 기간 내에서 발생한 문제의 새로운 사례의 수(예를 들어, 특정 연도에 진단된 후천성 면역 결핍증(AIDS)의 신규 사례의 수). UN 에이즈 프로그램(Joint United Nations Programme on HIV/AIDS, UNAIDS)에 따르면 전 세계에서 2013년 후천성 면역결핍증 바이러스(HIV)에 감염된 사람은 210만 명으로, 2005년 290만 명에 비해 그 수가 줄어들었다(UNAIDS & WHO,2015).

우리는 우선 기존 상황의 분석을 통해 변화의 필요성을 기록(문서화)하려고 시도한다. 문제가 진짜 있는 것인가? 그것은 얼마나 심각한가? "필요성"의 수준은 어느 정도인가? 그 문제에 대한 증거는 무엇인가? 문제를 기록(문서화)하는 방법 중 하나는 발생률(incidence)과 출현율(prevalence)[2)]을 살펴보는 것이다.

출현율(Prevalence)

특정 날짜를 기준으로 한 특정 문제들의 현재 사례의 수(예를 들면, 특정 날짜 기준 AIDS에 감염된 사람들의 전체 수). 2013년 12월 31일 현재 세계적으로 AIDS에 감염되어 생활하고 있는 사람은 2005년 약 3,210만 명에서 약 290만명 늘어난 약 3,500만 명으로 추산된다(UNAIDS & WHO, 2015).

우리는 문제에 대한 설명적 정보뿐만 아니라 이런 종류의 통계적 정보를 어디에서 얻는가? 우리는 보통 문제의 수준과 심각성을 추정하기 위해 몇몇 종류의 자료를 살펴볼 필요가 있다. 몇 가지 유용한 방법이 있는데 그 중 4가지를 짧게 살펴볼 것이다(도표 1.1). 시간과 자원이 허락하는 한 특정 문제에 집중하기 위해 가능한 많은 기법을 사용하는 것은 언제나 바람직하다.

도표 1.1 자료 수집 기법: 변화의 필요성 기록(문서화)하기

- **핵심 정보원 이용하기:** 지역의 "전문가"를 인터뷰해서 문제의 필요성 수준과 심각성을 평가할 수 있다(예를 들어, 지역사회 지도자, 경찰관, 사회 서비스 기관 종사자, 성직자 등). 이 기법과 관련된 1가지 문제는 인터뷰 대상을 그들의 전문성에 따라 신중하게 선택해야 한다는 점이다. 그들의 견해에 선입견이 있거나 정확하지 않을 수 있다는 점을 명심할 필요가 있다.
- **지역사회 포럼:** 특정 문제에 관심이 있는 지역사회의 다양한 사람들을 한 데 모이게 할 수 있다. 토론하고 생각을 나누면서 지역사회에서 다뤄야 할 주요 문제나 필요성을 확인할 수 있다. 이러한 접근법의 일반적 어려움 중 하나는 가장 목소리 큰 집단이 반드시 해당 공동체를 대표하지 않을 수 있다는 점이다(예를 들면, 특정 이익집단).

2) 역자주 : 출현율(prevalence)이란 특정한 시기에 특정한 장소에서 어떤 집단 내에 존재하는 전체 수를 말한다. 빈도(incidence)와 달리 출현율은 현재 존재하고 있는 것을 일컬으므로 새로운 사례 수를 고려하지 않기 때문에 인과관계를 결정하는 데에는 유용하지 않다. 그러나 출현율은 특별한 시기에 서비스를 필요로 하는 지역을 결정할 때 빈도보다 더 유용하게 사용할 수 있다.(사회복지학사전: 이철수, 2009)

- 지역사회 설문조사: 도시 내에서 공동체나 특정 지역의 일부분을 표본으로 해서 설문조사를 진행할 수도 있다. 예를 들어, 설문대상자에게 "여러분의 공동체에서 다음과 같은 문제들이 얼마나 심각하다고 평가하십니까?"라고 물어볼 수 있다. 이 기법과 관련된 일반적인 문제는 숙련된 조사자가 필요하고 비용과 시간이 많이 소요된다는 점이다.
- 사회 지표(Social indicator): 사회 지표는 특정 지역에서 나타나는 일련의 사회적 여건을 반영한 통계자료를 말한다. 예를 들어, 미국 인구조사국(U.S. Census Bureau)은 실업과 주거, 교육, 범죄에 관한 광범위한 자료를 수집해 보고한다. 특정 질문에 관한 자료를 수집하는 어려움(예를 들어 문맹률 조사의 경우, 당혹감 탓에 문맹률이 실제보다 낮게 보고될 수도 있다)과 모집단을 대표하지 못하는 표본(예를 들면, 인구통계에서 단기체류자나 미등록 이민자가 실제보다 적게 집계될 수 있다)의 문제가 사회 지표를 이용할 때 나타나는 일반적인 문제들이다.

아마 사회 지표가 형사사법 문제를 분석하는 데 있어 가장 접근이 쉽고 널리 쓰이는 종류의 자료일 것이다(표 1.2). 예를 들면, 미국 연방수사국(FBI)이 수집하는 범죄통계보고서(UCR)는 경찰에 보고된 모든 범죄와 특정 범죄별 경찰의 체포 현황으로 이뤄져 있다. 이 자료는 각 주 별로도 유용하고 전체 국가 단위로도 활용할 수 있다. 이 숫자들은 가령 살인 범죄율에서 특정 연도에서 특정 연도까지의 변화를 계산하는 데 널리 쓰인다. 폭넓게 활용되는 다른 지표로는 미국의 전국범죄피해조사(NCVS)로, 주민들에게 특정 기간(예를 들어, 최근 6개월간) 내에 특정 범죄의 피해를 입었는지를 보고하도록 하는 조사이다. 전국범죄피해조사는 고통 받은 피해의 정도와 범죄자 특징(만일 알고 있다면)과 같은 다른 피해 정보도 조사되고 있다.

도표 1.2 형사사법 문제에 관련된 사회 지표의 사례

정부 문서와 공공 자료는 다양한 형사사법 주제들에 관하여 유용한(그러나 무료인) 정보를 제공한다(형사사법과 관련한 사회 지표의 유용한 자원 중 하나는 국립형사재판정보처(National Criminal Justice Reference Service, NCJRS, http://www.ncjrs.gov/이다). 여기서는 2가지 사례를 제시한다.

- 고등학생의 약물 이용. 2014년 마리화나 흡연의 경우, 마약을 유해하다고 여기는 청소년의 비율이 떨어졌음에도 불구하고 (크게 늘지 않고) 안정적인 상태를 보였다. 지난달 마리화나 흡연 비율은 8학년에서 6.5%, 10학년에서 16.6%, 12학년에서 21.2%로 꾸준한 상태였다. 고교 12학년생의 대다수는 간헐적으로 하는 마리화나 흡연이 유해하다고 생각하지 않았는데, 36.1%만이 정기적인 마리화나 흡연이 흡연자를 큰 위험에 빠뜨릴 것이라고 답해서 2009년 52.4%, 2013년 39.5%와 비교되었다(국립약물남용연구소(NIDA), 2015).

• 가정폭력. 2013년 여성을 상대로 한 치명적이지는 않은(nonfatal) 폭력범죄의 70%가 "면식범"(예컨대, 친구, 지인, 배우자, 前 배우자, 부모, 자녀, 형제/자매, 친척, 남자친구/여자친구)에 의해 저질러졌다(법무부사법통계국(BJS), 2015).

사회 지표를 조사함으로써 우리는 문제에 대한 정의를 내릴 수 있고, 그 문제를 변화시키려고 시도하게 된다. 예를 들어, 미국 교정국(NIC)이 자금을 지원한 '지역사회 교정프로그램 개발 프로젝트(community correction program development project)'의 일환으로 템플대학교(Temple University) 연구자들은 로스앤젤레스 오렌지 카운티 보호관찰국과 공동연구를 진행하였다.

이 연구에서 그들은 청소년 중 단지 8%의 고위험 그룹이 소년법원을 반복해 들락날락하는 사례의 대다수를 차지한다는 사실을 발견했다. 결과적으로 보호관찰, 보건, 정신보건, 사회복지, 학교 당국 등 많은 기관이 협력해서 특별히 이 고위험 그룹을 목표로 한 '8% 해결책(8% solution)'이라는 프로그램을 개발하였다(Kurz & Schumacher, 2000).

사회 지표들은 문제의 심각성, 즉 문제가 어떤 그룹에 걸쳐 있는지(예를 들어 고소득층과 저소득층), 시간이 지나 어떻게 변하는지(더 나아지는지 더 나빠지는지)를 확인하는 데에 아주 유용하다. 하지만 이런 자료들에는 편향(Bias)이 있을 수 있으니 잠재적인 이용자라면 이를 알아 둘 필요가 있다(Biderman & Lynch, 1991; Riedel & Welsh, 2015). 예들 들어, 범죄 피해 측정은 여러 가지 요인들에 의해 편향될 수 있다(가령, 질문이나 범죄 정의에 대한 응답자의 오해, 시간 경과로 인한 잘못된 기억, 두려움과 당혹감 또는 응답자의 불법행위 참여 탓으로 인한 의도적인 축소 보고). FBI의 범죄통계보고서(UCR)와 같은 경찰에 보고된 범죄율은 범죄 사건을 기록하고 코딩하는 과정에서 경찰의 실수를 포함한 잠재적인 편향을 지니고 있을 수 있다. 많은 범죄들이 다양한 이유(예를 들면, 피해자나 목격자의 두려움, 당혹감, 또는 사법 시스템에 대한 불신)로 경찰에 아예 보고조차 되지 않는다. 사회 지표는 그 지표가 측정되는 방식의 문제로 인해 실제 객관적 지표 보다는 사회적 구성(social construction)인 것처럼 보일 수 있다. 리스와 로스가 언급한 바와 같이 "그러므로 어떤 범죄 통계도 객관적으로 관찰가능한 행동의 세계에 기반을 두고 있지 않다. 오히려 그것보다 폭력 범죄 통계는 범죄 통계를 집계 하는 몇몇 형사사법기관들에 의해 정의 내려진, 체포 및 소송 절차가 진행되는 사건들에 근거하고 있다"(Reiss and Roth, 1993).

사례 1.2 뉴욕의 범죄: 진실인가? 허구인가?

다음의 사례는 문제와 (그 문제의) 잠재적 원인을 분석하는 데 있어 발생하는 어려움의 일부를 보여준다. 이 사례는 지금까지 이 장에서 논의한 요점들을 어떻게 나타내고 있는가?

우리는 범죄를 감소시키는데 기여한 공직자들을 칭찬하는(또는 범죄가 증가한 것에 대해 비난하는) 것에 주저해야만 할까? 루돌프 줄리아니 前 뉴욕시장과 윌리엄 브래턴 前 경찰국장은 범죄 대응 전략을 향상시키고 범죄에 대한 '무관용' 전략 고수한 결과 1991년부터 1996년까지 (경찰이 기록한) 범죄 발생률이 감소(살인범죄율이 55% 감소한 것을 포함해)했다고 주장했다. 하지만, 이 주장에 대해 회의적인 이유가 있다(Blumstein, Wallman, & Farrington, 2000).

- 뉴욕에서 살인 범죄율은 1991년부터 감소하기 시작했는데, 이는 줄리아니 시장과 브래턴 국장이 취임하기 3년 전이다.
- 살인과 폭력 범죄 비율이 같은 기간 전국적으로 떨어졌다; 유일하게 뉴욕에서만 일어난 현상이 아니라는 뜻이다.
- 공직자들은 경찰 정책과 경찰 자원이 범죄 통계에 결정적으로 영향을 미친다고 여기고 있다. 하지만, 과거 50년간 이뤄진 많은 범죄학 연구의 결과는 그렇지 않다는 걸 보여준다.
- 불법 마약시장의 변화, 무기 획득의 용이성, 사회적 · 경제적 여건, 수감률(incarceration rate), 인구의 연령구성비 변화, 합법적 노동 시장 내 청소년의 진입 등 범죄에 영향을 미치는 다른 요소는 매우 많다. 범죄 감소(또는 증가)를 설명하는 특정한 원인들을 정확히 밝혀내는 건 매우 어려운 일이다.

2. 문제의 연혁(history)기술

문제 분석의 일환으로 우리는 문제의 연혁이 무엇인가를 알 필요가 있다; 주어진 문제가 얼마나 오랫동안 존재했고 이 문제는 시간이 지나면서 어떻게 변화하였는가? 이런 정보의 일부는 "핵심 인물(key person)" 인터뷰, 지역사회 포럼, 설문조사, 또는 사회 지표 조사와 같은 연구 방법을 통해 수집되어질 것이다. 그러나 대부분의 경우 우리의 관심이 필요한 사회적 문제가 어떻게 정의 내려졌으며, 시간에 따라 그 문제에 대한 대응이 어떻게 변화해 왔는지를 보여주는 (중요한 역사적 사건을 다루는) 출판된 문헌들을 더 살펴봐야 할 것이다. 어떤 사건들이 변화가 필요한 사회적 문제로서 특정 조건들의 개념을 형성하도록 하여 왔는가? 그런 역사적 사건에는 종종 소송과 입법, 극적인 공개 행사, 또는 범죄 통계와 같은 특정한 사회 지표들을 포함하고 있다.

소송은 가정폭력 사건에서 그랬던 것처럼 종종 문제에 대한 인식을 형성하도록 한다. 법적책임 이슈는 경찰로 하여금 개혁에 대한 요청을 심각하게 검토하도록 이끌었다. 몇 가지 주요 사례들 중 첫 번째는 '써먼 대(VS) 토링턴시(커네티컷주)'[3] 소송이다. 경찰이 지속적인 써먼의 도움 요청을 고의적으로 무시했다는 사실을 변호인이 성공적으로 입증한 이후, 법원은 써먼에게 230만 달러의 손해배상금을 지급했다. 이 사건으로 인해 가정폭력 문제 대한 인식이 달라진 것은 물론이고 많은 경찰관서들이 (무죄 추정이 아닌) 체포의 추정(presumption of arrest)을 선호하도록 만들었다.

입법 또한 변화를 강하게 이끌 수 있다. 예컨대, 연방 소년사법 및 비행예방법(Juvenile Justice and Delinquency Prevention, JJDP)은 소년사법에 있어 소수인종이 지나치게 많이 부각되는 것을 줄이기 위한 지속적인 국가 시책을 이끌어냈다.(아래 사례 1.3을 참조할 것).

재소자 32명과 교도관 11명이 사망하고 막대한 피해를 발생시킨 1971년 9월 뉴욕의 애티카 교도소(Attica Prison) 폭동처럼 극적이면서 폭력적인 그리고 잘 알려진 사건들은 종종 문제에 대한 인식을 향상시킨다. 애티카 폭동 사건 이후 미국 역사상 가장 집중적인 교도소內 폭력 조사가 이루어졌고 지속적으로 교도소 관리 정책이 추진되었다(Riveland, 1999).

문제에 대응한 연혁을 요약하는 1가지 유용한 방법은 문제가 어떻게 인지되었고 어떻게 특정한 유형의 개입이 개발되었는지를 설명하는 특정 사건의 연대기인 "중대 사건(critical incidents)" 목록을 작성하는 것이다. 거듭 강조하지만, 문제에 대한 대응은 사회적 구성이지 문제의 객관적 지표가 아님을 이 책을 읽는 독자들에게 알려드린다. 한 사례가 아래에 제시되어 있다.

3) Thurman v. City of Torrington, 595 E. Supp. 1521(1984); Thurman v. City of Torringtons, USDC, No. H-84120(June 25, 1985).

사례 1.3 중대 사건 목록: 소년사법에서 불균형적인 소수인종 구금(Disproportionate Minority Confinement, DMC) 줄이기

주요 역사적 사건 및 중요한 국가 정책 구상의 이정표가 된 "중대 사건" 목록은 다음과 같다(소년사법및비행예방정책국(Office of Juvenile Justice and Delinquency Prevention 이하 OJJDP), 2015a).

1988년
불균형적인 소수인종 구금(이하 DMC) 문제는 소년사법연합(Coalition for Juvenile Justice)이 의회에 제출한 연례보고서 '미묘한 균형(A Delicate Balance)'에 의해 전국적으로 주목받기 시작하였다.

1988년
개정된 1974년의 연방 소년사법 및 비행예방법(Juvenile Justice and Delinquency Prevention, 이하 JJDP)에 따라 미 의회는 주정부가 각 주 계획에서 DMC를 다뤄야 한다고 요구하였다. 특별히 공식 보조금 프로그램(Formula Grants Program)하에 각 주정부는 보안구금시설, 보안교정시설, 구치소, 유치장에 유치되거나 구금된 소수 인종 청소년 비율이 전체 인구에서 해당 집단의 비율을 초과하면 구금된 소수 인종 청소년의 비율을 낮추는 노력을 해야만 했다.

1989년
OJJDP는 주정부가 JJDP 법의 DMC 요건을 실행하는 걸 돕기 위해 7가지 포인트의 기술적 지원 전략을 개발했다: (1) 주정부용 안내서를 마련한다; (2) 소년사법 주 전문가와 주 자문단 멤버를 위해 법 요건에 관한 전국적인 훈련 연수를 실시한다; (3) OJJDP에 조언하고 훈련 및 기술지원(Technical Assistance 이하 TA) 역할을 할 실무그룹을 개발한다; (4) TA 매뉴얼을 마련한다; (5) 주정부 요청에 따라 훈련과 TA를 제공한다; (6) 지역 및 전국 모임에서 훈련 연수를 실시한다; (7) DMC를 다루는 혁신적인 접근법과 관련된 정보를 개발하고 배부한다.

1989년
OJJDP는 DMC의 핵심 요구사항에 관한 법률적, 규정적 필요사항을 담은 안내서를 주정부를 위해 발간하였다.

1989년부터 현재까지
OJJDP의 공식 보조금 프로그램 훈련과 기술적 지원(training and technical assistance, TTA).

1990년
OJJDP는 "불균형적인 소수민족 및 북미 원주민 구금 수정안의 시행 : 주 기획 기관 및 주 정부 자문 그룹을 위한 워크숍"이라는 주제로 4일간의 전국 훈련 컨퍼런스를 개최하였다.

1990년
OJJDP는 확인, 평가 그리고 개입의 3가지 측면에서 소년사법 주정부 전문가와 주정부 자문단에게 DMC를 안내하는 DMC 기술 지원 매뉴얼을 발간하였다. 확인 및 평가 매트릭스, 지수 값의 계산은 비율척도로 제공되었다.

1991–1994년
경쟁을 통해 선별된 5개 주(애리조나, 플로리다, 아이오와, 노스캐롤라이나, 오리건)를 통해, OJJDP는 DMC 평가에 대한 다양한 접근방식을 테스트하고 DMC를 줄이기 위한 접근방식을 실험하기 위해 DMC 계획을 수립했다.

1992년
OJDDP 법의 1992년 개정에서 DMC가 핵심 요건으로 격상되면서 향후 보조금 제공 적격성(주정부 OJJDP 공식 보조금 할당액의 25%)을 주정부의 요건 준수 여부와 결부해 판단하도록 했다. 매년 OJJDP는 주정부의 DMC 핵심 요건 준수 여부를 검토하였다.

1993년
보고서 '주 현황: 소년사법 시스템의 소수인종 청소년 과잉수용에 관한 주 자료 검토(The Status of the State: A Review of State Materials Regarding Over-representation of Minority Youths in the Juvenile Justice System)'가 1993년 1월까지 주정부가 OJJDP에 제출한 자료에 근거하여 작성되었다.

1993년
OJJDP, '소수인종과 소년사법 시스템: 연구 검토(Minorities and the Juvenile Justice System: Research Review)'(Pope & Feyerherm, 1995) 보고서 발간. 이 보고서는 소수인종 청소년들의 공식 처리과정에 집중하였다. 1969년부터 1989년 초반까지 소년사법 시스템에서 소수인종 청소년들의 처리과정에 관한 종합적인 문헌 조사를 실시하였다. 보고서는 기존 프로그램과 정책을 확인하고 이 분야에서 이전 연구들의 방법론적 문제점이 없는지를 조사하였다.

1994년
OJJDP의 요약보고서 '불균형적인 소수인종 구금(Disproportionate Minority Confinement)' (Roscoe & Morton, 1994) 발간.

1995~1996년
이전의 검증 결과와 자료 시스템을 개선하고 DMC를 줄일 새로운 개입과 DMC프로그램모델을 개발하고 지역사회 수준에서 DMC를 줄이기 위한 다분야 협력 증진을 위한 국가재량 보조금 프로그램이 제정되었다. 11개의 DMC 재량 보조금이 지급됐다.

1996~2006년
OJJDP와 협력적 합의를 통해 소년사법연합(Coalition for Juvenile justice)이 전국 DMC 기획 및 전략 모임을 처음으로 개최하였고 이후 OJJDP의 재정적 지원을 받아 매년 열리는 DMC 컨퍼런스 행사가 되었다.

1997년
'교정시설에서 소수인종 청소년의 불균형적인 구금: 1996년 전국 보고서(Disproportionate Confinement of Minority Juvenile in Secure Confinement)'(Community Research Associates, 1996) 발간. 이 보고서는 1994~1996년 OJJDP법 공식 보조금의 종합적인 주별 계획 분석과 주들이 OJJDP에 제출한 DMC 평가 보고서에 기반을 둔 보고서이다. 이 보고서는 DMC의 속성과 범위, 그것을 다루도록 선택된 활동가들, 주정부가 경험한 도전들에 대한 전국적인 내용 요약을 제공한다.

1997~2004년
OJJDP는 훈련과 기술지원, 정보보급, 공공교육을 활용하여 전국적으로 효과적인 전략 개발을 도모하기 위해 전국 DMC 훈련 및 기술지원, 정보보급 계획을 시작하였다. 최근 활동에는 (1) DMC 교육인원들에 대한 훈련 실시 (2) 자료수집 도구 검토 및 강점과 약점 확인 (3) 주 DMC 활동에 관한 주별 현황보고서 수집이 포함되었다.

1998년
OJJDP 회보 '**DMC: 5개 주에서 배우는 교훈**(Lessons learned from Five States)'(Devine et al., 1998)이 DMC 계획을 설명하고, 시범 실시한 5개 주(애리조나, 플로리다, 아이오와, 노스캐롤라이나, 오리건)가 어떻게 DMC를 평가하고 개입을 실행해 확인된 문제를 다뤘는지를 기술했다.

1998년
OJJDP 회보 'DMC: 1997 업데이트(Update)'(Hsia & Hampariah, 1998)가 소년사법 시스템의 모든 지점에서 소수인종 과잉수용을 줄이기 위해 OJJDP가 장려하는 전략들을 요약했다. 펜실베이니아 주가 DMC를 줄이기 위해 시행한 다년간의 체계적, 자료 지향적 노력이 조사되었다.

1998~2002년
청소년 계획을 위한 기본구성 요소: (1) 새로운 조사 실시 (2) 소년사법에서 의사결정 분석 (3) 사법 시스템에서의 소수인종 청소년에 대한 직접적인 후원 (4) 지역, 주, 전국 단위에서 변화를 위한 지지층 구축 (5) 커뮤니케이션, 미디어, 공공교육 전략 개발이라는 5가지 접근법으로 이뤄져 있다.

1999년
OJJDP의 회보 '소년사법체계에서의 소수인종(Minority in the Juvenile Justice System)'(Snyder & Sickmund, 1999)은 체포, 법원 사건처리, 구금 기록으로부터 청소년 범죄자의 인종적, 민족적 구성에 관한 통계를 얻어 업데이트하였다.

1999~2002년
DMC 집중기술지원 프로젝트가 5개 주(델라웨어, 켄터키, 매사추세츠, 뉴멕시코, 사우스캐롤라이나)에서 시작되었으며 3개 주(아칸소, 캘리포니아, 테네시)를 포함해 확대되었다.

2000년
DMC 기술지원 매뉴얼이 발간되었다. 10년간 진행하면서 배운 교훈을 요약하고 진행 중인 DMC 전략 평가와 DMC 경향 모니터링을 포함한 DMC 노력의 중요성을 강조한 것이다.

2000년
주정부들의 DMC 보고서들을 묶어(Office of Juvenile Justice and Delinquency Prevention, 2015b) DMC 노력에 관한 역사 기록과 각 주정부의 성과를 모은 중앙기록소 기능을 제공하였다. 목록은 지속적으로 갱신된다.

2000년
OJJDP가 중요 정보와 유용한 도구, 관련 출판물 등을 담고 있는 DMC 웹사이트(http://www.ojjdp.gov/dmc/index.html)를 개설하였다. 이 웹사이트는 계속해서 갱신된다.

2000~2001년
OJJDP의 주정부 인력에 대한 DMC 훈련은 지역 훈련소 또는 국가 훈련소에서의 1시간 또는 2시간 세션에서 1일 세션으로 확대되었고 또한 OJJDP 전국 컨퍼런스와 CJJ 전국 프리컨퍼런스에서 1일 훈련과정도 제공하였다.

2000년부터 계속
OJJDP는 주정부가 DMC 주 조정자를 지정하여 집중적인 DMC 노력을 발휘할 것을 독려했다. DMC 주 조정자를 지정한 주정부는 1999년 10개에서 2006년 35개로 늘었다.

2000년부터 계속
OJJDP의 DMC 조정자는 DMC 주정부 대표들이 개별 DMC 준수 서약서를 주정부에 개발하도록 지원했다. 이 서약서는 주정부의 성과에 대한 구체적인 인식을 제공하고 진행 중인 계획에 대한 지침을 제공한다.

2001년
OJJDP는 주정부 대표자들에게 1일간의 심층 DMC 훈련을 제공하여 DMC 준수 결정에 있어서 적절히 모니터링 하고 통일된 방법론을 사용할 수 있도록 하였다.

2001년
OJJDP의 DMC 집중기술 지원프로젝트가 3개 주(아칸소, 캘리포니아, 테네시)를 추가로 포함하면서 확장되었다.

2001년
소년사법평가센터(Juvenile Justice Evaluation Center, JJEC)가 주정부의 평가 능력을 구축하는 데 있어 OJJDP를 지원하였다. 특히 공적 보조금 프로그램에 의해 자금지원을 받는 프로젝트와 관련되어 있기 때문이다.

2002년
새 OJJDP 회보, '불균형적인 소수인종 구금: 1989~2001년 문헌연구 검토(Disproportionate Minority Confinement: A Review of Research Literature from 1989 through 2001)'(Pepe et al., 2002)는 업데이트된 문헌의 검토 및 분석을 제공하였다.

2002년
OJJDP는 연구자들의 포커스 그룹을 후원하여 DMC 연구 의제를 개발하도록 도왔다.

2002년

2002년 11월 2일 법으로 제정된 OJJDP법 2002는 DMC 요건을 수정하였다: “청소년 범죄 예방 노력 및 시스템 개선 노력을 다루는 것은 수치적 기준이나 할당량을 정하거나 요구하지 않고, 청소년 사법 제도에 접촉하는 소수인종의 청소년 구성원들의 불균형적인 수를 줄이기 위한 것이다.” 이 변화는 소년사법체계의 연속성을 따라 이뤄지는 모든 결정 지점에서 소수인종 청소년에게 발생 가능한 불균형성을 조사할 것을 요구하였다.

2003년

OJJDP가 연구 컨설턴트 7명을 소집하여 불균형성을 계산하기 위한 다양한 가능한 방법을 검토하고 OJJDP에 개선된 방법을 권고하도록 하였다. 이 그룹은 OJJDP에 상대비율지수(Relative Rate Index, RRI)를 제안하였다. 새 지수에 관한 훈련이 그 뒤에 제안되었다.

2004년

2004 회계연도 공적 보조금 지원의 부분으로서, 주정부들은 DMC의 목표인 감소 노력과 관련하여 주정부와 주 내에서 소수 집단 집중지역/인근들이 가장 큰 3개 카운티에 대한 다양한 소년사법체계의 접촉 지점에 관한 가장 최신의 유용한 자료들로써 DMC 상대비율지수를 산출해 제출하였다.

2004년

OJJDP가 ‘**불균형적인 소수인종 감금: 2002 업데이트**’(Hsia et al., 2004)를 발간하였다.

2004년

OJJDP는 ‘청소년 법센터(Youth Law Center)’에 2년간의 보조금을 지원해서 히스패닉 청소년들을 위한 새롭고 정확한 정보수집 방법을 개발하고 활동들을 실행하여 2곳의 소년사법체계에서 중대한 수준으로 DMC를 감소시키도록 하였다.

2004년

OJJDP는 주정부 실무진을 위해 ‘**진단이 치료를 결정한다: DMC 지수 해석 및 이용**(Diagnosis determine treatment: interpreting and using the DMC index number)’이라는 2개의 지역 훈련 세션을 제공하였다.

2005년
소년사법평가센터(Juvenile Justice Evaluation Center)가 '불균형한 소수인종 접촉을 감소시키기 위한 전략 개발 및 평가의 7단계(Seven Steps to Develop and Evaluate Strategies to Reduce Disproportionate Minority Contact)'를 발간하였다.

2006년
OJJDP가 웹기반의 DMC 자료입력시스템을 운영함으로써 전국에 걸친 주정부와 지역자료의 중앙기록소 역할을 하고 시간경과에 따른 주내 또는 지역 내 DMC 변화를 쉽게 비교할 수 있도록 하였다(http://ojjdp.ncjrs.gov/ojstatbb/dmcdb/index.html 참조).

2006년
OJJDP가 '**DMC 기술지원 매뉴얼, 3판**(DMC Technical Assistance Manual, 3rd edition)'(OJJDP, 2006)을 온라인으로 발간하여 DMC 확인과 감시, 평가, 개입, 심사에 대한 상세한 안내를 제공하였다.

2006년
OJJDP가 사법조사통계협회(Justice Research and Statistics Association, JRSA)에 18개월 보조금을 지원하여 선택 지역들에서 DMC 감소 효과에 관한 평가를 실시하도록 하였다.

2007년
OJJDP가 캘리포니아 주 샌디에이고에서 주정부가 지명한 경험 많은 13명의 조정자를 위한 첫 번째 DMC 교육인원 훈련을 실시하였다. 그 해 10월 연례 DMC 컨퍼런스에서 OJJDP가 'DMC 감소 우수사례 데이터베이스(DMC Reduction Best Practice Database)'를 공개하였다.

2008년
OJJDP가 1월 뉴올리언스와 루이지애나, 피닉스의 신입 및 경력 DMC 조정자 훈련을 실시하였다. OJJDP가 '주별 DMC 감소 활동 요약(Summary of States's DMC Reduction Activities)'을 업데이트하였다.

2009년
- OJJDP가 워싱턴 D.C.에서 11개 주의 새 DMC 조정자를 위한 2차례 훈련을 실시하고 상대비율지수(RRI)에 관한 웹기반 교육을 하였다.
- OJJDP가 '**DMC 기술지원 매뉴얼**' 4판을 발간하였는데, DMC 확인과 감시, 평가, 개입,

심사에 관한 상세한 안내를 제공하였고 2개 챕터를 추가하여 히스패닉 및 남미계 청소년을 위한 유망한 시스템 개선 전략과 주별 DMC 조정자의 역할을 다루었다.

- OJJDP가 북미 원주민/알래스카 원주민 청소년에게도 어느 정도 불균형이 있는지 결정하기 위해 '북미 원주민/알래스카 원주민 유관기관 계획(Native American/Alaska Native Interagency Initiative)'을 출범시켰다.
- OJJDP가 산하 FIRE(Field Initiated Research and Evaluation)의 요청에 따라 DMC 분석과 패턴 프로젝트에 자금을 지원했다. 지원 목적은 상대적 비율 지수(Relative Rate Index, 이하 RRI)에 대한 국가적 분석을 실시하여 3년 연속 일관되게 RRI값 감소를 보여준 사법관할 당국을 확인하고 이 사법관할 당국이 사용한 접근법에 대한 자세한 정보를 얻어 다른 사법관할 당국이 배울 수 있는 상세한 사례를 산출하는 것이다.

2010년

- OJJDP가 매사추세츠, 아이오와, 네브래스카, 뉴햄프셔, 뉴저지, 사우스캐롤라이나 주에서 훈련을 실시하였다.
- OJJDP가 '공동체와 전략적 기획(Community and Strategic Planning, 이하 CASP)' 계획을 제안하였다. CASP의 목적은 주 및 지역 DMC 계획이 소년사법체계를 통해 불균형성을 감소하고 완화할 수 있도록 하는 효과적인 전략을 제공하는 것이다.
- OJJDP가 2010년 10월 22일 DMC 조정자와 주 자문 그룹(State Advisory Group, SAG)을 위한 1일간의 훈련을 주최하였다.
- OJJDP는 법무부 인권국(Department of Justice's Civil Rights Division)과 계속 협력해 높은 DMC 비율이 피수용자인권법(Civil Rights of Institutionalized Person Act, CRIPA) 위반에 기여하는지 여부를 판단하였다.

3. 문제의 잠재적 원인 조사

이 단계는 문제 분석에 있어 중요한 단계이다. 원인이 다르면 해결책도 달라진다. 원인을 조사하기도 전에 해결책을 선택한다면 그 개입은 효과를 내지 못할 것이다. 어떤 개입이든 구체적 원인을 목표로 삼아야 한다. 하나 이상의 원인을 바꾸려고 시도함으로써, 목표는 문제에 특정한 변화를 가져오는 것이다. 원인들이 문제에 대한 개입의 효과를 조정해 준다.

원인을 조사한다는 것은 문제와 특정 문제 또는 필요에 유의하게 기여하거나 원인이 되는 요인들의 인과관계(etiology)를 분석한다는 것이다. 이론은 원인과 결과(예를 들어, 특정 문제) 사이의 관계를 기술하고 설명하려고 시도한다. 이론은 특정 문제의 원인을 설명하고 다른 원인들 사이에 제안된 관계를 개괄할 것이다. 또한 문제에 대한 해결책을 제안할 것이다; 하나의 개입을 다른 개입에 사용하는 논리적 근거를 제공한다.

원인들은 개인적으로부터 사회적, 구조적에 이르기까지 각각 다른 분석의 단계에서 확인될 수 있다(사례 1.4를 참조할 것).

- 개인 단계: 추정되는 원인이 개인의 범위에 놓여 있다(예를 들면 "공격성"과 같은 개인적 습성).
- 그룹 단계: 추정되는 원인이 개인이 속한 특정 그룹의 역학관계에 존재한다(예컨대, 가족 내에서의 역할과 관계의 패턴).
- 조직 단계: 추정되는 원인이 경찰, 법원, 교도소 같은 특정 조직의 특별한 문화 또는 절차 내에 있다(예를 들면, 경찰은 어떻게 모집하고 선발하고 훈련시키는지).
- 지역사회 단계: 추정되는 원인이 특정 공동체 내에 존재하는 행동적 패턴과 역학관계 안에 존재한다(예를 들어 지역사회의 "응집성": 교회와 공동체 모임처럼 지역사회 조직에 참여하는 수준; 일탈에 대한 태도; 청소년에 대한 감독)(Bursik & Grasmick, 1993)[4].
- 사회적 구조: 추정되는 원인이 사회의 기저에 있는 사회적 구조(예를 들면, 자본주의의 경제적 체계에 의해 비롯된 부와 권력 분배에서의 불평등)나 마약 사용이나 성적 취향, 교육, 범죄 등과 같은 행동들에 관한 문화적 태도에 있다. 일반적으로 이 분석의 단계에서 조사되는 요소들은 빈곤, 실업, 차별을 포함한다(LaFree, 1998; Messner & Rosenfeld, 2006).

---

4) "지역사회(community)"의 정의는 비교적 다양하다. 거주민들 사이에 규칙적으로 면대면의 상호작용이 발생하는 작은 숫자의 길거리 블록과 연관되어야 하는가? 거주자들에 의해 독특한 "지역사회"로 여전히 인식되는 가정과 사업, 장소의 보다 큰 클러스터인가? 시에서 지정한 구나 지역? 인구조사 지역? 번잡한 도로와 강, 철도, 공원 같은 물리적인 경계로 구분지어지는 지역? 여기서 이 논쟁을 해결하고자 하지는 않는다. 그러나 변화의 기관은 그가 채택한 "지역사회"의 개념이 무엇이고 왜 채택했는지가 분명해야 한다. 상세한 추가 논의는 다음을 참조하길 바란다. Bursik & Grasmick(1993); Reiss & Ronry(1986); Sampson et al., (1993).

사례 1.4 가정폭력의 원인들과 상호관련성

가정폭력의 원인이나 상관관계에 대해 4가지의 일반적인 범주가 있다(Buzawa et al., 2015에 나온 내용을 수정한 것이다).

- 개인적
- 가족 구조
- 조직적
- 사회 구조적

개인적 지향 이론

연구자들은 종종 가정폭력 가능성을 키우는 범죄자와 피해자의 특성을 조사한다. 범죄자 내부에 존재하는 원인 또는 기여 요인들로는 낮은 자기통제력, 낮은 자존감, 미성숙, 우울증, 스트레스, 빈곤, 부족한 소통 기술, 약물 남용이 포함될 수 있다. 가정폭력의 원인이 되는 피해자 특성에는 낮은 자존감, 정신적이고 재정적인 의존, 수동성이 들어갈 수 있다.

가족 지향 이론

특정 종류의 가족 구조나 역할은 폭력 가능성을 높일 수 있다. 예컨대, 가족의 사회적 고립은 잠재적 지원을 무력화하고 학대 위험을 증가시킨다. 배우자 학대에 대한 가정 중심의 가장 좋은 예측 인자는 남성 약물남용에 대한 갈등과 관계에서의 통제를 둘러싼 갈등이다. 그러한 갈등은 시간이 지나며 악화되는 경향이 있다. 게다가 가정에서 스스로 피해를 받았거나 가정폭력을 목격한 청소년은 가정폭력을 당할 높은 위험성이 있다('폭력은 폭력을 낳는다'의 주제).

조직 이론

형사사법 기관 내에서의 절차가 의도치 않게 가정폭력에 일조할 수 있다. 특별히 1970년대 경찰이 학대 용의자 체포를 꺼린다는 많은 비판을 받았다. 이러한 (경찰의 가정폭력에 대한) 불간섭 대응의 이유로는 다음과 같은 사항들이 포함된다:

- 경찰 문화와 훈련: 경찰은 범죄와 싸우는 문화로 사회화된다; 그들은 "사회복지사" 역할을 싫어한다.
- 의욕저하: 경찰 성과는 종종 중재 기술이 아니라 체포율과 소탕률 같은 숫자를 기본으로 해 평가를 받는다.
- 무익하다는 인식: 경찰은 가정폭력을 체포하더라도 실제로 거의 기소로 이어지지 않는다는 것을 때로 정확하게 인지한다(예를 들면, 피해자가 고소를 취하한다; 검사는 더 진행하려고 하지 않는다).

> **사회구조적 관점**
>
> 많은 연구자들은 서구 사회에서 광범위한 형태의 성불평등이 높은 가정폭력 비율의 뚜렷한 원인이라고 본다. 예컨대, 가부장적 종교(남성 우위의)들은 남성 권위와 권력에 의해 지배되는 가족 구조를 긍정한다고들 말한다. 경제 패턴도 여성들을 차별해 왔다: 가정주부로서 여성의 전통적인 역할은 남성의 "가장" 역할만큼 높이 평가되지 않았고, 그 결과 여성은 역사적으로 남성에 경제적으로 더욱 의존해 왔다. 다른 연구자들은 계급에 기반을 둔 사회 시스템의 영향을 지적하고 있다: 남성은 전통적으로 사적, 공적 생활의 모든 영역에서 여성을 지배해왔다. 이러한 견해에 따르면, 계층화된 사회에서 남성은 여성보다 더 많은 권력과 사회적 이점을 지니고 있다.

어떤 개입을 제안하는 개인이나 기관은 무엇이 무엇의 원인인지에 대한 이론을 항상 가지고 있거나 최소한 어떤 종류의 전략이 특정 문제를 해결하고 왜 그런지에 대한 "감(hunch)"을 가지고 있다(그들이 그것에 대해 분명하게 생각하거나 표현하지는 않았다고 하더라도). 계획된 변화에서 우리는 몇몇 개입을 시작하기에 앞서 매우 신중하게 이론들을 생각하고 그것을 표현한다. 우리는 특정 문제에 대한 우리의 인과적인 가정이 무엇인지 분명하게 세상에 알려야 하며, 특정 유형의 변화를 제안하기에 앞서 이런 가정을 지지해야 한다.

우리는 어디에서 원인과 이론을 찾을 수 있나? 문제에 관해 출판된 서적을 읽고 도서관에서 조사를 함으로써 가능하다. 신문 기사, 책, 정부와 기관 보고서(예를 들면 법무부, 국립보건원(NIH))를 들여다봐야 한다. 범죄 행위를 포함해 다양한 사회 행위들에 대한 다른 많은 이론들이 있다. 일부 이론은 매우 일반적이지만 대부분의 이론들은 지속적으로 다듬어진다. 우리는 누구든지 형사사법 개입을 제안하려면 범죄학 이론 과정을 수강하거나 몇 권의 훌륭한 범죄학 이론에 관한 책을 읽음으로써 최소한 기본적인 범죄학 또는 형사사법 이론들에 대한 지식을 획득할 것을 강력히 권장한다(Akers & Sellers, 2012; Bernard et al., 2009; Lilly, et al., 2014). 우리가 원인을 조사할 때, 다음 2가지 주요 질문을 해야 한다:

- 상충되는 이론들에 대한 **증거**(evidence)가 무엇인가? 어떠한 개입도 일종의 경험적 증거에 의해 지지되지 않는 원인을 목표로 삼아서는 안 된다.
- 어떤 종류의 **개입**(intervention)이 특정 인과론에 의해 제안되었는가? 특정 원인이 개입에 의해 어떻게 영향을 받을 수 있는가?

4. 이전의 개입 조사

특정 문제를 변화시키기 위해 이전에 어떤 유형의 개입이 시도되었는지를 발견하기 위한 철저한 조사가 필요하다. 가끔은 하나의 연구가 그런 원인들을 다루기 위해 설계된 통상적인 요인들과 개입을 모두 보고할 수도 있겠지만, 항상 그런 것은 아니다. 계획 입안자나 분석가는 어떤 주요 개입들이 관심의 문제를 다뤄왔는지를 밝혀내려고 노력해야 하며 개입이 어떤 특정 원인을 수정하려고 했는지를 확인해야 한다.

개입에 대한 훌륭한 정보출처로는 형사사법에 종사하는 핵심 인사, 형사사법 저널과 관련 도서, 정부 보고서가 포함된다. 수많은 데이터베이스를 핵심 단어나 개념으로 검색할 수 있다. 형사사법 문헌 검색은 대학 도서관 시스템과 미 국무부가 후원하는 전국형사사법정보서비스(NCJRS) 등의 공개 웹사이트를 통해 온라인으로 가능하다(http://www.ncjrs.gov를 참조할 것). 다양한 검색 도구와 이용 가능한 기술에 스스로 익숙해질 필요가 있다.

5. 이해당사자 확인

다음으로, 변화 과정에서 관련되는 이해당사자를 확인한다. 이해당사자(stakeholder)는 문제와 제안된 개입에 대해 합법적인 이해관계가 있는 개인, 집단, 또는 기관을 포함한다. 우리는 계획 과정에서 누구의 견해를 고려해야 할지를 결정할 필요가 있다. 일부 이해당사자는 적극적인 협력을 제공할 것이다; 어떤 이해당사자는 잠재적으로 치명적인 반대를 할지도 모른다. 개입이 성공적인 것이 되려면, 올바른 개인, 집단, 기관이 계획 과정에 참여하는 것이 중요하다. 그렇지 않으면, 개입이 적절한 정보, 자원이나 협력의 부족에서 비롯된 극복할 수 없는 어려움 속으로 치닫을지 모른다. 그러면 계획 국면에서 누가 포함되어야 하는가?

- 전문가들?
- 기관의 수장?
- 기관의 실무자?
- 의뢰인?

- 지역사회 그룹?
- 이웃에서 사업하는 사람들?
- 다른 지역사회 조직들(예를 들면 교회, 학교)?

이 질문에 대답할 수 있게 되기에 앞서 우리는 이미 수집한 정보를 검토하고 몇몇 핵심 질문에 대답할 필요가 있다. 가령, 다양한 개인과 집단이 변화에 대해 가진 기대는 무엇인가? 어떤 결과가 기대되는가? 다른 견해들이 있는가? 참가자들이 변화 과정에서 역할을 할지도 모르는 몇몇 핵심 역할 측면에서 잠재적 이해당사자를 생각할 수 있다(Kettner et al., 1985; Kettner et al., 2007). 주요 역할은 다음과 같다:

변화관리자(Change Agent)체계

누가 개입을 설계하기 위해 계획 과정을 시작하는가? 문제를 다루기 위해 누가 일을 시작하는가? 변화관리자체계는 보통 변화관리자와 처벌 기관(예를 들면 주교정국이 범죄자 재취업 프로그램을 개발하기 위한 계획을 발표한다)을 포함한다. 변화관리자는 많은 다른 배경을 지니고 있다: 입법자, 형사사법 정책입안자, 전문적인 설계자, 행정가, 서비스 전문가 등이 그들이다.

선도자(Initiator)체계

변화관리자들이 문제에 관심을 가지도록 하는 이들을 포함한다. 선도자는 특정 문제에 대한 관심을 향상시킨다(예를 들면 전문 로비스트, 미국자유인권협회(ACLU)와 전미여성기구(NOW), 어번리그(Urban League) 등과 같은 전국 조직).

의뢰인(Client)체계

변화로부터 혜택을 얻을 것으로 기대되는 특정 개인과 단체, 조직, 공동체를 포함한다(예를 들면 청소년, 가족, 지역사회는 커뮤니티 서비스의 성과를 요구하는 비행 예방 프로그램으로부터의 혜택을 기대할 수 있다).

대상(Target)체계

목표에 도달하기 위해 변화할 필요가 있는 개인과 단체, 조직을 포함한다. 예를 들어 가정폭력을 줄이기 위해 학대받는 여성을 변화시킬 필요가 있을까? 그들의 배우자는? 경찰의 대응은? 법원의 대응은?

행동(Action)체계

프로그램 입안과 실행, 모니터링, 평가를 포함해 변화 계획을 실행하는 데 있어 어떤 방식으로든 지원을 하는 모든 이들을 포함한다. 정책의 기획과 실행을 제공하는 책임이 있는 기관이 특별히 중요하다.

가끔, 역할이 중첩될 수도 있다. 예를 들어 변화관리자는 대상체계와 행동체계 양쪽의 일부가 될 수 있다: 경찰서장은 가정폭력 고소사건을 다루는 경찰 정책의 전면적인 변화를 지시한다. 이 경우, 중첩되는 역할 때문에 변화관리자는 순찰 경찰관(대상체계)과 새로운 정책을 실행할 책임이 있는 그들의 감독자들(행동체계)과 더불어 일정 수준의 신뢰성이나 권위를 즐긴다. 중첩되는 역할은 또한 지속성을 향상시킬 수 있다: 예를 들어, 변화를 최초로 시작한 같은 사람(선도자체계)이 다른 참가자들의 도움을 받아 그것을 실행(행동체계) 할 수 있다. 반면에 중첩된 역할이 바람직하지 않은 사례도 분명히 있다. 예컨대, 실질적으로 개입을 실행하는 개인이나 기관은 잠재적인 주관성이나 편견 탓에 프로그램이나 정책 모니터링, 평가에 대한 책임자가 되어서는 절대로 안 된다.

6. 시스템 분석 실행

"시스템"으로서 형사사법에 관한 최근의 사상은 1968년 대통령위원회(President's Commission on Law Enforcement and Administration of Justice, 1968; Rossum, 1978) 보고서의 영향을 크게 받았다. 위원회는 형사사법 정책은 어떤 사법관할권(예를 들면 특정 시, 타운, 카운티 또는 주 단위)에서도 다양한 행위자와 기관들 간의 상호(interactive) 작용과 쌍방향 결정으로 형성된다고 결론지었다. 동시에 형사사법 프로젝트, 프로그램, 정책은 불안정한 정치 환경에서 형성된다. 다양한 이해 집단과 기관이 이해관계를 놓고 경쟁하고 단편적인 의사결정이 일반적이다. 형사사법 관료들과 기관들은 종종 그들의 결정이 시스템 내 다른 곳에 어떤 영향을 미칠지 고려하지 않고 행동하기 때문에 형사사법 시스템은 "비(非)시스템(nonsystem)"으로 불리기도 한다. 지난 20년간 형사사법 단위들 간의 협력이 증대되는 것을 종종 목격했지만 여전히 갈 길이 멀다(Wellford, 1998).

시스템(system)은 "공판 전 구금에 관한 결정을 포함한 체포의 시점으로부터 형의 선고 및 집행과 완료-선고가 지역사회에서 집행되든 교정시설에서 이뤄지든 간에-

에 이르기까지의 과정에서 처벌과 제재와 관련된 형사사법 사건 진행절차의 모든 양상"이라고 정의된다(Burke et al., 1996, p.7). 특정 사법관할에서 이뤄지는 결정에서 역할을 하는 모든 개인, 집단 그리고 기관들은 관련 제도의 한 부분이다.

변화관리자는 상담가이든, 형사사법기관 종사자 또는 정부 관료이든, 학자이든 간에 정책 환경에서 관련되는 개인과 기관들을 확인해야 한다: 그들의 결정이 잠재적으로 문제를 형성했던 이들, 그들의 결정이 잠재적으로 변화의 개발과 실행(예를 들어, 새로운 또는 수정된 정책이나 프로그램, 프로젝트)을 형성할 수 있는 이들이다. 일단 확인이 이뤄지고 나면 변화관리자는 다양한 관료와 기관들이 과거에 그 문제와 해결책에 어느 정도 영향을 미쳤고 미래에는 어느 정도 미칠지를 검토해야 한다. 우리가 형사사법에서 강조하고 싶은 많은 문제들은 "시스템(systems)"의 문제들이다. 다음의 사례를 살펴보길 바란다.

사례 1.5 "시스템" 문제들의 사례

구치소 과밀수용

구치소는 법집행 기관, 법원, 보호관찰관, 지역 정부와 광범위하게 상호작용한다. 지역 경찰은 기소된 범죄자를 체포하고 기록할지 여부를 결정하고 구치소로의 유입을 통제하는 주요 역할을 한다. 지역 법원은 공판 전 석방 결정과 유죄 선고받은 범죄자에 대한 제재를 통해 구치소 수용인원에 영향을 미친다. 지역 검사의 기소 결정은 공판 전인 용의자가 처리되는 효과성에 영향을 미친다. 보호관찰은 "ROR(release of own recognized, 역주: 판사 앞에서 법정출석을 서약하고 풀려나는 '자기서약석방')"과 같은 공판 전 석방 프로그램과 전자감시, 집중감시보호관찰, 노동석방(work release, 역주: 낮에 학교나 직장에 다니고 밤에 교도소에서 생활하는 수용 형태)과 같이 유죄 선고받은 범죄자의 중간적 처벌(intermediate sanction)을 모두 관리할 수 있다. 카운티정부는 이런 각 기관들에 대한 재정 지원과 인력 배정을 책임지고 있다. 결국 카운티정부의 결정은 주 단계에서 결정된 재정 배정과 입법의 영향을 받는다.

양형 격차

양형 격차에 대한 우려(예를 들어, 똑같은 범죄를 저지른 개인들이 다른 처벌을 받는 것), 사법재량권의 사용(예컨대, 다른 판사와 사법관할에 따라 천차만별인 선고), 과도한 관용 또는 혹독한 처벌에 대한 인식이 주와 연방 양형가이드라인의 개발이나 개정을 이끌었다. 그러나 어떤 사법관할에서든지 실제 "선고" 정책은 수많은 개인과 기관들의 투입으로 얻은 결과다. 판사가 분명히 형사처벌을 부과하지만 그들도 주 입법자들이 만든 형사사법 법규의 범위 내에서 해야만 한다. 검사가 기소에 대한 결정을 하는데, 이는 경찰이 제공한 증거의 강도와 질, 증언하는 증인의 능력과 자발성 등에 달려 있다. 검사의 기소 결정은 사건에 어떤 형법 조항이 적용될지를 결정하고 그렇게 해서 사법 절차와 결과에 영향을 미친다. 사전 심리에서는 어떤 피고인이 미결상태에서 석방 자격이 있는지를 결정하고 이는 다시 피고인들이 그들의 방어 준비 능력에 영향을 미친다. 피고인 측 변호사는 증거 인정, 적절한 기소, 잠재적인 유죄협상제(plea bargaining) 등과 관련하여 검사와의 협상에 참여한다. 보호관찰관은 보통 유죄 선고를 받은 범죄자에 관한 출석 보고를 준비하고 그들의 추천은 사법적 처벌 옵션에 영향을 미친다. 선고 당시 선출된 판사는 또한 그들의 주민과 그들의 동료, 지역 사법 공무원들을 고려한다. 판사들은 최소한 어느 정도까지는 자신의 지역에서 정치적 환경을 인식하고 반응해야만 한다 (Eisenstein et al., 1999).

시스템 분석을 위한 안내

형사사법 시스템 평가에는 개인 의사결정자의 경험에, 기관의 정보 시스템과 데이터베이스에, 기관의 보고서와 의사소통에 존재할지 모르는 정보를 수집하고 분석하는 것이 포함된다. 일반적으로 "시스템 평가는 형사사법 시스템에 대한 개인의 경험을 현재 상황이 어떻게 진행되는지에 대한 공유된 이해로 통합하는 협력적인 노력이다. 이것은 현재를 평가하고, 미래에 대한 공통의 비전을 형성하고, 그 비전을 현실로 만드는 공통의 근거를 제공한다".(Burke et al., 1996: p. 8)

'공공정책효율센터(Center for Effective Public Policy, CEPP)'가 개발한 모델(McGarry & Ney, 2006에서 채택된)"에 근거하면 이 접근법은 2가지 핵심 요소가 존재한다고 추정한다: 즉 (1) 보다 협력적 방식으로 운영하기 위한 시스템을 이해하고 형성하는 데 전념하는 일련의 정책결정자들과(예컨대, 공식적 "시스템" 정책 과정에 개입할 준비태세); (2) 평가를 완료하기 위해 사법관할 당국과 협력하는 외부 자문팀이다. 이 접근법은 주요 결정을 내릴 수 있는 권위를 지니고 있고 시스템 수준의 정책 분석과 개발에 대한 공약을 기꺼이 할 수 있는 핵심 의사결정자의 참여를 필요로 한다. 어떤 개인도 혼자서는 시스템 정책을 개발할 수 없으며, 시스템 수준의 정책이 없다면 형사사법적 대응은 계속해서 무작위로 그리고 예측 불가능한 방식으로 진행될 것이다. 아래에서 형사사법 시스템 평가를 위한 5가지 광범위한 단계를 설명하고 있다; 정보의 출처는 표 1.1에 요약되어 있다. 시스템 분석에 숙달된 접근방식인 회복적 사법은 사례연구 1.3에서 다뤄진다.

표 1.1 형사사법 시스템 평가: 단계와 정보 출처

분류	무엇인가?	어디에 있는가?	어떻게 얻을 수 있는가?
시스템 지도 그리기	범죄자가 형사사법 시스템에서 흘러가는 절차와 각 과정의 결정 지점에 관한 가시적인 묘사와 기술	• 기관 운영 매뉴얼 • 주 법규 • 인터뷰와 포커스 그룹을 통해 수집된 질적 정보	• 한 팀으로서, 형사사법 시스템에서의 각 결정 지점을 논의한다. 누가 결정권자인가? 누가 그 결정에 영향력을 지니고 있는가? • 비공식적인 의사결정 절차에 대한 광범위한 이해를 얻기 위해 업무실행자 및 정책결정자와 상담한다.
최근 정책 및 실행에 대한 문서화와 평가	형사사법 시스템에 영향을 미치는 각 기관의 정책 절차와 규범을 기술하는 요약 보고서	• 입법 • 법원 결정 • 기관의 기술 • 기관 운영 매뉴얼 • 실무자 훈련 커리큘럼 • 주 법규 • 주 선고 정책 • 기관의 연례 보고서 • 회계감사 • 프로그램 평가	• 판결 정책과 처벌 사용을 안내하는 모든 기관들과 법규들의 목록을 작성한다. • 각각에서 나온 문서들을 엮는다. • 시스템에 영향을 주는 모든 정책(사소하거나 중요한 것 모두)을 기록한다. • 모든 기관의 기술서를 기록하고 요약한다. • 기관의 목적과 우선순위, 정책과 절차, 처벌의 사용 안내 간의 유사성과 차이점을 관찰한다.
범죄자 집단 정보 수집	범죄자 집단의 통계적 분석, 양적 정보, 프로필. 집단 분석에는 경향 분석, 재범 연구와/또는 집단 연구가 포함된다.	• 자동화된 정보 시스템: 법원, 보호관찰, 집행유예, 교정 • 범죄자 파일, 법원 기록, 경찰 보고서 같은 매뉴얼 기록 • 매뉴얼 자료 수집	• 범죄자 집단에 대해 원하는 질문 및/또는 정보의 목록을 작성한다. • 자료수집 도구 및/또는 수집할 변수들의 목록을 개발한다. • 자료 수집과 분석을 위한 전략을 결정한다.
처벌 및 서비스, 프로그램 확인	사법관할에서 범죄자와 전과자에게 이용 가능한 모든 옵션에 대한 기술. 옵션은 속성상 징벌적, 무력화 또는 갱생차원일 수 있다.	• 기관의 정책 • 법규/양형법 • 법원 정책 • 인적 서비스 안내서 • 벤치북(역주:판사용 법절차 안내서)	• 형사 범죄자에게 대응하는 데에 활용할 수 있는 모든 처벌의 목록에 대해 브레인스토밍을 한다. • 각 처벌에 대해 무엇이 알려졌는지를 결정하고 이 정보를 수집하는 전략을 개발한다. • 활용 가능한 각 대응책에 대한 감독 기관과 어떤 범죄인지를 위한 벤치북 및/또는 안내서 개발을 검토하거나 기존 대응책을 업데이트한다. • 처벌의 범위를 관찰한다. 격차가 있는가? 각 프로그램의 일당 비용은 얼마인가? 처벌의 원칙들이 있는가?
지역사회 자원 확인	팀의 목적을 지원할 수 있는 지역사회 내에서 이용 가능한 자원들의 요약	• 조직의 연례 보고서 •'유나이티드 웨이' 보고서 •'헬스 오브 더 커뮤니티' 보고서 • 상공회의소 보고서	• 인적 서비스 기관, 기업, 자선단체, 시민단체, 종교단체, 지역사회 지도자들과 형사사법에 관심이 있을 수 있는 기타 기관의 모든 목록을 작성한다. • 공동체 여론조사를 실시하거나 포커스 그룹을 설정해 지역사회가 형사사법에 참여하는 데 관심을 보이는 방법과 지역사회 내 존재하는 자원을 더 알아본다.

출처_ McGarry & Ney(2006) Getting It Right.
Collaborative Solving for Criminal Justice. Silver Spring, MD Center for Effective Public Policy에서 재구성.

1. 시스템 지도 그리기. 형사사법 시스템은 그 임무를 실행하기 위해 어떻게 조직되었는가? 범죄자가 체포의 시점으로부터 선고까지 시스템의 흐름이 어떻게 진행되는가? 전체 형사사법 시스템의 공유된 이해를 얻기 위한 효과적인 전략 중 하나는 형사사법 절차를 지도로 그리고 흐름도를 만드는 것이다. 정책팀은 형사사법 절차에서 모든 결정의 지점과 각각의 지점에서 의사결정자, 범죄자가 거치는 절차의 흐름을 문서화한다. 형사사법 시스템을 통한 사건 흐름의 일반적인 모델이 도표 1.3에 나타나 있다(미 법무부 형사사법통계국, 2004).

형사사법 기능이 사법관할을 통해 어떻게 분배되는지는 매우 다양하다. 예를 들어 주(州)의 단계에서 전형적인 행위자와 기관으로는 경찰국장, 교정국, 검찰총장, 보호관찰국, 주정책기획실 관료들과 주지사의 형사사법사무소, 상원 법제사법위원회 등이 포함된다. 종종 주 양형위원회와 다른 주 기관이 형사사법 기금의 분배와 관련한 정책을 만들고 의사결정을 한다. 경찰, 법원, 교정의 실질적인 구조와 운용은 주와 지방별로 상당히 다양하다. 카운티 단계에서 다양한 공공 기관과 민간 기관이 예비심사 평가와 서비스, 예방 및 치료 프로그램, 중간거주시설(역주: 입원까지는 필요 없는 약물중독자 등을 임시 수용해 사회로 복귀시키는 중간 단계의 수용시설) 등을 제공할 수 있다. 우리는 어느 기관이 제재 시스템의 어떤 요소들을 책임지고 있고 서로 어떻게 관련되어 있는지를 알고자 한다.

2. 최근 정책 및 실행에 대한 문서화와 측정. 어느 사법관할에서든 선고와 제재 정책은 일반적으로 다양한 정책입안자들 사이의 공식적이고 비공식적인 상호작용의 결과다. 여기서 우리는 각 기관이 어떻게 운영되는지에 대한 프레임워크를 제공하는 기관들의 공식 정책에 대한 분석을 수행한다. 우리는 프로세스의 단계, 단계 소요 시간, 의사결정자가 이용할 수 있는 옵션의 종류 등 특정 시스템에서 일이 어떻게 작용하는지에 대한 도표를 개발하고자 한다.

다음으로 우리는 왜 그들이 하는 일이 일어나는지에 대한 이해를 증진시키고자 한다. 첫째, 시스템에서 각 기관의 사실적인 프로파일을 완성한다. 둘째, 우리는 각 기관들의 정책들이 시스템과 시스템의 절차에 영향을 미치기 때문에 그 기관들의 해당 정책을 수집하고 요약한다. 그 절차들이 왜 그렇게 작동하는지를 이해하는 것은 시스템 내 각 조직이 권한, 자원 및 정책 측면에서 그것의 업무에 어떠한 영향을 미치는가를 이해하는 것이다.

도표 1.3 형사사법 시스템 흐름도

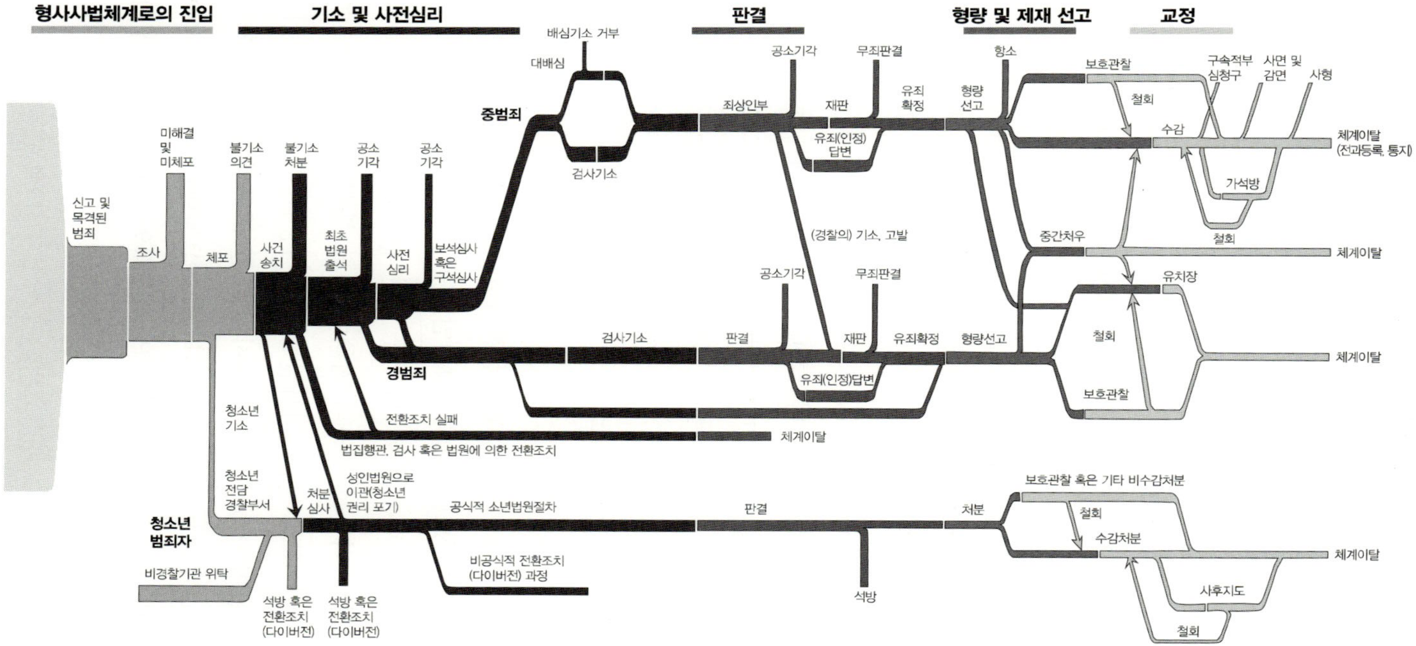

출처_President's Commission on Law Enforcement and Administration of Justice(1968), The Challenge of Crime in a Free Society(Washington, DC:, Government Printing Office. (흐름도는 사법통계국(BJS)의 웹사이트 https://www.bjs.gov/content/justsys.cfm에서 이용이 가능하다).

하지만, 공식적인 정책은 종종 의사 결정이 이뤄지고 진행절차가 실행되는 방식만 정의하기 시작한다. 대부분의 지역사회에서 명문화된 정책은 단지 활동의 작은 부분만을 안내할 뿐이다. 불가피하게 비공식적 실행이 나타나 그 차이를 메워 준다. 비공식적 실행은 종종 분명한 목적과 세심한 배려 속에 개발된다; 가끔은 시간이 지나면서 단순히 진화한다. 그러므로 비공식적 실행에 대해 이해하는 것은 최근의 정책을 이해하는 것만큼이나 매우 중요하다; 비공식적 실행은 무슨 일이 발생하는지에 대한 이유가 되며 궁극적으로 공식 정책보다 쉽게 변화한다.

3. 범죄자 집단 정보 수집. 시스템에서 범죄자는 누구이고 그들은 어떻게 보이는가? 우리는 형사사법 절차와 처벌의 각 단계를 거쳐 이동하는 범죄자들의 규모와 특징을 파악할 필요가 있다. 우리는 어떤 유형의 범죄자들이 어떤 유형의 처벌을 받는지를 이해해야 한다. 처벌은 개인 범죄자들(예를 들어 범죄의 심각성, 과거 기록, 특별한 필요성, 위험의 수준)에게 적절해야 한다. 예를 들면, 부족한 유치장과 교도소 침대를 가장 위험한 범죄자를 위해 사용하고 있는가? 지역 제재가 적절히 범죄자들에게 사용되고 있는가?

4. 처벌, 서비스 그리고 프로그램 확인. 여기서 우리는 범죄자를 관리하거나 지역사회에서 안전 이슈에 대응하는 데에 유용한 지역사회 기반 그리고 정부 차원의 모든 자원의 목록을 만든다. 일부 자원은 "공식적(official, 즉, 형사사법 또는 건강, 정신건강, 교육과 같은 지역정부 시스템의 일부분)"이다. 다른 자원은 시스템 외부 지역사회에 존재할 수도 있다. 어떤 자원은 비영리 그리고 신앙 기반의 단체, 사업체, 연합체처럼 공식적이다. 어떤 것은 비공식인 것으로 아마 이웃 주민들 집단과 다름없을 것이다.

처벌과 서비스는 사실상 징벌적(punitive), 무력적(incapacitative) 또는 회복적(rehabilitative) 차원일 수 있다. 우리는 유치장과 교도소의 침대 뿐만 아니라 치료 병상, 교육 프로그램 자리, 지역사회 서비스 배치를 기록하고자 한다. 몇 자리가 남아있고 평균적인 체류 기간과 일당은 얼마나 되고 위탁이나 접근 수단은 무엇인지를 파악하고자 한다.

예를 들어, 기소와 불기소 결정에서 검사에게 유용한 전형적인 선택사항으로 무엇이 있는가? 보호관찰국과 교정국은 석방 시기와 귀휴(furlough)와 중간거주시설과 같은 석방 전 프로그램의 사용과 관련하여 어떤 재량권을 가지고 있는가? 판사는 선고 전 조사에서 어느 정도 자주 권고사항을 따르는가?

이런 정보를 수집하면 서비스와 지원에 있어 어떤 주요 틈새라도 들여다 볼 수 있다. 범죄자 집단과 그들의 요구사항을 들여다 볼 때 명백한 요구사항이 충족되지 않은 것이 있는가? 다른 집단에 비해 보다 영향을 더 받는 일부 집단을 확인해 낼 수 있는가?

우리는 또한 특정한 사법관할에서 누가 무엇을 지불하는지 고려하길 원한다. 지방, 주 또는 연방 기금으로 자금을 지원받는 기관 및 프로그램은 어느 정도까지 받는가? 민간 영역의 자금은? 비영리 기관은? 종종 주와 지방 정부 사이에는 형사사법, 교육, 건강과 같은 공공 서비스에 대한 비용 책임을 놓고 갈등이 생긴다. 그렇다면, 우리는 제재의 다양한 요소에 대한 자금 조달 방법, 각 요소에 대해 제공되는 자금 수준, 자금의 감소 또는 증가 가능성 여부 그리고 어떤 책임이나 변화가 있을 가능성이 있는지 이해할 필요가 있다. 그렇다면 우리는 다양한 처벌 요소에 대한 자금 조달 방법, 각 제재에 제공되는 자금 수준, 자금 조달의 감소 또는 증가의 가능성, 가까운 미래에 어떤 충돌이나 변화가 있을지를 이해할 필요가 있다.

5. 지역사회 자원 확인. 지역사회는 형사사법 진행과 제재의 다른 양상에 어느 수준까지 개입하는가? 현존하는 처벌의 형태에 대한 지역사회의 태도는 무엇인가? 누가 형사사법 이슈에 능동적으로 목소리를 높이는 지역사회 지도자인가?

지역사회의 자원은 지역사회의 형사사법에 개입되었거나 격려되는 정도에 따라 다양하다. 예를 들어, 시민들은 자율방범대와 지역사회 순찰에 참여할 수 있을 것이다. 일부 사건에서는 시민이 지역의 형사사법 위원회, 경찰 위원회, 다른 경찰 단체 위원으로 지명될 수도 있다. 지역사회 참여가 부족하면 의혹과 저항을 야기할 수 있다; 시민의 적극적인 참여는 계획과 정책 개발의 자산이 될 수 있다.

7. 변화에 대한 저항과 지지 확인

우리는 지금까지 변화에 대한 저항에 대해 조금 밖에 논의하지 않았다. 초기 단계에서 조차 이 변화를 계속해서 진행할지 여부에 대한 결정이 이뤄져야만 한다. 변화의 시도는 가능한가? 필요한 자원과 협력을 확보할 수 있는가? 절차를 진행하기에 앞서 우리는 변화에 대한 잠재적인 저항을 확인해내는 몇 가지 기술을 제시한다. 이런 저항의 원천은 많은 형태를 취하고 있다:

- 물리적(예를 들어, 구치소의 물리적인 디자인이 적절한 감시를 가로막는다.)
- 사회적(예를 들어, 계층, 성(gender), 인종과 관련한 불평등)
- 경제적(예를 들면, 소득과 고용과 관련된 불평등)
- 교육적(예를 들어, 의뢰인이 서비스를 이해하지 못하거나 알지 못한다.)
- 법적(예를 들어, 형사사법 기관들은 종종 법적으로 특정한 일을 하도록, 또는 다른 어떤 것을 하지 못하도록 의무화되어 있다). 예컨대, 수용 비용을 줄일 수 있는 교도소 사업 프로그램은 수형자들이 생산한 물품의 이동이나 판매를 금지하는 연방 제한규정에 의해 규제를 받는다.
- 정치적(예를 들어, 일부 그룹은 그들의 목소리를 전달하는 데에 다른 그룹보다 큰 힘을 지니고 있다; 정치적 절차는 변화를 지지할 수도, 가로막을 수도 있다.)
- 기술적(예를 들어, 정교한 정보와 소통 시스템은 특정 프로그램이나 정책 실행을 필요로 할 수 있다.)

다음과 같은 사례를 생각해 보자. 1998년 발효된 브래디 법(Brady Act, 역주: 총기 구입 시 신원조회를 위해 일정 기간 판매를 제한하는 법)의 영구 조항에 따라 총기 판매전 조회는 '국가범죄경력조회시스템(National Instant Criminal Background Check System; NICS)'을 통해 이뤄졌다. 주의 범죄전과 기록은 주의 중앙저장소와 주간(州間) 확인 지표(index)를 통해 FBI에 제공되었다. 이 지표는 주 당국이 보유한 범죄기록을 즉각 알려준다. 브래디 법은 주 당국으로 하여금 주의 범죄전과 기록 시스템을 개발하고 NICS와의 인터페이스를 향상시키도록 요구하고 있는데도, 주들은 연방정부가 브래디 법을 실행하는 데 필요한 충분한 기술이나 재정적 자원을 제공하지 않았다고 몹시 불평했다(제 4장을 참고할 것).

두 번째 사례를 검토해 보자. 한 카운티가 구치소 수용인원을 줄이라는 법원 명령을 받는다. 모든 사람이 새로운 구치소가 필요하다는 데에 동의한다. 하지만 카운티 내 특정 지역이 신규 구치소 부지로 제안되자 경제력과 정치적 힘을 지닌 시민들이 반대 공동체를 조직하고 자신들이 거주하는 인근에 구치소가 건설되는 것을 반대하고 나선다. 이런 "님비(NIMBY, Not In My Back Yard)(Welsh et al., 1991)"식 대응은 항의시위 형태 또는 건설을 막기 위한 강력한 시민들에 의한 소송으로까지 갈 수 있다. 일부 사람들이 다른 이들보다 더 효과적으로 원치 않는 변화에 저항할 수 있다는 것이 공정한가?

지지와 저항의 원천을 분석하는 데 있어 특별히 유용한 기법 중 하나는 '**역장분석**(force field analysis)'이라고 불리는 것이다. 참여와 소통이 변화의 핵심이고 충돌의 전략보다 협력적 전략을 선호한다는 사실을 상기하기를 바란다. 이 기법은 우리로 하여금 다양한 견해를 검토하고, 변화에 대한 저항을 줄이되 지지를 끌어올리는 협력적 전략들을 사용할 것을 요구한다.

르윈(Lewin, 1951)이 개발한 역장분석 기법은 물리학 비유에 기반을 두고 있다: 본체는 그 위에 작용하는 힘의 합계가 0일 때 가만히 있을 것이다. 한 방향으로 밀거나 당기는 힘이 반대 방향으로 밀거나 당기는 힘을 초과할 경우, 본체는 더 큰 힘의 방향으로 움직인다. 계획된 변화와 차이가 있다면 우리가 물리적 변화보다 사회적인 힘을 다루고 있다는 점이다. 어떤 개입이든 성공적으로 실행하기 위해 우리는 변화에 대한 저항력을 줄이려고 노력할 것이다(도표 1.4).

도표 1.4 역장분석

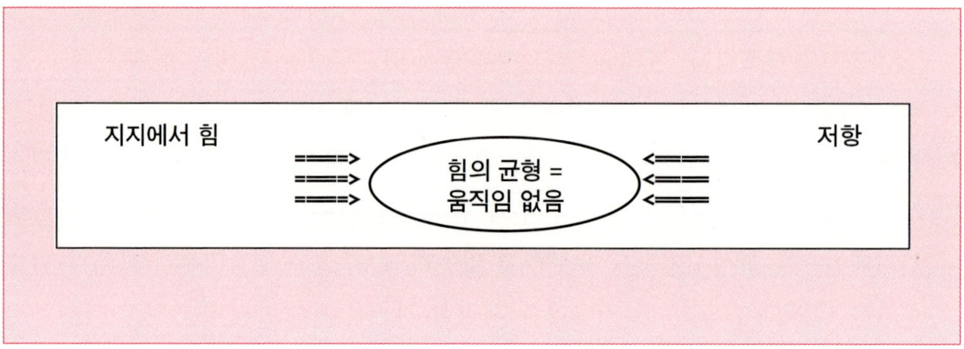

도표 1.5 목적: 6월1일까지 도심 거리에서 방치차량 없애기

추진력(찬성론자)	반발력(반대론자)
• 문제의 이해관계가 최근 찬성 그룹에 의해 표현되었다. • 공공서비스국 국장이 이 계획을 지지한다. • 시의회가 이 계획을 지지한다. • 대중 여론이 도심 청결에 우호적이다. • 지역의 견인차보관소들이 비용 부담 없이 차량을 인수하는 데에 동의했다. • 보건 당국이 낡은 방치차량을 잠재적으로 건강에 위해한 요소로 고지한다.	• 대중에게 "방치차량"의 정의가 불분명하다. • 낡은 차량 소유주들이 위협으로 느끼고 있다. • 방치차량 위치를 찾아내기가 어렵다. • 방치된 차량들을 운송하는 비용 • 비용은 방치차량을 찾아내고 폐기하는 것을 포함한다. • 차량이 "버려진" 것임을 확인하고 소유주에게 통보하는 절차가 필요하다.

사회적 변화는 물리적 변화와 마찬가지로 3가지 선택 사항 중 1가지를 요구한다: (1) 변화에 대한 지지의 힘을 증가시킨다; (2) 변화에 저항하는 힘을 감소시킨다(보통 긴장을 적게 만들고 예측하지 않은 결과가 적게 도출되도록 한다); 또는 (3) 몇 가지 조합을 통해 2가지 선택 사항을 모두 한다. 언제나 변화에는 저항이 있다. 기껏해야 변화관리자가 예측하고 극복해야 하는 관성이 있다. 역장분석은 이 작업에서 유용한 도구이다. 도표 1.5는 길거리에 버려진 자동차를 제거하고자 하는 시와 관련된 잠재적 추진력과 반발력을 보여준다.

일반적으로 극복하고 저항하는 것보다 감소시키는 것에 집중한다. 사례연구 1.1과 1.3은 이런 개념을 적용하는 기회를 제공한다. 역장분석에는 다음과 같은 3가지 단계가 관여된다.

1. **추진력**(변화를 지지하는 이들)과 **반발력**(변화를 거부하는 이들) **확인**
2. 1단계 평가에서 확인된 **세력을 분석**한다(각 세력별로):
   - **변화에 순종**(이 세력은 어느 정도 변화할 것 같은가?)
   - **힘**(이 저항의 원천을 줄이는 것이 개입을 진전시키는 데 얼마나 큰 영향을 미칠까?)
   - **일관성**(이 세력은 시간이 지나면서 안정적일지 또는 변화할지?)
3. 1단계에서 확인된 각각의 세력을 변화시킬 **대안 전략을 발견하라.** 저항의 원천을 줄이는 데 집중하라.

실행 연구

학술 컨퍼런스에 가면 우리는 연구자들한테서 정책 결정권자들이 그들의 연구 결과를 무시한다는 불평을 종종 듣는다. 반대로 우리가 정책 결정권자에게 컨설팅을 할 때에는 연구자들이 지나치게 학술용어를 사용하고 연구 결과는 일관성이 없으며 연구는 정책결정의 근거가 될 시의적절하고 특별한 정보를 거의 제공하지 못한다는 불만이 제기되곤 한다. 분명히 연구자와 정책 결정권자는 더욱 밀접히 상호작용을 해서 적절한 연구가 이뤄지고 정보를 충분히 받은 상태에서 정책을 결정하도록 해야 한다(Bloomberg, 2010; Petersilia, 1981; Rosenfeld, 2010; Weldford, 2010; Welsh & Zajac, 2004). "책만 만들어 내는 연구는 충분하지 않다"(Lewin, 1947: pp. 202-203)고 단언한 커트 르윈(Kurt Lewin)보다 이런 임무를 더 심각하게 실행한 사회과학자는 없을 것이다.

르윈은 사회과학 연구가 의도적으로 그리고 분명하게 사회적 행위(조직적 그리고 공적 정책 결정을 포함하여)를 알리고 형성하는 의도적인 변화의 과정을 설명하기 위해 "실행 연구(action research, 역주: '행위 연구', '행동 연구'로도 불린다)"라는 개념을 만들어 그 행동의 결과를 평가하였다. 여기에는 사실관계 파악, 계획 세우기, 집행, 평가가 포함된다. 실행 연구로부터 얻은 결과는 입안자에게 자기 결정의 강점과 약점에 대해 새로운 통찰력을 습득하고 수집할 수 있는 기회를 주는 새로운 정보를 제공한다. 르윈은 행동 연구가 역동적이고 상호 작용하는 과정이라고 강조했다. 성공적인 실행 연구는 특별한 결정이 내려지는 "현장"이나 시스템에 주의를 기울여야 하고 특정 유형의 변화에 대비하거나 반대하는 다양한 "세력(개인, 단체 또는 기관)"을 확인해야 한다.

토의할 질문

1. 다음 각 사항을 정의한다:
   (a) 변화관리자체계
   (b) 선도자체계
   (c) 의뢰인체계
   (d) 대상체계
   (e) 행동체계
2. (a) "필요성"과 (b) "문제"를 정의한다.
3. (a) "발생률 혹은 빈도"와 (b) "출현율"을 정의한다.
4. 문제의 수준과 심각성을 추정하는 데 우리가 사용할 수 있는 기법에는 무엇이 있는가? 변화의 필요성을 문서화하는 각각의 수단을 기술한다: (a) 핵심 정보원 접근법 (b) 지역사회 포럼 (c) 지역사회 여론조사 (d) 사회 지표들
5. 문제가 "사회적으로 구성되었다"라고 말하는 것은 무엇을 의미하는가? 사례를

들어 설명한다.

6. (a) "인과관계학"이 무엇인지 정의한다. (b) 인과관계학의 5단계를 기술하고 각각의 사례를 제시한다.
7. "이론"을 정의한다.
8. "시스템 분석"은 무엇인가? 형사사법 시스템 분석에서 5단계를 설명한다. 사례를 들어 이 개념들에 대한 여러분의 이해를 보여준다.
9. 변화 장애의 다른 유형에 대해 논의하고 각각의 사례를 제시한다: (a) 물리적 (b) 사회적 (c) 경제적 (d) 교육적 (e) 정치적 (f) 법적 (g) 기술적
10. (a) "역장분석"을 정의한다. (b) 역장분석의 3단계를 각각 설명한다.
11. "실행 연구"를 정의한다.

사례연구 1.1 가정폭력

지시: 아래 가상의 사례 시나리오를 읽고 그룹을 나눠(강의자가 배정하는 대로) 아래 질문에 답하라. 각 그룹 멤버는 논의 내용을 기록하고, 자신들이 발견한 것을 다른 학생들에게 보고할 대표자를 지명해야 한다. 5분간 발표할 논의내용을 요약해보자.

지역신문 '빅타운 크로니클' 헤드라인은 이렇다: "가정불화로 여성이 남편에 맞아 숨졌다." 빅타운 경찰은 베니 벤슨(32)이 집에서 극심한 부부싸움에 이어 그녀의 남편 빌(34)이 휘두른 흉기에 수차례 찔려 숨졌다고 밝혔다. 경찰은 지난 6개월간 "큰 고함소리가 들리고, 여자가 폭행당하는 것처럼 비명을 지르고 있다"는 이웃들의 불만제기에 대응해 4차례 그 집으로 출동 신고를 받았다. 벤슨 부인은 매번 남편에 대한 고소를 거부했다.

다음날 '배우자 학대에 반대하는 여성 행동모임(Women for Action against Spouse Abuse, 이하 WASA)'이라고 불리는 지역 단체가 시청 앞에서 소란스런 시위를 벌였다. WASA의 사라 스미스 대변인은 취재기자들에게 "이런 어처구니없는 일이 오랫동안 지속되어 왔다. 경찰은 그녀가 살해당하기 전 4차례나 그 집 출동 신고를 받고서도 그녀를 돕기 위한 아무런 일도 하지 않았다. 경찰은 빌 벤슨과 같은 이들에게 구두 경고만으로 대응해 그들이 다시 가정으로 돌아가 부인들을 때리도록 할 게 아니라 체포해서 오랫동안 격리시켜 둬야 했다"고 말했다.

프랭크 파인 경찰서장은 이러한 비난에 대해 경찰이 법을 만든 게 아니라고 지적하였다. 파인 서장은 "WASA는 그들이 원하는 무엇이든지 불평할 수 있겠지만 주 의회가 가정폭력과 관련한 법을 만들었고 지금도 그렇다. 그 법은 피해자가 항의를 제기하지 않으면 경찰이 체포할 수 없도록 규정하고 있다. 성격이 괴팍해 보인다는 이유만으

로 빌 벤슨 같은 사람을 우리가 체포할 수는 없다"고 말했다.

WASA가 주 의사당 앞에서 항의를 시작하였고 이틀 후 앨린 앳킨슨 의원이 가정폭력과 관련된 법에서 전면적인 변화를 요구하는 새 법안을 소개하였다. 그 법안은 배우자 폭행이 의심되는 자는 누구라도 의무적으로 체포하고 48시간 동안 구금해 조사를 진행할 것을 요구하는 내용이다. 이 법안에 따르면 경찰은 법 시행에 있어서 "합리적 재량권"을 사용할 것이다. 그러자 '미국 시민자유연맹(American Civil Liberties Union, 이하 ACLU)' 빅시티지부에서는 새 법안은 용의자의 헌법상 권리인 적정절차의 법리를 박탈하고 경찰에게 "판사, 배심원, 교수형 집행인"이 될 수 있는 권한을 부여하고 있다면서 발끈하고 나섰다.

빅타운사회사업서비스의 밥 빅허트 대변인은 강력한 새 법이 해답은 아니라고 말했다. 대신에 그는 경찰이 경찰관들에게 가정위기 상담 훈련을 시켜서 부부 싸움을 중재하고 부부를 지역사회 기관들에 위탁해 그들의 문제를 풀게끔 도울 수 있어야 한다고 제안했다. 프랭크 파인 서장은 경찰이 어쨌든 그렇게 하고 있다고 말했다: "우리 경찰서는 서비스를 지향하는 경찰서이고 우리 경찰관들은 이 나라에서 가장 훈련이 잘 된 이들에 속한다."라고 파인 서장은 말했다. WASA는 파인 서장이 "오만하며 피해자 권리에 무감각하다"면서 그의 즉각적인 사임을 요구하였다.

질문

주지사가 주 기획 기관의 멤버인 여러분에게 가정폭력 문제를 연구하고 이 문제를 다루기 위해 무엇을 해야 할지에 대한 예비적인 권고를 해 줄 것을 요청하였다. 여러분의 답변에 다음과 같은 사항을 포함되도록 하자:

1. 문제가 있는가? 있다면 어떤 문제인가? 여러분은 어떻게 말하겠는가?
2. 참여자가 누구이고 그들은 어떤 역할을 맡고 있는가?
    - 변화관리자체계
    - 선도자체계
    - 의뢰인체계
    - 대상체계
    - 행동체계
3. 제안이 이뤄지고 있는 중인 구체적인 변화를 확인하고 역장 분석을 수행하라.
4. 누가 어떤 종류의 변화 필요성을 인식하고 있는가? 견해의 차이가 있는가? 누구의 견해를 검토할 필요가 있고 여러분은 대립하는 견해 중 어떻게 견해를 선택할 것인가?
5. 주지사에게 여러분의 보고서를 내기에 앞서 추가 정보가 필요한가? 일부 다른 변화의 진행이 있어야 할까?

사례연구 1.2 경찰관이 관련된 필라델피아의 총격사건[5)]

지시: 아래 사례연구를 읽고 그 뒤에 나오는 질문에 답하시오.

경찰의 치명적인 무력 사용(예컨대, 총기 발포)은 경찰관이 취할 수 있는 가장 심각한 행동이다. 2014년 퍼거슨, 스태튼 아일랜드, 클리블랜드에서 발생한 사건은 이 이슈에 대한 전국적인 관심을 불러일으켰으며 일부 지역사회와 그들의 법집행기관 사이에 현저한 갈등을 드러내줬다. "흑인의 생명도 소중하다(Black lives matter)", "손 올렸으니 쏘지 말라(Hands up, don't shoot)", "숨 쉴 수가 없어요(I can't breathe)"와 같은 구호를 외치는 항의 운동이 전국적으로 벌어졌다.

2013년 폭력범죄와 경찰에 대한 폭행사건이 격감하는 가운데 필라델피아 경찰당국(PPD)에서는 경찰관이 관련된 총격 사건(officer-involved-shootings, OIS)이 치명적으로 증가하고 있었다. 그 무렵 찰스 램지(Charles C. Ramsey) 경찰서장은 '협력 개혁 계획(collaborative reform initiative)'을 통해 미 법무부(DOJ) 지역사회경찰국(COPS)로부터의 기술적 지원을 요청하였다. COPS와 PPD는 전국 표준, 모범사례, 현재 및 신규 연구, 지역사회 기대치를 고려하여 PPD의 무력 사용 정책, 실행, 관련 절차들을 조사하고 개혁하는 목적을 세웠다.

우리는 2007년부터 2013년까지 발생한 사건들에 관한 기술적(descriptive) 분석을 제시함으로써 필라델피아에서의 OIS를 이해하기 위한 기초를 마련하였다. 우리는 다음 질문을 중심으로 분석을 실시한다: 언제, 어디에서, 누가, 어떻게? 이와 동시에 우리는 OIS의 시간과 장소에 대한 종합적인 조사를 보여준다. 이를 통해 OIS의 시간과 위치에 대한 종합적인 조사를 제공한다. 우리는 또한 관련된 개인들–경찰관과 용의자–간 접촉(encounter)의 역학관계도 조사한다. 우리는 특별히 인종 이슈와 위협 인식에 관심을 기울여 이러한 요소들을 독립적으로 그리고 종합적으로 함께 조사한다. 우리 평가의 목적을 위해 OIS를 다음과 같은 기준을 만족하는 화기 사용으로 정의한다.

- 화기를 발사한 개인이 경찰관 복무선언을 한 경찰관이다.
- 화기를 발사한 개인이 근무 중이거나 비번일 수도 있다.
- 화기 발사가 다른 사람과 관련되어 있다.

---

5) 이 사례는 법무부(DOJ) 지역사회경찰국(COPS)이 실시한 경찰관 관련 총기사격에 관한 최근 분석에서 짧게 발췌한 것이다(Fachner & Carter, 2015). 여기서 다룬 사례는 무력 사용 정책과 관련하여 3가지 발견사항에만 집중했으나 48가지 발견사항과 92가지 권고사항을 담고 있는 원본 보고서는 COPS 웹사이트 http://ric-zai-inc.com/ric.php?page=detail&id=COPS-W0753에서 이용이 가능하다. http://nij.gov/journals/273/Pages/replicating-hope.aspx#noteReference1에서 찾아볼 수 있다.

- 화기 발사가 의도적이다(경찰관 이외에 다른 누군가가 부상당한 총기 발사 사건, 우발적 사고에 의한 발사일지라도 OIS로 분류한다).

2007년부터 2014년 사이 PPD에서 총 394건, 연평균 49건의 OIS가 있었다. 필라델피아에서 22구역과 25구역이 우리 연구 기간에 가장 많은 OIS를 경험했다. 전체 도시를 들여다보고 우리는 필라델피아 경찰 구역들에서 총기 관련 폭력 범죄와 살인의 패턴이 OIS의 출현율(prevalence)과 상호 관련이 있음을 발견하였다.

OIS는 대부분 3명 이하 경찰관과 관련이 있었다. 총기 발사와 관련된 경찰관의 절대 다수(94%)는 남성이었다. 경찰관의 과반수(59%)가 백인인 반면에 흑인은 34%, 히스패닉은 7%였고 아시안계는 1% 미만이었다. 경찰관의 나이는 평균 33세였고 대체로 순찰 업무를 맡고 있었다. 순찰 경찰관들이 OIS에서 압도적인 숫자를 차지하고 있기는 했지만 다른 PPD 내 조직들과 크기를 통제했을 때 고속도로 순찰대, 중요범죄수사대, 마약단속반의 OIS 비율도 높았다.

용의자의 평균 연령은 20세였다. OIS에서 용의자의 인종적 구성은 흑인이 81%, 히스패닉 9%, 백인 8%, 아시안 2%였다. OIS에서 용의자의 15%는 비무장 상태였다. 전체 용의자의 56%가 당시 총기로 무장했고; 9%가 차량을 무기로 사용하였고; 8%가 날카로운 물체로 무장하였고; 3%가 장난감 BB총을 지니고 있었고; 3%가 둔기를 소지하고 있었다. 6% 사례에서는 용의자가 무장하였는지 확인되지 않았다.

무장하지 않은 OIS 사건은 대부분 2가지 요인 중 하나였다: 위협 인식 실패(threat perception failure)와 물리적 다툼(physical altercation). 위협 인식 실패는 경찰관(들)이 비위협적인 물체(예를 들어, 휴대전화기) 또는 움직임(예컨대, 허리띠를 잡아당기는 행위)을 잘못 확인하는 바람에 용의자를 무장한 상태로 인식할 때 발생한다. 이런 경우가 비무장 사건에서 49%를 차지하였다. 물리적 다툼은 용의자가 경찰관의 총기로 손을 내밀거나 경찰관을 물리력으로 제압한 사건과 연관되어 있다. 이런 경우가 비무장 OIS의 35%에 달했다. 나머지 비무장 상태의 사건은 장난감 총(10%), 무장하지 않은 공범(3%), 사고로 인한 발사(2%)와 관련되어 있다.

백인 용의자는 32건의 OIS 중 8건(25%)에서 비무장 상태였다. 흑인 용의자는 OIS 285건 중 45건(15.8%)이 무장하지 않았다. 히스패닉 용의자는 34건 중 5건(14.7%)의 OIS에서 무기를 소지하지 않고 있었다. 아시안 용의자는 OIS 5건 중 1건(20%)에서 비무장 상태였다. OIS를 더 면밀히 들여다보니 OIS 관련 흑인 용의자는 위협 인식 실패의 대상이 될 가능성(8.8%)이 가장 높았고, OIS 백인 용의자는 OIS를 초래하는 물리적 다툼에 연루될 가능성(18.8%)이 가장 높았다.

우리는 또한 OIS 중 위협 인식 실패에 관련된 경찰관들의 인종을 조사하여 인종교차 접촉(역주: 백인 경찰관과 히스패닉 용의자의 접촉 또는 그 반대 등의 사례)이 어떻게 위협 인식에 영향을 미칠 수 있는지를 훨씬 잘 이해하게 되었다. 백인 경찰관과 흑인 용의자 사이에서 위협 인식 실패 비율은 6.8%에 이르는 것으로 나타났다. 용의자가 흑인일 때 흑인 경찰관이 위협 인식에 실패하는 비율은 11.4%였다. 흑인 용의자가 OIS에 관련되어 있을 때 히스패닉 경찰관의 위협인식실패 비율은 16.7%로 나타났다.

무력 사용 방침

우리는 치명적 무력과 관련된 모든 PPD 정책을 검토하면서 지침 10과 지침 22가 무력 사용과 관련된 특정 정책이기 때문에 두 지침에 주로 집중했다. 우리는 이 정책들을 검토하면서 다음과 같은 특징에 중점을 뒀다: 훈련 실행 및 다른 정책들과의 일관성; 모범사례 및 최근 사례, 연구 문헌, 부서의 독특한 필요성과의 일관성; 법원 결정; 경찰관 및 공공 안전의 중요성. 우리는 전체 10가지 사항을 발견하여 19가지 사항을 권고하였다. 보고서에 나오는 PPD 정책에 대한 핵심 3가지 문제와 7가지 권고 사항은 다음과 같다.

발견사항: PPD 경찰관들은 부서의 무력사용 정책에 관한 지속적이고 정기적인 훈련을 받지 않는다(발견사항 1).

권고: PPD는 지침 10과 지침 22에 관한 표준 훈련 교과목을 개발하고 복무 선서를 한 모든 인력에게 연단위로 훈련을 마치도록 요구하여야 할 것이다(권고 1.1).

권고: PPD는 그 부서의 무력사용 지침의 명확성과 이해가능성에 대한 그들의 의견을 구하기 위해 순찰 단계에 있는 경찰관 및 감독관들과 협력해야 한다(권고 1.2).

발견사항: PPD는 경찰관들에게 전자식 제어 무기(electronic control weapon, ECW)를 획득하기 위해서는 위기개입훈련(crisis intervention training, CIT)을 완수하도록 요구한다. 이렇게 요구하다보니 2가지 전술적 접근법을 구분하여 전 부서를 통해 덜 치명적인 수단의 배포를 제한하는 결과가 발생한다(발견사항 8).

권고: PPD는 ECW와 CIT를 개념적으로 그리고 운영상으로 모두 분리해야 한다(권고 8.1)

권고: ECW는 통합집행부대에 할당된 모든 PPD 경찰관을 위한 표준배포 무기여야 한다(권고 8.2).

권고: 통합집행부대의 모든 PPD 경찰관들은 ECW를 근무 중 항상 벨트에 지니도록 요구받아야 한다(권고 8.3).

발견사항: PPD의 ECW 정책 초안은 그 수단의 사용을 제한하여야 하는 환경과 관련하여 충분히 상세하지 않다(발견사항 9).

권고: PPD ECW 정책은 대상 당 연속 사용횟수를 3회로 제한해야 한다 (권고 9.1).

권고: PPD의 무력사용 결정에 관한 모든 정책 차트는 ECW 사용이 어디에서 적절하고 어디에서 부적절한지를 분명하게 보여주어야 한다(권고 9.2).

질문

1. 변화의 필요성을 기술한다. 왜 이 분석이 실시되었는가?
2. 어떤 종류의 사회적 지표들을 조사하였는가? 최소 2가지 사례를 제시한다.
3. 비무장 OIS 사건은 대부분 2가지 요인에 기인했다: 각각에 대해 기술한다.
4. 이 분석의 실제적 의미는 무엇인가? 예를 들어, 경찰의 서비스 요청에 대한 실제 대응이 어떤 영향을 받을 수 있을까?

사례연구 1.3 회복적 사법과 공동체 사법이 미국의 선고 및 교정으로 통합된 사례[6)]

지시: 아래 사례연구를 읽고 이어지는 질문에 답변하시오.

회복적 사법과 공동체 사법은 범죄에 대한 새로운 사고방식을 대표한다. 회복적 사법 기저에 깔린 이론들은 범죄 대응에 관해서 기존 형사사법기관들이 독점을 포기하고 범죄로부터 직접 영향을 받은 모든 이들에게-피해자, 범죄자, 공동체- 그 대응 권한을 넘겨줘야 한다고 주장한다. 공동체 사법은 형사사법 기관의 역할과 목적을 재(再)정의해서 보다 광범위한 임무까지 포함시킨다-즉 범죄를 예방하고 지역 사회 문제와 분쟁을 다루고, 이웃 주민들이 기획과 의사결정 과정에 까지 개입하게 하는 것이다. 회복적 사법과 공동체 사법은 모두 지역 주민들이 범죄 대응에 참여한다면 공동체가 보다 강화될 것이라는 전제에 기초를 두고 있으며, 둘 다 피해자, 공동체, 범죄자의 선호와 필요성을 감안한 맞춤식 대응을 구상한다.

이러한 상향식 접근법과는 대조적으로, 최근 법의 변화는 범죄자들을 처벌하는 것에 대한 응보적 개념을 그리고 위험을 통제하고 공공 안전을 증가시키고 형벌의 불공정한 차이를 줄이려는 의욕을 전제로 하고 있다. 적절하며 개별화된 처분을 달성하려는 회복적 사법 및 공동체 사법의 목적은 종종 확실하고 일관되며 비례적으로 선고를 하려는 응보적 목적과는 상충된다.

이런 규범적 충돌을 해결하는 여러 방법이 있다. 회복적 사법과 공동체 사법 계획은

6) 이 사례연구는 미 법무부 국립사법연구소(NIJ) 보고서 기반한 것이다(Kurki, 1999).

계속해서 청소년 범죄자와 경미한 범죄를 저지른 사람들로만 노력을 국한하면 된다. 그러나, 이러한 (회복적 사법과 공동체 사법과 같은) 접근법이 급속히 확산되고 있으며, 지원을 늘리고자 하는 많은 새로운 지지자들을 확보해 가고 있기 때문에, 이것은 가능성이 없어 보인다. 대신에, 응보적인 법을 개정하거나 적용 범위를 좁게 할 수 있을 것이다. 그러나 이것은 가까운 기간 내에 일어날 것 같지 않다. 서로 다른 두 경향이 얼마나 정확히 조화를 이루면서 존재할 수 있을 것인가? 그럼에도 불구하고, 회복적 사법과 공동체 사법의 가치는 형사사법 절차에서 어느 정도까지는 제도화될 것으로 보인다.

회복적 사법은 무엇인가?

회복적 사법은 잘 알려지지 않은 개념으로부터 광범위하게 쓰이는 개념으로 진화해 왔으며 다양한 방식으로 접근되고 있다. 다양한 개념의 사용이 약간의 혼란을 야기함에도 불구하고 그 호소력에 대해서는 아무런 의심이 없다. “회복적 사법”이라는 포괄적인 개념은 일부에 의해, 회복적(restorative) 효과가 있는 것으로 확인된 계획들에 적용되었다. 성범죄자신상공개법, 피해자의견진술제도, 살인사건 피해생존자의 사형집행 참관권이 그 사례들이다. 회복적 사법의 지지자들은 대부분 다음과 같은 5가지 기본 원칙을 포함한다는 데에 동의한다:

- 범죄는 형법 위반과 정부 권위에 대한 저항 이상의 것으로 이루어져 있다.
- 범죄는 피해자, 공동체, 범죄자라는 3자간 관계의 붕괴와 관련되어 있다.
- 범죄는 피해자와 공동체에 피해를 주기 때문에 최우선적 목적은 피해를 원상회복하고 피해자와 공동체를 치료하는 것이어야 한다.
- 피해자와 공동체, 범죄자는 범죄 대응을 결정하는 데 모두 참여하여야 한다; 정부는 그 절차에 관한 독점을 포기하여야 한다.
- 사건 처리는 최우선적으로 피해자와 공동체의 필요성에 근거하여야 한다–단지 범죄자의 필요성 또는 비난성, 범죄자가 가져온 위험, 범죄자의 범죄 경력이어서는 안 된다.

회복적 사법의 원래 목적은 피해자와 범죄자간 화합을 복원하는 것이다. 피해자에게 유형의 손실과 정서적 손상에 대한 배상을 의미했다. 가해자에게는 책임을 떠안고 부끄러움을 느껴 존엄성을 다시 얻는 것이다.

이 개념이 발전하여 최근 개념적 개발은 공동체를 위한 역할로 통합되었다. 많은 사람들은 여전히 회복적 사법을 주로 희생자와 범죄자간의 중재, 또는 더 광범위하게 피해자 지향의 서비스와 연관시키고 있다. 최근의 개념화는–범죄는 3자간 관계에서 발생한다–그 운동을 변화시키고 있다.

3자 모두는 관계를 재건하고 범죄 대응을 결정하는 데에 참여할 수 있어야 한다. 차별화되는 특징은 피해자와 범죄자 그리고 점차 공동체 간의 직접적인 면대면 대화이다.

공동체 사법이란?

공동체 사법의 개념은 보다 불분명하다. 이는 형사사법 초점을 사건의 처리에 있어 좁은 방향을 변화시키는 일련의 새로운 조직 전략으로 그려질 수 있다: 보다 유연한 근무 시간과 서비스를 제공하는 이웃사회 지역으로 작전이 옮겨지며, 이웃에게 그들의 경찰관이 배정되고 일반 관행보다 더 많은 정보가 제공되며, 거주민들이 범죄 문제를 평가하고 지역사회 재생의 우선순위를 정할 수 있다. 공동체 사법에 대한 대부분의 경험은 지역 치안의 맥락에 있지만, 검사와 판사, 교정기관 공무원들이 더욱 더 그들의 역할과 목적을 다시 생각하고 있다.

공동체 사법을 위해 가장 빈번히 인용되는 관점은 문제해결 중심과 지역사회 권한강화다. 문제 해결은 광범위하게 이해된다: 먼저, 형사사법과 다른 정부 기관, 정부 기관과 이웃사회 간의 파트너십을 구축하는 노력으로서, 둘째 범죄에 깔려 있는 복잡한 사회 문제 일부를 다루려는 시도로서 이해된다.

공동체 사법 지지자들은 형사사법 기관들은 그들이 대중과 상호작용하는 방식을 바꾸고, 시민의 목소리를 듣는 것을 배워야 하며 범죄를 예방하고 범죄 관련 문제를 해결하기 위해 지역민들과 함께 협력해야 한다고 주장한다(Barjas, 1996).

공동체 사법 지지자들은 공공 안전을 극대화하고 범죄 예방을 최적화하기 위해서는 지역민들이 정부 기관 대표자들 및 선출직 공무원들과 대등하게 일해야만 한다고 믿는다.

오리건 주 데슈츠(Deschutes) 카운티의 데니스 맬로니(Dennis Maloney) 공동체사법국(Department of COmmunity Justice) 국장은 시민 개입과 범죄 예방 간 관계를 다음과 같이 기술하였다: "공동체 사법 틀에서 목적은 가능한 많은 시민을 더 좋은 공동체를 건설하는 데에 관여하도록 하는 것이다. 공동체에 대한 강한 의식을 공유하는 사람은 타인의 신뢰를 훨씬 더 어기지 않을 것이다. 공동체에서 시민의 지분과 유대는 범죄가 번성하는 것을 막는 데에 후원자 역할을 하는 가장 강력한 힘이다."

회복적 사법과 공동체 사법은 형사사법 시스템 속에 포함되어야 하는가?

회복적 사법과 공동체 사법의 지지자들은 종종 공식적인 형사사법 시스템의 일부분이 되는 것이 바람직한지를 놓고 견해를 달리한다. 회복적 사법의 지지자들은 풀뿌리 시민들의 노력을 믿으며, 그래서 많은 이들이 회복적 사법 운동이 형사사법 시스템으로부터 분리되어 유지되기를 바란다. 공동체 사법 옹호자들은 종종 새로운 원칙을 포함하는 총체적이고 시스템적인 변화를 지지한다. 두 집단은 이러한 접근방식에서 정부의 역할과 그들의 증가하는 인기에 대해 우려하고 있다. 그들은 회복적 사법과 공동체 사법이 근본적인 변화를 나타낸다고 강조한다: 묘책이나 일시 유행이 아닌 포괄적인 철학이나 이론이다.

지지자들은 또한 형사사법 기관이 "유행을 따르는" 것처럼 보이거나 특정한 문제를 해결하기 위해 새로운 공동체 사법 프로그램이나 회복적 사법 프로그램을 추가하는 것을 우려하고 있지만, 그들의 임무를 근본적으로 재고하지는 않을 것이다. 텍사스 주 트래비스 카운티의 지방검사인 로널드 얼(Ronald Earle)은 이 같은 우려를 "문제는 형사사법 시스템과 패션 프로그램을 단지 행동 방식이 아닌 새로운 사고방식에 어떻게 집중하느냐"라고 요약했다. 일부 지지자는 형사사법 기관들이, 열정이 없고 특수화, 전문화되고 일상화된 운용을 중시하는 경향이 있는 많은 다른 정부 기관들과 마찬가지로, 새로운 목적과 원칙들을 의미 있게 채택할 수 있을지에 대해 회의적이다.

정부 기관 또는 전문가들이 이런 가치들을 반영한 프로그램을 위한 가이드라인과 표준, 조건들을 만들고 그로 인해 그것들을 관료화하고 다시 한 번 공동체로부터 "갈등 훔쳐가기(stealing the conflicts)"를 하지 않을까 하는 게 다른 걱정이다. 로널드 얼이 말했듯, "구조화되지 않은 표준화의 부족이 이 운동의 천재성"이다. 하지만 그는 동시에 "공동체 사법 프로그램을 국가적인 판으로 만들고자 하는 큰 유혹이 있다"고 덧붙였다. 정부 과제는 그들의 강점인 자발성, 창조성, 풀뿌리와 유대관계를 억누르지 않고 새로운 운동을 격려하고 지지하는 것이 될 것이다.

지금 무슨 일이 벌어지고 있는가?

미국에서 회복적 사법 또는 공동체 사법의 영향을 문서화하고 평가하기가 근본적으로 어려운 이유는 체계적인 자료의 부족 때문이다. 얼마나 많은 프로그램이 있고 어떤 종류의 프로그램이 있는지 아무도 모른다; 얼마나 많은 범죄자, 피해자, 자원봉사자들이 참가하고; 지불된 피해배상액의 총액이나 실행된 공동체 서비스가 얼마나 되고; 또는 피해자, 공동체, 범죄자에 대한 영향이 무엇인지를 모른다. 다른 주 또는 지역에서 무슨 일이 벌이지고 있는지 모니터링 한다는 것은 거의 불가능하다.

참고할 만한 평가 연구가 전혀 없고 어떻게 "성공"으로 측정해야 하는지에 대한 합의된 의견일치도 없다. 대부분의 지지자들은 재범이 정확하지도 않거니와 유일한 측정 방식도 아니라고 주장한다. 평가는 또한 피해자와 범죄자의 만족도, 배상액 또는 공동체 서비스의 합, 배상 약속의 실행, 자원봉사 참여와 공동체 행동의 수준, 피해자와 범죄자의 삶의 질과 같은 측정도구를 검토할지도 모른다.

일부 지지자들은 엄격한 평가가 그 운동을 표준화하고 "전문적 의견을 말하도록" 압력을 줄 것이기 때문에 그것을 긍정적으로 평가하지 않는다. 그러나 다양한 프로그램과 집행이 회복적 사법과 공동체 사법을 가시적, 구체적, 차별적인 것으로 만들어주기 때문에 그 유형을 문서화하고 그 특징을 분석하고 결과를 평가하는 것은 중요하다.

정보의 부족은 집행자와 학계 전문가의 서술에 영향을 미친다. 하지만 회복적 사법의 원칙과 목적이 무엇이고 그것이 전통적인 형사사법 접근, 그 절차, 전문용어에서 어떻게 다른지에 관한 상당한 문헌이 있다(Braithwaite, 1999; Van Ness & Strong, 2013). 다른 작업들은 프로그램들을 기술하거나 지역 프로젝트를 상세하게 보여준다(Galaway & Hudson, 1996; Messmer & Otto, 1992). 공동체 사법에 관한 대부분의 논문은 공동체, 검찰, 법원, 교정기관에 관한 정보는 거의 없이 지역사회 경찰활동(community policing)에 집중되고 있다.

회복적 사법의 실행

회복적 사법과 비슷한 어떤 것이 전근대 사회와 원주민 사회에서 관찰되었지만 피해자-가해자 화해 프로그램의 형태로 회복적 사법 원칙들은 1970년대 되어서야 서구 산업 국가에서 나타났다. 1974년 캐나다 온타리오 주 키치너(Kitchener)에서 만들어진 것이 첫 프로그램이다. 1990년대까지 그런 프로그램들이 서구 각국으로 퍼져나갔다-최소한 유럽에 700개, 미국에 300개가 있다.

1) 피해자-가해자 조정

피해자-가해자 조정(victim-offender mediation)은 가장 널리 보급된 회복적 프로그램이면서 평가가 이뤄진 유형의 프로그램이다. 범죄자와 피해자가 자원봉사에 나선 조정자와 함께 만나 범죄가 그들의 삶에 어떤 영향을 미쳤는지 논의하고 자신들의 우려사항과 느낌을 표현하고 배상 합의를 맺는다. 그 합의는 종종 정서적 치유와 성장에 부수적인 것으로 여겨진다. 피해자는 가장 중요한 조정의 요소가 범죄자와 얘기하고 그들의 감정을 표현할 수 있는 것이라고 지속적으로 보고하고 범죄자들 또한 직접 대면해서 하는 대화의 중요성을 강조한다. 지지자들은 범죄자의 피해자에 대한 공감을 이끌어낸다면 예방적 효과가 있을 것이라고 믿는다.

많은 나라에서 피해자-가해자 조정이 광범위하게 활용되고 있다. 예를 들어, 오스트리아에서는 피해자-가해자 조정이 1989년 초반 이미 소년사법체계의 공식적인 부분이 되었다. 검사가 청소년을 조정으로 이첩하면 보호관찰 사무소가 사건을 맡아 처리하고 사회복지사가 조정자로서 봉사하게 된다. 합의에 도달하고 끝나면 사건은 기각된다(Lösching-Gspandl & Kilchling, 1997). 미국에서는 거의 모든 프로그램이 민간 비영리 조직에 의해 운영된다; 주로 청소년 사건을 다루며, 경미한 비폭력 범죄에 대한 전환 프로그램의 기능을 한다. 하지만 교정당국, 경찰서, 검사들에 의해 만들어지고 운영되는(적어도 시작된) 프로그램을 개발하고 보호관찰이나 기소유예 조건으로 사용하려는 움직임이 있다. 조정 프로그램에 대한 대부분의 연구는 성공률이 높다고 보고하고 있다

(Umbreit, 1994).

지지자들은 폭력범죄나 성범죄에 대해서는 조정이 적절하지가 않다는 가정에 도전하기 시작하였다. 예를 들어, 미국과 캐나다에서 점점 더 피해자와 범죄자가 교도소에서 만난다. 이 모임은 배상 합의와 같은 유형의 목적을 지향하는 것이 아니며 범죄자가 조기 석방이나 집행유예 검토와 같은 혜택을 얻는 것을 지향하지도 않는다. 보통 이 모임은 피해자가 범죄자를 만나서 무슨 일이 일어났는지를 알고 공포와 분노를 넘어 치유를 촉진시키기를 바라기 때문에 열린다. 캐나다의 설문조사 결과는 심각한 폭력범죄 피해자의 89%가 범죄자를 만나기를 바랐다는 사실을 보여줬다(Gustafson, 1997).

심각한 폭력범죄는 보통 사안별로 판단하는 방식으로 조정되지만 영구적인 프로그램에 대한 필요성이 점점 커지고 있다. 브리티시 컬럼비아 주와 유콘 주의 캐나다 교정국(Correctional Service of Canada), 미국 텍사스 주 형사사법국(Texas Department of Criminal Justice, TDCJ)에 의해 제공되는 그러한 프로그램들이 사례가 될 수 있다.

2) 가족회합

가족회합(Family Group Conferencing)은 2가지 주요 차이가 있기는 하지만 피해자-가해자 조정과 같은 생각에 기반을 두고 있다. 가족집단회합은 보다 광범위한 사람(가족, 친구, 직장동료, 교수)들을 참여시키며 가족 구성원과 다른 지지자들이 가해자를 위해 집단 책임을 떠안아 그의 합의를 실행하려고 한다. 또 다른 차이라면 회합은 조직과 편의를 경찰, 보호관찰, 사회봉사 기관에 의존한다는 점이다.

가족회합은 1989년 소년사법체계의 일부분이 된 뉴질랜드에서 비롯되었다. 비행을 다루는 데 있어 가족과 공동체를 참여시키는 마오리족 전통을 받아들여 새로운 소년사법 모델로 통합한 뉴질랜드는 4가지 배치 옵션을 두었다.

- 경찰의 즉각적인 경고
- 경찰 특수부서가 예를 들어 피해자에 대한 사과 또는 공동체 봉사를 요구할 수 있는 "청소년지원부(Youth Aid Section)" 배치
- 가족회합
- 전통적 청소년법원 선고

청소년 범죄자의 약 60%가 경고를 받거나 청소년지원부로 배치되고, 30%가 가족회합으로 넘겨지며 10%가 청소년법원으로 회부된다(Maxwell & Morris, 1993).

1990년대 중반까지 가족회합은 호주의 모든 주와 지역에서 채택되었다. 호주 남부에서는 주 전체 차원에서 소년사법체계의 한 요소로서 활용되고 있는데, 뉴질랜드 접근방식과 비슷하다. 뉴사우스웨일스 주 와가와가에서의 회합(원래 경찰 전환 프로그램의 일

부로서)은 종종 제복을 입은 경찰관들이 조직하고 진행한다(Wundersitz & Hetzel, 1996). 1998년에 소년사법 기관에 책임이 이관되어 지금은 훈련된 지역사회 구성원들이 회의를 진행한다. 캔버라에서, 연방 경찰은 '재통합적 수치심 실험(Reintegrative Shaming Experiment, RISE)'으로 불리는 프로그램을 만들었는데, 100명 이상의 훈련된 경찰관이 참여하였다.

회합이 성공적이라는 증거가 있다. 펜실베이니아 주 베들레헴의 '경찰 가족회합(Police Family Group Conferencing)' 프로그램에 대한 최근의 평가는 전형적인 경찰관들이 적절히 훈련받고 감독을 받는다면 회복적 사법과 적절한 프로세스 원칙을 따르는 회합을 실행할 수 있고 범죄자와 피해자, 기타 참여자들의 그 절차에 만족하는 비율이 매우 높다는 것을 보여줬다(McCold & Wachtel, 1998). 캔버라의 '재통합적 수치심 실험' 평가에서도 유사한 결과가 나타났다(Sherman et al., 1998).

3) 양형 서클

양형 서클(Sentencing Circle)은 전통적인 캐나다 원주민과 미국 원주민의 분쟁해결에서 유래되었다. 그들은 희생자와 가해자, 지지자, 지역사회 핵심 구성원들을 참여시키며 공동체 모든 사람에게 개방되어 있다. 그들은 범죄의 근본적인 원인을 해결하고, 답변을 구하고, 범죄자들의 책임에 대해 합의하려고 시도한다. 이 과정은 분쟁해결과 협상, 의견일치를 바탕으로 하며, 각 서클 구성원은 그 결과에 동의해야만 한다.

양형 서클은 참가자들이 원을 그리고 앉아 '발언할 수 있는 몫(예를 들면, 깃털 같은)'이 한 사람한테서 다른 사람으로 전달되기 때문에 그렇게 이름 붙여졌다. 참가자들이 '발언할 수 있는 몫'을 넘겨받았을 때 그들은 범죄에 대한 감정을 설명하고 희생자와 가해자에 대한 지지를 표현한다. 가해자와 피해자가 공유 서클에 참석하기에 앞서 종종 분리된 서클이 마련된다.

미네소타에서는 양형 서클이 원주민 공동체뿐만 아니라 시골 백인, 교외 지역 그리고 도심 흑인 공동체에서도 활용된다(뒤에 나올 "미네소타 주: 회복적 사법의 선구자(Minnesota: A Pioneer in Restorative Justice)" 참고). 시민 자원봉사자들이 설립한 공동체사법위원회(Community Justice Committees)는 조직 및 행정 업무를 처리하고 토론을 주도하는 "서클지기(keeper)"를 제공한다. 판사는 사건을 회부하고 위원회가 최종 결정을 내린다. 도달된 합의는 양형 권고사항으로 판사에게 제시된다. 어떤 경우 판사, 검사 그리고 변호인단이 그 서클에 참석하고 그러면 그 합의는 최종적인 판결이 된다.

4) 피해회복적 보호관찰(Reparative Probation) 및 기타 시민 위원회(Citizen Boards)

버몬트 주에서 피해회복적 보호관찰은 판사에 의한 보호관찰 선고를 포함하며 피해회복적 시민위원회의 자원봉사 시민 위원 사이에 모임이 뒤따라 이어진다. 그들은 범죄자가 실행하기로 동의한 회복적 원칙에 근거하여 함께 계약을 작성한다(뒤에 나오는 "버몬트 주: 주 전체의 피해회복적 보호관찰(Vermont: Statewide Reparative Probation)"을 볼 것).

버몬트 주의 프로그램은 미국의 다른 대부분 지역에서 행해지는 회복적 사법 운동과 다르다. 주 교정국이 설계한 이 프로그램은 주 전체에서 실시되고 성인 사건을 다루며 상당수 시민 자원봉사자를 참여시킨다. 가족회합이나 양형 서클과 비교하면, 피해회복적 시민위원회는 더욱 빨리 일하고 준비 작업을 덜 요구하면서 더 많은 사건을 처리할 수 있다: 하지만 적은 숫자의 공동체 구성원을 참여시킨다. 예를 들어, 범죄자와 피해자의 가족과 지지자들은 보통 출석하지 않는다.

시민위원회는 또한 경미한 범죄를 판정하기 위해 설립될 수 있다. 예를 들어, 오리건 주 데슈츠 카운티의 상인책임위원회(Merchant Accountability Board)는 지역 사업주들로 구성되는데 50달러 이하 가치의 재산 절도와 51달러에서 750달러 사이의 재산과 관련된 조금 더 심각한 사건을 판정한다. 지역 검사와 한 합의에 따라 경찰은 모든 경미한 들치기 사건(shoplifting)을 직접 그 프로그램으로 이첩한다. 범죄자가 거기에 참여하기로 결정하면 보통 위원회로부터 벌금을 내거나 배상을 하거나 2가지 모두를 하도록 하는 명령을 받는다.

캐나다 매니토바 주의 회복적 해결 프로젝트(Restorative Resolution Project)는 이 프로젝트가 아니었다면 최소 6개월간의 형을 선고받았을 범죄자에게 대안적 구금형을 제공한다. 범죄자와 프로젝트 실무자가 양형 계획을 세우고 피해자도 참여하도록 독려 받는다. 대부분의 계획에는 배상과 사회봉사, 상담 또는 치료가 담겨야 한다. 최근 평가는 이 프로젝트에 참여한 범죄자들은 비교집단에 비해 감독 위반 사례가 현저히 적었고, 새로운 유죄 판결은 약간 적었음을 보여줬다(Bonta et al., 1998).

미네소타 주: 회복적 정의의 선구자

미네소타 주는 회복적 사법에서 선구자와 같다. 주 교정국은 1992년 '회복적 사법 계획'를 세우고 1994년 케이 프라니스(Kay Pranis)를 이 프로젝트를 전담하는 회복적 사법 플래너로 선임하였다–이런 직책을 만든 건 전국 최초였다. 이 계획은 회복적 사법 원칙과 실행에서 훈련을 제공하고 공동체의 설계와 실행에 기술적 지원을 하고 지식을 공유하고 지지를 제공하는 전문가와 활동가의 네트워크를 조성한다.

피해자–가해자 조정, 가족 회합, 이웃 회합(neighborhood conferencing)을 촉진하는 것 외에도 교정국은 양형 서클을 도입하였다. 미네소타 주에 온 시민 자원봉사자와 형사사법 관리들이 1980년대 말 이후 분쟁해결 서클이 열려온 유콘(Yukon) 지역에서 훈련에 참가하였다. 미네소타의 서클 절차는 밀레 렉스(Mille Lacs) 인디언 보호지역과 몇몇 다른 카운티들의 공동체에서 활용되었다.

이 서클 절차에는 일반적으로 몇 가지 단계가 있다. 첫째, 공동체사법위원회가 참여를 희망하는 범죄자들을 인터뷰 한다. 그런 다음 피해자(와 피해를 느끼는 다른 사람들)와 가해자를 위한 별도의 서클이 마련된다. 위원회는 피해자와 가해자 사이에 긴밀한 개인적 관계를 조성하고 그들을 위한 지지 네트워크를 만들려고 노력한다. 마지막에는 공동체에 개방된 양향 서클이 만나서 양형 계획을 만들어 내는 일을 한다. 밀라카와 프린스턴 시에서는 후속 서클이 범죄자의 행적을 모니터링하고 의논한다.

버몬트 주: 주 전체의 피해회복적 보호관찰

1994년 버몬트 주에서 파일럿 프로그램으로 피해회복적 보호관찰이 시작되었으며, 이듬해 피해회복시민위원회(Reparative Citizen Board)에 의해 첫 번째 사건에 대한 청문이 이뤄졌다. 이 회복적 사법 계획을 미국 내 다른 지역들과 차별화하는 3가지 특징이 있다: (1) 존 고르츠기(John Gorczyk)가 수장을 맡은 교정국이 프로그램을 설계하였다; (2) 주 전체에 걸쳐 실행되었다; (3) 상당한 숫자의 시민 자원봉사자를 참여시켰다. 1998년 이 프로그램은 미국 정부 정책경쟁에서 '품격 혁신' 수상자로 지명되었다.

개념은 간단하다. 유죄판결을 받은 후 판사는 범죄자에게 집행유예를 선고하는데, 집행유예에 단 2가지 조건을 부과한다: 첫째, 범죄자는 더 이상 범죄를 저지르지 않을 것과 둘째, 피해회복 프로그램을 끝까지 마칠 것이라는 조건이다. 자원봉사자위원회 위원이 범죄자와 피해자를 만나 함께 범죄와 범죄가 피해자와 공동체에 미친 영향을 논의한다. 모든 참가자는 범죄자가 실행해야 할 계약에 동의해야만 한다. 이 프로그램은 5가지 목적을 기반으로 한다; (1) 피해의 원상회복과 피해자의 치유, (2) 공동체 회복, (3) 범죄자 스스로 범죄가 미친 영향을 이해하기, (4) 재범을 피하는 방법에 대한 학습, (5) 공동체는 범죄자에게 재통합의 기회 제공. 피해회복적 집행유예는 경미한 범죄를 대상으로 하기 때문에 교도소 전환 프로그램을 뜻하지는 않는다.

1998년 44개 위원회가 1,200건의 사건을 처리하였는데 이는 전체 보호관찰 건수의 3분의 1 이상에 해당하는 것이다. 훈련받은 자원봉사자가 300명 넘게 위원회 위원으로 참여하였다. 코디네이터 10명이 사건 관리 및 이사회 구성을 맡는다. 이사회가 목표로 삼은 집행유예 사건의 약 70%를 처리하도록 하는 것이 목적이다. 범법자의 약 17%만이 합의를 실행하는 데에 실패하거나 후속 회의에 참석하지 않았다는 건이 프로그램이 성공적임을 보여주는 척도이다. 이런 범죄자들은 다시 법원으로 회부되었다.

회복적 사법에 기초한 다른 업무들이 진행되고 있다. 자원봉사자 또는 교정국 실무자 150명 이상이 가족회합에서 훈련을 받았다. 공동체사법센터(Community Justice Center)가 벌링턴 시에서 운용되고 있고 다른 곳에서 다른 기구들이 만들어지고 있다. 교정국은 또한 범죄 예방과 조기 개입에서 보다 적극적으로 참여할 수 있는 양형 서클과 방법들을 모색하고 있다.

공동체 사법 실무(Community Justice Practices)

공동체 사법에 관한 개인적인 경험이 없는 사람들은 종종 "공동체"가 무엇을 의미하고 누가 관여하느냐에 몰두한다. 설명은 다양하다. 오하이오 주의 교정재활국(Department of Rehabilitation and Correction) 레지널드 윌킨슨(Reginald Wilkinson) 국장은 "공동체에는 희망과 소속감과 보살핌이 존재할 것이다…헌신, 책임감, 희생 의식이 공동체주의자의 기본 교리다"라고 말한다. 미네소타 교정국의 회복적 사법 계획가인 케이 프라니스는 "공동체는 표면으로 드러난 이슈를 스스로 정의하기 때문에 스스로 특정 이슈의 이해당사자로 보는 모든 사람들(이 커뮤니티를 구성한다)"이라고 생각한다. 버몬트 주 교정국장 존 고르츠기는 이렇게 말한다: "지역 너머의 공동체는 관계와 상호작용의 양에 의해 정의된다. 우리 공동체에서 이런 상호작용의 질, 즉 서로 호의를 베풀어주는 것이 바로 공동체를 형성한다."

"실천하는(practicing)" 공동체 사법에서 공동체를 확인하고 가능한 정의를 고려하는 것이 필수적이지만, 공동체의 역할을 생각하는 것도 마찬가지로 중요하다. 형사사법에서 많은 새로운 접근법이 사법 서비스에 대한 접근과 만족도를 향상시켰지만 종종 시민의 역할을 서비스 수혜자에서 참가자 및 의사결정권자로 전환시키지는 못했다(Bazemore, 1997). 많은 공동체 사법 지지자들에게 궁극적인 목적은 공동체가 프로그램의 주인의식을 느끼도록 하는 것이지만, 시민이 참여해야만 달성할 수 있다. 그렇다고 하더라도 정부가 순수하게 권력을 나누든지 아니면 단지 공동체가 그 힘을 보완하고 특정 유형 사건에서만 행사하도록 하는지에 대한 의문은 남는다.

1) 지역사회 경찰활동과 기소

지역사회 경찰활동에 대한 경험은 공동체 역할에 대한 공통된 이해가 없고 시민 참여를 유도하기가 어렵다는 것을 보여준다. 우선사항과 방법은 다양하다. 예를 들어, 어떤 노력은 길거리 단계의 강력한 법집행에 의지하는 반면에 다른 것들은 시민의 참여, 수준 높은 공공 서비스, 지역사회 기반의 치료의 제공 또는 공동체들과 관계를 구축하기 위한 방편으로서 법집행을 보류하는 전환적 경찰활동(diversionary policing)을 강조한다.

공동체에 권한 부여, 참여, 파트너십 구축과 같은 미사여구가 어느 정도로 현실화되는지를 측정하려고 시도한 연구는 거의 없었으며, 그 결과는 특별히 고무적이지 않다. 공동체 투입(input)은 종종 법 집행을 지원하는 것으로 제한된다. 실행이 끝나지 않았거나 부분적인 경우가 있기 때문에 긍정적인 결과를 보여주지 못했다(Skogan & Hartnett, 1997).

지역사회 경찰활동과 기소를 응용한 많은 사례들은 통제권을 지역 수준으로 전환하고 법집행 노력에 공동체를 포함할 수 있을지라도 전통적인 접근법과 근본적으로 다르지 않다. 그것들은 매우 경미한 소란행위와 '삶의 질 범죄(역주: 그라피티와 반달리즘 같은 재산 범죄나 피해자 없는 범죄를 말한다)'를 다루는 통제에 대한 광범위한 시각을 강조하기 때문에 종종 전통적인 접근방식보다 더 강경한 범죄 대응을 권장한다. 하지만 텍사스 주 트래비스 카운티의 검사가 취한 접근방식과 같은 일부 접근법은 스스로 회복적(restorative)이라고 분명히 밝힌다(아래 제시될 "텍사스 주 트래비스 카운티: 기소 대응으로서의 공동체 사법(Travis County, Texas: Community Justice as the Prosecutorial Response)"를 볼 것).

2) 법원과 교정기관에서의 응용

미국의 첫 번째 공동체 법원인 뉴욕시의 미드타운 공동체 법원은 이웃과의 파트너십의 아이디어에 기반을 두고 있으며 '삶의 질 범죄'에 초점을 맞추고 있다. 몇 가지 회복적 요소가 다음과 같이 분명하다:

- 범죄자들은 지역 이웃에서의 프로젝트에서 일하도록 선고를 받는다.
- 법원 직원들은 범죄자들을 약물치료, 의료, 교육, 기타 사회 서비스와 연계시켜 처벌과 도움을 결합시키려고 한다.
- 공동체는 회복적 지역사회 기반의 제재를 형성하는 데에 참여하도록 권장 받는다(Feinblatt & Berman, 1997).

유죄 판결을 받은 이들 중 거의 70%가 공동체 일을 하도록 명령받았고, 이들 중 거의 70%가 위반 없이 완수했다. 1996년 가을까지 거의 3만3000명의 피고인들이 기소인정여부 절차를 밟았다(Midtown Community Court, 1997). 법원은 의료 및 약물 치료 제공자를 수용하고, 교육과 직업 훈련을 조직하며, 공동체 수준의 갈등을 위한 조정 서비스를 유지하고, 공동체 서비스를 실행하기 위한 상담실과 공간을 제공한다.

맨해튼 법원이 1993년 문을 열고 이어 몇 군데에서 뒤이어 개원하였다. 포틀랜드(오리건 주) 공동체 법원이 1998년 운영을 시작했고 볼티모어, 하트포드(코네티컷 주), 헴스테드(뉴욕 주), 인디애나폴리스, 미니애폴리스, 세인트루이스 등에서 공동체 법원 계획이 진행 중이다.

오리건 주의 데슈츠 카운티는 공동체교정국(Community Corrections Department)을 공동체사법국(Department of Community Justice)으로 새롭게 조직함으로써 교정당국에서 공동체 사법(전통적인 공동체 교정과는 구별되는)을 실행하기 위한 종합적인 노력을 기울였다. 공동체 사법과 회복적 사법, 2가지 모두의 원칙에 따라 공동체사법국은 가장 최근의 지역사회 경찰활동, 기소 계획과는 다르다.

데슈츠 카운티의 접근방식은 특별히 야심적이다(뒤에 나오는 "데슈츠 카운티: 공동체 교정의 재창조(Deschutes County, Oregon: Reinventing Community Corrections)를 볼 것). 진정한 패러다임의 변화는 운영 전략과 범죄 예방 그리고 공동체 사법의 시민참여 목적을 회복적 정의의 가치 및 실행과 결합하는 것이다.

텍사스 주 트래비스 카운티: 검찰 대응으로서의 공동체 사법

텍사스 주 트래비스 카운티(오스틴)의 검사인 로널더 얼(Ronald Earle)은 회복적 사법 및 공동체 사법의 열렬한 지지자이다. 그는 범죄에 대한 사람들의 자연스런 반응이 분노와 공포라는 것을 인식하기 때문에 특히 반응에 영향을 줄 힘이 부족하다면, 이런 낭비된 에너지가 긍정적인 변화를 불러일으킬 수 있다고 믿는다. 범죄 대응 계획을 세우고 결정하는 데에 있어 시민들에게 권한이 주어지고 그들이 참여한다면 이루어질 수 있다.

그런 참여를 촉진하기 위해, 그는 각 카운티마다 공동체 사법 의회와 공동체 사법 전담반을 승인하는 텍사스 주법의 초안을 작성하였다. 전담반은 형사사법 기관, 사회 및 보건 서비스, 지역사회 단체의 대표들을 포함한다. 전담반의 지원으로, 선출직 관료들로 구성된 의회는 기획과 정책결정을 처리하고 공동체 사법 계획을 준비한다.

청소년 범죄를 직접 겨냥한 많은 노력이 있었다. 오스틴에서는 청소년 범죄 예방 사무소가 어려움에 처한 젊은이들을 위해 피해자-가해자 조정을 제공한다. 경범죄의 경우, 청소년들은 법원에서 이웃회합위원회(Neighborhood Conference Committees)로 옮겨질 수 있다. 위원회는 청소년 범죄자와 그들의 부모를 만나 그들과 함께 사건에 맞춘 계약들을 개발하는 훈련된 성인 시민들의 패널로 구성되어 있다.

트래비스카운티 아동지원센터(Travis County Children's Advocacy Center)는 사회 기관과 형사사법 기관, 의료 전문가, 일반 시민들과 협력을 통해 학대받은 아이들을 지지하고 돕는다. 아동보호팀(Child Protection Team)은 경찰관, 사회복지사, 검사를 함께 동원해 아동 학대에 대한 대응을 향상시키고 사건 조사와 기소가 이루어질 때 외상장애를 감소시킨다.

사법 시스템은 회복적 원칙을 포함할 수 있는가?

많은 활동가들이 회복적 정의가 형사사법 제도의 비공식적인 대안으로 남아있기를 원할지라도 다른 이들은 그것의 가치를 반영하기 위해 시스템 전반에 걸친 변화의 이유가 있다고 주장한다.

만약 회복적 사법이 범죄를 다루는 훨씬 더 나은 방법이라면, 지지자들은 왜 그것을 시스템 전체에 구현하지 않는지 묻는다. 만약 이것이 정말로 더 나은 생각이라면, 왜 소규모의 풀뿌리 활동으로 국한하기 보다는 전체 형사사법 시스템의 지배적인 원칙이 되지 않는 것인가? 미네소타 주 회복적 사법 플래너 케이 프라니스는 공동체에 집중할 필요성을 강조하고 "최근 형사사법 개입이 실제로 공동체를 파괴한다는 것을 아는 것이 우리에게 매우 중요하다. 그래서 심지어 중립을 지키는 것조차 이 시스템의 큰 진전일 것이다"라고 말했다.

가치와 실행에 중대하거나 지속적인 영향이 없음

찬성론자들은 만일 주로 지역적이고 조직적이지 않은 풀뿌리 활동으로 계속 운영된다면 회복적 사법이 공식적인 형사사법 시스템에 중요하거나 지속적인 영향을 줄 것 같지 않다고 주장한다. 정말로 응보적 가치에 기반한 시스템에서 어떤 프로그램이 회복적일 수 있는지가 의심스럽다. 비록 회복적 사법 원칙이 사법 시스템을 완전히 바꿀 수는 없더라도, 형사법 정책과 가치를 또 다른, 거의 틀림없이 더 나은 방향으로 바꿀 수도 있다.

통제와 처벌 강화

찬성론자들은 범죄가 전통적인 방식과 회복적 방식-국가에 대한 범죄로서 그리고 피해자와 공동체에 대한 해로서-2가지 모두로 보일 경우 이중처벌시스템을 만들 수 있다고 주장한다. 범죄자들은 우선 전통적인 시스템을 통해 처리되며, 처벌받고 그 다음에 배상 계약에 동의하기 위해 비공식적인 회복적 프로그램으로 옮겨질 것이다. 결과적으로, 그들은 종종 더 큰 사회적 통제와 더 많은 제재를 받게 될 것이다.

데슈츠 카운티: 공동체 교정의 재창조

오리건 주의 데슈츠 카운티는 교정 시스템을 통해 공동체 사법 원칙들을 적용하려고 노력하고 있다. 1996년 카운티 행정위원회(County Board of Commissioners)는 "카운티 공동체 교정 노력의 중심 임무와 목적"으로서 공동체 사법을 인정하는 공동체 사법 결의안을 통과시켰다. 결의안은 예방, 조기 개입, 교정 노력 사이에서 균형을 잡음으로써 공동체 사법 원칙을 교정으로 포함시킬 것을 요구하고 있다. 이러한 중대한 변화를 인식하여 데니스 맬로니가 이끄는 공동체교정국은 공동체사법국으로 개명되었다.

일반 시민 단체인 '어린이와 가족들 위원회(Commission on Children and Families)'가 교정국의 예산에 대한 권한을 부여 받았다. 1998년 처음으로 다음과 같은 사항을 포함한 예산 원칙을 정했다.

- 공공 안전 강화
- 범죄자의 의무와 책임, 기술 개발에 특히 주의를 기울이기
- 연구 결과를 비용 효율적인 개입에 포함시키기
- 피해자와 지역 사회에 대한 의무를 충족시키기 위해 회복과 범죄자의 책임 정의에 초점을 맞추기

- 자원봉사 참여 촉진 및 전문가에 의한 서비스 제공에 대한 의존도 줄이기
- 범죄 문제를 최대한 비용 효율적으로 관리하기
- 재배정된 자원을 범죄예방에 투입하기
- 예방에 대한 투자를 사업의 첫 번째 순서로 보기

주법은 카운티가 범죄 예방에 어떤 청소년 구금 예산이든지 신청할 수 있도록 했다. 많은 전직 청소년 보호관찰관들이 공동체 행동팀(Community Action Team)을 구성해 대부분의 시간과 자원을 이웃 범죄 예방에 쏟았다. 새로운 공동체사법센터는 청소년 보호시설을 위한 공간을 포함하고 있으며, 피해자 서비스 및 기타 비영리 단체를 수용하고 있으며, 지역사회 그룹들을 위한 회의실을 갖추고 있다.

데슈츠 카운티는 또한 범죄 사건에서 피해자-가해자 조정과 다른 분쟁에서 분쟁 해결도 제공한다. 지역의 사업주들로 구성된 상업책임위원회(Merchant Accountability Boards)는 사소한 좀도둑 사건들을 판결한다. 피해회복적 공동체 서비스 프로젝트들(reparative community service projects)은 사업주, 이웃 주민, 지역사회 지도자들의 협업을 통해 운영된다. 이 프로젝트의 일환으로, 범죄자들은 해비타트 운동(Habitat for Humanity)에 참여해 집을 짓고 노인들을 위해 장작을 잘라 나누어주고 공원을 만들어 유지해 왔다.

사소한 사건에서만 언급되는 회복적 프로그램

형사사법 시스템이 회복적 사법의 원칙들을 인정하면서도 이를 바탕으로 한 프로그램의 설계, 실행, 모니터링에 참여하지 못한다면 사소한 사건들 외에는 적용될 수 없다. 형사사법 기관들과 공무원들이 이해할 수도, 영향을 미칠 수도, 예측하거나 신뢰할 수 없는 결과를 내는 실행에 크게 의존하고 싶지 않아 하는 건 당연하다. 같은 이유로 판사들도 종종 범죄자를 이런 프로그램으로 전환하는 것을 꺼린다.

배정된 자원의 부재

회복적 사법 옹호론자들이 형사사법의 업무량이나 비용을 줄이는 것을 목적으로 하지는 않는다고 강조할지라도 현재 폭발적으로 늘어나는 교정 비용의 분위기에서 자원 배정 문제를 고려하지 않는다는 것은 비현실적이다. 회복적 사법이 전통적인 처벌을 보완하거나 경미한 범죄에만 활용된다면 자원을 거의 따로 배정해 주지 않을 것이다.

일관성 없는 실행과 결과

회복적 사법에 반대하는 가장 일반적인 논거는 특정 프로그램에 따라 실행과 결과가 다르게 나타나고 공정성은 비교 가능한 범죄와 범죄자를 동등하게 처벌할 것을 요구하고 있다는 점이다. 회복적 사법은 범죄에 대한 개별적인 대응을 포함하고 있다.

처벌의 비례성과 형평성은 종종 비슷한 범죄를 저지른 사람에게는 똑같은 선고가 이뤄질 것을 요구하는 것으로 좁게 이해된다. 하지만 비교 가능한 범죄에 비교 가능한 선고를 요구하는 것으로 해석될 수도 있다. 처벌이나 대응이 범죄의 성격 및 효과와 의미 있게 관련되어 있는 한 달라질 수 있다는 것을 의미한다. 그러므로 원칙적으로 회복적 사법은 비례성과 형평성의 원칙을 존중하지 못할 이유는 없다.

실제로 범죄 대응은 회복적 사법이 조직적으로 실행되지 않는 한 일관성이 없고 다를 것이다. 실질적인 처벌 권한을 자원 봉사자들에게 부여하는 것은 무작위적이고 공평하지 않으며 변덕스러울 정도로 심각한 제재를 의미할 것이라고 많은 사람들이 우려한다. 긍정적이고 건설적인 목적을 지닌 회복적 사법은 그 반대 방향으로 움직이려고 시도한다. 만약 범죄자를 포함한 참가자들이 회복적 사법 원칙을 이해하고 수용한다면, 공정성의 요건은 회피되지 않을 것이고 극단적인 결과는 일어나지 않을 것이다.

시스템 전체 전환이 없다면 회복적 사법에 기반한 프로그램은 계속해서 경미한 위반사항을 처리할 것이고 불평등 문제가 심각해지는 않을 것이다. 한 범죄자가 10시간의 사회봉사와 50달러의 배상을 선고받았는지, 비슷한 범죄를 저지른 다른 범죄자가 20시간의 사회봉사와 100달러의 배상선고를 받았는지가 별로 문제되지 않을 것이다. 하지만 범죄가 더 심각할수록 그 차이는 더 불공평해질 수 있고 일관된 실행의 필요성이 커진다.

기타 형평성 문제는 사회경제적 고려와 관련된다. 공식적인 장려와 지원이 없다면 회복적 사법 활동은 중산층 백인 이웃이나 농촌 지역에 집중될 가능성이 높고, 자원봉사자는 백인, 중산층 및 중년과 고령자로 불균형적으로 분배될 것인데, 이 인구학적 집단에서 활동가들이 출현하는 경향이 있기 때문이다. 더욱이 시민 활동가가 독자적으로 일한다면 새로운 실행이 상대적으로 사소한 범죄가 있는 지역에 집중될 수 있다. 이와 대조적으로 소수계 집단 구성원과 이민자 비율이 높은-심각한 범죄의 영향을 불균형적으로 받는-도심의 불우 지역은 혜택을 보지 못할 것이다.

회복적 사법과 공동체 사법의 미래

회복적 사법과 공동체 사법이 전통적 사법 시스템에 얼마나 깊이 스며들지는 두고 볼 일이다. 지금까지 회복적 사법의 접근은 어른보다 청소년 그리고 심각한 범죄보다 경미한 범죄에 더 많이 활용되었다. 공동체 사법의 경험은 시민 참여를 창출하고 공동체와 관계를 구축하는 것이 도전과제임을 지속적으로 보여주었다. 그러나 이 2가지 움직임은 빠르게 확산되었고, 2가지 모두 점점 더 많은 성인 범죄자, 더 심각한 범죄 그리고 혜택을 받지 못했으나 분명하게 필요성이 가장 큰 도심 공동체를 아우르고 있다.

핀란드 투르쿠 대학과 미네소타 대학에서 법학 학위를 받은 리나 꾸르끼(Leena Kurki)는 미네소타대학 로스쿨의 협력연구원으로 있고 선고 및 교정집행회의와 협력 프로젝트를 실행하고 있다. 이 연구는 미국 법무부와 미네소타대학 간 맺어진 협력 협정 97-MUMU-K006에 의해 지원을 받았다. 여기서 보고된 연구의 결과와 결론은 저자의 것이며 미국 법무부의 공식적인 입장이나 정책을 반드시 반영하는 것은 아니다. 국립사법연구소(National Institute of Justice)는 사법지원국(Bureau of Justice Assistance), 사법통계국(Bureau of Justice Statistics), 소년사법 및 비행예방국(Office of Juvenile Justice and Delinquency Prevention), 범죄피해자국(Office for Victims of Crime)을 포함하는 사법프로그램사무국(Office of Justice Program)의 한 구성요소이다. 이 출판물과 타 NIJ 출판물은 NIJ 웹 사이트에서 찾아 다운받을 수 있다.(http://www.ojp.usdoj.gov/nij) NCJ 175723

질문

1. 사례연구는 형사사법 시스템 평가의 5가지 기본 단계를 어떻게 보여주고 있는지를 기술한다.

- 시스템 지도 그리기
- 최근 정책 및 실행에 대한 기록(문서화)과 측정
- 범죄자 집단 정보 수집
- 처벌 및 서비스, 프로그램 확인
- 지역사회 자원 확인

2. 다음과 같은 가상의 상황이 일어나는 것을 추정해보자:

주지사가 회복적 사법과 공동체 사법이 여러분의 주에서 선호하는 실행방안이 될 것이라고 발표를 한다. 주지사는 법에 따라 주 내 모든 카운티는 2년 안에 주 교도소로 가게 될 범죄자에 대한 법원의 판결을 50%로 줄이도록 요구할 것이라고 밝힌다. 이 정책을 따르면 상당한 재정적 인센티브가 주어질 것이고 따르지 않을 경우 상당한 재정적 제재가 가해질 것이다. 여러분이 카운티 기획 위원회에 배정되어 이런 법의 변화에 대응하도록 요청을 받았다고 가정해 보자. 이제 역장분석을 활용하여 다음과 같은 사항을 실행한다.

(a) "추진력"과 "반발력"을 찾아보자. 각각에서 최소한 2개씩을 찾으려 노력해보자.
(b) 변화가능성, 효과, 지속성의 개념에서 (a) 부분에서 말한 반발력의 하나를 분석해보자.
(c) 이 저항의 원천을 줄이기 위해 가능한 2가지 전략을 기술해보자.

참고 문헌

Akers, R. L., & Sellers, C. S.(2012). *Criminological theories: Introduction, evaluation, and application*(6th ed.). New York: Oxford University Press.

Barajas, E. (1996). Moving toward community justice. In *Community justice: Striving for safe, secure, and just communities* (pp. 1-7). Washington, DC: U.S. Department of Justice, National Institute of Corrections.

Bazemore, G. (1997). The "community" in community justice: Issues, themes, and questions for the new neighborhood sanctioning models. *Justice System Journal, 19*, 193-228.

Bernard, T. J., Snipes, J. B., & Gerould, A. L. (2009). *Theoretical criminology* (6th ed.). New York: Oxford University Press.

Biderman, A.D., & Lynch, J. P. (1991). *Understanding crime incidence statistics*. New York: Springer-Verlag.

Blomberg, T. G. (2010). Advancing criminology in policy and practice. In N. A. Frost, J. D. Freilich & T. R. Clear (Eds.), *Contemporary issues in criminal justice policy: Papers from the American society of criminology conference* (pp. 25-30). Belmont, CA: Wadsworth.

Blumstein, A., Wallman, J., & Farrington, D. (Eds.), (2000). *The crime drop in America*. New York: Cambridge University Press.

Bonta, J., Rooney, J., & Wallace-Capretta, S. (1998). *Restorative justice: An evaluation of the restorative resolutions project*. Ottawa: Solicitor General of Canada.

Braithwaite, J. (1999). Restorative justice: Assessing optimistic and pessimistic accounts. In M. Tonry (Ed.), *Crime and justice: A review of research*, vol. 25 (pp. 1-127). Chicago: University of Chicago Press.

Bureau of Justice Statistics, (2004). *The justice system: What is the sequence of events in the criminal justice system?* Retrieved from: http://www.ojp.usdoj.gov/bjs/justsys.htm.

Bureau of Justice Statistics (2015). Number of violent victimizations by sex and victim-offender relationship, 2013. Generated May 22, 2015 using the NCVS Victimization Analysis Tool at http://www.bjs.gov.

Burke, P., Cushman, R., & Ney, B. (1996). *Guide to a criminal justice system assessment: A work in progress*. Washington, DC: National Institute of Corrections.

Bursik, R. J., Jr., & Grasmick, H. (1993). *Neighborhoods and crime: The dimensions of effective community control*. New York: Lexington Books.

Buzawa, E.S., Buzawa, C.G., & Stark, E. (2015). *Responding to domestic violence: The integration of criminal justice and human services* (5th ed.). Thousand Oaks, CA: Sage.

Community Research Associates, (1996). *Disproportionate confinement of minority juveniles in secure facilities: 1996 national report*. Washington, DC: Office of Juvenile Justice and Delinquency Prevention. Retrieved from: http://www.ncjrs.gov/App/Publications/abstract.aspx?ID=169882.

Devine, P., Coolbaugh, K., & Jenkins, S. (1998). *Disproportionate minority confinement: Lessons learned from five states*. Washington, DC: Office of Juvenile Justice and Delinquency Prevention. Retrieved from: http://www.ncjrs.org/94612.pdf.

Eisenstein, J., Flemming, R. B., & Nardulli, P. F. (1999). *The contours of justice*. New York: Rowan and Littlefield.

Fachner, G., & Carter, S. (2015). *An assessment of deadly force in the Philadelphia Police Department.* [Collaborative Reform Initiative]. Washington, DC: Office of Community Oriented Policing Services. Retrieved from: http://ric-zai-inc.com/ric.php?page=detail&id= COPS-W0753.

Feinblatt, J., & Berman, G. (1997). *Responding to the community: Principles for planning and creating a community court.* Washington, DC: U.S. Department of Justice, Bureau of Justice Assistance.

Galaway, B., & Hudson, J. (Eds.), (1996). *Restorative justice: International perspectives.* Amsterdam: Kugler.

Gustafson, D. (1997). Facilitating communication between victims and offenders in cases of serious and violent crime. *The International Community Corrections Association Journal on Community Corrections,* 8, 4-49.

Hsia, H. M., & Hamparian, D. (1998). *Disproportionate minority confinement: 1997 update.* Washington, DC: Office of Juvenile Justice and Delinquency Prevention. Retrieved from: http://www.ncjrs.gov/pdffiles/170606.pdf.

Hsia, H. M., Bridges, G. S., & McHale, R. (2004). Disproportionate minority confinement: 2002 update. Retrieved from: http://www.ncjrs.gov/pdffiles1/ojjdp/201240.pdf.

Joint United Nations Programme on HIV/AIDS (UNAIDS) and World Health Organization (WHO). (2015). *AIDS info.* Retrieved from: http://www.unaids.org/en/dataanalysis/datatools/aidsinfo.

Kettner, P., Daley, J. M., & Nichols, A. W. (1985). *Initiating change in organizations and communities: A macro practice model.* Monterey, CA: Brooks/Cole.

Kettner, P.M., Moroney, R. K., & Martin, L. L. (2007). *Designing and managing programs: An effectiveness-based approach* (3rd ed.). Thousand Oaks, CA: Sage.

Kurki, L. (1999). *Incorporating restorative and community justice into American sentencing and corrections. Sentencing & Corrections: Issues for the 21st Century (NCJ 175723).* Papers from the Executive Sessions on Sentencing and Corrections, No. 3. Washington, DC: U.S. Department of Justice, Office of Justice Programs, National Institute of Justice. Retrieved from: http://www.ncjrs.org/pdffiles1/nij/175723.pdf.

Kurz, G., & Schumacher, M. (2000). *The 8 percent solution: Preventing serious, repeat juvenile crime.* Thousand Oaks, CA: Sage.

LaFree, G. (1998). *Losing legitimacy: Street crime and the decline of social institutions in America.* Boulder, CO: Westview.

Lewin, K. (1947). Group decision and social change. In T. M. Newcomb & E. L. Hartley(Eds.), *Readings in social psychology* (pp. 197-211). New York: Holt and Company.

Lewin, K. (1951). *Field theory in social science.* New York: Harper and Row.

Lilly, J. R., Cullen, F. T., & Ball, R. A. (2014). *Criminological theory: Context and consequences*(6th ed.). Thousand Oaks, CA: Sage.

Lösching-Gspandl, M., & Kilchling, M. (1997). Victim/offender mediation and victim compensation in Austria and Germany—Stock-taking and perspectives for future research. *European Journal of Crime, Criminal Law and Criminal Justice,* 5, 58-78.

McCold, P., & Wachtel, B. (1998). *Restorative policing experiment: The Bethlehem Pennsylvania police family group conferencing project*. Pipersville, PA: Community Service Foundation. This evaluation was sponsored by the National Institute of Justice.

McGarry, P., & Ney, B. (2006). *Getting it right: Collaborative problem solving for criminal justice*. Silver Spring, MD: Center for Effective Public Policy (CEPP). Retrieved January 30, 2008, from the CEPP web site at: http://www.nicic.org/Library/019834.

Maxwell, G., & Morris, A. (1993). *Family, victims, and culture: Youth justice in New Zealand*. Wellington, New Zealand: Social Policy Agency and Institute of Criminology, Victoria University of Wellington.

Messmer, H., & Otto, H. U. (1992). *Restorative justice on trial: Pitfalls and potentials of victim-offender mediation*. Dordrecht, Netherlands: Kluwer.

Messner, S., & Rosenfeld, R. (2006). *Crime and the American dream* (4th ed.). Belmont, CA: Wadsworth.

Midtown Community Court. (1997). *The Midtown Community Court experiment: A progress report*. New York: Midtown Community Court.

National Institute on Drug Abuse. (2015). *Drug Facts: High school and youth trends*. Retrieved from: http://www.drugabuse.gov/publications/drugfacts/high-schoolyouth-trends.

Nellis, A.M. (2005). *Seven steps to develop and evaluate strategies to reduce disproportionate minority contact(DMC)*. Juvenile Justice Evaluation Center, Justice Research and Statistics Association (JRSA). Retrieved from: http://www.jrsa.org/pubs/juv-justice/dmc-guidebook.pdf.

Office of Juvenile Justice and Delinquency Prevention. (2006). *DMC technical assistance manual* (3rd ed.). Washington, DC: Office of Juvenile Justice and Delinquency Prevention. Retrieved from: http://www.ncjrs.org/html/ojjdp/dmc_ta_manual/index.html.

Office of Juvenile Justice and Delinquency Prevention. (2015a). *A disproportionate minority contact (DMC) chronology: 1988 to date*. (Updated by Andrea R. Coleman, OJJDP DMC Coordinator.) Retrieved from: http://www.ojjdp.gov/dmc/chronology.html.

Office of Juvenile Justice and Delinquency Prevention. (2015b). *A catalog of state research reports on disproportionate minority contact*. Retrieved from: http://www.ojjdp.gov/dmc/state_resea rch_reports.html.

Petersilia, J. (1991). Policy relevance and the future of criminology: The American society of criminology 1990 presidential address. *Criminology*, 29, 1-15.

Pope, C., & Feyerherm, W. (1995). *Minorities and the juvenile justice system: Research summary*. Washington, DC: Office of Juvenile Justice and Delinquency Prevention. Retrieved from: http://www.ncjrs.org/pdffiles/minor.pdf.

Pope, C. E., Lovell, R., & Hsia, H. M. (2002). *Disproportionate minority confinement: A review of the research literature from 1989 through 2001*. Washington, DC: Office of Juvenile Justice and Delinquency Prevention. Retrieved from: http://ojjdp.ncjrs.org/dmc/pdf/dmc89_01.pdf.

President's Commission on Law Enforcement and Administration of Justice. (1968). *The challenge of crime in a free society*, New York: Avon Books.

Reiss, A.J., Jr. & Tonry, M. (Eds.) (1986). *Communities and crime. Crime and justice. Vol. 8*. Chicago: University of Chicago Press.

Reiss, A. J., & Roth, J. A. (Eds.) (1993). *"Appendix B: Measuring and counting violent crimes and their consequences," Understanding and preventing violence, v. 4.* Washington, DC: National Academy Press.

Riedel, M., & Welsh, W. (2015). *Criminal violence: Patterns, causes, and prevention* (4th ed.). New York: Oxford University Press.

Riveland, C. (1999). Prison management trends, 1975-2025. In M. Tonry & J. Petersilia (Eds.), *Prisons. Crime and justice, a review of research. Vol. 26* (pp. 163-203). Chicago: University of Chicago Press.

Robers, S., Kemp, J., Rathbun, A., and Morgan, R.E. (2014). *Indicators of school crime and safety: 2013 (NCES 2014-042/NCJ 243299).* National Center for Education Statistics, U.S. Department of Education, and Bureau of Justice Statistics, Office of Justice Programs, U.S. Department of Justice. Washington, DC. Retrieved from: http://nces.ed.gov or http://bjs.ojp.usdoj.gov.

Roscoe, M., & Morton, R. (1994). *Disproportionate minority confinement: FACT SHEET # 11(FS-9411).* Retrieved from: http://www.ncjrs.org/txtfiles/fs-9411.txt.

Rosenfeld, R. (2010). Raising the level of public debate: Another view of criminology's policy relevance. In N. A. Frost, J. D. Freilich & T. R. Clear (Eds.), *Contemporary issues in criminal justice policy: Papers from the American society of criminology conference*(pp. 31-36). Belmont, CA: Wadsworth.

Rossum, R. A. (1978). *The politics of the criminal justice system. An organizational analysis.* New York: Marcel Dekker.

Sampson, R. J., Raudenbush, S. W., & Earls, F. (1993). Neighborhoods and violent crime: A multi-level study of collective efficacy. *Science*, 277, 918-924.

Sherman, L., Strang, H., Barnes, G., Braithwaite, J., Ipken, N., & Teh, M.-M. (1998). *Experiments in restorative policing: A progress report to the national police research unit in the Canberra reintegrative shaming experiments(RISE).* Canberra: Australian Federal Police and Australian National University.

Skogan, W. G., & Hartnett, S. M. (1997). *Community policing, Chicago style.* New York: Oxford University Press.

Snyder, H. N., & Sickmund, M. (1999). *Minorities in the juvenile justice system.* Washington, DC: Office of Juvenile Justice and Delinquency Prevention. Retrieved from: http://www.ncjrs.gov/pdffilesl/ojjdp/179007.pdf.

Spector, M., & Kitsuse, J. (2001). *Constructing social problems.* New Brunswick, NJ: Transaction.

Umbreit, M. (1994). *Victim meets offender: The impact of restorative justice and mediation.* Monsey, NY: Criminal Justice Press.

Van Ness, D., & Strong, K. H. (2014). *Restoring Justice* (5th ed.). New York: Routledge (Anderson Publishing).

Walker, S. (2005). *Sense and nonsense about crime and drugs* (6th ed.). Belmont, CA: Wadsworth.

Wellford, C. (1998). Changing nature of criminal justice system responses and its professions. U.S. Department of Justice. In: *The challenge of crime in a free society: Looking back, looking forward. Symposium on the 30th Anniversary of the President's Commission on Law*

Enforcement and Administration of Justice (NCJ-170029) (pp. 58-71). Washington, DC: U.S. Department of Justice, Office of Justice Programs.

Wellford, C. F. (2010). Criminologists should stop whining about their impact on policy and practice. In: N. A. Frost, J. D. Freilich & T. R. Clear (Eds.), *Contemporary issues in criminal justice policy: Papers from the American Society of Criminology Conference*(pp. 17-23).

Welsh, W. N. (1995). *Counties in court: Jail overcrowding and court-ordered reform*. Philadelphia: Temple University Press.

Welsh, W. N., & Pontell, H. N. (1991). Counties in court: Inter-organizational adaptations to jail litigation in California. *Law and Society Review*, 25, 73-101.

Welsh, W. N., & Zajac, G. (2004). Building an effective research partnership between a university and a state correctional agency: Assessment of drug treatment in Pennsylvania prisons. *The Prison Journal, 84*, 143-170.

Welsh, W. N., Leone, M. C., Kinkade, P. T., & Pontell, H. N. (1991). The politics of jail overcrowding: Public attitudes and official policies. In J. A. Thompson & G. L. Mays(Eds.), *American jails: Public policy issues* (pp. 131-147). Chicago: Nelson-Hall.

Wundersitz, J., & Hetzel, S. (1996). Family conferencing for young offenders: The South Australian experience. In J. Hudson, A. Morris, G. Maxwell & B. Galaway (Eds.), *Family group conferences: Perspectives on policy and practice* (pp. 111-139). Monsey, NY: Willow Tree Press.

목적과 목표 설정

이 장의 개요

- 얻게 되는 일반적인 결과를 명시하여 목적(goal)명세서를 작성하라. 목적(goal)은 목적(purpose)의 추상적인 진술이다.
- 각 목적에 대한 구체적인 결과 목표를 작성하라. 목표는 목적과 달리 의도한 결과의 구체적이고 측정 가능한 진술이다. 각 목표에는 영향측정시간, 대상 모집단, 의도한 핵심결과 그리고 영향의 구체적 기준이나 측정이 포함되어야 한다.
- 목적 설정에서 여러 개인과 기관의 참여를 모색하라. 광범위한 이해당사자를 포함하는 목적 설정은 개입이 폭넓은 지지를 받고 선택된 목적에 대한 잠재적 저항을 최소화하는 데 도움이 된다.
- 보다 큰 시스템에서 양립될 수 있거나 양립될 수 없는 목적(goals)을 확인하라. 다양한 이해당사자들의 목적이 어디에서 겹치거나 충돌하는가?
- 기관 간 협력을 위한 필요(needs)와 기회(opportunities)를 확인하라. 프로그램이나 정책의 목표를 달성하기 위해서는 누구의 협력과 참여가 필요한가?
- 영향모델을 구체화하라. 성공적인 개입은 문제 그 자체가 아니라 문제의 원인을 대상으로 한다. 영향모델은 개입이 원인에 어떻게 영향을 끼치는지 그리고 결과적으로 이러한 변화가 문제에 어떤 영향을 미치는지에 대한 설명이다.

많은 개입들이 실패하는 이유는 좋은 아이디어가 부족해서가 아니라 목적이 막연하거나 목적에 대한 합의가 결여되어 있기 때문이다. 목적과 목표를 정의하는 것은 향후 계획의 설계에 매우 중요하다. 많은 비용이 투자되고, 잘 설계된 개입일지라도 부적절한 결과를 초래할 것이다. 성공에 대해 구체적이고 합의된 기준이 없다면 어떤 개입이 적용됐는지의 여부를 측정하는 것은 불가능하다. 합의된 목적이 없다면 프로그램 실무자, 책임자, 다양한 이해관계자는 프로그램의 내용과 개입 유형을 놓고 자주 의견 차이를 나타낼 것이다.

목적(Goals)

개입의 광범위하고 추상적인 목적(purpose)

모든 개입은 문제에서 바람직한 변화들인 어떤 종류의 결과들을 얻기 위한 시도이다. 목적과 목표는 둘 다 기대하는 결과에 관한 것이지만 목표는 목적보다 훨씬 더 구체적이다. "목적"은 넓은 의미에서 개입(예를 들면, 약물남용감소)이고, "목표"는 분명하고 측정이 가능한 결과(예를 들어, 교도소 수용기간 동안 마약 치료 프로그램에 참여한 범죄자들에 대한 1년간의 추적 조사에서 참가자들이 비참가자들보다 낮은 재범률을 보일 것이라고 예측하는 것)를 구체화한 것이다.

목표(Objectives)

개입의 명백하고 측정 가능한 목표(aims)

1. 목적과 가치 구별

일반적으로 목적은 광범위한 의미를 담고 있지만, 문제에서 의도하는 변화의 방향을 제시하는 것이다. 목적은 개입의 실제 결과를 측정하는 데 필요한 구체성이 결여되어 있지만, 개입에 대한 정치적 지지를 얻기 위한 중요한 수단이 되기도 한다. 예를 들면, 학대받은 여성을 위한 쉼터의 목적은 "가정폭력 피해자에게 임시 쉼터를 제공하고 배우자 학대를 감소시키는 것"이다; 마약치료 프로그램의 목적은 "마약 의존성을 감소시키고 참여자들을 생산적인 생활로 나아가록 돕는 것"이다. 목적의 내용자체는 비교적 간단(하나 또는 두 개의 문장)하지만, 동시에 특정 프로그램이나 정책의 의도를 정확하게 파악하고 그 합리성을 설명해야 한다.

목적을 문장으로 표현하는 것은 어렵다. 특히 이해당사자들(개인, 집단, 단체)이 의도하는 변화에 대한 결과에 관점이 서로 다른 경우에는 더욱 그렇다(예를 들어, 총기사고를 감소시키기 위한 이해관계자의 서로 다른 관점). 목적을 기술하려면 개인적인 신념과 가치를 공유하고 토론하는 게 필요하다. 실무자들(officials)은 그들이 하는 일과 그 일의 목적을 명확하게 해야 할 필요가 있다. 가끔 그들의 정치적인 입장과 열망이 투명성을 저해할 수 있기 때문이다.

아래에서는 형사제재의 가장 일반적인 예를 간단하게 설명한 후 형사사법 프로그램과 정책의 기초가 되는 몇 가지 규범적 가치를 설명할 것이다. 여러분들은 이러한 문제들을 더 깊이 고려하고 특별한 사례에 이런 가치를 적용할 것이다. 참여기관과 관련 이해관계자는 특정 프로그램이나 정책을 강조하는 목적과 가치를 분명하게 구분하고 이해해야 한다.

2. 형사제재의 목적

5가지 다른 목적(응보, 사회복귀, 억제, 무력화, 회복)이 일반적으로 특정 범죄자들과 특정한 방식의 범죄를 처벌하는 이유로 주장된다. 일부 학자들(Rothman, 1980)이 제안하기로는 우리사회가 응보적 및 사회복귀의 한쪽 극단으로 치우치거나 순환한다고 주장한다. 반면에 다른 학자들(Richard, 2005; Von Hirsch, 1985)은 한 목적(예를 들면 1950년대와 1960년대의 사회복귀)에서 다른 목적(예를 들면 1980년대 후반부터 1990대 초반에 무력화)으로 단계적으로 이동한다고 주장한다. 최근의 형사정책의 개발은 피해자와 지역사회에 대한 범죄자의 책임성을 강조한다. 아래의 5가지 목적이 최근의 대량구금과 긴밀히 관련되어짐에 따라 향후 뜨거운 논쟁이 될 것으로 예상된다.

응보(Retribution)

이 입장의 지지자들에 따르면 처벌의 올바른 목적은 잘못을 저지른 자에게 비난과 처벌을 가하는 것이다. 응보는 미래의 사회이익 보다는 범죄자가 저지른 범죄행위에 대한 대가를 치름으로써 정의의 균형이 회복될 뿐이다. 사형 지지자들은 종종 이런 이유로 사형제를 정당화한다.

사회복귀(Rehabilitation)

이 견해에 따르면 처벌의 목적은 개인차원에서 그 원인을 진단하고 치료함으로써 장래 범죄자가 될 가능성을 감소시키는 것이다. 범죄행위는 학습될 수도 있고 학습되지 않을 수도 있다. 개인적 결함은 교정될 수 있다는 이론적 관념이 내포되어 있다. 사회복귀 프로그램들은 교육적 결함이나 분노조절, 사회적 기술, 문제해결 기술과 같은 심리적 요인들을 바꾸려고 시도한다.

억제(Deterrence)

일반억제(general deterrence)에 따르면 처벌의 목적은 잠재적인 범법자에게 범죄는

용인되지 않는다는 메시지를 전달하기 위한 것이다. 잠재적 범법자는 다른 사람들에게 부과되는 처벌에 대한 두려움을 통해 그와 유사한 범죄행위를 하지 않을 것이다. 이 접근법은 사람들이 특정 행동과 관련된 비용과 편익을 합리적으로 계산을 한다고 가정한다. 억제의 지지자들은 "고통(체포, 기소, 처벌)"이 "편익(범죄 행동의 이익)"보다 커야 한다고 주장한다. 반면, 특별억제(specific deterrence)는 일반억제에 해당될 수 있는 사람에 대한 것이 아니라, 처벌받을 수 있는 특정 개인에게 해당되는 것이다. 특별억제의 대상이 되는 범죄자는 자신이 받은 처벌로부터 교훈을 받아 미래에 범죄를 저지르지 않을 것으로 기대된다. 교도소 체험 프로그램(Scared Straight)과 병영훈련(boot camp)과 같은 많은 충격구금 프로그램은 이런 가정에 기초하고 있다.

무력화(Incapacitation)

무력화의 단순한 목적은 범죄자가 장래에 범죄를 저지르지 못하도록 물리적으로 제한하는 것이다. 논리는 간단하다: 시설에 구금된 범죄자는 그 기간 동안 더 이상의 범죄를 저지르지 못할 것이다. 심각한 범죄자에 대한 장기간의 유기징역 선고는 최소한 무력화 개념에 근거하고 있고, 덜 심각한 범죄자에 대한 선고로는 야간외출금지, 가택구금, 집중보호관찰, 일일보고센터 등과 같은 구금형이 부과된다. 무력화 지지자들은 강력범죄자(상습범)들이 장기간 구금(무력화)됨으로써 범죄율이 오랜 기간 동안 낮아질 것이라고 믿는다(Auerhahn, 2001).

회복(Restoration)

최근에는 위의 4가지 목적 보다는 회복 또는 배상을 통해 범죄 피해자와 지역사회를 범죄가 발생하기 이전의 상태로 되돌려 놓으려는 시도가 이루어지고 있다. 범죄가 평화를 깨뜨린다는 시각은 응보와 유사하다. 하지만 응보가 비난과 처벌을 추구하는 것과는 달리 회복은 범죄로부터 야기된 손상을 복구하는 것을 목표로 한다. 최근 많은 프로그램들은 피해자에 대한 경제적 보상뿐만 아니라 범죄자에게도 지역사회봉사를 하게끔 요구하는 것을 모색한다. 또 다른 프로그램은 범죄자와 피해자 및 그들의 가족구성원과 친구들이 직접 대면하여 회복단계에서의 논의와 공감을 장려한다(Braithwaite, 2002).

3. 규범적 가치

규범적 가치는 형사사법제도가 어떻게 작동해야 하는지에 대해 개인들이 가져야 할 안내서와 같다. 예를 들어, 패커(Packer, 1968)는 형사사법제도의 매우 광범위한 2가지 경쟁적 가치에 대해 논의했다. 일부 관료들에게 형사사건 절차는 가능한 빨리 처리하고 처분해야 하는 조립라인과 같다. 이 관점, 즉 범죄통제 모델(crime control model)을 지지하는 사람들은 대부분의 경우 경찰, 검사, 판사, 배심원들이 올바른 결정을 내리고, 형사사법제도는 유무죄를 신속하게 찾아내기 위해 끊임없이 조사한다고 믿는다. 이와 반대로, 적법절차 모델(due process model)을 지지하는 사람들은 형사사법제도가 불완전하고 관료들이 종종 성급하고 부정확한 결정을 내린다고 믿는다. 그 결과, 국가의 훨씬 큰 권력에 맞서 피고의 이익을 보호하기 위한 많은 보호장치가 필요하다. 이 견해에 따르면 형사사건 절차는 "조립 라인"보다 일종의 "장애물 넘기 과정"과 같다. 우리는 어떤 모델도 현실을 대표하지 않는다고 독자들에게 주의를 준다. 그 누구도 어느 한 모델을 완전히 채택해서는 안 된다. 패커의 말에 따르면 "한 모델의 가치에 경도되어 다른 모델의 가치를 배제하는 사람을 광신자로 보는 게 옳다."(Packer, 1968)

형사사법 종사자들은 어떤 형태의 변화가 추구되어져야 하는지, 왜 구체적인 목표가 얼마나 중요한지 그리고 특정 프로그램이나 정책에서 어떤 결과를 기대해야 하는지에 대한 규범적 가치를 가지고 있다. 예를 들어, 제1장 마지막에서 살펴본 회복적 사법에 관한 논의는 공공안전을 지키기 위해 전통적인 법집행 전략을 사용하는 접근방법과 크게 다르다는 사실을 설명한다. 어떤 잠재적인 해결책은 최소한의 경찰과 법집행기관 종사자들의 가치와 이익을 고려해야 한다. 형사사법의 공통된 4가지 가치지향적 관점은 아래와 같다.

비례성(Proportionality)

비례성은 범죄행위에 상응한 형사처벌이 범죄의 가혹성을 담보하기 보다는, 귀찮거나 성가시거나 고통스럽지 않아야 된다는 원칙을 의미한다. 최소한 이 원칙은 범죄행위의 단계적 수준에 대응하는 적절한 처벌수준이 있다는 것을 의미한다. 예를 들어 무단횡단에 사형선고를 내리지 않고, 벌금을 부과하는 게 적절하다.

형평성(Equity)

형평성은 비슷한 범죄를 저지른 사람들에게 비슷한 처벌이 부과되어야 한다는 원칙이다. 예를 들어, 동일한 범죄를 저질러 기소된 사람은 개인적 또는 인구사회학적 특징(예를 들면 나이, 인종, 성, 소득)에 상관없이 동일한 처벌을 받아야 한다.

간결성(parsimony)

간결성은 특정 목표를 달성하기 위해 신중하고 효율적인 방법의 사용을 의미한다. 예를 들어, 1년간의 운전면허 정지와 집행유예 기간이 음주운전 재범위험성을 충분히 감소시킨다면, 3년간의 정지와 집행유예 기간은 지나치게 소모적일 수 있다.

인도적 처우(Humane Treatment)

인도적 처우는 특정 목적을 달성하기 위해서라도 최소한의 고통을 부여하고 덜 강요적인 방법으로 적절하게 처벌되어야 한다는 것을 의미한다. 일례로 불필요한 굴욕감, 고통 그리고 불편함을 피하는 것이다. 예를 들면, 교정시설 수용과 수용에 따른 자유의 박탈은 그 자체로 적절한 처벌로 간주될 수 있다. 적절한 형기, 교정시설 보안수준, 사회복귀 기회는 범죄자의 양형결과에 따라야 한다. 이 원칙에 따르면 임의적으로 부가적인 처벌을 부과할 수 없다(예를 들어 수용자에게 추운 날씨에 난방 시설 제공을 거부하는 것).

무엇이 "올바른" 목적과 가치인가?

우리는 이 책에서 특정 처벌의 목적이나 가치를 옹호하지는 않는다; 우리는 여러분이 어떤 결정을 분명히 하도록 필요한 도구들을 제공할 뿐이다. 또한 다른 목적과 가치가 반드시 상호 배타적인 것이 아니라는 점에 주의하길 바란다; 특정 프로그램이나 정책이 하나 이상의 목적이나 가치를 동시에 지닐 수도 있다. 예를 들면, 특별억제는 범죄자가 법률위반행위를 할 가능성이 농후할 때 사회복귀 프로그램의 한 부분이 될 수 있다. 사회복귀 프로그램이 교정정책의 기초가 될 만큼 충분히 잘 작동하고 있는가? 응보적 사법은 피해자에게 사법정의가 실현되었다는 만족을 주고 있는가? 처벌이 다른 사람들이 범죄를 저지르는 것을 억제하는가? 이러한 질문들이 비현실적인 기대를 피하도록 하고, 우리의 정책과 프로그램의 결과물을 명확하게 식별하고 평가하는 능력을 향상시키며, 형사사법프로그램이나 정책들을 평가하는 데에 도움이 될 것이다. 우리는 여전히 범죄를 통제하는 것에 대해 배울 것이 많다; 연구의 역할은 끊임이 없다.

특정한 목적을 달성하기 위한 과거의 실패에도 불구하고, 특정한 목적의 추구는 가치에 의해 추진될 수 있다는 것을 이해하는 것이 중요하다. 예를 들면, 교화의 목적은 과거 30여 년간 끊임없이 비판을 받아왔지만, 여전히 우리는 범죄자들이 변할 수 있고 잘 설계된 개입으로 긍정적인 변화를 보일 것으로 믿는다(Lipsey & Cullen, 2007). 사형제도가 살인범죄를 억제하지 못한다는 연구결과가 지속적으로 보고되고 있지만, 살인범죄의 억제효과가 존재할 것이라는 인식 때문에 여전히 많은 사람들의 지지를 받고 있다(Lipsey & Cullen, 2007).

4. 각 목적에 대한 구체적인 목표 제시

목표는 목적보다 훨씬 더 구체적이다. 목표는 개입으로 달성되는 결과물을 정확하고 명확하게 정의해야 한다. 목표는 측정 가능한 범위 내에서 의도한 개입의 효과를 정확하게 기술하는 것이다.

개입은 최소한 한 개의 목적을 가져야 하며, 각각의 목적은 최소한 하나의 특정 목표가 뒤따라야 한다. 그럼으로 목적은 광범위하게 정의하기 때문에 어느 프로그램이든지 여러 개의 특정한 목표를 가질 수도 있다. 예를 들면, 새로운 마약치료 프로그램의 목적은 "범죄자가 약물 없는 생활로 나아가도록 돕는 것"이다. 여기서 2가지 목표가 가능하다:

- 목표 #1: 프로그램 참여자는 수료 6개월 후 그 프로그램을 경험하지 않은 자들과 비교해서 마약 혐의로 다시 체포되는 비율이 낮아야 한다.
- 목표 #2: 6개월 후, 치료를 받은 자는 치료를 받지 않는 자와 비교해 "개인 및 가족 책임성" 척도에서 (평균보다) 더 높은 점수를 받아야 한다.

그러므로 목표는 항상 측정가능하고 구체적이어야 한다. 목표는 다음과 같은 4가

지 요소를 포함해야 한다:

1. 기간: 그 목표를 완수하는 날짜
2. 목표집단: 누구에게 의도된 변화를 적용할 것인가?
3. 결과: 의도한 핵심 결과물; 문제에서의 구체적인 변화(또는 그 원인의 변화)
4. 기준: 그 결과의 성공적인 성과를 측정하는 기준

사례 2-1 목표의 4가지 요소: 미니애폴리스 주의 가정폭력 실험

미니애폴리스 가정폭력 실험(Sherman & Berk, 1984)에서 연구자들은 가정폭력에 대한 경찰 대응에 관한 주요 연구들을 검토하였다. 다양한 사법관할권에서 경찰에 보고된 모든 신고에 비해 체포되는 비율이 비교적 낮다는 것을 발견하였다. 경찰 대응을 더욱 빈번히 활용하는 이유가 있었는데 분리(범죄자가 냉각기나 숙려기간을 가지도록 가해자에게 명령하는 것)와 중재(경찰관이 한 부부에게 싸움을 해결하도록 권장하는 것)가 여기에 포함된다.

연구자들은 보다 큰 억제 효과 때문에 가정폭력 경범죄자에 대한 의무적인 체포가 격리(가해자에게 최소 8시간 동안 집에서 떠나 있도록 명령) 또는 중재(평온을 회복해 비공식적으로 분쟁을 해결하려고 하는 시도), 그 어느 것보다도 재범이 낮을 것이라는 가설을 세웠다. 연구자들은 경찰을 설득해 두 경찰관할구역에서 모든 가정폭력 경범죄 사건을 이 3가지 개입 중 하나로 무작위로 배정하도록 하였다. 6개월 후 연구자들은 의무적 체포가 시행된 사건들에서 가정폭력 사건의 재범이 낮을 것이라고 예상하였다. 여기서 우리는 목표의 4가지 요소를 다음과 같이 요약할 수 있다.

1. 기간: 6개월
2. 목표집단: 가정폭력 경범죄만 포함된 실험으로 경찰은 새로운 주법에 따라 체포 권한을 부여받았다(체포가 무조건 요구되는 건 아니다). 경찰은 타당한 이유를 지니고 있어야 했으며 중범죄(예를 들면, 명백하거나 심각한 부상을 수반한 가정폭력)는 제외하였다(예를 들어 중범죄 용의자는 무조건 체포되었다). 가정폭력 발생빈도가 높은 두 경찰관할구역을 연구를 위해 선택하였다.
3. 결과: 가정폭력 발생 빈도 감소
4. 기준: 2가지 측정이 사용되었다: (1) 경찰 체포기록(6개월에 걸친 사건보고); (2) 피해자 자기보고식조사(2주마다 총 24주 동안 피해자 후속 면접을 실시해 피해자화의 빈도와 심각성을 질문했다).

이 4가지 요소들은 문제 분석의 결과에 따라 매우 달라졌을 것이라는 사실에 주목하자. 먼저, 다른 기간이 요구되었을 수도 있었다(가령, 1년? 2년? 3년?). 둘째, 다른 목표집단이 선발되었을 수도 있었다(예를 들어 다른 인구학적 집단과 소득 집단은 다른 이웃을 연구하였다). 셋째, 다른 결과가 확인될 수도 있었다(예를 들면, 피해자들이 경찰 대응을 받고 느낀 만족도). 마지막으로 다른 기준(측정수단)이 사용될 수도 있었다(가령, 병원의 상해기록, 사회보장기관이나 신고전화에 보고된 사건들). 어떤 변화의 주체라도 목표의 4가지 요소를 정의하고 이런 기준하에 구체화의 이유를 설명할 수 있어야 한다.

또 다른 구별은 때때로 절차와 결과 목표 사이에서 이루어진다. "절차 목표(process objective)"는 프로그램을 이행하기 위해서 수행되어야 하는 단기 업무와 관련되어 있다(예를 들어, 30일 안에 모든 경찰 기관들이 새로운 가정 폭력 정책을 경찰관들에게 알리기 위해 오리엔테이션 모임을 가질 것이다). 엄밀히 말하자면, 이것은 문제의 어떤 특별한 변화도 가져오지 못하기 때문에 결코 개입의 목표가 아니다. 우리가 이 차이를 언급하는 건 단지 관련 보고서를 읽을 때 자연스럽게 연상되기 때문에, 누구나 그 차이를 알고 있어야 한다. 우리는 여기에서 "결과 목표(outcome objective)(문제와 그 원인에서 구체적이고 측정 가능한 변화)"에 관심이 있어야 한다.

5. 목적 설정에서 참여 모색

특정 프로그램이나 정책의 목적이 같더라도 모든 이들이 동의할 필요가 있을까? 그들이 동의하지 않는다면 그 함의는 무엇일까? 가장 기초적인 수준에서의 함의는 그들 모두가(이해당사자들) 몇몇 특정 목적을 추구한다는 것이다. 그들은 정확하든, 그렇지 않든 간에 같은 소기의 목적을 추구한다고 믿을지 모른다. 문제는 이것이다: 그들이 서로 각자 자신들의 목적과 가치를 분명히 얘기하고 토론하지 않으면, 그들은 상당한 에너지와 자원을 소모하는 비용을 치르고 나서야 매우 다른 목표를 추구하고 있었음을 발견할 것이다. 프로그램이나 정책을 설계하는 사람들이 이질적이거나 서로 충돌하는 목적들을 지니고 있다면 분명히 어떤 효과적인 프로그램이나 정책도 세워질 수가 없다. 참여자들은 그들이 무엇을 어떻게 달성하려고 노력하고 있는지에 대해 기본적인 동의를 할 필요가 있다. 모든 이해관계자가 최종 목표에 동의해야 하는 것은 아니지만, 프로그램이나 정책을 이행할 책임이 있는 사람들은 그들이 하고 있는 것과 그 배경을 설명하는 책임을 다해야 한다.

다시 한번, 프로그램 계획에 있어서 광범위한 참여의 장점을 강조하고자 한다.

관련 이해당사자들을 프로그램 목적과 목표 설정에 관여하게 하는 건 개입이 작동하도록 하는 데에 필요한 지원과 참여를 얻는데 중요하다. 이미 완성되지 않았다면(제 1장을 참조할 것), 중요한 단계는 목적 및 목표 설정단계에서 관계자들의 참여 방안을 모색하는 것이다.

변화관리자(예를 들어 프로그램 계획 행동의 조정 책임자)는 계획과정에서 단지 기관의 행정가들뿐만이 아니라 다양한 참여자를 참여시켜야 한다. 참여자들은 프로그램 실무자, 잠재적 의뢰인, 주변 지역사회의 시민들, 사법 및 사회서비스 기관 및 학교 등의 대표자들이 포함될 수 있다. 여기에는 문제, 그 원인 그리고 필요한 개입의 유형과 관련하여 다른 가정과 견해가 있을 것이기 때문에 인내와 협상 기술이 필요하다.

목표대상과 의뢰인은 가끔 이 단계에서 일선 실무자들처럼 간과된다: 그들은 이 계획된 변화로부터 어떤 결과를 기대해야 하는가? 이 단계에서의 주요 질문은 목적 설정이 "하향식" 접근법으로 진행되어야 하느냐 아니면 "상향식" 접근으로 이뤄져야 하는 것이다.

일반적으로 변화는 하향식 형식을 따른다. 이것은 변화관리자가 기관에 의해 고용되거나 기관을 위해 일할 가능성이 높고, 기관이 추구하는 목적을 정의하는데 더 많은 가중치를 줄 수 있다. 그리고 비용과 상황에 유리하게 작용할 것이다. 조직의 고위층에 있는 사람들이 이 유형의 개입에 가장 경험이 많고, 실제로 현실적이며 실현 가능한 결과를 예상할 수 있는 가장 좋은 위치에 있을 수 있을 것이다. 또한 그들은 프로그램에 대한 광범위한 정치적 지원(예를 들어 다른 이해당사자들로부터의 지지)을 얻을 수 있는 목표를 세우는 데 가장 적합할 수 있다. 하지만 프로그램 실무자와 의뢰인의 견해를 무시하는 실질적인 위험을 초래할 수 있다. 고위층이 지시한 목적은 프로그램 실무자에게 비현실적이고, 의뢰인에게는 비합리적일 수 있다. 어떤 경우이든, 개입의 영향이 심각하게 위태로워질 수 있다. 프로그램이 도달할 수 없는 목적을 설정할 경우 그 목적은 비현실적인 것으로 드러날 것이다; 또는 의뢰인과 프로그램 실무자는 새로운 정책에 협력하거나 프로그램 평가에 정보를 제공하기를 거부할 것이다.

목적 설정: 하향식 대 상향식 접근(Goal Setting: Top-Down versus Bottom-Up Approaches)

하향식

변화관리자는 자신이 속한 조직의 최고위 관료들(예를 들어 카운티 보호관찰 국장, 경찰서장, 사회복지국장 등)로부터 목적의 뚜렷한 정의를 전달받고, 그런 후 실무직(기관 감독관, 프로그램 운영자 그리고 결과적으로 잠재적 의뢰인)에서 대응한다. 조직 위계체계에서 최고층에 있는 사람들은 프로그램 목적을 정의하는데 긍정적 반응을 더 많이 보인다. 왜냐하면 실무진과 의뢰인들은 정의에 반응하도록 요구받는 반면에, 최고층의 정의가 최우선적이고 더 많은 무게와 권한을 가지기 때문이다.

상향식

변화관리자는 의뢰인과 실무 선에서 목적을 정의하는 것으로 시작한다. 변화관리자는 처음에 의뢰인과 실무자로부터 프로그램의 목적과 방법에 대한 정의를 얻는다. 이후 개입에 비용을 지불하는 기관뿐만 아니라 개입을 책임지는 기관의 최상위 단계로부터 성공적으로 목적의 정당성에 대한 반응을 얻는다. 상향식 접근에서는 무엇보다 프로그램 실무자와 의뢰인의 견해가 우선시 된다. 이 접근법은 이른바 "전문가"와의 접촉이 용이하지 않을 때 최일선 프로그램 실무자와 의뢰인이 목표집단의 필요나 목적에 부합할 때 선호된다. 많은 기초단체에서 상향식을 많이 채택한다.

초기 목적을 공식화하기 위해 어떤 접근법이 사용되는 것과 관계없이 결국 모든 이해관계자가 프로그램 목표를 정립하는 데 어느 정도 의견을 갖는 것이 중요하다. 이와 관련해서는 이 장 마지막 사례 연구 2-1에서 더욱 자세하게 검토된다.

6. 영향모델 구체화

우리는 제1장에서 원인과 이론들을 논의했다. 관련된 이론들에 대한 검토는 영향모델이라고 하는 것을 구성하는 데에 도움이 된다: 문제에 대한 특정한 개입이 구체적인 변화를 가져올 것이라는 예측을 뜻한다. 그런 모델을 구성하는 것은 우리에게 몇 가지 중요한 질문들을 하게끔 한다. 개입은 무엇인가? 왜 우리는 의도된 개입이 작동하기를 기대하는가? 문제의 어떤 원인을 다룰 것인가? 다시 말해, 어떤 과정을 통해서 변화가 일어나고 왜 그런가? 어떤 결과(문제에서의 변화)를 기대할 수 있는가? 그래서 영향모델은 우리가 논의한 3가지 핵심 요소들로 이루어져 있다. 1)개입(정책과 프로그램) 2)개입으로부터 도출되어질 문제의 원인들(어떤 것이 문제를 일으키는지에 대한 이론) 그리고 3)개입으로부터 기대된 변화들 즉 결과이다(목적과 목표). 개입과 원인 그리고 개입이 다룰 문제를 구체화함으로써 기존의 개입을 역순으로 분석할 수 있다. 반면에 프로그램이나 정책을 만들 때 문제 분석에서 인과관계 분석, 목적과 목표 형성 그리고 개입의 설계 순으로 진행한다(도표 2-1).

도표 2-1 "영향 모델"

개입(정책 또는 프로그램)
↓
문제의 원인((이론)
↓
프로그램에서의 변화(목적과 목표)

사례 2-2 재진입 프로그램을 위한 영향 모델

문제

텍사스 주의 교도소 인구는 162,000명을 훨씬 넘는다. 1984년까지 거슬러 올라가면, 텍사스의 연구자들은 가석방자의 38%가 3년 이내에 다시 구금됐다고 보고했다. 막대한 교정 비용과 가석방자들의 지역사회로 복귀 실패는 가석방 문제를 해결해야 한다는 요구를 불러일으켰다.

프로그램

RIO(Re-Integration of Offenders) 프로젝트는 텍사스 교정국과 텍사스 인력위원회(Texas workforce commission)의 공동 협력으로서 시작되었다. 처음에는 두 개 도시에서 연방 정부 자금지원을 받는 파일럿 프로젝트(시범 프로젝트)로 시작했으나 지금은 주 전체로 확대되었고 주 정부에서 자금을 받는 프로그램이 되었다. RIO 프로젝트는 가석방자를 고용하는 12,000명의 고용주를 모았고, 주의 모든 가석방자들이 그 서비스를 이용할 수 있다. 이 프로젝트는 가석방자들이 교도소에 있을 때 이미 예비 작업이 시작된다. 석방 6개월 전에 RIO 프로젝트 실무자가 기술과 작업 이력에 대한 평가를 실시하고 기초적인 직업준비훈련을 시작한다. 많은 고용주들이 교도소를 찾아 재소자를 만나 지역사회로의 복귀를 앞두고 힘든 시간을 보내고 있는 그들을 격려한다. 교도소에서 석방되는 경우 가석방자들은 취직을 위해 좀 더 많은 도움을 받게 된다.

원인

몇몇 연구조사결과에 의하면 직업을 가진 가석방자가 재범을 저질러 교도소로 회귀할 가능성이 낮다고 한다. 그 중 고소득 가석방자들이 저소득 가석방자들보다 재범율이 낮다는 사실도 보고하고 있다. 직업 및 지원 수단의 부재가 가석방자를 범죄로 다시 돌아가게 하는 원인인 것이다.

(문제에서 의도된) 변화

텍사스 A&M 대학의 연구팀은 재범에 관한 연구를 통해 RIO 프로젝트 참여자들이 비참여자들에 비해 재범할 확률이 낮다는 사실을 발견하였다. 예를 들면, 고위험 가석방자 중에서 RIO 프로젝트 가석방자의 48%가 가석방 첫해에 체포되었는데 이는 비참여자의 57%와 비교된다. 같은 집단에서 RIO 프로젝트 참여자의 23%가 교도소로 회귀한 반면, 비참여자는 38%로 더 높았다.

(핀(Finn, 1998)의 논문을 요약)

7. 보다 큰 시스템에서 양립 및 양립될 수 없는 목적 확인

제1장에서 논의되었듯이, 형사사법 프로그램과 정책은 어느 사법관할권에서든지 다양한 의사결정권자와 기관들의 상호작용으로 형성된다. 또한 "시스템 평가"는 미래를 위한 공통의 비전을 형성하고 그 비전을 실재로 만들기 위해 문제가 확인된 시스템의 구조·정책·시행·기준을 묘사하기 위한 공용어를 제공한다고 논의되었다.

앞서 논의된 것들이 바로 이 장과 관련된 공통의 비전을 형성하는 개념이다. 1단계, 즉 문제 분석에서는 수집한 정보에 근거하여 타인 또는 타 기관들의 경쟁적 이해관계를 확인하고 묘사할 수 있어야 한다. 어느 지점에서 목적에 대한 일치와 불일치가 존재하는지를 발견하기 위해 노력하고 이해당사자들이 어느 특정 프로그램이나 정책에 대해 그들이 바라는 목적을 표현하고 토론하도록 노력해야 한다.

예를 들어, 사례 연구 1-3(회복적 및 공동체 사법을 미국의 양형 및 교정으로 통합하기)에서는 형사사법에 대한 정부의 통제가 보다 안전하고 긴밀하게 연결된 지역사회를 형성하는 결과를 낳지 않았음이 확인되었다. 회복적·공동체 사법 전략을 지지하는 사람들은 지역사회가 특정 사법절차에 통제를 가해야 한다고 주장한다. 반면에 경찰의 존재가 확연히 눈에 띄고 법원이 잘못을 저지른 사람들을 구속할 때 지역사회는 더

안전해졌다고 느낀다. 그러나 이러한 형사사법시스템의 대응으로는 범죄를 발생시키는 문제들이 사라지지 않으며 피해자는 대개 사법절차에서 소외됐다고 느낀다. 공동체 사법 전략은 지역사회의 구성원들을 지역사회의 범죄 문제를 해결하는 일에 참여시킨다. 회복적 사법 전략은 적절한 제재를 결정하는 과정에 피해자가 개입하도록 한다. 범죄자의 가족조차도 피해자를 범죄 전 상태로 회복시키기 위한 노력에 참여할 수 있다(회복적 사법에 관한 추가 자료는 http://www.realjustice.org를 참고할 것).

다른 예로 선출된 공직자들은 예상되는 비용 절감 때문에 종종 교도소 운영을 공공 교정 시설보다 민간 기업과 계약하여 전담하도록 하는 것(예를 들며, 교도소운영의 민영화)이 더 낫다고 판단한다. 반면 다른 이해 당사자들은 비용 절감이 가능할지 그리고 비용 절감만이 교도소 운영의 목적이 될 수 있는지에 이견을 지니고 있다. 민영화에 대한 몇몇 주요 반대 현상이 나타났다(Shichor, 1995).

- 교정 당국자들은 그들의 단체교섭 협약의 위반을 주장하는 소송을 제기했다. 그들은 민영화가 어렵게 쟁취한 합법적인 조합 협상을 통해 얻은 임금과 혜택을 축소시키도록 하였다고 주장했다.
- 재소자들은 지지했고 인권을 걱정한 변호사들은 처벌권 행사 주체를 국가로부터 민간으로 전환하는 것은 절대적으로 비윤리적이라고 주장했다. 민간 기업들은 재소자를 재활하고 공공 안전을 지키거나 헌법에 맞게 규정된 인도적 조건을 제공하기보다 수익창출에 동기부여가 되어 있기 때문이다.
- 많은 이들은 민간 기업이 수용자들을 값싼 노동의 원천으로 생각하며, 더 심하면 노예계약으로 이용하려고 시도할 것이라고 주장한다. 이러한 조건들은 법원의 개입 이전의 수감자 착취와 학대를 일삼던 야만적인 시절로 회귀하는 것을 의미한다.
- 비용 절감의 동기는 교도소 보안의 허점으로 이어져 공공 안전을 위협할 것으로 우려된다(과밀수용).

시스템 관점은 목적 설정 단계에서 다른 어떤 단계들보다 중요하며, 이 단계에서 이루어진 기본적인 가정이 전체 프로그램이나 정책의 디자인과 구조를 형성하기 때문에 더 중요하다고 할 수 있다. 즉, 하나의 형사사법기관에서의 변화들이 다른 기관들의 결정에 영향을 미칠 수 있다는 것이다. 이 장의 마지막에 제시된 사례 연구

2-2에서는 의무적 양형제도 분석을 위한 도구로 사용하여 이러한 논의점에 대해 더 알아볼 것이다.

우리는 보다 큰 시스템에서 목적과 가치가 양립하는 6가지 가이드라인을 제시한다.

1. 이해 당사자들이 문제 분석을 통해 적절히 식별되었는가?(제 1장 참고)
2. 이 장 앞에서 기술한 5가지 목적과 4가지 가치를 검토해 보라: 이해당사자들이 특정한 목적과 가치에 이견을 제시했는가? 문제와 그 문제의 원인 그리고 가능한 해결책에 대한 그들의 가정이 기술되었는가?
3. 같은 기관 내의 개인들이 제안된 변화의 목적이나 가치에 동의했는가 아니면 동의하지 않았는가?
4. 다른 기관들 내의 개인들이 제안된 변화의 목적이나 가치에 동의했는가 아니면 동의하지 않았는가?
5. 이해당사자들에게 이 사법관할권에서의 범죄사건 절차에 대한 적절한 정보를 제공하는 시스템 분석이 시행되었는가? 목표에 대한 결정을 내리는데 필요한 모든 정보가 요구 되었는가 혹은 정보의 일부가 개발되어야 할 필요가 있는가?
6. 제안된 변화의 목적을 논의하기 위해 이해당사자들을 모으기 위한 어떤 집단 메커니즘(예를 들면, 형사사법부)이 존재하는가? 진행에 앞서 그런 그룹을 만들거나 더 개발할 필요가 있는가?

8. 기관 간 협력을 위한 필요와 기회 확인

어떤 형사사법 개입이든 목적을 달성하기 위해 어느 정도 다른 기관들과의 협력이 필요할 가능성이 높다. 많은 형사사법 개입의 경우 프로그램의 성공과 원활한 계획 시행을 위해 경찰, 검찰, 법원, 교정기관의 합동참여가 필요하다. 프로그램에서 다뤄질 문제(예를 들면, 총기 폭력)에 따라서 공공보건의료기관이나 사회복지 기관과 같은 다른 공공 기관들도 참여를 요청받을 수 있다. 이것은 계획 절차의 한 부분으로서 변화관리자는 프로그램의 목적에 맞게 그 기관의 "외부 환경(external environment)"을 고려할 필요가 있다. 다른 형태의 협력이나 지원이 요구될 수 있으며 정치적 지지, 정보 공유, 서비스 교환, 공동 의뢰인 수용 또는 평가 그리고 심지어 다른 기관들 간의 상호 의뢰인 교류까지(Rossi, Gilmartin, & Dayton, 1982) 요구될 수 있다. 이러한 협력의 형태는 명백히 협상을 통해 동의가 이뤄져야만 한다. 각각의 기관은 그런 협력을 이행함으로써 얻는 실질적인 혜택을 알아야만 한다.

하지만 기관들 간 협력이 항상 가능한 것도 아니며 심지어 바람직한 것만은 아니다. 정치적 충돌과 행정적 계층구조가 종종 협력의 기회들을 배제시킨다.

사례 2-3 기관의 정치성향(Agency politics): 협력의 장애물?

최근 프로젝트에서 우리는 주 기관 중 하나인 소년법원이 정보 시스템 개발에 참여하기를 거부한다는 걸 알았다. 정보 시스템 프로젝트의 목적은 소년법원, 인력서비스 부서, 경찰, 지역 검찰, 공익 변호사, 교육청의 데이터베이스를 연결해 통합 시스템을 구축하는 것이었다. 전자적으로 정보를 공유하는 것은 효과적인 결정을 지원하고 청소년 개인들과 가족들을 위한 계획을 제각각 세우지 않도록 하는 근본적인 수단으로 보였다. 소년법원은 다른 기관들과 이전에 있었던 정치적 충돌이 해결되지 않았고 다른 기관들이 법원의 기밀 데이터를 오용하는 것을 막고자 하는 의도로 참여를 거부했다.

9. 목적 갈등의 이점

어떤 상황에서는 협력 계획이 바람직하지 않을 수 있다. 예를 들어 케빈 라이트(Kevin Wright, 1999)는 복잡한 사회 내에서의 복잡한 형사시스템은 어떤 공통의 목표와 가치를 가질 수도 없고 가져서도 안 된다고 주장하였다. 그들이 모두 같은 목적을 갖고 있지는 않기(갖고 있지 않아야 하기) 때문에 몇몇 형사사법 기관들 사이에는 분명한 긴장감이 있다(그리고 있어야만 한다). 예를 들면, 피고인측 변호사들이 적법 절차를 강조하는 데 비해 검사들은 범죄 통제를 강조하려는 경향이 있다. 그런 목적의 "긴장(tension)"은 피해자와 용의자의 충돌을 보호하는 데 도움이 된다. 더욱이 목적의 충돌과 기관 간 충돌을 구분할 필요가 있다. 특정 목적에 반대한다고 해서 기관들이 같은 환경에서 협력할 수 없다는 뜻은 절대 아니다. 협력이 다른 이해관계를 대표하는 기관들의 목적에 기여하는 상황도 많을 것이다. 검찰과 변호인단 간의 플리바게닝(역주: 유죄조건부 사전형량조정제도)은 아마 그런 교환 관계의 고전적인 사례다.

사례 2-4 형사사법에서 목적 충돌: 기관 간 협력의 걸림돌인가 아니면 속도조절인가?

케빈 라이트에 따르면, 형사사법 시스템 내에서 목적의 충돌이 왜 바람직한지 최소한 3가지 이유가 있다: (1) 다양성 반영 (2) 이해관계 중재와 시스템 적응 (3) 효과적인 범죄자 처리.

1. 다양성 반영: 분열과 통합의 결여는 다른 이해관계들이 시스템 안으로 통합되도록 허용한다. 범죄 예방, 공공질서, 정의, 적법한 절차, 효율성, 책임감에 대한 경쟁적인 요구를 포함하여 지역 사회의 상충된 이해를 중재하기 위해 충돌이 필요할 수 있다.
2. 이해의 중재와 시스템 적응: 충돌하는 목적은 견제적이고 균형적인 시스템을 촉진시킨다. 시스템의 어느 한 요소도 다른 요소들을 지배할 수 없고 어느 단일의 이해도 지나치게 강조될 수 없다. 충돌은 시스템의 구조 안에서 힘의 균형을 발생시키고 유지한다. 예를 들어, 검사가 군중 심리에 반응해 지나치게 엄격하게 처벌할 수 있지만 교정기관(가석방)이 그 선고를 수정하고 공정성의 균형을 맞출 수 있다(그리고 그 반대도 가능하다).
3. 범죄자 처리: 갈등과 분열은 범죄자의 처리를 방해하기보다 실질적으로 촉진시키고 지원할 수 있다. 예를 들어 기소는 경찰관이 기소에 대한 결정을 고려하기 때문에 더 순조롭고 더 효율적일 수 있다. 그리고 그러한 긴장은 검사가 불법적, 부적절, 또는 설득력이 없는 체포를 무효화 할 필요가 있을 가능성을 감소시킨다.

10. 느슨한 결합과 형사사법 기관

'느슨한 결합(loose coupling)'의 개념은 효과적인 개입의 개발이 필요할 경우에 형사사법에 있어 기관들 간 협력의 필요성을 보여준다. 느슨한 결합은 서로 호응하면서도 아직은 독립된 정체성을 유지하는 기관들에 대한 개념이다(Cohen, March, & Olsen, 1972; Hagan, 1989; Weick, 1976; Welsh, 1992). 그런 시스템에서 "구조적 요소들은 서로 느슨하게 연결되어 있고 활동에 대해 규칙을 위반하는 경우가 많으며 결정이 종종 시행되지 않거나 시행되더라도 불확실한 결과가 나오고, 기술들은 종종 조화를 이루지 못하거나 너무 모호해 협조관계를 이루지 못한다(Hagan, 1989)." 다시 말해, 형사사법 "시스템(system)"은 분산되고 분열된 속성 때문에 "비시스템(nonsystem)이라고 불려왔다(Wagenaar et al., 2007; Berman & Aubrey, 2020; Eisenstein & Herbert, 1977; Forst, 1977, President's Commission on Law Environment and Administration of Justice, 1968). 예를 들어, 검찰과 변호인들은 형사 재판에 함께 나타나지만 각자 다른 행정 책임자에게 답변하고 그들의 목적은 매우 다른 임무를 반영한다. 비슷하게, 경찰과 검찰은 행정적으로 연결되어 있지 않지만, 범죄사건을 처리하기 위해선 범죄자들의 성공적인 기소를 목적으로 일하여야 한다.

예를 들어, 마약단속과 화이트칼라 범죄 기소는 형사사법 조직을 지배하는 느슨한 결합으로부터 벗어나야 한다(Hagan, 1989). 사후 대응적(reactive) 경찰활동은 느슨하게 결합된 절차에 근거를 두는 것이 정상인 반면에 사전 대응적(proactive) 경찰활동은 보다 공고하게 결합된 기관과의 관계를 필요로 한다. 마약단속은 잠복근무와 함정수사, 정보원을 비롯하여 경찰이 증거를 확보하기 위해 보다 논란이 되는 전술들을 사용하도록 요구한다(Skolnick, 1966). 하지만 경찰관들은 증거의 법적 허용가능성에 관한 피드백에 대해 검사에게 보다 의존적이고, 검사들은 사건의 준비에 있어 광범위한 정보 및 협력에 대해 경찰관들에게 보다 의존적이다. 이러한 정보 교환은 정보원 및 공동피고인으로부터 협력을 조장하도록 고안된 기소 결정과 플리바게닝에 영향을 미친다. 헤이건은 화이트칼라 범죄자들에 대한 사전 대응적 기소가 "증인 돌리기(turn witnesses)"와 비슷한 영향력을 필요로 한다고 주장했다. 판사들도 이런 결정에 참여해야만 하는데 그 이유는 그들의 판단이 기소 감소와 선고협상에 필수적이기 때문이다.

헤이건은 느슨한 결합을 설명적 개념으로 사용하여 한 조직 내에서 외부 환경의 갑작스런 변화들(예를 들어 폭동; 탈옥수에 의해 저질러진 살인; 구치소 과밀수용을 줄이라는 법원 명령)이 어떻게 보다 공고한 결합에 대한 요구를 만들어내는지를 설명한다(Hagan, 1989). 사후 대응적 및 사전 대응적 문제 해결을 구분하는 것은 중요하다. 예를 들어, 사전 대응적 경찰활동과 기소는 경찰관들이 주의를 끌기 위해 특정 문제를 적극적으로 목표로 삼는다는 뜻을 지니고 있다. 하지만 사전 대응적 문제 해결은 "느슨한 결합"으로부터 벗어날 것을 요구한다; 즉, 다양한 기관들과 관계자들로부터 협력과 계획의 필요성을 강조한다. 밸버스(Balbus, 1973)는 로스앤젤레스와 디트로이트의 도심 폭동 연구에서 경찰들이 표면적인 질서유지 기능("거리 청소")을 작동시키기 위해, 흑인 용의자들을 대거 체포하였다고 주장하였다. 이러한 강화는 보석 석방이 평상시보다 증가("구치소 비우기")하면서 점차 느슨해졌으며 일반적이지 않은 관용이 뒤따랐다. 결국 보석 결정이 좀 더 일관성이 있게 되기 위해 경찰, 검찰 및 사법부 하부 조직 간의 관계 강화를 필요로 했다.

마찬가지로, 대부분의 형사사법 기관들은 오늘날 보고서들을 수집하고 분석하고 제공하는 전자화된 정보시스템을 지니고 있다. 많은 사법관할권에서 범죄자들에 대한 동일한 정보가 몇몇 기관들에 의해 따로 수집되고 저장되는데 이는 상당한 자원의 낭비다. 더욱 심각한 것은 범죄자에 대한 중요 정보가 경찰서와 같은 단일 기관 내부에서는 활용가능할지 몰라도 중요 결정이 이뤄지는 법원까지는 절대로 도달하지 못할 수 있다는 점이다. 이런 기관간의 단절에 대해 아래의 사례 2-5에서 설명하고 있다.

사례 2-5 테러리스트 공격 위협에 대응한 연방정부 재조직(국토안보국, 2002)

2001년 9월 11일 발생한 세계무역센터와 미 국방성에 대한 공격의 여파로 부시 행정부는 미국 시민을 보호하는 책임이 있는 연방기관들을 재조직해 국토안보부를 창설할 것을 제안하였다. 위의 공격 사건들로 인해 미국이 테러리스트의 공격에 대해 취약한 것이 드러났고 국가 지도자들은 근본적으로 어느 부분이 취약한지를 신속히 분석하게 되었다. 분석 결과, 당시 존재하던 정보기관이 지니고 있던 정보를 공유하고 사용하는 데 있어 무능력했고, 국토안보의 책임이 있는 기관들이 자원에 대한 서로 간의 전략적 협력이 전무했으며, 테러리스트에 의해 사용 가능성이 있던 종류의 무기들에 대한 기술적인 대비태세가 결여되어 있었던 점 등이 구체적인 문제들에 포함되었다. 사실, FBI와 CIA를 포함한 연방 기관들은 이 참사와 관련한 정보를 가지고 있었으나 기관들간에 서로 공유하지 않았다. 이 기관들 사이의 경쟁과 행정적 장벽이 매우 느슨하게 결합된 안보시스템을 만들어 내어 국가적 안보의 필요성을 적절히 만족시키지 못하게 만들었던 것이다.

국토안보부 창설 제안은 미 의회에서 신속히 통과되었고 톰 릿지 전 펜실베니아 주지사가 이 부처의 수장으로 임명되었다. "영향 모델"은 다음과 같다.

개입: 국토안보부 창설

↓

원인(들): "느슨한 결합"

↓

문제: 테러리즘에 대한 취약성과 그 결과

전체적인 국토안보 전략은 강화된 항공 보안과 같이 테러리스트에 의한 공격을 예방하고, 국경 경비를 강화하는 등의 조치로 이러한 공격에 대한 취약성을 줄이며, 공격이 만일 일어나더라도 그리고 일어났을 때 대응하는 능력을 강화하도록 설계된 자원들을 향상시키게끔 디자인되었다. 국토안보부 산하 단일 행정체계에서 세분화된 22개

기관이 모임으로써 당시까지 존재하던 "느슨한 결합"의 일부를 없앴다. 또한 국토안보부는 주 및 지방 집행 기관을 포함한 모든 정보수집 기관을 위한 정보 분석·보고의 허브가 되었다. 이와 같은 새로운 기관 창설과 더불어 CIA와 FBI 같은 다른 기관들도 국토안보를 위한 국가전략에서 백악관이 제시한 임무를 수행하도록 구조가 변경되었다.

11. 결론

개입의 발전을 안내하는 목표, 가치 및 기대를 명확하게 식별하지 못하면 실패가 확실시 될 수 있으며, 의도한 목적과 결과에 대한 끊임없는 불일치는 프로그램이나 정책이 시행된 한참 뒤에야 직면할 수 있다. 이해당사자 간의 가치·목적 충돌에 대한 논의가 처음에는 의견 대립이 많을지 몰라도 우리가 궁극적인 협상이나 협력, 보다 효율적인 계획, 우려의 문제 감소로 이끌지도 모른다. 마찬가지로, 측정 가능한 목표들을 구체화하지 못한다면 서로 책임을 회피하게 하고 측정이 불가하게 될 것이다.

토의할 질문

1. 서문 끝부분에서 특정 문제를 다룰 형사사법의 개입에 대해 짧은 에세이를 작성하도록 제시하였다. 마찬가지로 다음 중 하나를 수행하시오: (a) 수업과제와 같이 특정 문제와/또는 개입을 작성하시오 (b) 지금 여러분은 특정 프로그램이나 정책의 개발에 참여하고 있으며, 간단하게 형사사법 프로그램이나 정책을 기술하고 이 개입을 위한 하나의 목적과 하나의 목표를 기술하시오.
2. 다음을 정의하시오. (a) 목적 (b) 목표 (c) 둘 사이의 차이를 기술한다.
3. 목표의 4가지 요소를 기술하시오.
4. 일부는 목적 설정이 상향식으로 진행되어야 한다고 주장하며, 다른 이들은 하향식으로 진행되어야 한다고 주장한다. (a) 각각의 입장을 기술하시오. (b) 여러분은 어느 입장에 동의하는가? 이유는?
5. 처벌의 5가지 목적에 대해 기술하시오. 여러분은 어느 목적에 가장 관심이 가는가?
6. 형사사법에서 4가지 가치를 기술하시오.
7. 형사사법 시스템 내에서 양립 가능한 목적들의 사례를 기술하고 이 목적이 왜

중요한지를 설명하시오.

8. 기관 간 협력의 장점과 단점을 토론하시오. 구체적인 사례를 제시하시오.
9. "느슨한 결합"의 개념을 설명하고 구체적인 사례를 들어 이것이 왜 중요한지를 설명하시오.

참고 문헌

Auerhahn K.(2001). *Incapacitation, dangerous offenders, and sentencing reform.* Albany: State University of New York Press.

Balbus I.(1973). *The dialectics of legal repression.* New York: Russell Sage.

Berman, Greg, & Aubrey, Fox(2010). *Trial and error in criminal justice reform: Learning from failure.* Washington, DC: Urban Institute Press.

Braithwaite J.(2002). *Restorative justice and responsive regulation.* Oxford: Oxford University Press.

Cohen M.D., March J.G., & Olsen J.P.(1972). A garbage can model of organizational choice. *Administrative Science Quarterly*, 17, 1–25.

Eisenstein J., & Herbert J.(1977). *Felony justice: An organizational analysis of criminal courts.* Boston: Little, Brown.

Finn P.(1998). *Texas' project RIO(re-integration of offenders).* Washington, DC: U.S. Department of Justice, Office of Justice Programs, National Institute of Justice.

Forst M.L.(1977). To what extent should the criminal justice system be a "system"? *Crime & Delinquency,* 23, 403–416.

Greddnwood, P.W., Rydell C.P., Abramse A., Gaulkins J.P., Chiesa J., Model K., & Klein S.P.(1994). *Three strikes and you're out: Estimated benefits and costs of California's new mandatory-sentencing law.* Santa Monica, CA: RAND.

Hagan J.(1988). Why is there so little criminal justice theory? Neglected macro- and microlevel links between organization and power. *Journal of Research in Crime and Delinquency*, 26, 116–135.

Joint Committee on New York Drug Law Evaluation, (1978). *The nation's toughest drug law: Evaluatiing the New York experience.* Washington DC: US. Government Printing Office (A project of the Association of the Bar of the City of New York, the City of New York and the Drug Abuse Council, Inc).

Langan P.(1992). F*ederal prosecutor application of mandatory sentencing laws: Racially disparate?* Widely evaded? Washington DC: US. Department of Justice, Bureai of Justice Statistics.

Lipsey M.W., & Cullen R.T.(2007). The effectiveness of correctional rehabilitation: A review of systematic review. *The Annual Review of Law and Social Science*, 3, 297–320.

Loftin C., Heumann M., & McDowall D.(1983). Mandatory sentencing and firearms violence: Evaluating and alternative to gun control. *Law and Society Review,* 17, 287–318.

Loftin C., & McDowall D.(1984). The deterrent effects of the Florida Felony Firearm Law. *Journal of Criminal Law and Criminology*, 75, 250-259.

McDonald D.C., & Carlson K.E.(1993). *Sentencing in the courts: Does race matter? The transition to sentencing guidelines*, 1986-90. Washington DC.: US. Department of Justice, Bureau of Justice Statistics.

McDowall D., Loftin C., & Wiersema B.(1992). A comparative study of the preventive effects of mandatory sentencing laws for gun crime. *Journal of Criminal Law and Criminology*, 83, 378-394.

Meierhoefer B.S.(1992a). Role of offense and offender characteristics in federal sentencing. *Southern California Law Review*, 66, 367-404.

Meierhoefer B.S.(1992b). *General effect of mandatory minimum prison terms: A longitudinal study of federal sentences imposed*. Washington D.C.: Federal Judicial Center.

Office of Homeland Security.(2002). *National strategy for homeland security*. Washington D.C.: The white House.

Packer H.L.(1968). *The limits of the criminal sanction*. Stanford, CA: Stanford University Press.

Parent D., Dunworth T., McDoanld D., & Rhodes W.(1997). *Key legislative issues in crminal justice: Mandatory sentencing*(NCJ-161839). Washington D.C.: US. Department of Justice, Office of Justice Programs, National Institute of Jusstice.

Parent D., Leiter V., Kennedt S., Livens L., Wentworth D., & Wilcox S.(1994). *Conditions of confinement: Juvenile detention and correctional facilities(research report)*. Washington D.C.: Office of Juvenile Justice and Delinquency Prevention, U.S. Department of Justice.

Pierce G.L., & Bowers W.J.(1981). The Bartley-Fox gun law's short-term impact on crime in Boston. *Annals of the American Academy of Political and Social Science*, 455.120-132.

President's Commission on Law Enforcement and Administration of Justice.(1968). *The challenge of crime in a free society*. New York: Avon Books.

Richard F.S.(2005). Punishment purpose. *Stanford Law Review.*, 58-84.

Rossi R.J., Gilmartin K.J., & Dayton C.W.(1982). *Agencies working together. A guide to coordination and planning*. Beverly Hills, CA: Sage.

Rothman D.J.(1980). *Conscience and convenience: The asylum and its alternative in progressive America*. Boston: Little, Brown.

Sherman L.W., & Berk R.A.(1984). The specific deterrent effects of arrest for domestic assaults. *American Sociology Review*, 49, 261-272.

Schichor D.(1995). *Punishment for profit: Private prisons/public concerns*. Thousand Oaks, CA: Sage.

Skolnick J.(1965). *Justice without trial*. New York: John Wiley.

Tonry M.(1987). *Sentencing reform impacts*. Washington D.C.: U.S. Department of Justice, National Institute of Justice.

Tonry M.(1995). *Sentencing matters*. Oxford, England: Oxford University Press.

U.S. Sentencing Commission.(1991). *Federal sentencing guidelines: A report on the operation of the guidelines system and short-term impacts on disparity in sentencing, use of incarceration, and prosecutorial discretion and plea bargaining*. Washington D.C.: U.S. Sentencing Commission.

Von Hirsch A.(1985). *Past or future crimes: Deservedness and dangerousness in the sentencing of criminals*. New Brunswick, NJ: Rutgers university Press.

Wagenaar A.C., Maldonado-Molina M.M., Erickson D.J., Ma L., Tobler A.L., & Komro K.A.(2007). General deterrence effects of U.S. statutory DUI fien and jail penalties: Long-term follow-up in 32 states. *Accident Analysis & Prevention*, 39(5), 982-994.

사례를 보려면, Walker S.(2001). Sense and nonsense about crime and drugs(5th ed.). Belmint, CA: Wadworth을 참고할 것.

Weick K.(1976). Educational organizations as loosely coupled system. *Administrative Science Quarterly*, 21, 1-19.

Welsh, W.N.(1992). The dynamics of jail reform litigation: A comparative analysis of litigation in California counties. *Law and Society Review*, 26, 591-625.

Wright K.N.(1999). The desirability of goal conflict within the criminal justice system. In S. Stojkovic, J. Klofas & D. Kalinich, et al., *The administration and management of criminal organizations* (pp. 37-49). (4th ed.). Prospect Heights, IL: Waveland.

Chapter 03

프로그램 또는 정책 설계

이 장의 개요

- ◆ 개입의 접근방식 선택은 정책이나 프로그램이 구체화된 목표를 어떤 방식으로 가장 잘 달성할 수 있는지를 결정하기 위해 이전 단계에서 수집된 정보를 통합하는 것을 포함한다. 어떻게 이전 단계에서 수집된 정보가 개입의 본질이 무엇이 될 것인가를 결정하는데 사용할 수 있는가? 어떻게 구체적인 목적이 달성될 것인가?
- ◆ 프로그램 설계를 위한 주요 활동으로는 다음과 같은 사항이 포함된다: (1) 대상 집단 식별하기: 개입의 대상은 누구인가? (2) 참가자 선택 및 수용 절차 정의하기: 개입을 위한 프로그램 참여자를 어떻게 모집하고 선택할 것인가? (3) 프로그램 요소 정의하기: 제공되는 활동의 정확한 특성과 양, 순서가 구체화되어야 한다. 누가 무엇을 누구에게, 어떤 순서로, 어떤 양으로 하는가? (4) 실무자의 직무기술서를 작성하고 서비스를 잘 전달하기 위해 필요한 기술과 훈련을 정의한다.
- ◆ 정책 설계를 위한 주요 활동에는 다음과 같은 사항이 포함된다: (1) 정책의 대상 집단 식별하기: 어떤 사람이나 단체가 정책의 영향을 받을 것인가? (2) 책임 있는 기관 확인하기: 정책을 실행해야 하는 사람은 누구이고 책임은 무엇인가? (3) 정책의 규정과 절차 확인하기: 규정은 전달될 제재 또는 서비스 그리고 정책을 실행하기 위해 충족되어야 하는 조건을 구체화한다. 특정 규칙들을 구현할 책임자는 정책이 일관적으로 실행되는지 확인하기 위해 이행해야 할 특정한 실행 순서(절차)를 분명하게 이해해야 한다.

목적 및 목표 설정과 관련하여 제2장에서 논의한 일종의 협력은 기획과정(planning precess)의 이 단계에서도 중요하다. 결국 핵심 이해당사자들의 지지와 참여는 장기적인 개입의 성공에 필수적일 것이다.

정책이 활동을 지배하는 규칙, 원칙 또는 지침인 반면에 프로그램은 대상 집단의 특정 요구나 문제를 해결하기 위해 만들어진 구조라는 점에서 정책은 프로그램과 다르다는 것을 상기해야 한다('서문' 참조). 4단계는 프로그램의 활동이나 정책의 규칙 및 절차의 모든 것을 구체화하는 것과 관련된다. 프로그램 기획과 정책 기획은 많은 부분에서 공통된 특징(가령, 문제 분석하기, 목적과 목표 설정하기)을 공유할지라도 2가지 유형의 개입은 실질적으로(디자인) 매우 다르다. 이 장에서는 이 2가지 개입의 접근방식을 분명하게 하기 위해 프로그램 설계와 정책 설계를 분리해서 다룰 것이다.

1. 개입의 접근방식 선택

정책과 프로그램 사이의 선택은 이전 단계에서 수집한 정보들을 통합하는 것과 관련된다. 예를 들면, 여러분의 목적이 총기범죄를 줄이는 것이라면, 그 목적은 어떻게 이뤄질 수 있을까? 개입의 본질은 무엇일까-병영훈련(boot camp) 개설, 보다 엄격한 총기 규제법 입법, 지역사회의 반폭력 캠페인 활성화, 갱단 활동 억제, 아니면 또 다른 무엇일까? 어떻게 결정하는가? 여기까지 여러분은 데이터를 수집하고 분석했으며 문제와 필요에 알맞은 개입의 선택지에 관한 아이디어를 가지고 있고 여러분의 목적과 목표도 이미 세워졌다. 현장조사(제1장을 참조할 것)를 통해 저항과 지지의 중요한 원천을 밝혀냈고 시스템 분석(제1장을 참조할 것)으로 변화의 노력이 발생할 조직적 환경의 중요한 특징들이 확인되었다. 이런 데이터는 어떤 개입의 접근방식을 선택할 것인지에 대한 정보에 도움이 될 것이다.

다른 중요한 구성요소는 비용의 옵션을 선택하는 것이다. 어떤 옵션을 다른 설정에 사용했을 때 그 옵션의 잠재적 비용을 파악할 수 있다. 정책이 새로운 기관을 창설할 경우 그 비용은 매우 높을 것이다. 1974년 소년사법과 비행방지법(Juvenile Justice and Delinquency Prevention Act)은 청소년 범죄에 대응하기 위해 주(州) 단위의 기획을 발전시키고 지위비행을 저지른 범죄자들을 감금하는 관행을 중단시키기 위해 만들어졌다. 이 법의 조항들 중 하나는 법무부 산하에 소년사법 및 비행예방국(OJJDP)을 신설하는 것이었다. 1974년부터 1980년까지 미 의회는 이 법에 따른 자금 지원을 2500만 달러에서 1억 달러로 늘렸다. 2005년까지 OJJDP 예산은 3억6290만 달러까지 치솟았다.

프로그램과 정책의 옵션은 종종 비용적 측면에서 평가된다. 1가지 옵션은 원가와 관련된 기대이익 및 가용 자원과 관련된 원가에 관하여 다른 옵션과 비교해 보는 것이다. 2010년 한 사람을 교도소에 수감하기 위한 평균 비용은 3만1286달러였으나 이 비용은 주에 따라 켄터키 주 1만4603달러에서 뉴욕 주 6만76달러로 천차만별이었다(Henrichson & Delaney, 2012). 분명하게 많은 지출의 범주들이 전체 교정 비용에 포함된다. 여기에는 봉급과 복리후생비, 건설비와 장비, 의료비, 식사비, 각종 공과금이 들어간다. 어떤 사람들은 거주치료 프로그램이 수감보다 비용이 더 많이 들거나 가정약물치료 프로그램이 병영훈련(boot camp)보다 비용이 더 크다는 사실을 알고 놀란다. 마찬가지로 많은 주들이 비싼 교도소에 대한 의존도를 줄이기 위해 지역사회 기반의 교정 프로그램 개발에 대한 투자를 선택해 왔다. 그러나 이런 지역사회 프로그램들은 운영이 잘 되더라도 역시 비용이 클 수 있다. 이런 프로그램에 참여하는 범죄자들이 일을 하거나 학교로 향할 것인가? 만일 그렇다면, 훈련을 제공하고, 구직활동을 지원하고, 직장에서 그들의 행동을 관찰하거나, 고용된 곳에서 분쟁이 발생했을 때 개입해야 할까? 치료를 포함한 프로그램들은 그렇지 않은 프로그램보다 비용이 상당히 더 소모되지만 집중적인 보호관찰 프로그램의 효과성을 향상시킨다(Bonta et al., 2000; Petersilia & Turner, 1993). 이는 비효율적인 기획이 되거나 결국 부적절한 자원 탓에 프로그램이 실패하는 것을 방지하기 위해서는 숙지해야 할 사실들이다.

2. 프로그램 설계

일반적으로 프로그램을 설계할 때 우리는 다음과 같은 질문에 가급적 구체적으로 답변해야 한다: 누가 무엇을 누구에게, 어디에서, 어떤 순서로, 얼마나 많이 그리고 얼마나 자주 하는가? 프로그램은 어떻게 설정할 것인가? 참가자는 어떻게 선발할 것인가? 어떤 활동들을 제공하고 어떻게 제공할 것인가? 실무자에게는 어떤 훈련과 자격이 필요한가? 여러분이 이 분석의 단계에 도달할 때쯤 다음과 같은 정보를 지녀야 할 것이다:

- 다루어질 문제 또는 필요성
- 원인들이 어떻게 문제를 야기하도록 작용했는지를 설명하는 인과관계론(원인들)과 이론
- 이미 시도한 개입들을 포함한 가능성 있는 개입
- 변화에 대한 잠재적인 장애물이나 저항의 원천
- 목적과 목표(목표는 구체적이고 측정 가능하다는 사실을 기억할 것)

여러분이 프로그램 "분석가"로 활동한다면, 여러분은 기존의 프로그램을 들여다보고 그것이 무엇인지를 정확하고 상세하게 구체화해야 한다. 하지만 새로운 프로그램을 설계할 때 변화관리자의 임무는 새로운 프로그램의 "기본"을 설계하는 것이

다. 앞서 이미 구체화된 목적과 목표는 이제 특정 임무와 활동으로 해석되고, 각 활동의 적절한 순서와 시기에 대한 정의가 이뤄져야 한다. 이 장의 마지막 사례연구 3.1은 이에 대한 부분을 더욱 자세히 보여준다.

1) 프로그램의 대상 집단 확인

누구를 목표로 하여 변화시킬 것인가? 이 과정은 종종 잠재적인 대상 일부에 대한 필요 수준(예를 들면, 마약 관련 수준)과 의도된 대상 집단의 특징들(가령, 나이, 성별, 지리적 거주지, 범법의 유형, 과거 범죄기록 등)을 구체화하는 것과 관련이 있다. 제1장에서 인과성의 5가지 수준을 논의했음을 상기하길 바란다. 이제 우리는 변화의 대상이 누구이거나 무엇인지 정확하게 명시할 필요가 있다. 우리는 어느 수준에서의 변화를 시도하고 있는가?

- 개인적?(예를 들면, 집중 감시, 상담, 문제해결 기술 교육을 거쳐)
- 그룹 또는 그룹들?(예를 들면, 지지 그룹, 동료 그룹, 가족 상담을 거쳐)
- 조직?(예를 들면, 경찰 훈련을 거쳐)
- 지역사회?(예를 들면, 지역사회 순찰, 이웃 감시, 지역사회 서비스를 거쳐)
- 사회적 구조 환경?(예를 들어, 복지 개혁, 직업 훈련, 고용 지원을 거쳐)

대상이 되는 집단을 특정하기 위해서는 2가지 중요한 단계가 필요하다: 바로 자격 정의의 단계와 서비스를 받을 숫자를 구체화하는 단계다.

1. 자격(eligibility)을 정의하라: 그 프로그램에 누가 자격이 있는가? 프로그램이 의도하는 개인은 어떤 사람이고 그 개입의 접근방식에 가장 적합한 대상은 무엇인가? 자격은 종종 나이, 거주지, 소득, 성별, 인종, 또는 다른 인구학적 변수들에 근거를 둔다. 또한 필요 정도에도 근거를 둔다: 그들의 필요 정도가 얼마나 중요하고 시급한지의 개념에서 목표가 되어야 할 적절한 인구집단은?
2. 서비스를 받을 숫자를 구체화하라: 부족한 자원 여건에서 프로그램 기금을 가장 현명하게 사용하는 방법은 무엇인가? 얼마나 많은 사람이 사용 가능한 자원을 지원받을 수 있는가? 그 프로그램은 6개월간 얼마나 많은 사람을 수용할 수 있는가? 1년간은?

2) 위험과 필요 평가

대상 집단을 정의하고 개인의 필요를 적절한 프로그램과 융화시키는 가장 보편적인 도구 중 하나는 위험/필요 평가(risk/needs assessment)이다. 위험은 일반적으로 재체포와 같은 부정적인 결과를 말하는 데 비해 필요는 반사회적 행동에 기여할지도 모를 수정가능한 문제와 관련이 있다. 가장 보편적으로 사용되는 위험/필요 평가 도구는 경험적인 근거를 두고 있다; 즉, 대상 집단의 실제 개인에 대한 연구를 통해 개발되었다. 비행 청소년과 관련된 가장 널리 사용되는 도구들 중 YLS/CMI(Youth Level of Service/Case Management Inventory)는 로버트 호지와 돈 앤드류스(Robert Hoge & Don Andrews, 1996; Onifade, Davidson, Campbell, Turke, & Turner, 2008)가 개발하였다. 그리소와 바넘(Grisso & Barnum, 2000)이 개발한 MAYSI(Massachusetts Youth Screening Instrument)와 두 번째 버전인 MAYSI-2, 헤어와 멕퍼슨, 포스(Hare, McPherson, & Forth, 1988)에 의해 개발된 PCL-YV(Psychopathy Checklist-Youth Version)도 있다. YLS/CMI는 범죄를 야기하는 청소년의 필요성과 청소년이 미래에 범죄를 저지를 위험을 평가하기 위해 설계된 일반적인 검사 도구이다. MAYSI-2는 정신건강 문제를 가지고 있어 추가 진단 검사가 필요한 청소년을 확인하는 수단이다. 사이코패스 측정검사는 청소년의 비행이 어느 정도로 반사회적 행동에 대한 사고방식에서 기인하는지를 확인하는 데 사용된다.

3) 참가자 선택 및 수용 절차 정의

이제 변화의 대상이 누구인지를 알기에 다음 질문은 다음과 같다. 개입을 위해 프로그램 참여자를 어떻게 모집하고 선택할 것인가? 대상으로 삼은 개인과 잠재적인 관계기관들(가령, 경찰, 학교, 보호관찰, 복지 서비스 등)이 처음에 그 프로그램을 알지 못한다고(또는 아마 적대적이라고) 하면, 그들이 어떻게 이 프로그램을 인식하고 활용하도록 할 것인가? 예를 들면, 병영훈련 프로그램은 대개 초범인 비폭력적 범죄자들을 대상으로 한다. 법원이 이런 자격을 갖춘 범죄자를 식별할 것이다; 개인들로부터의 신청을 필요로 할 수 있다; 프로그램에 대한 지원자의 자격을 심사하기 위해 인터뷰와 검사 절차가 필요할지 모른다.

자격이 선택을 보장하는 것은 아니라는 사실을 명심하길 바란다. 자격을 갖추고 있는 것과 상관없는 많은 쟁점들이 프로그램을 위한 선택에 영향을 미친다. 어떻게 참여자를 선택할지를 정의할 때 다음과 같은 6가지 이슈를 꼭 검토해야만 한다.

1. 접근(Access) : 잠재적인 참가자들을 어떻게 "모집할" 것인가(예를 들면, 어떻게 그들이 프로그램을 알게 될까)? 어떻게 그들에게 프로그램 운영과 활동에 관한 정보를 알려줄까? 외부 기관들에 의해 프로그램에 대한 위탁이 이뤄지는가? 그렇다고 한다면, 어느 기관이 어떤 이유로 그러하는가? 위탁 주체들은 프로그램에 대해 어떻게 알게 되는가?
2. 심사(Screening): 위탁자 또는 지원자들은 어떻게 자격을 심사받는가? 특정 필요 심사나 다른 심사 수단이 사용되는가? 지원 절차가 필요한가?
3. 선정(Selection): 어떤 적격위탁자 또는 지원자들이 프로그램에 들어갈 것이며 누가 제외될지는 어떻게 결정되는가? 누가 이러한 결정을 하는 데 관여하고 있는가?
4. 수용(Intake): 개인이 프로그램에 위탁될 될 때 이름, 나이, 위탁 주체, 위탁 이유 등 기본 정보를 기록하는 데 쓰이는 수용의 형태는 무엇인가?
5. 개인 기록(Individual Records): 프로그램 참여 기간 동안의 개인 정보가 기록되고 저장되는가? 어떤 종류의 정보가 기관의 보고 목적으로 필요한가? 개인에 대한 피드백을 위해? 치료 기획을 위해?
6. 유지(Retention): 참여자는 그 프로그램에 얼마나 오랫동안 머물러야 하는가? 그들이 프로그램을 마칠 수 있도록 어떤 절차가 독려할 것인가?

4) 프로그램 요소 정의

프로그램 요소는 다음과 같은 범주들 중 하나에 포함된다: 서비스, 서비스 제공, 용량 수준, 결과물. 먼저, 프로그램이 제공하는 정확한 활동의 속성과 양, 순서가 구체화되어야 한다. 서비스 제공(service delivery)은 일부 서비스를 대상에게 분배하는 것과 관련된 프로그램의 모든 부분들을 가리킨다. 여기에는 서비스를 인계하는 사람과 서비스가 인계되는 물리적 시설들이 포함된다. 그래서 서비스 제공에 대한 판단은 다음과 같은 질문에 답해야만 한다: 누가 무엇을 누구에게, 어디에서, 어떤 순서로, 얼마나 자주 그리고 얼마나 많이? 활동들의 순서는 무엇인가?

예를 들어, 병영훈련은 몇 가지 요소들을 포함할 것이다: 엄격한 군대식 훈련과 신체 훈련, 학업적 또는 직업적 교육, 생활기술 또는 문제해결 훈련, 마약 인지 교육, 사회적 기술 훈련 등등. 우리는 각 활동이 얼마나 자주(예를 들어, 1주일에 몇 차례?) 그리고 얼마나 많이(가령, 세션 당 1시간?) 제공될 지 기술할 필요가 있다. 프로그램 평가자들은 종종 이러한 서비스 노출의 측정을 조사량(dosage)이라고 한다. 우리는 어느 실무자가 각 활동을 제공하는 책임을 맡을지 그리고 정확하게 어떻게 실행될 지 구체화할 필요가 있다(예를 들어, "생활기술"은 어떻게 가르칠 것인가? 어떤 접근방식을 사용할 것인가: 텍스트, 강의, 연설자, 영화, 역할극, 개인 또는 집단 상담?). 우리는 또 활동들의 순서를 기술할 필요가 있다: 개인이 처음에 프로그램에 받아들일 때 어떤 일이 일어나는가? 어떤 활동 순서가 이어지는가: 참여하면서 바로? 매일 일상생활에서? 주 단위를 기본으로? 프로그램은 얼마나 오래 지속되는가(예를 들어, 6주? 6개월?)? 어떻게 대상이 프로그램을 "수료하는가"?

결과물(output)은 프로그램이 언제 종료되는 지를 규정하는 기준과 관련 있다(특정 개인에게 제공된 개입의 일부 단위). 예를 들어, 10개의 상담 세션, 8주의 병영훈련, 12개의 문제해결 기술 훈련 세션 등등.

우리가 자금지원, 일반적인 프로그램 설명, 또는 심지어 학술논문에 대한 신청서를 검토하다 보면 우리는 종종 프로그램이 구체화한 실질적인 활동들이 모호하다는 것에 놀라게 된다. 예컨대, 어느 프로그램이 "구타당한 여성들을 위한 상담"을 제공한다고만 들었다. 이렇게 묻고 싶다: 여성들은 어떻게 이 프로그램에 참여하게 되는가? 누구에 의해? 자격은 어떻게 결정하는가? 상담은 누가 하는가? 어떻게? 어떤 종류의 상담인가(가령, 사이코패스? 행동 변경? 인지적 재구조화?)? 상담은 얼마나 자주 하는가? 얼마나 오랫동안? 어떤 환경에서(입원? 외래?)? 분명히 "상담"이 제공된다는 단순한 정보, 그 자체만으로는 프로그램 서비스나 그것이 어떻게 제공되는지 이해하기에는 불충분하다.

5) 실무자 직무 기술서 작성과 필요한 기술 및 훈련 정의

어떤 종류의 실무자가 얼마나 많이 그 프로그램을 운영하는 데 필요한가? 그들은 어떤 구체적인 임무를 실행할 것인가? 어떤 종류의 자격을 갖추고 있어야 하고 어떤 훈련이 추가로 필요한가? 실무자의 급여와 훈련을 위해 얼마나 많은 비용이 필요한가? 서비스 임무(service task)는 모든 프로그램 실무자의 직무 기술서와 그들의 자격과 훈련 그리고 그들에 의해 완수될 주요 활동들을 작성하는 것을 포함한다. 물론, 직무 지원자가 필요한 자격을 모두 갖춰야만 하는 것인지, 또는 일부 요구되는 지식이 내부 훈련을 통해 다뤄질 것인지 하는 추가적인 질문도 있다.

3. 정책 설계

프로그램이 대상 집단의 특정한 필요성이나 문제를 다루기 위해 만들어진 조직적인 단위인 반면에 정책은 권위를 지닌 사람들뿐만 아니라 일반 시민들이 취하는 행동을 지배하는 규칙, 원칙, 또는 지침이다. 종종 프로그램은 대규모 정책을 실행하기 위해 만들어진다. 예를 들어, 형사법원에서 마약 남용 피고인들을 마약 치료에 참여하도록 요구하는 정책은 새로운 마약 치료 프로그램들뿐만 아니라 최근에는 약물법원까지 만들어냈다(Goldkamp, 2003; Gottfredson et al.,; Harrell, 2003). 약물법원은 마약 중독에 더 전문적인 지식을 가지고 있고 중독된 피고인들의 독특한 문제를 취급할 기구를 더욱 잘 갖추고 있다.

정책은 개인적인 작업만으로 절대로 설계되지 않는다. 대신에 수많은 사람의 결정으로부터 영향을 받기 때문에 정책 설계는 입법적인 과정 내에서 발생한다. 일반적으로 정부 체계에서 선출된 입법자들이 소위원회에서 설계한 정책에 투표한다. 민간 조직에서는 이사회를 통해 비슷한 과정이 일어난다. 다시 말하면, 규칙의 제정은 대체로 규칙 제정자라는 입법부의 업무다.

서론에서 우리는 정책이 복잡성 측면에서 다양하다는 점에 주목하였다. 예를 들어 어떤 정책은 반드시 프로그램 사무실을 방문하는 사람들은 방문자 일지에 서명해야 한다고 기술하고 있다. 이것은 보통 입법적 기구에 의한 논의를 필요로 하는 규칙이 아니다. 대신에 이런 하위 단계의 정책들은 행정부 단계에서 다루어진다. 하지만 여기에서 우리는 중요한 형사사법 문제를 다루기 위해 만들어진 광범위한 정책들에 보다 관심이 있다.

정책의 설계는 정책의 요소들을 상세하게 구체화해서 다른 사람들이 그것을 적절히 사용하도록 하는 것과 관련된다. 달리 말하면, 정책의 규정과 절차가 분명하게 설명되지 않는다면 정책입안자의 의도와 일치하지 않는 행동이 일어날 수 있다. 더구나 정책의 요소들이 누락된다면 불완전한 실행의 결과가 나타날 것이다.

예를 들면, 1980년대 초반 필라델피아 시 법원은 음주운전을 다루는 새로운 정책을 시작했다. 교육과 치료를 결합해 처벌 형량을 낮추면 처벌만 했을 때보다 효과적일 것이라는 아이디어였다. 그 결과 단 며칠간만 구치소에 수감하는 형선고를 비롯하여 새로운 처벌이 만들어졌고 범죄자는 선고 직후 바로 알코올 남용 문제에 관한 테스트를 받도록 의무화 되었으며 알코올 남용 치료와 교육을 제공할 민간 프로그램과의 계약도 이루어졌다. 그러나 중요한 부분이 생략되었다. 선고가 제대로 실행되는지 점검하는 책임이 누구한테도 주어지지 않았고 어떠한 참여 기록도 관리되지 않았다. 선고를 받은 범죄자들은 교육과 상담 세션에 참여하여 구치소 기간만큼 수강하도록 되어 있었다. 문제는 이런 범죄자들을 수용하는 당국이 예상되는 사람들에 대한 명단을 갖고 있지 않아서 누가 누락되었는지를 파악할 길이 없었다는 점이다. 시간이 지나면서 범죄자들은 선고를 무시하더라도 어떤 일도 일어나지 않는다는 걸 알게 되었다. 그 결과 범죄자가 더 많은 시간을 선고받을수록 그 선고는 더욱 실행될 것 같지 않았다(Rourke & Harris, 1988).

정책을 설계할 때 변화관리자는 보통 다음 사항을 확인한다:

- 대상 집단(target population), 또는 그 정책으로 영향을 받는 대상;
- 결정 당국자(decision authority), 또는 그 정책을 실행할 권한을 지닌 자;
- 정책 규정(provisions)(대상 집단의 구성원이 어떤 것을 받게 될지)과 반드시 뒤따라야 할 단계들(절차)

1) 정책의 대상 집단 식별

정책은 사람들에게 영향을 미친다. 프로그램과 매우 유사하게 정책은 결정권자의 행동을 통해 특정 그룹의 사람에게 혜택을 주거나 처벌을 가하도록 되어 있다. 특정 청소년은 자동적으로 성인으로 재판을 받도록("다이렉트 파일(direct file)" 또는 "자동적 배제") 하는 정책은 소년법원 재판에서 제외되어야 할 개인의 특징과 그들의 범죄를 분명하게 구체화해야 한다. 나이는 몇 살이어야 하는가? 어떤 범죄들이 제외되는가? 그들이 전과기록을 가지고 있어야 하는가? 이전의 범죄가 심각해야만 하는가? 이 청소년들이 소년법원에서 재판받을 길은 있는가?

다른 유형의 정책의 경우 문제는 종종 선택에 따른 것이다: 규칙이 모든 사람에게 적용되는지 아닌지, 특정 사람들만 또는 특정 그룹만이 목표가 되는지 아닌지. 예컨대, 경찰의 보행자 불심검문은 종종 소수 그룹의 사람들만 목표로 한다는 의심을 산다. 하지만 인종적 편견의 정도는 적거나 존재하지 않는 것으로 보이며, 이 정책은 길거리 범죄율이나 폭력 범죄율이 높은 지역에서 발견된 모든 사람들을 대상으로 한다(Ridgeway, 2007). 이 쟁점은 총기 폭력이 빈번한 지역에서 개인을 멈춰 세워 심문하도록 하는 불심검문검색 논의에서 특별히 주요하다(Ferrandino, 2015).

2) 책임 있는 당국자 식별

누가 정책을 실행할 것인가 그리고 그들의 책임은 무엇인가? 예컨대 많은 주에서 판사가 현재와 이전의 범죄 정보에 근거해 범죄자에게 선고할 수 있는 형량의 범위를 제한하는 양형 지침을 시행했다. 판사는 양형 지침에 나온 구체적인 범위를 따르든지 아니면 범위를 벗어나는 형량을 선고하는 데 대해 서면상의 정당성을 제시해야 한다. 이 경우 판사가 책임 있는 당국자로서, 형량을 배정하기에 앞서 이 지침을 참조해야만 한다. 어떤 조직 안에서 특정한 역할을 감당하는 조직적 단위 또는 개인들에 대한 책임 부여는 정책의 성공에 중요하다. 그것은 관련 지식, 신뢰성 그리고 권위의 계통이 다른 정책들과 일치하도록 보장해 준다.

어떤 경우 새로운 정책은 새로운 기관을 신설하는 결과를 낳는다. 양형 지침의 경우에서 많은 주들은 판사, 검사, 피고인 그리고 새로운 규칙을 알아둘 필요가 있는 이들에 대한 훈련을 포함하여 지침 실행을 점검하는 위원회를 만들었다. 중요한 것은 양형위원회가 이 지침의 사용을 점검할 뿐 아니라 지침 적용으로부터 개선하는 방법을 배운다는 점이다. 예컨대, 판사들이 총기 사용이나 마약 중독과 관련된 사건에 관행적으로 지침의 예외를 적용한다면 위원회는 지침을 검토해서 어떤 변화가 필요한 것인지를 알 수 있다. 판사가 제공하는 정당성은 일관되고 설득력 있으며 지침은 이런 판사들이 표현한 가치와 신념을 반영하는 것일지 모른다. 이 사례는 정책을 실행할 책임을 올바른 사람에게 부여하는 것이 얼마나 중요한지 보여준다. 실행이 더 효과적으로 구현될 뿐 아니라 정책 자체도 개선될 가능성이 더 높아진다.

3) 정책 규정과 절차 구체화

일련의 원칙이나 규칙이 잘 실행되기 위해서는 실행책임이 있는 주체들이 무엇을 해야 하고(규정) 어떤 조치를 취해야 하는지(절차)를 이해해야 한다. 그래야 정책이 지속적으로 실행된다. 청소년에 대한 통행금지의 경우 "누가 무엇을 어떤 순서로 받는지"가 분명하다. 그러나 다른 경우 정책 명세는 더 구체적이어야만 한다. 규정과 절차는 정책의 실행과 관련되어 지속성, 공정성 그리고 비용 통제를 보장하기 위해서 확실하게 개발하고 명시하는 게 중요하다. 보통 정책은 다음의 사항을 구체화한다:

- 규정: 무엇을 해야 하는가: 대상 집단의 구성원에게 인계될 서비스, 기회, 제재, 또는 개입
- 절차: 정책을 적용하기 위해 준수해야 하는 단계들과 충족시켜야 하는 조건들

예컨대, 멕시코와 국경을 접한 애리조나 등의 주(州)들이 출범시킨 시큐어 커뮤니티(Secure Community) 정책(Cox & Miles, 2013)은 단순하게 경찰관들에게 다음과 같은 사항을 요구한다;

1. 범죄로 체포된 사람의 신원을 확인하라.
2. 그 사람의 이민 상태를 확인하라.

이 정책에 대한 우려사항으로 경찰이 신원 확인을 위해 불법 수단을 사용할 가능성, 신원확인에 DNA 증거 수집을 포함할 수 있는지 여부, 이민 상태를 확인하기 위해 타당한 이유 없이 사람들을 체포할 수 있는지 여부 등을 들 수 있다.

우리는 규정들이 어느 정도 의사결정 권한 및 대상 식별과 겹칠 수 있음을 파악할 수 있다. 지역 사회에서 구금 시설에 수감된 일부 범죄자들을 그대로 가둬두기로 선택하는 결정 권한은 범죄자들이 저지른 범죄 유형, 범죄자의 이전 법원 기록 및 고용 상황을 포함한 엄격한 선택 기준에 의해 강요될 수 있다. 다른 상황에서 이 정책은 수감된 범죄자들의 일정한 비율은 반드시 지역사회에 머물러야 한다는 요건(규정)을 구체화할 수도 있다. 어떻게 이러한 범죄자들을 선택하느냐는 의사결정자들의 단독 재량에 맡겨지지 않을 수도 있다.

정책의 규정을 구체화할 때에는 준수해야 할 특정 단계나 절차를 기술하는 것도 중요하다. 예컨대, 긴급석방법(Emergency Release Act)은 교도소 수감인원을 적정한 수준으로 줄이기 위해 지역 또는 주 교정기관에 특정 수감자들을 석방하도록 요구하는 논란이 많은 정책 옵션이다(welsh, 1993). 분명히 이런 정책은 모든 사람들에게 인기가 없다. 실제로 2011년 미연방 대법원은 교도소의 초과밀 수용현상 때문에 수감자를 감소시킬 것을 캘리포니아 주에 명령해야 했다[7].

물론, 최근에 양형 결정에서 보다 공정성을 확보하고 흑인과 남미계 범죄자의 불균형적인 수감과 교정 비용을 줄이기 위해 교도소 인원을 감축하는 것에 상당한 관

7) *Brown v. Plata* (No. 09-1233), (563 U S _2011 1).

심이 있다. 흥미롭게도 정치적 보수 계층이 개혁을 추진하고 있어 진보와 보수가 공통점을 찾아가고 있다. 의견일치 중심의 개입은 교도소 수감 비용을 제한하고 수감자들의 출소를 증가시키고 교도소의 대안으로서 지역사회 기반의 프로그램을 제공하도록 할 것이라는 데에 의심의 여지가 없다(Dagan & Teles, 2014).

명확한 절차는 정책의 적용에서 지속성과 공정성을 보장하는 데 도움이 된다(도표 3.1을 볼 것).

도표 3.1 프로그램과 정책 설계의 중요 요소들

	프로그램 설계	정책 설계
누가(하는가)	실무자	결정 당국자
무엇을	"서비스"(프로그램 요소 및 활동)	규정
누구에게	대상 집단	대상 집단
어떤 순서로	"서비스 제공"(프로그램 활동 순서)	절차
얼마나 많이	"서비스 제공"(각 서비스의 용량)	규정
얼마나 자주	"서비스 제공"(프로그램 활동 빈도)	절차

4. 결론

일단 개입의 접근방식이 선택되면 프로그램이나 정책의 설계를 정확하고 상세하게 구체화하는 것이 필요하다. 막연한 기술서는 충분하지가 않다. 예를 들어, 모든 "병영훈련"이 동일한 프로그래밍을 제공하지도 않으며, 모든 의무적 양형 정책이 동일한 규정을 담고 있는 것도 아니다. 우리는 누가 무엇을 누구에게 어떤 순서로 얼마나 많이 그리고 얼마나 자주 제공하는지를 상세하게 파악하고자 한다(도표 3.1의 요약을 볼 것). 프로그램이나 정책이 명확하게 정의될 때만이 기획이나 분석의 다음 단계로 이동할 준비가 끝나게 된다.

토의할 질문

1. (a) 이번 학습에서 논의된, 또는 수업 보고서를 위해 도서관 검색을 하는 동안 찾은 것을 사용하여 프로그램 설계를 간단히 설명하라. (b) 여러분은 이 분석을 실행하기 위해 충분한 출판물을 가지고 있는가? 그렇지 않다면, 여러분이 필요

한 정보는 무엇이고, 어떻게 얻을 것인가?
2. 개입의 접근방식을 선택하는 데 있어 고려해야 할 요인들은 무엇인가? 여러분의 답변을 설명할 수 있는 짧은 사례를 제시하라.
3. "서비스 임무"라는 개념은 무엇을 의미하는가? 구체화할 필요가 있는 다른 양상을 기술하라.
4. "서비스 제공"의 개념은 무엇을 의미하는가? 구체화할 필요가 있는 다른 양상을 기술하라.
5. "정책 규정"이라는 개념은 무엇을 의미하는가? 사례를 제시하라.
6. 대상 집단을 정의하는 데 있어 어떤 요소들을 고려해야 하는가?
7. 대상 집단 규정, 책임 있는 당국자 그리고 절차를 포함해 형사사법 정책을 식별하고 주요 요소의 개요를 설명한다.
8. 다음 각각의 개념을 기술한다.
   - 접근
   - 검사
   - 필요성/위험 평가
   - 수용
   - 유지

사례연구 3.1 프로그램 설계: 필라델피아의 약물치료법원

지시: 다음 사례연구를 읽고 자료 마지막에 있는 질문에 답하시오.

약물법원

많은 사람들이 마약 관련 기소로 형사사법 시스템에 수용된다. 최근에 이 범죄자들을 처벌하는 것 대신에 그 범죄에 대응하면서 마약과 범죄의 순환을 중단시키기 위해 특별 약물법원이 시도되었다. 법원 절차를 약물남용 치료와 연계함으로써 약물법원이 개인들을 교도소로 수감하는 것의 대안으로 기능하고 있다. 특별 법원은 보통 전환적 또는 유예적 양형 프로그램을 제공하는데, 그 프로그램을 성공적으로 마치게 되면 기소가 기각되는 결과로 이어진다는 뜻이다.

필라델피아 치료법원

필라델피아 치료법원은 몇몇 형사사법 기관들과 치료기관들, 이해당사자들의 협업을 통해 발전하였다(Goldkamp et al., 1999). 1995년 12월 필라델피아 시 법원의 수석재판연구관(Supervising Judge)인 루이스 프레젠자(Louis Presenza) 판사의 감독 아래 약물법원기획위원회가 구성되었다. 이 위원회는 필라델피아 시 법원, 민사법원(Court of Common Pleas), 필라델피아 지방검사장실(Philadelphia District Attorney's Office), 필라델피아 변호인협회(Defender Association of Philadelphia), 사전 심리 서비스(Pretrial Service), 공공보건국, 템플대학교의 대표들로 이뤄졌다. 필라델피아의 약물법원에 관한 종합적인 계획은 1996년 12월 완성되어 1997년 4월 시행되었다.

목적

필라델피아 약물법원의 개발은 성인 범죄자 중에서 마약 중독 수준이 높은 이들을 다루기 위해 시작되었다. 이 법원은 구금의 대안으로서 약물 남용 피고인들에게 치료를 제공하기 위해 설계되었다. 피고인의 범행과 재범을 감소시키고 필라델피아 교도소의 과밀수용을 줄이며, 피고인에게 형사사법 절차의 한 부분 뿐만이 아닌, 치료를 제공함으로써 시민으로서의 기능을 달성할 수 있는 기회로 발전시키는 것이 목적이다. 이 치료법원은 임상적으로 결정된 참가자의 요구에 부응하는 치료 공급자 네트워크와 형사사법 시스템 간의 협력관계로 이뤄진다. 이 법원은 치료와 다른 지원 서비스를 전달하여 치료와 건강, 주택, 문해력, 교육 수요 및 마약 관련 피고인들이 제시한 다른 사회서비스 수요에 더욱 완벽히 대응할 수 있다.

대상 집단

기획위원회는 목표 집단과 대상자를 선택하는 구체적인 기준을 정의하였다. 대상자 자격을 비폭력적이고 심각한 마약 관련 중범죄자로서 최근 체포된 자로 제한하였다. 중위험 및 고위험 개인들이 대상으로 설정되었다. 과거 2차례 이상 비폭력 범죄로 유죄판결(청소년 시절 판결을 포함해)이나 전환처우를 받은 피고인은 자격이 없고, 폭력 범죄는 과거 어떤 처분을 받았든지 상관없이 마찬가지로 자격이 주어지지 않았다. 피해자가 강하게 반대할 경우에도 참여가 가로막힐 수 있었다.

참가자 선택 절차

잠재적 후보자는 체포 직후 적격한 혐의로써 확인된다. 그런 다음 사전 심리 서비스는 피고인과 인터뷰를 통해 심사를 계속 진행한다. 이어 시 법원 보석담당관이 사전 심리 서비스로부터 경보를 받아 피고인을 중위험 및 고위험으로 배정함으로써 적격성을 결정한다. 위탁 절차는 약물남용 치료의 필요성으로 평가되고 약물법원 앞으로 제시된다. 약물 치료가 필요하지 않다고 판단되는 피고인은 정상적인 사건처리 절차로 다시 넘겨진다. 피고인에 대한 최종적인 적격성 여부는 지방검사장실이 최근의 기소,

전과, 사회 기록을 검토하여 결정한다. 피고인 측에서 참가는 자발적으로 이뤄진다.

프로그램 구성요소

청구가 이뤄지자마자 참가자에게 12개월간 지속하도록 설계된 집중 약물치료 프로그램이 시작된다. 법원의 요구사항 중 정기적인 요소로는 잦은 약물 테스트와 집중감시센터(Intensive Supervision Center, ISC) 방문을 들 수 있다. 이 요소는 법원의 사전 심리 서비스부서 직원이 맡는다. 치료 자체는 5가지 단계로 나뉜다: (1) 비의료 중독치료 (2) 집중 치료 (3) 생활기술 훈련 (4) 조기 이수 (5) 사후 관리. 치료서비스는 법원과 접촉을 통해 사설 제공자에 의해 이뤄진다.

이 단계들을 통해 참가자의 행위는 포상과 제재 수단에 의해 인식된다. 제재에는 에세이 작성, 법원 청문, 약물 테스트 강화, 단계 다시 밟기, 전자 감시, 단기 구금, 청구에 의한 치료 종결이 포함된다. 포상으로는 법원의 인정, 법원 출석 횟수 축소, 자율적인 약물 테스트, 이수 조치, 사건 기각, 범죄자 기록 삭제가 있다. 각 단계에 대해 기대되는 기간이 있으나 첫 단계에서 다음 단계로 넘어가려면 전 단계의 실행을 필요로 한다. 각 단계를 좀 더 자세히 살펴보도록 하자.

1단계: 오리엔테이션, 비의료 중독치료, 평가에 한 달이 걸린다. 이 단계의 기간에 참가자는 심리전 석방 조건을 따라야 하고 모든 청문에 출석하고 물질 남용 평가를 실행해야 한다. 참가자는 모든 치료 세션에 참석해야 하고 불참한 만큼 보충해야 하며 약물 테스트에서 5차례 연속 음성 판정이 나와야 한다.

2단계: 집중 치료는 3개월간 지속하는 것으로 설계되어 있다. 이 단계의 서비스로는 약물 남용 치료, 정신건강 치료, 생활기술 훈련, 상담이 있다. 참가자들은 의무적인 치료 세션에 참가하고 치료 목적을 달성하는 데에 적극적으로 참여해야 한다. 또한 약물 테스트에서 90일 연속 음성 판정을 받아야 하고 1주일에 최소 2차례 자립 세션에 참석해야 한다. 더불어 2차례 넘는 제재가 쌓여서는 안 된다. 약물 테스트는 1주일에 2차례, 법원 출석은 매달, ISC 방문은 월 1회 또는 2회 이뤄진다.

3단계: 실행기술 집중과 4단계: 이수 전. 3단계와 4단계는 유사하다. 각 단계는 대략 4개월간 지속된다. 직업 및 주택 평가, 재발방지, 사후관리 계획이 이 두 단계 동안 모두 다루어진다. 대상자는 계속 약물 치료를 받아야 하고 모든 법원 청문에 참석해야 한다. 그들은 1주일에 최소 1차례 AA/NA(역주: Alcoholic Anonymous/Narcotics Anonymous의 약자로, 알코올중독자자조모임과 마약류중독자자조모임을 말한다) 모임에 참석하고 주당 최소 2시간의 재발방지 교육에 참여해야 한다. 또한 약물을 자제한 날짜가 120일이 되어야 한다. 매주 무작위 약물 테스트가 실시되고 매월 법원 청문이 이뤄지며 매월 ISC 방문이 요구된다. 4단계를 성공적으로 마치면 프로그램을 이수하게 된다.

마지막으로 사후관리 단계가 약 12개월 동안 지속된다. 참가자는 법원과 합의한 사후

관리 계획을 준수한다. 참가자는 치료법원동문회/지지그룹과 AA/NA 모임에 반드시 참석해야 한다. 참가자가 유죄 혐의로 체포되지 않고 약물을 사용했다는 증거가 없다면 그들의 체포기록은 삭제된다. 반대로 체포되거나 약물을 남용하는 사실이 명백하다면 체포 사실이 그대로 기록으로 남는다.

질문

1. 사례연구 3.1에 기술된 프로그램을 검토하고 비판적으로 평가한다. 이 프로그램의 설계가 얼마나 잘 기술되었는가? 이 프로그램에 포함되어야 할 다른 정보가 있을까? 여러분은 이 프로그램 설계에 대한 추가 정보를 얻기 위해 어떤 질문을 할 것인가?
2. 이 프로그램은 그 목적과 논리적으로 연계되어 있는가? 왜 그렇다고 또는 그렇지 않다고 생각하는가?

사례연구 3.2 가정폭력법 시행 정책의 모델[8)]

지시: 다음 다음 사례연구를 읽고 자료 마지막에 있는 질문에 답하시오.

1. 서론

가정폭력은 개인과 공동체에 대한 심각한 범죄다. 어떠한 법집행 공무원이라도 가정폭력 신고에 적절히 대응하지 못하거나 다루지 못한다면 얼마나 빈번했는지에 상관없이 개인과 공동체가 더 큰 위험에 노출되게 될 것이며 거기에는 사망도 포함된다. 가정폭력은 개인이 사망에 이를 수 있게 하고 실제로 그런 결과를 가져오기 때문에 빈도에 관계없이 모든 가정폭력 신고 대응은 개인에 대한 다른 범죄와 마찬가지로 다루어져야한다.

가정폭력 신고에 대한 모든 대응은 배경 정보 수집, 사진, 의류, 자녀와 이웃을 포함한 직접적이고 간접적인 증인들의 진술을 비롯하여 물리적 증거물 수집을 아우르는 실질적인 조사로 이어져야 할 것이다.

모든 가정폭력 신고 대응은 빈도에 관계없이 모든 가능한 단계를 취함으로써 피해자에게 안전한 계획을 제공하는 등 피해자 안전을 보장할 수 있어야 하며, 필요하다면 피해자와 자녀를 이동시키고, 적절하다면 보호될 수 있는 다른 장소로 옮겨져야 할 것

8) 켄터키주지사 직속의 가정폭력위원회(Governor's Council of Domestic violence)와 협력한 켄터키 주 법무및공공안전부(Kentucky Justice & Public Safety Cabinet) 자료를 요약했음. 원문은 http://ag.ks.gov/docs/documents/domestic-violence-model-policy3ABE4FF6EFD2.pdf?sfvrsn=2에서 얻을 수 있다.

이다.

2. 목적

이 가정폭력 정책은 경찰관과 지원 인력들에게 분명한 정의와 방향, 가이드라인을 제공하여 가정폭력 범죄에 지속적으로 효과적으로 대응하도록 격려하고 다음과 같은 목적을 달성하기 위해 설계되었다:

- 긴급보호명령(Emergency Protective Order, EPO) 위반, 가정폭력명령(Domestic Violence Order, DVO) 위반, 외국인보호명령(Foreign Protective Order, FPO) 위반 또는 주(州)법이 권위를 부여한 보석이나 석방 위반에 대해서도 체포를 한다;
- 가정폭력 범죄의 발생빈도와 심각성을 감소시킨다;
- 법집행 서비스와 피해자 지원을 연계시켜 가정폭력의 성인 및 자녀 피해자들을 최대한 보호하고 지원한다; 더불어
- 경찰관과 감독관, 행정가들에 대한 민사책임 위험성과 정부의 고용부담을 감소시킨다.

3. 정책

A. 이 목적을 달성하기 위해 모든 경찰관은 다음과 같이 해야 할 것이다;

- 중재, 분리 또는 다른 경찰 개입의 기법들을 사용하는 것 대신에 주(州)법에서 우선적 대응(preferred response)으로 명시되어 있는 경우에는 체포한다;
- 모든 가정폭력 행위를 범죄 행위로 취급한다;
- 모든 가정폭력 사건에는 피고인이 법집행관, 공무원, 저명한 시민인 사건을 포함하여 인종, 종교, 교리, 국적, 성별, 성적 지향, 장애 등 어떤 사회경제적 지위에 상관없이 동등한 보호와 제재로 대응한다;
- 가정폭력과 학대, 성인 학대와 아동학대로 알려졌거나 의심되는 모든 사건은 주(州)법이 요구하는 대로 즉각 보고하고; 주(州)법이 정한 대로 가정폭력에 관한 훈련을 받는다.

참고: 모든 경찰관은 (체포든 비체포든지) 조치한 행위를 JC-3 양식으로 문서화해야 한다.

B. 다음의 각 사실관계를 가해자의 체포여부를 결정하는 별도의 강제적 이유로 검토해서는 안 된다. 이 사실관계들은 기소를 위해 가정폭력 조사를 완료하기 위한 배경 정보로서는 활용될 수 있다.

- 용의자나 피해자의 결혼 여부;
- 용의자가 그 부지에서 피해자와 더불어 사는지 여부(단, 당사자를 미혼 부부의 구성원으로서 자격을 얻는 데 필요한 경우에는 예외로 한다);
- 피해자가 가해자를 상대로 한 보호명령을 확보했는지 여부;
- 체포가 잠재적으로 미치게 될 금전적 결과;
- 과거에 같은 주소로 가정폭력 신고를 받고 법집행기관이 대응했었는지 여부;
- 폭력을 그칠 것이라는 구두 약속;
- 피해자의 정서 상태;
- 피해자가 겪은 신체적 상해를 법집행 대응 시점에 개인적으로 관찰 가능한지 여부;
- 사건이 발생한 장소(예를 들면, 공공장소 또는 사적 공간);
- 피해자가 검찰 기소를 끝까지 따라가지 않을 수도 있거나 체포가 유죄판결로 이어지지 않을 수도 있다는 추정;
- 경찰의 체포에 대한 피해자의 초기 기피;
- 피해자와 용의자가 동일한 성별이라는 사실관계; 또는
- 일방 또는 양측 모두의 알코올 또는 약물 사용.

4. 절차

A. 신고센터 접수원: 일반적인 책임

1. 절차상의 가정폭력 신고에는 높은 우선순위로 대응해야 할 것이다. 신고센터 접수원은;

- 전문적인 의사소통 기술을 활용하고 모든 적절한 중요 정보를 확보해야한다;
- LINK-가정폭력 파일을 통해 이용 가능한 모든 정보를 포함하여 모든 중요 정보를 법 집행 경찰관에게 즉시 전달해야한다;
- 스스로 위험에 처해 있다고 여기지 않는 이상 계속 통화를 시도함으로써 신고자로부터 얻은 추가 정보를 출동하는 경찰관에게 알려주어야 한다.

2. 신고센터 담당자는 다음과 같은 정보를 요청해야 할 것이다:

- 사건, 피해자, 가해자의 위치;
- 사건의 유형(언어적/신체적);
- 부상과 중증을 포함한 긴급 의료지원 필요성;
- 이용된 무기와 설명;

- 이름과 전화번호;
- 이용 가능한 경우 경찰관 2명의 출동;
- 자녀/목격자를 비롯하여 관련된 다른 사람들;
- 가해자의 DOB/SOC(역주: Date of Birth/Social Security Number의 약자로, 생년월일과 사회보장번호를 말한다), 이전에 미집행영장(outstanding warrant, 역주: 수개월, 수년 전 발부됐으나 체포하지 못해 집행을 못한 영장을 말한다)을 발부한 법집행 대응을 비롯한 과거 가정폭력 기록;
- 알코올과/또는 다른 약물 사용;
- 가해자가 현장을 떠났는지, 차량 설명, 행적;
- 동물을 포함하여 출동 경찰관에 대한 분명한 위험.

3. 신고자의 안전

- 의사소통 담당자는 경찰관이 도착할 때까지 상황을 주시하고 가장 최신의 정보를 제공하기 위해 불만을 제기한 측과 전화 접촉을 계속 유지하려고 시도하여야 할 것이다;
- 신고자가 안전을 위해 전화기 근처를 떠나야만 한다면 전화기를 내려놓게끔 조언해서 의사소통 담당자가 상황을 계속 주시할 수 있도록 해야 한다;
- 만약 신고자가 현장에서 멀리 떨어져서 전화 중이라면, 법집행관이 도착할 때까지 그곳에 남아있으라고 충고한다. 담당 경찰관에게 그들의 위치를 알린다.
- 담당 경찰관 안전을 위해 모든 새로운 정보를 업데이트해 줘서 가능한 많은 정보를 갖고 현장에 접근하도록 한다.
- 출동취소 요청을 포함하여 주거지로부터의 추가 전화 내용을 담당 경찰관에게 조언해 주되 경찰관이 출동 요청을 취소하도록 조언하지는 않는다.
- 방해받거나 중단된 전화일지라도 위치를 알 수 있다면 출동해야 할 것이다.

B. 현장 조사, 체포, 체포 후 절차

1. 현장에서의 일반적인 책임: 가정폭력 출동 신고에 대응할 때 경찰관은 다음 사항을 지켜야 한다:

- 신고에 신속하게 대응해야 한다–가능하다면 2명의 경찰관을 동행한다;
- 통제를 확보해야한다;
- 아이들을 포함하여 모든 당사자들에 대한 위험 상황을 평가한다;
- 관련된 이들의 응급의료 필요성에 주목한다.

- 가해자가 보거나 들을 수 없는 곳으로 떨어져 분리해 당사자/증인을 인터뷰한다(당사자들의 두려움과 우려사항에 대한 증인의 발언을 직접 인용해 묻는다)
- 법적으로 가능하다면 우선적 대응으로 가해자를 체포한다;
- 사건에 쓰인 무기가 있으면 압수한다;
- 피해자의 권리를 고지한다;
- 피해자 보호와 안전 계획에 활용 가능한 법률과 지역사회 서비스에 관한 정보를 피해자에게 제공한다;
- 피해자가 치료를 받을 수 있도록 지원하며, 여기에는 운송수단을 마련해 주는 것까지 포함되어야 한다;
- 피해자가 법적 보호(영장, 보호 명령)를 받을 수 있도록 지원하며, 타당하다면 법적 보호를 확보하기까지 피해자를 수송하는 것도 포함될 수 있다;
- 실질적인 학대 사건과 의심스런 학대 사건은 "아동학대, 성인학대와 가정폭력 표준 보고서" 양식인 JC-3를 활용하여 모두 사회복지부 가족복지국에 보고한다;
- 급박한 상황이 중단되면 수색 동의를 확보하거나 적절할 때 수색 영장을 확보한다;
- 성공적인 기소에 필요한 모든 관련 증거를 수집하고 사진촬영을 한다(점검목록을 갖춘 인체도를 활용하여 상해를 문서로 기록한다);
- 나중에 더 분명해질 수 있는 상해까지 보여주기 위해 피해자의 후속 사진을 확보한다.
- 자녀 또는 부양 받는 성인에 주목한다;
- LINK와 NCIC에서 미집행영장을, 보호명령에 관한 이력파일을 확인하고 효력이 있는 긴급보호명령, 가정폭력명령, 외국인보호명령이 있는지를 점검한다.

2. 체포

- 체포는 가정폭력에 있어 우선적 대응 방식이다. 체포된 모든 사람은 켄터키 주(州)법과 기관의 정책과 절차를 따라야만 한다.
- 중범죄와 관련된 가정폭력의 경우 영장 없는 체포가 우선적 대응이다.

질문

1. 이 정책을 이 장에서 기술한 정책 요소의 개념에서 점검하라. 빠진 요소가 있는가?
2. 이 정책의 규정들은 그 목적에 부합한가?
3. 이 정책 내용에 영향을 미친 이해당사자들의 주된 우려사항은 무엇이라고 보는가?

사례연구 3.3 청소년 범죄에 대한 강경 대응[9)]

지시: 다음 사례연구를 읽고 자료 마지막에 있는 질문에 답하시오.

1980년대와 1990년대에 입법 결과로 수많은 기소 사건이 소년법원에 집중되었다. 미디어와 학계 학자들은 청소년 인구가 증가함에 따라 폭력의 물결이 몰려올 것이라고 예상하면서 비행청소년들을 점점 더 폭력적으로 묘사했다. 1990년대 거의 모든 주가 청소년을 형사법원으로 송치하는 것을 쉽게 만드는 새로운 법을 통과시켰으며 소년법원 기록의 비밀유지와도 같은 많은 보호 조항을 삭제하였다. 소년사건을 형사법원으로 송치하지 않는 면책조항이 소년법원에서 폐지되고 특정 상황에서는 자동적인 이송이 가능해지면서 결국 검사의 손에 결정이 맡겨졌다. 더욱이 이 새로운 법은 소년사법 시스템의 목적이 재활에서부터 공공안전 보호와 청소년에게 자신의 범죄에 대한 책임을 지우는 것으로 바뀌었다고 말하고 있다. 그래서 법률학자와 사회학자, 연구자들은 사법 시스템이 "재활의 이상"에 기초를 두고 있는지에 의문을 제기했다(Harris et al., 2000).

펜실베이니아 주의 경험은 이런 변화를 잘 보여 준다(다른 주들의 청소년 법에 관한 정보는 국가소년사법센터(National Center for Juvenile Justice, 사이트 http://www.ncjj.org/stateprofiles)에서 찾아볼 수 있다). 1994년 펜실베이니아 주 지방검사장협회는 의회에 청소년 법 개정을 요청하였다. 변경을 권고한 내용은 범죄가 심각성과 폭력성을 띨 때, 또는 16세 이상이고 만성적인 범죄자라면 성인 법정으로 바로 형사고소를 제기할 수 있는 선택권을 검사에게 부여하자는 것이다. 청소년 폭력이 증가하고 있다는 사실에 기초한 근거와 소년사법 시스템으로는 그 문제를 다루기 어렵다는 주장으로 무장한 채 협회는 1994년 11월 새 주지사가 선출되자 그들의 주장을 오히려 더욱 강하게 밀어붙였다.

펜실베니아 주 소년법원 판사들은 이런 제안된 변화에 강하게 반대하였다. 판사들은 대신에 청소년 비행을 통제하기 위한 종합적이고 지역사회의 시도를 지원하도록 소년사법 시스템을 향상시킬 것을 제안하였다. 보다 많은 자원을 활용하고 청소년을 성인 법원으로 보내는 결정을 지속적으로 제재하면 청소년 범죄는 감소할 것이라고 판사들은 믿었다.

톰 릿지(Tom Ridge) 신임 주지사는 1995년 1월 취임하자 공격적으로 다뤘다. 1년 이내에 소년법원의 목적을 재활에서 "균형적이고 회복적인 사법" 또는 "지역사회 보호에 대한 균형 있는 관심, 범죄 피해자에 대한 책임 부여 및 아이들이 책임감 있고 생산적인 지역사회의 일원으로 변모하도록 하는 역량 개발"로 바꾸는 새로운 입법이 통과되

9) 펜실베이니아 주(州)법상 청소년 문제(Pennsylvania Consolidated Statutes, Title 42 chapter 63: Juvenile Matters, Subchapter A, Section 6301)에 관한 사항을 요약한 것임.

었다. 중요한 것은 이 입법은 프로그램의 수혜자 신분을 아이들에서 지역사회로 바꾼 점이다. 다음과 같은 다른 변화들 또한 법으로 도입되었다:

- 경찰은 이제 경범죄나 중범죄를 저질렀다고 언급되는 어린이의 지문을 확보하고 사진을 찍을 권한이 있다;
- 부모들은 이제 약식 범죄 청문에 참여해야 한다.
- 학교와 경찰은 이제 사건 처리에 대한 통보를 받아야 한다.
- 청소년 범죄 전과자의 소년 기록은 이제 보석 청문회에서 활용될 수 있다.
- 그리고 청소년이 중범죄로 기소된 경우에는 청소년 청문이 일반에게 공개된다.

지방검사장협회도 원하는 바를 얻었다: 많은 범죄들이 소년법원 관할권에서 배제되어 검사들이 배제된 사건들을 성인법원에서 심리하는 것이 가능해졌다. 배제된 범죄 중 15세 이상 청소년에게만 적용되는 범죄는 강간, 비자발적 동의에 의한 성폭행, 가중폭행, 강도, 자동차 강도, 가중 성추행, 납치, 고의적인 살인, 살인모의이다. 청소년이 소년법원에서의 심리가 공공을 위해 더 나을 것임을 입증하면 형사법원은 사건을 소년법원으로 이송하는 방안을 선택할 수 있다. 뿐만 아니라 소년법원 판사는 이제 다른 사건을 이송하기로 결정할 때 "공공 이익"을 최우선적으로 고려하게 되었다. 거듭 얘기하지만, 이제 청소년이 아니라 공공이 법의 수혜자로 여겨지는 것이다.

명백히 위에 열거한 각 조항들은 판사, 행정가, 검사, 보호관찰담당자가 준수해야 할 상세한 절차를 요구하고 있다. 'Act 33'으로 알려진 이 조항들을 직접 살펴보도록 하자. 이 법은 소년법원 관할권에서 배제되는 범죄가 어떤 것인지를 구체화하고 있을 뿐만 아니라 각 범죄를 상세하게 정의함으로써 공정성이 확보되도록 하고 있다. 예를 들면, 가중 폭행은 공무원에 대해 의도적으로 신체적 위해를 가하려고 한 시도, 치명적인 무기로 신체적 위해를 가하려고 한 시도, 학교 내 활동에 관여하는 동안 교사나 학생에게 신체적 위해를 가하려고 한 시도로 정의된다.

이 법과 관련한 실행에서 가장 어려운 이슈 중 하나는 공공안전, 피해자의 회복, 역량 개발이라는 목적을 운영상의 개념으로 해석하는 것이었다. 특히 청소년 역량 개발이 목적이라면 실제 무슨 뜻인가? 역량 개발은 재활과 같은 맥락인가? 교육, 직업 훈련, 생활기술 습득만을 뜻할까? 법원과 프로그램이 역량개발의 개념을 뚜렷한 목표와 프로그램 서비스로 어떻게 해석해야 하는지에 대한 질문은 약간의 노력을 필요로 했다. 결과는 국가소년사법센터(http://www.ncjj.org/Publication/Ten-Years-of-Balanced-and-Restorative-Justice-in-Pennsylvania.aspx)가 출판한 백서에서 확인할 수 있다.

질문

1. 사례연구 3.3에서 주어진 정책 설명을 재검토하고 이를 비판적으로 평가해보라. 정책 설계(여기에서 설명한대로)가 적절한가? 왜 그렇다고 또는 그렇지 않다고 생각하는가? 누락된 것이 있는가?
2. 소년사법 시스템의 중점이 "최고의 아이들 이익"에서 "지역사회 보호"로 전환됨으로써 제기된 쟁점은 무엇이고, 어떤 비용적인 고려가 검토되어야 할지를 생각해보라.
3. 펜실베니아 주 청소년 법에서 법의 대상 집단은 누구인가? 그 법 조항들은 어떤 것인가? 실행책임이 있는 당국자는 누구인가? 어떤 절차가 제공되었으며 어떤 절차가 여전히 다루어질 필요가 있는가?

참고 문헌

Bonta, J., Wallac-Capretta, S., & Rooney,J. (2000). A quasi-experimental evaluation of an intensive rehabilitation treatment program. *Criminology Justice and Behavior*, 27, 312-329.

Cox, A.B., & Miles, T.J. (2013). Policing Immigration. *The University of Chicago Law Review*, 80(1), 87-136.

Dagan, D., & Teles, S.M. (2014). Locked in? Conservative reform and the future of mass incarceration. *The Annals of the American Academy of Political and Social Science*, 651(1), 266-276.

Ferrandino, J. (2015). Minority threat hypothesis and NYPD stop and frisk policy. *Criminal Justice Review*, 40(2), 209-229.

Goldkamp, J. (2003). The impact of drug courts, *Criminology and Public Policy*, 2, 197-206

Goldkamp, J.S., Weiland, D., Collins, M., & Moore, J. (1999). T*he implementation of the Philadelphia treatment court: A descriptive analysis of early stages of implementation. Philadelphia:* Temple University, Crime and Justice Research Institute (Technical Report).

Gottfredson, D., Najaka, S. S., & Kearley, B. (2003). Effectiveness of drug treatment courts: Evidence from a randomized trial. *Criminology and Public Policy*, 2, 171-196.

Grisso, T., & Barum, R. (2000). *Massachusetts youth screening instrument-2: User's manual and technical repor*t. Worcester, MA: University of Massachusetts Medical School.

Hare, R., McPherson, L., & Forth, A. (1988). Male psychopaths and their criminal career. *Journal of Consulting and Clinical Psychology*, 56, 710-714.

Harrell, A. (2003). Judging drug courts: Balancing the evidence. *Criminology and Public Policy*, 2, 207-212

Harris, P.W., Welsh, W.N., & Burtler, F. (2000). A century of juv enile justice. In G. LaFree (Ed), *Criminal Justice 2000*. Vol. 1 (pp. 359-426). Washington, DC: U.S. Department of Justice, Office of Justice Programs, National Institute of Justice.

Henrichson, C., & Delaney, R. (2012). *The price of prisons: What incarceration costs taxpayers*. New

York: Vera Institute of Justice.

Hoge, R., & Andrews, D.A. (1996). *The youth level of service/case management inventory(YLS/CMI).* Ottawa, Ontario: Carleton University.

Logan, W. (2012). Policing identity. *Boston University Law Review*, 92(5), 1561–1611.

Onifade, R., Davidson, W., Campbell, C., Malinowski, J., & Turner, K. (2008). Predicting recidivism in probationers with the youth level of service/case management inventory(YLS/CMI). *Criminal Justice and Behavior*, 35(4), 474–483.

Petersilia, J., & Turner, S. (1993). Intensive probation and parole. In M. Tonry(Ed.), *Crime and Justice: A review of research*, Vol. 17. Chicago: University of Chicago Press.

Ridgeway, G. (2007). *Analysis of racial disparities in the New York police department's stop, question, and frisk practice.* Santa Monica, CA: RAND Corporation. http://www.rand.org/pubs/technical_reports/TR534.

Rourke, N.E., & Harris, P.W. (1988). Evaluation your DUI system: It can be sobering. Judicature, 27(14–18)., 45–49.

Welsh, W.N. (1993). Changes in arrest policies as a result of court orders against county jails. *Justice Quarterly, 10*, 89–120.

Chapter 04

실행계획

이 장의 개요

- 필요한 자원을 확인하고 비용을 계산하라. 특정 개입을 실행하기 위해 얼마나 많은 자금이 필요한가? 필요한 자원 종류를 확인하고, 비용을 추산하고, 예측하고 그리고 지원계획을 세운다.
- 자원 획득 또는 재할당 계획을 세워라. 자금을 어떻게 확보할 것인가? 자원 공급자를 확인하고 자원계획 수립을 준비한다.
- 실행 임무가 완수될 시점을 구체화하고 임무를 실행할 실무자에게 책임을 부여하라. 특히 "시각표(timeline)"나 "갠트 차트(Gantt chart)"가 이런 목적에 유용하다.
- 자기 규제의 메커니즘을 개발하라. 참가자의 방향을 정하고, 활동을 조정하고, 저항과 갈등을 관리하는 절차를 포함하여 직원의 성과를 모니터링하고 소통을 향상시킬 방안을 마련한다.
- 지지를 형성하고 유지할 계획을 구체화하라. 저항의 원천을 예상하고 대응을 강구한다.

실행계획은 이 책에서 사용된 7단계 모델 중에서 4단계이다. 우리는 분석의 첫 세 단계가 현 시점에서 완료되었다고 가정한다; 즉 1단계 문제 분석, 2단계 목적과 목표, 3단계 프로그램 또는 정책 설계. 새로운 프로그램 또는 정책을 개발하거나 기존의 프로그램 또는 정책을 분석하는 것과 관련된 단계들은 유사하다는 사실을 기억하길 바란다(서론을 참조할 것). 새로운 프로그램이나 정책을 개발한다면(서론의 표 1.1 참조), 여러분은 이제 프로그램이나 정책 설계를 구체화하고, 이를 실행에 옮길 계획을 개발할 시점이 되었다. 기존의 프로그램 또는 정책을 분석한다면(서론의 표 1.2 참조), 그 프로그램을 실행하기 위해 얼마나 중요한 결정이 이뤄졌는지를 판단하기 위해 정보를 수집한다(가령, 자원들을 어떻게 계산하고 획득하였으며, 지지를 어떻게 형성했을까).

실행계획

프로그램 또는 정책 설계를 실행하는 데 필요한 활동의 순서와 완료될 날짜를 차트로 만드는 것. 프로그램이나 정책 설계를 실행하는데 필요한 단계를 명확히 하고 간결하고 상세하게 명시하는 것을 포함한다. 실행계획은 본질적으로 프로그램이나 정책의 비전을 현실로 바꾸는 방법을 설명하는 "청사진"이다.

실행계획 개발은 새로운 컴퓨터시스템을 어떻게 조립하는지를 알려주는 설명서를 작성하는 것과 같다. 여러분이 조심스럽게 제조업자의 설명서를 따라 전자 장비의 복잡한 시스템을 조립한다고 가정하자. 여러분 앞에 필요한 모든 요소들이 펼쳐져 있다: 설명서에 따라 모든 전선과 코드를 연결하고 전원도 연결하였다. 이제 스위치를 켜야 할 시간이다. 그 다음에: 잘 작동될까? 그렇다면, 효과적으로 그리고 효율적으로 작동할까? 그렇지 않다면 어떻게 해야 할까? 두말할 필요 없이, 설명서의 내용이 불충분하다면 모든 부품들을 단순히 갖추었다고만 해서 잘 작동하는 것은 아니다. 시스템이 운용되도록 하고 제대로 작동하도록 확실하게 해 주는 계획이 필요하다.

다르게 비유할 수도 있다: 실행계획 설계는 집을 건축하는 데 필요한 설계도와 같다. 집에 대한 설명(description, 예를 들어, 침실 4개, 덱이 있는 2층짜리 벽돌 집, 현대식 부엌, 조경이 잘 된 마당)뿐만 아니라 필요한 재료와 기구, 도구들, 무엇이 어디에 배치되고, 이것들이 어떻게 함께 맞춰지는지를 구체화한 설계도가 필요하다. 유감스럽게도 청사진은 하늘에서 기다리고 있는 우리 손에 그냥 떨어지는 게 아니다. 누군가(건축가)는 상당한 생각과 노력을 들여 집에 대한 비전을 어떻게 해석할지를 설명해줘야 한다. 본질적으로 실행계획 개발은 설계도를 작성하는 것과 같다.

실행

실행계획의 시작, 운영, 관리(제5장을 참조할 것). 프로그램이나 정책이 일단 실제로 시작되면 계획했던 것(예를 들어 프로그램이나 정책 설계)과 실제로 실행되는 것(가령, 프로그램이나 정책 실행) 사이의 불일치를 최소화하려고 한다.

프로그램과 정책은 비슷하다. 즉, 청사진이 필요하다. 프로그램이나 정책 설계를 서류로(예를 들어, 표본설정 절차, 실무자의 직무 기술서와 자격, 전달될 모든 프로그램/정책 요소들이나 서비스에 관한 기술서)가지고 있다고 해서 그것만으로 충분하지 않다. 프로그램이나 정책을 성공적으로 출범시키고 실행하기 위해서는 완수해야 하는 임무의 순서를 구체화하는 실행계획 즉, 청사진이 필요하다. 여기에는 기술적 임무와 대인간 임무가 포함된다(예를 들면, 프로그램이나 정책에 필요한 자원을 확인하고 획득하기; 사무실 공간과/또는 회의 공간 배치하기; 실무자 채용 및 훈련; 의뢰인 수용 및 보고 양식 설계; 장비와 기구 구입하기; 특정 임무를 완수할 시한 설정과 책임성 부여).

앞서 본 가상 컴퓨터 시스템과 같이 당신은 시간, 비용 그리고 에너지를 컴퓨터 시스템에 쏟은 후에 그것을 정확하게 작동시킬 프로그램 또는 정책을 필요로 한다. 치밀하게 계획했다면 프로그램이나 정책이 실제로 시작되면 발생할 수 있는 예기치 않은 문제를 최소화할 수 있다.

1. 필요 자원 확인 및 비용 예측

우리는 개입을 실행하는 데 필요한 모든 특정 자원들을 파악할 필요가 있다. 현실에서 이는 매우 중요하다. 비전을 현실로 바꾸는 데에 필요한 재정과 개인 자원이 없으면 어떤 프로그램이나 정책을 시작할 수 없다: 실무자 급여, 복지혜택, 훈련, 보급, 물리적 공간 등을 포함해 각 프로그램이나 정책과 관련된 모든 비용을 열거하는 자원계획(resource plan)을 개발할 필요가 있다.

> **자원계획**
> 개입을 실행하기 위해 필요한 재정적, 물리적, 사회적 자원에 대한 포괄적인 기술. 인력, 훈련, 장비, 보급품, 시설, 출장 등을 포함해서 모든 프로그램 또는 정책 비용이 산출되어야 한다.

자원계획은 다음과 같은 목적을 달성해야 한다:

- 자원을 목표에 일치시킨다. 프로그램이나 정책의 목표를 달성하는 데 필요한 모든 자원이 갖추어졌는지 신중하게 확인해야 한다. 그 사업이 실현가능한지를 검사하는 데 자원계획은 절대적으로 필요하다. 자원이 프로그램이나 정책 목표들을 달성하는 데에 필요한 수준까지 끌어올려져야 하는지, 아니면 목표들이 유용 가능한 자원의 수준과 일치하도록 하향조정해야만 하는지에 대한 타당성 검사를 해야 한다.
- 자원계획은 프로그램이나 정책 설계를 적절히 실행하는 데 필요한 최근의 자원과 자원들의 가용성을 확인해 준다.
- 보통 얼마나 많은 자금을 일정기간 동안 예를 들면, 분기별(3개월마다) 또는 연도별로 투입해야 하는지를 구체화함으로서 지출을 통제하려한다.

- 프로그램이나 정책의 재정 상태를 점검하고 자금 출처와 다른 이해당사자들이 자원계획에 대해 피드백을 할 수 있도록 필요한 자료를 제공한다(예컨대, 연례보고서 또는 분기 교부금 보고서).

자원계획을 개발하기 위한 간단한 가이드라인을 제시한다. 자원계획의 기본 원칙을 이해하고 사용하기 위해 재정 전문가나 경제학자, 회계사가 될 필요는 없다. 점증모형(incremental model), 성과지향예산(performance-based budgeting), 프로그램예산(program budgeting), 제로베이스예산(zero-based budgeting)과 같은 전문적인 예산 모델을 논의하려는 것이 아니다. 관심 있는 독자는 이런 특별한 기술에 대한 자세한 논의를 다른 곳(Kettner et al., 2013; Mikesell, 2014; Miller et al., 2001)에서 찾아볼 수 있다. 대신에 자원계획의 2가지 기본 원칙을 제시한다. 첫째, 필요한 자원의 종류를 확인한다. 둘째, 필요한 각 자원의 비용을 추정한다.

먼저, 각 프로그램이나 정책 목표를 달성하기 위해 필요한 자원의 목록을 모두 작성한다. 그러한 목록은 프로그램이나 정책에 부합해야 한다(제3장을 참고할 것). 비용을 발생시키는 모든 것을 자원목록에 포함시켜야 한다. 예를 들면:

- 실무자: 얼마나 많이, 어떤 자격을 갖추고 있는?
- 실무자 훈련: 어떤 종류로, 얼마나 필요한가?
- 비품: 예를 들면, 종이, 프린트 및 복사, 사무비품?
- 광고: 예를 들어, 브로슈어, 전단지, 공공서비스 공익광고?
- 장비: 예를 들어, 컴퓨터, 전화기, 복사기?
- 임대비용: 사무 공간, 회의 공간, 만일 필요하다면 특정 공간(예컨대, 개인 인터뷰실)?
- 공과금: 전화비, 전기세, 난방비, 수도세?

일부 형태의 비용은 상당히 정확하게 예측하고 계산할 수 있다(예를 들어, 봉급, 임대료); 하지만 다른 것은 매우 다양할 수 있다(예를 들면, 전화비, 복사비, 비품 비용). 어떻게 알아낼까? 주변에 물어 본다; 유사한 프로그램이나 정책을 검색해 본다. 다른 프로그램 기관의 책임자에게 자문을 구한다; 다른 기관이 준비했던 제안서를 살펴볼 수도 있다. 잠재적인 자금 제공원(예를 들어, 주정부나 연방정부)과 접촉해서 과거에 자금을 제공했던 제안서를 들여다 볼 수도 있다(아마도 개인 봉급처럼 민감한 재무 정보는 삭제하더라도 인건비 같은 기본적인 범주의 비용 정보는 가능할 수 있다). 예컨대, 사례연구 4.1을 보면 미국 국립사법연구소(NIJ)의 DNA 백로그 감소 프로그램(DNA Backlog Reduction Program)에 대한 교부금 지원 사례가 제시되어 있다. 수많은 근거기반 프로그램 데이터베이스에는 검토했던 프로그램에 대한 기본적인 자원 추정치를 포함하고 있다[10].

프로그램의 일상적인 운영이나 정책 실행과 관련된 사람들(예를 들면, 프로그램이나 기관 실무자, 코디네이터, 책임자)은 프로그램을 실행하거나 정책을 관리하기 위해 어떤 재정적 및 사회적 자원이 필요한지에 대한 정보를 제공해야 한다. 너무 자주, 특히 정부기관에 자금 지원을 신청할 때, 우리는 기관 외부의 전문 교부금 작성자가 전적으로 개발한 자원계획을 보게 된다. 그런 전문 작성자들은 매일매일의 프로그램 운용이나 의뢰인들과의 접촉이 거의 없기 때문에 자원 계산에서 실무자나 의뢰인 경험과 부합하지 않을 수 있다는 게 문제다. 다시 우리는 참여의 가치를 강조한다: 자원계획을 돕는 데 실무자나 의뢰인 참여를 배제하지 말아야 한다.

다음으로, 우리는 각 종류의 자원이 얼마나 필요한지 물어본다. 비용 계산에 대해 현실적인 것이 매우 중요하다. 너무 적게 추정하면 프로그램이나 정책은 실패할 것이다. 너무 많이 추산하면 그 제안에 대해 자금지원을 받을 수 없거나 그 기관이 있으나 마나 하다는 비난을 받을 수 있다. 좋은 예산은 모든 예상비용을 기술하는 것뿐만 아니라 각 경비 항목에 대해 분명한 정당성을 제공할 것이다.

일반적으로, 우리는 특정 기간(예를 들면, 1년)동안 모든 단계에서 의뢰인을 처리하는 데 필요한 모든 비용을 추정하려고 노력한다. 각 프로그램 또는 정책 설계 구성 요소와 관련된 비용을 추정하기 위해 가능한 한 철저하게 하려고 노력한다. 실무자 봉급을 지급하는 것 외에도 실무자 훈련을 시키는 데에 어느 정도 비용이 소요될까? 의뢰인 수용 양식과 다른 보관 양식을 인쇄하고 복사하는 비용은 얼마일까? 특정 서비스(예를 들어, 교재, 학습 보조, 컴퓨터 소프트웨어 등)를 전달하기 위해 필요한 비품을 조달하는 비용은 얼마일까? 사용할 방이나 사무실의 전기세, 전화료, 수도세는 얼마나 나올까?

---

10) 사례들을 보려면: (1) *OJJDP모델 프로그램 가이드는* http://dsgonline.com/mpg2.5/mpg_index.htm에서; (2) *폭력예방 청사진은* http://www.colorado.edu/cspv/blueprints/에서; (3) *프로그램 평가 및 성과 측정센터는* http://www.ojp.usdoj.gov/BJA/evaluation/index.html에서; (4) *범죄해결.gov는* http://crimesolutions.gov/에서;(5) *SAMHSA:근거중심 프로그램 및 치료법(NREPP)은* http://www.nrepp.samhsa.gov/에서 가능하다.

초기비용은 이후 연간 비용보다 대체로 높다. 새로운 장비와 비품을 구매하고 운영 시스템, 실무자 채용 시스템, 위탁 시스템을 설치할 필요가 있기 때문이다. 보통 프로그램으로 들어오는 의뢰인의 흐름이 첫해에는 수용가능 용량 아래를 밑돌거나 첫 몇 년간은 불안정하다. 이런 예측 불가능성은 계획한 재정 불안정을 초래한다. 일부 자금 제공원은 1-3년처럼 단기간에 끝난다: 이런 자금 제공원은 종종 교부금 지원이 종료되면 어떻게 대체될 것인지를 알고자 한다. 필요한 자원의 흐름을 유지할 수 없는 프로그램에 투자하기를 바라지는 않는다.

다시 우리는 프로그램이나 정책 설계와 긴밀히 협력할 것을 권한다. 각 프로그램 또는 정책 설계 구성 요소에 관련된 비용을 추산해야 한다. 예를 들어, 유죄판결을 받은 중범죄 그리고 경범죄 범죄자들로부터 수집한 DNA 샘플을 분석하려면 고도로 숙련된 실무자와 더불어 매우 특수한 장비가 필요하다(사례연구 4.1을 볼 것). 특정 기간에 얼마나 많은 실무자의 시간이 필요하고 필수 장비의 비용은 얼마나 될까? 일부에서는 자원이 부족하고 예산이 감소하는 이 시대에, 자금 지원 기관이 프로그램에 대해 더 적은 예산으로 더 많은 일을 실행할 것으로, 즉 적은 예산으로 광범위하면서도 집중적인 서비스를 제공하도록 기대하고 있다고 불평할 것이다. 프로그램 책임자는 부족한 예산으로 실제로 지불하는 것보다 훨씬 더 많은 서비스를 제공하는 데에 힘썼다고 항변할 수 있다. 하지만 예산이 허용하는 것보다 어떻게 더 많은 서비스를 제공할 수 있다는 것일까? 그들의 가장 의욕적인 직원들을 혹사시켜서, 훈련받지 않은 직원에게 특별서비스(예를 들어, 생활기술 훈련, 분쟁해결 훈련)를 제공하도록 강요함으로써, 새로운 직원을 지속적으로 훈련시키고 모집해 떠나간 직원을 대체함으로써, 프로그램이 실제로 "작동하는" 것 같은 인상('겉모습')을 주기 위해 열심히 일함으로써, 프로그램의 생존을 위협할 만한 부정적인 정보를 적극적으로 숨김으로써? 그런 상황은 성립하지 않는다. 좋은 자원계획은 그런 실패를 결코 허용하지 않는다.

2. 자원 확보 또는 재할당 계획

프로그램이나 정책을 실행하기 위해 자금을 확보하는 작업에는 경험, 헌신, 인내, 끈기가 필요하다. 대부분의 경우, 변화관리자 또는 특별히 임명된 다른 개인(예를 들면, 프로그램 책임자 또는 기관의 최고 책임자)은 잠재적인 자금 제공자의 관심과 프로그램이 제공하도록 설계된 서비스 형태 간의 조화를 모색하기 위해 정부, 민간, 비영리 기관의 교부금 공고를 샅샅이 뒤질 것이다. 자금 제공원의 관심은 일반적으로 연간 프로그램 공고, 교부금 공고 또는 제안서 요청(Requests for Proposals, REPs)에 분명하게 설명되어 있다. 다른 경우로, 변화관리자는 자금 제공 기관의 임무 내에서 설득력 있는 문제나 필요를 해결한다고 주장하면서, 프로그램의 자금조달에 관심이 있는 개인이나 기관에 로비를 할 수 있다. 다음과 같은 자금 제공원의 유형을 고려해 볼 수 있다(도표 4.1).

도표 4.1 잠재적 자금 제공원

- 지역, 주, 연방 정부 기관: 프로그램이나 정책이 정부 기관의 업무수행 및 관할권에 적합한 설득력 있는 필요나 문제를 다루고 있는가? 연방정부 기관이 특정 교부금 공고를 가장 많이 가지고 있다; 지역(시 또는 카운티) 기관들이 그들의 임무를 다루는 특정 프로그램에 대한 자금을 가장 많이 가지고 있다.
- 특수목적을 위해 지정된 정부 기금: 시, 주, 연방 기관이 특정한 프로그래밍 영역(예를 들어, 범죄 예방, 마약교육, 폭력 예방 등)을 위한 특정 자금을 배정했는지를 찾아낸다. 자금지원 우선순위 또는 대상 프로그래밍 영역은 해마다 변하므로 각 기관의 자금 우선순위에 대해 최신 정보를 갖고 있어야 한다.
- 이용자 요금: 어떤 경우, 실질적인 프로그램 비용보다 훨씬 적기는 할지라도 의뢰인에게 명목상 요금을 부과하기도 한다. 많은 형사사법 프로그램에서 "이용자 요금"은 인기가 없지만 최근 몇 년간 기발한 이용자 요금이 생겨났다(예를 들면, 보호관찰 기관은 전자 감시에 드는 비용을 상쇄하기 위해 모든 참가자에게 일일 요금을 부과한다; 이런 요금을 지불하도록 하는 유인책은 범죄자가 전일제 고용을 유지하고 그들의 가족과 더 가깝게 지내도록 하기 위해 교도소가 아니라 지역사회에서 감시받는 동기 부여에 있다).
- 민영 및 비영리 기관(예를 들면, 맥아더재단, 유나이티드웨이, 푸재단): 이런 기관들은 종종 구체적인 그들의 임무 기술서를 다루는 프로그램에 자금을 제공한다.
- 민간기업의 기부: 많은 대기업과 소규모 지역 사업체들조차 지역사회의 필요성을 다룰 프로그램이나 정책에 지지를 보내는 데에 관여하는 일이 점차 늘고 있다. 좋은 시민이 됨으로써 "지역사회에 무엇인가를 돌려주는 것" 뿐만 아니라 많은 기업계 인사들이 장비나 상품, 서비스, 돈을 기부함으로써 소중한 세금 감면 자격을 얻을 수 있다.
- 자원봉사: 많은 프로그램과 기관은 몇몇 서비스를 제공하기 위해 자원봉사자를 광범위하게 활용한다(예를 들면, 방과 후 비행예방프로그램에서의 튜터링과 멘토링). 물론, 자원봉사는 특정 서비스를 제공하기 위해 자격을 갖추고 훈련을 받아야 하며 프로그램이나 기관은 그 자원봉사자들을 지원할 준비가 되어 있어야 한다.
- 자금모금 프로젝트: 프로그램서비스의 자금을 마련하기 위해 특별한 프로젝트가 종종 수행될 수 있다.

프로그램을 실행하기 위한 필수 자원 획득은 다음과 같은 사항들 어떤 것이나 모두와 관련될 수 있다: 정부 또는 비영리 기관에 정식 자금지원서 쓰기; 자금지원을 위한 지역, 주, 연방 정치인에 대한 로비활동; 다양한 기관에 대한 비공식적인 문의, 프레젠테이션, 또는 간청; 잠재적인 자금원의 전체적인 자금지원 영역에 익숙해지기.

3. 실행 작업 완수 시점 구체화

다음 임무는(이 단계에서 아마 가장 중요한 것으로), 프로그램이나 정책의 시각표(타임라인)를 개발하는 것이다. 시각표는 '갠트 차트(Gantt Chart, 사례 4.1을 볼 것)'로 불리는데 3가지 요소를 구체화하고 있다: (1) 완수될 필요가 있는 모든 특정 실행 활동 (2) 개인들에게 각각의 특정 임무에 대한 책임성 부여 (3) 각각의 임무가 완수되어야 할 구체적인 날짜. 이 과정은 지루해 보일 수 있으나 프로그램/정책 실행을 단순히 "거의 준비 없이 임시변통으로 하는 것"보다 훨씬 더 효과적인 대안이다. 앞에 제시된 3가지 모든 요소들을 통합한 구체적인 계획이 없다면 프로그램이나 정책은 출발하기도 전에 어려움(또는 사멸할 수밖에 없는 운명)을 겪을 것이다. 갠트 차트는 프로그램이나 정책의 모든 요소를 운용하게 하는 청사진이다: 단계마다 하나씩 어떻게 프로그램을 실행할지 설명하는 지침이다.

사례 4.1 비행 예방 프로그램의 갠트 차트

사례 1.4(서론)를 상기하기 바란다. 우리는 주 기금에서 지원한 비행 예방 프로그램이 제출한 자금요청 제안서 내용을 검토했다. 주요 프로그램 요소에는 다음 사항이 포함되어 있다: 청소년이 그들의 삶을 점검하고 목적을 설정하도록 독려하는 7일의 도전 과정; "헌신적인 파트너"에 의한 청소년 1대1 멘토링, 모든 멘토와 의뢰인이 참여하는 주 단위 "후속" 회의. 그 제안서는 프로그램을 발족시키기 위해 필요한 수많은 활동들을 완수하는 데 누가 책임이 있는지를 정확하게 설명하고 있다. 활동에는 훈련, 여행, 장소 비용, 7일 코스 비용, 사후 비용이 들어 있다.

그 제안서와 더불어 제출된 일정표(갠트 차트)를 제시한다. 여기에서 구체적인 완료 날짜가 보이지 않지만, 일정표는 각 임무의 시작과 끝에 대한 시간을 분명하게 나타내고 있다; 또한 프로그램을 실행하는 데 있어 완수되어야 할 활동의 순서(그리고 누구에 의해서도)를 밝히고 있다. 언급된 "컨설턴트"는 하위계약자, 즉, 잘 확립된 전국 청소년 프로그램 출신의 트레이너임을 알아두길 바란다. 추가적인 기술적 임무들(예를 들면, 사무 공간, 회의 공간 확보 등)이 여기에서 잘 나타나 있지 않지만 그런 차트에 쉽게 구체화될 수 있다는 점도 알아두길 바란다.

활동	책임자	시간 일정표(월별)											
		1	2	3	4	5	6	7	8	9	10	11	12
1. 프로그램 코디네이터 채용	컨설턴트	x											
2. 프로젝트 코디네이터 훈련 및 코칭	컨설턴트	x											
3. 자원봉사자 모집 및 교육(청소년 등록 코치, 아웃리치, 학습촉진자)	컨설턴트가 제공하는 3명의 트레이너	x											
4. 프로그램 마케팅	프로젝트 코디네이터, 자원봉사자		x	x									
5. 청소년 등록 훈련	청소년 등록 코치		x										
6. 청소년 참가자 모집 및 안내	프로젝트 코디네이터, 청소년 등록 코치		x										
7. 자원봉사자 오리엔테이션 예비코스 실행	컨설턴트가 제공하는 3명의 트레이너	x	x	x									
8. 청소년 폭력 근절 실행, 의학검사	전문가, 컨설턴트가 제공하는 전문가	x											
9. 10일간의 집중 커리큘럼 실시	학습촉진자, 코치, 코스 프로덕션팀, 상황개입팀, 보안팀		x										
10. 부모 오리엔테이션 실시	프로젝트 코디네이터		x										
11. 청소년 파트너에 대한 성인 멘토 배정 및 소개	프로젝트 코디네이터		x										
12. 매월 멘토 코칭 세션 실행	프로젝트 코디네이터			x	x	x	x	x	x	x	x	x	x
13. 매월 청소년과 파트너 간 후속 세션 실행	프로젝트 코디네이터; 컨설턴트가 제공하는 2명의 워크숍 지도자			x	x	x	x	x	x	x	x	x	x
14. 매주 청소년/파트너 간 소통 관리	프로젝트 코디네이터			x	x	x	x	x	x	x	x	x	x
15. 생활기술 상담, 교육 및 직업 훈련, 위탁 및 배치 제공	프로젝트 코디네이터; 성인 멘토			x	x	x	x	x	x	x	x	x	x

4. 자기 규제 메커니즘 개발

1) 참가자 오리엔테이션

실무자이든, 의뢰인이든 간에 모든 참가자들은 각자의 역할을 이해해야만 한다. 리더는 반드시: (1) 프로그램의 이론적 해석, 가치, 의도를 분명하게 이해하고; (2) 실무자의 직무 기술을 명확히 하고; (3) 행동 기대치를 설명하고 보상과 처벌을 구체화하고; (4) 실무자가 질문할 수 있도록 해야 한다.

2) 활동 조정

오케스트라 지휘자처럼 변화관리자(제1장에서 설명한 행동 시스템을 이루는 개인과 기관으로부터 지원을 받아)는 몇몇 다른 개인과 그룹의 활동을 잘 조화시켜야 한다. 프로그램 부서와 개인 실무자는 정기적으로 점검과 관리를 받을 필요가 있다. 프로그램 매니저는 실무자를 채용하고 훈련시켜야 한다; 또한 잠재적인 위탁 기관들(예를 들어 경찰, 학교, 보호관찰소)과도 좋은 관계를 형성해야 한다; 그들은 실무자들이 필요한 채용 양식을 사용하고 의뢰인 기록을 유지하도록 훈련시켜야만 한다; 그들은 시민과 기업들과도 좋은 관계를 유지해야 한다; 그리고 그들은 자금 제공자들에게 프로그램 진행 상황에 관한 정기적인 보고서를 제공해야 한다. 3가지 지침이 이런 조정을 효율적으로 할 수 있도록 도와줄 것이다(도표 4.2를 볼 것).

도표 4.2 활동 조정을 위한 3가지 지침

지속성을 유지하라: 실무자들의 실질적인 임무와 그들의 직무 기술이 일치하도록 확실히 한다. 좋은 성과에 대한 보상과 인센티브를 개발하고 보상이 무엇인지 실무자들과 소통한다. 실력 없는 관리자는 무슨 일이 잘못될 때까지 기다리다 그때서야 실무자를 비난하는(또는 책임을 묻는) 경향이 있다. 선제적으로 행동하는 관리자는 기대치와 보상을 분명하게 함으로써 더 좋은 성과를 거둘 수 있다. 그런 보상은 금전이 아니라 특권, 책임감, 자원에 대한 접근을 포함한다. 예를 들어, 대부분의 실무자가 전문성 개발에 관심이 있기 때문에 비용을 들여 지역이나 전국 단위의 컨퍼런스에 참석하도록 허락하는 것은 실질적이고 적절한 보상이 될 수 있다. 직원 개발 활동은 일반적으로 허용되는 예산 항목이다.

실무자들 사이에서 그리고 실무자와 감독자 간에 소통이 분명하고 빈번하게 이루어지도록 하라: 다양한 수단이 사용될 수 있다 – 실무자 모임, 메모, 컨퍼런스, 비공식적 대화, 성과 평가.

그런 메커니즘은 분명해야 할 필요가 있고 정기적이어야 한다. 실무자는 또한 그들의 의견이 중요하다는 것을 느껴야 한다. 프로그램이나 기관의 감독자는 성공뿐만 아니라 어려움에 대한 정직한 의견을 내고 보고하도록 독려해야 한다. 우리가 본 최악의 프로그램들 중 일부는 감독자가 "풍파를 일으키지 말라"라는 철학을 전달하는 프로그램인데, 그 결과 실무자는 위기 상황에 이를 때까지 어떠한 문제도 보고하는 것을 두려워했다.

시각표에서 눈을 떼지 말라: 한 단계에서 다음 단계로의 성공적 진행을 위해 필요한 활동이 제때에 실행되도록 한다(예를 들어, 실행계획에서 구체화된 날짜까지 실무자를 채용하고 교육시키는 것을 확실히 한다; 실무자가 모든 보관 양식을 출력하고 절차를 분명하게 이해하도록 한다). 만일 프로그램 시작이 예정이 되었는데도 미처 준비되지 않았다는 이유로 100명의 의뢰인이 돌려보내졌다고 상상해 보라. 아마 필요한 실무자 자리가 채워지지 않았거나 사무 공간 또는 회의 공간이 확보되지 않았거나 위탁 기관이 프로그램에 만족할 수 없는 특정 보고 요건을 지니고 있을 수 있다. 비교적 이런 일이 드물지라도 이런 상황은 끔찍하다: 프로그램은 그 신용과 명성에 회복 불가능한 타격을 입는다.

3) 저항과 갈등 관리

새로운 프로그램이나 정책의 시작과 함께 일부 저항은 불가피하다(제1장의 '역장 분석'을 상기할 것). 저항은 참가자 누구에게서라도 생길 수 있다: 의뢰인, 목표집단, 또는 프로그램이나 기관의 자체 실무자(예컨대, 실행 시스템)일 수도 있다. 어떤 유형의 변화든지 불편함과 불확실성을 가져오기 때문에 사람들에게 위협을 준다. 변화는 오랫동안 지속된 가치나 세계관의 도전에 직면한다. 참가자들이 계획과정에 투입된다면 저항은 예상할 수 있고 아마 최소화될 수 있다. 그러나 저항이 표면화되었다면 공정하고 진지하게 다뤄야 할 것이다.

갈등은 어떤 대가를 치르더라도 피할 수 있는 것이 아니다. 갈등은 오해를 확인해 내고 해결하는 기회를 제공할 수 있다. 또한 관심을 두었어야 할 부분을 지적해 줄 수도 있다. 갈등 해결을 위한 4가지 일반적인 지침이 종종 도움이 된다(도표 4.3을 볼 것).

도표 4.3 갈등 해결을 위한 4가지 지침

위력이나 위협의 사용을 피하라: 위력 사용은 합법적 권력이나 권한을 지녔을 때조차 별로 효과가 없다. 반대를 억누르려는 시도는 종종 저항을 야기하거나, 예기치 않은 부작용을 발생시키고 프로그램 목적을 의도적으로 뒤집는 상황으로 이끈다.

"윈-루스" 결과가 아니라 "윈-윈" 해법을 위해 노력하라: 가능하다면 공통부분을 찾아본다. 거의 비용을 지불하지 않고서도 저항을 감소시킬 옵션이 있을 수 있다(즉, 각자 무엇인가를 얻기 위해 무엇인가를 내놓는 것).

문제를 다룰 대안과 옵션(즉, 브레인스토밍)을 만들어라: 모든 가능한 옵션을 평가하기에 앞서 확인한다. 옵션의 목록이 만들어진 뒤에야 특정 전략이나 협상의 결과에 따른 비용과 이익을 논의하기 시작해야 한다(예를 들어, 브레인스토밍).

"원칙적인 협상"을 활용하라: 협상을 공정하게 하는 4가지 기본 규칙이 있다(Fisher et al., 2011). 우선, 문제로부터 사람들을 분리시켜야 한다(예를 들어, 개인적으로 받아들이지 말라). 둘째, 위치가 아니라 이해관계에 집중한다: 각자 자신의 필요와 선호, 가치, 관심사를 확인하고 소통해야 한다. 각자 합리적인 해법에 어떤 요소가 포함될 필요가 있는지를 이해해야 한다. 셋째, 상호 이익을 위한 옵션을 개발한다: 이해관계 공유 또는 엇갈리는 이해관계의 교환에 근거한 새로운 옵션을 만들어낸다. 마지막으로, 객관적인 기준을 고수한다: 양 당사자는 가능한 해법을 평가하는 데에 사용할 기준에 동의해야 한다.

5. 지지 형성 및 유지 위한 계획 구체화

이해당사자와 참가자가 나타내는 모든 다양한 이해관계와 함께, 일부 홍보 작업은 프로그램 정책, 특히 형사사법 개입과 함께 관리될 것으로 기대할 수 있다. 프로그램이나 기관의 책임자는 실무자, 지역사회, 프로그램이 연결되는 다른 기관과 함께, 감독자, 자금제공 기관, 뉴스미디어, 의뢰인과 함께 항상 프로그램이나 정책에 대한 지원의 원천을 강화하려고 노력한다. 지지를 유지하고 강화하기 위한 시간은 자신의 일정에 따라 구축되어야 하며, 이것을 책임진 사람은 연중 정기적으로 다른 이해당사자들과 접촉해야 한다.

6. 결론

실행중인 프로그램이나 정책은 서류상의 프로그램이나 정책(즉, 프로그램이나 정책 설계)과 완벽하게 일치하지 않는다. 그러나 훌륭한 "청사진", 또는 실행계획을 개발하면 프로그램 또는 정책 실행과 관련된 후속 문제를 현저하게 줄이고 효과적인 개입을 수립, 유지하는 데 도움이 될 것이다. 제5장에서 볼 수 있듯이 실행의 어려움을 찾는 것도 마찬가지다.

토의할 질문

1. 다음의 개념을 정의하고 설명한다: (a) "실행계획" (b) "자원계획."
2. 자원계획의 의도(목적)를 설명한다.
3. "각 프로그램 요소에 대한 비용을 계산한다"는 말은 무슨 뜻인가? 이것을 어떻게 하는가?
4. "시각표" 또는 "갠트 차트"는 무엇인가? 이것은 무엇을 하려고 시도하는가?
5. 활동을 조정하기 위한 3가지 지침을 설명하고 사례를 제시한다.
6. 갈등 해결을 위한 4가지 지침을 설명하고 사례를 제시한다.

사례연구 4.1 국립사법연구소(NIJ)에 제출된 교부금 신청 사례[11)]

지시: 많은 형사사법 기관과 비영리 기관들은 특정 프로젝트와 프로그램을 개발하거나 개선하기 위해 국립사법연구소에 자금지원을 신청한다. 이러한 자금 지원서는 보통 인력, 프로젝트에 필요한 예상 비용과 다른 비용의 상세한 명세 및 예산의 모든 항목에 대한 정당성을 요구한다. 아래에서 상세히 기술하고 있는 지원서는 두 부분으로 나뉘어 있다. 첫째, 프로그램 서술은 문제와 변화의 필요성, 목적과 목표, 프로젝트 실행계획을 밝히고 있다. 두 번째, 예산 서술은 인력과 재료의 구체적인 비용을 적고 각 자원이 필요한 이유를 설명하고 있다. 아래에 있는 사례연구를 읽고 마지막에 있는 질문에 대답하시오.

FY11(역주: 2011회계연도) DNA적체감소프로그램

레드럼 주 수사국: 포렌식서비스부(Redrum State Bureau of Investigation: Division of Forensic Services, RSBI-DFS)

프로젝트 요약

레드럼 주 수사국의 포렌식서비스부(RSBI-DFS)는 지역 법집행 기관과 레드럼 주 내의 검시관들을 위해 사건 수사와 관련된 증거 자료들을 분석하는 책임을 맡고 있는 기관이다. RSBI-DFS는 2개의 지역 연구실험실–동부실험실과 서부실험실–을 운영하고 있다. 레드럼 주 법규는 RSBI-DFS를 레드럼 주에서 체포된 모든 중범죄뿐만 아니라 유죄판결을 받은 중범죄와 경범죄자로부터 수집한 DNA 샘플에 대한 DNA 분석을 실행하는 책임 기관으로 지정하고 있다; RSBI-DFS는 레드럼 주 DNA 데이터뱅크에 결과 프로파일을 저장하고 관리하는 책임이 있다. 서부실험실은 DNA 데이터베이스 부서를 관리한다.

11) "레드럼(Redrum)"은 미국 내 어딘가의 가상적인 주이다. 이 사례연구에 나오는 정보는 웹사이트 (http://nij.gov/funding/welcome.htm)에서 확보할 수 있는 지원서 샘플에서 발췌한 것이다.

RSBI-DFS는 경비 감축에 직면해 있고 분석해야 하는 DNA 데이터베이스 샘플 숫자를 증가시킬 새로운 DNA 데이터베이스 증설 입법을 눈앞에 두고 있다. 이 지원에 따른 연방정부 자금은 다음과 같은 목적에 사용될 것이다:

1. 초과근무 분석, 물품 구입, 아웃소싱을 통해 DNA 포렌식 사건 적체 감소시키기.
2. 초과근무 분석과 물품 구입을 통해 DNA 데이터베이스 샘플 적체 줄이기.
3. 장비(유전자분석기, 유전자증폭기, DNA 추출 로봇)를 구입하고 각 지역 실험실 당 1명씩의 증거기술자를 채용함으로써 실험실의 능력을 강화하기.
4. 각 분석가들에게 요구되는 평생교육(continuing education) 기회를 제공하기, 분석가들에게 교재를 구입해 주기, 포렌식사이언스 저널 구독해 주기.

RSBI-DFS는 자금지원을 받는 기간 만료까지 DNA 사건 적체를 236건(내부 206건, 아웃소싱 30건) 이상 줄일 것으로 기대할 수 있다. 또한 연방자금을 활용하여 6800여개(340개의 QC(역주: Quality Control, 즉 품질관리) 샘플을 포함하여)의 DNA 데이터베이스 샘플을 처리할 수 있을 것으로 기대한다. 검사 기간이 60일 이하로 단축되고 케이스워크 분야의 분석 처리량이 10% 증가할 것으로 예상된다.

예상되는 결과

1. RSBI-DFS는 연방 자금을 받는 초과근무와 물품을 활용한 실험실 내 테스트로 206여건, 아웃소싱을 통해 30여건, 최소한 총 236건의 적체를 자금지원 기간 동안 줄일 것으로 기대한다.
2. RSBI-DFS는 초과근무와 물품을 통해 최소 6800개의 DNA 데이터베이스 샘플과 QC 샘플을 분석할 것으로 기대한다.
3. RSBI-DFS는 새로운 장비를 도입하고 각 실험실에 증거기술자를 추가함으로써 검사 기간을 60일 이하로 줄일 것으로 기대한다.
4. 자금지원을 받는 기간 동안 예상되는 분석 증가량은 새 장비 추가로 10%에 이른다.
5. 자금지원 기간 만료까지 분석가 10명 전원이 이 자금지원을 통해 필요한 평생교육을 마치게 될 것이다.

목적과 목표

목적 1: 초과근무와 아웃소싱을 통해 케이스워크 적체를 감소시킨다.

- 목표 A: 적체된 사건을 처리하는 분석가들을 위한 초과근무 자금을 확보하고 물품을 구입한다.
- 목표 B: Orchid Cellmark사에 30건을 아웃소싱으로 의뢰한다.

목적 2: DNA 데이터베이스 샘플의 적체를 감소시킨다.

- 목표 A: CODIS(역주: Combined DNA Index System, 즉 통합DNA색인시스템) 분석가의 샘플 분석, 검토, 업로드를 위한 초과근무 자금을 확보한다.
- 목표 B: DNA 데이터베이스 샘플 분석에 쓰일 물품을 구입한다.
- 목표 C: 유죄선고를 받은 범죄자와 체포된 범죄자의 DNA 샘플 수집에 필요한 키트를 구입한다.

목적 3: 포렌식 케이스워크 실험실의 능력을 향상한다.

- 목표 A: 2대의 ABI 3500 xl 유전자 검사기와 서비스 연락처를 구입한다.
- 목표 B: 동부실험실을 위한 AutoMate Express DNA 추출로봇을 구매한다.
- 목표 C: 노후 장비 교체를 위해 유전자증폭기를 구입한다.
- 목표 D: 노후된 데스크톱 컴퓨터를 교체하기 위해 분석가들마다 랩탑 컴퓨터를 구입해 준다.
- 목표 E: 시약준비, QA/QC(역주: 품질보증/품질관리) 및 증거채취를 돕기 위한 증거기술자를 채용한다.

목적 4: 요구되는 평생교육을 제공한다.

- 목표 A: 분석가의 컨퍼런스 출장과 직무훈련 기회에 자금을 지원한다.
- 목표 B: 교재를 구입한다.
- 목표 C: 포렌식사이언스 저널 구독을 지원한다.
- 목표 D: 실험실 내에 DNA 혼합 해석에 관한 훈련 프로그램을 제공한다.

이 프로젝트는 최근의 어떤 도전과제를 다루고 있는가?

RSBI-DFS는 DNA 데이터베이스를 확장하는 새로운 입법 변화에 대처해야 하는 것뿐만 아니라 경비 측면에서도 도전에 직면해 있다. 주정부는 인건비를 낮추고 1년 넘게 초과근무에 대한 주정부 자금을 허용하지 않았으며 우리 분석가들이 확보하기 어려운 평생교육을 요구하면서 주정부 직원의 주내 출장마저 허락하지 않았다. 또한 주정부가 범죄 실험실을 위한 장비 경비를 삭감함에 따라 실험실들은 2년 동안 장비를 구입할 수 없었다. 레드럼 주의 법규 챕터 10의 섹션 32와 33은 2010년 5월1일 발효하였다. 섹션 32D는 A급 또는 B급 경범죄로 유죄판결을 받은 모든 범죄자들로부터 DNA 샘플을 채취하도록 명시하고 있다. 섹션 32D와 33A는 즉각 발효되었다. 섹션 33B는 중범죄 체포자 입법을 확장한 것으로 2011년 5월1일 발효되었다. 첫 번째 섹션인 33A는 살인, 중범죄 폭행, 중범죄 성폭행, 방화와 같은 폭력 범죄로 체포된 모든 사람에 대해 체포 현장에서 DNA 샘플을 수집할 것을 규정하고 있다. 섹션 33B는 중범죄로 체포된 사람은 누구나 체포 시 DNA 샘플 채취가 이뤄져야 한다고 명시하고 있다. 당사자에 대한 기소가 이뤄지지 않는다면 60일 이내 기록을 자동적으로 삭제하도록 하는 제한 조항이 입법되어 있다; 그러므로 피체포자 샘플을 20~30일 이내에 분석, 업로드, 및 검색하여야 한다.

이 프로젝트는 어떻게 실행될 것인가?

연방정부 자금은 포렌식 케이스워크 분석가들이 DNA 포렌식 사건 분석을 하는 초과근무 비용으로 쓰일 것이다. 또한 DNA 포렌식 사건을 처리하는 데에 필요한 물품을 구입하는 데에도 사용된다. 분석가들에 대한 초과근무는 즉각 시작될 것이고 물품들은 필요에 따라 구매될 것이다.

또한 이 자금은 모든 데이터베이스 샘플을 책임지고 있는 CODIS 분석가들에게 초과근무 비용을 주고 데이터베이스 샘플 작업을 하는 물품을 구입하는 데에도 쓰인다. 새로운 입법에 따라 크게 늘어날 것으로 예상되는 샘플 처리가 쉬워지도록 Bode사에서 구강면봉 DNA 수집키트를 구매하는 데에도 지출된다. CODIS 분석가들의 초과근무는 즉시 시작되고 물품 구매는 필요에 따라 이뤄질 것이다.

Orchid Cellmark사에 30건의 분석을 아웃소싱하는 데에도 자금이 쓰인다. 아웃소싱 계약은 이미 되어 있으며 사건 아웃소싱은 즉각 시작될 것이다.

전체 실험실의 능력을 향상하기 위해 자금지원을 받은 3개월 이내에 2명의 증거기술자가 신규 채용된다. 기술자 1명은 서부실험실에, 다른 1명은 동부실험실에 배치된다. 동부실험실의 기술자는 일반 작업구역 표백, 온수욕조 및 냉장고, 냉동고의 온도 모니터링, 무작위 재고 점검과 같은 실험실의 품질보증 측정을 지원하는 일을 한다. 이 기술자는 증거를 실험실로 유입시키고 증거를 LIMS(역주: Laboratory Information Management System, 즉 통합실험정보관리시스템)에 투입하는 책임도 맡는다. 서부실험실에 배정된 기술자는 데이터베이스 부서에 소속되어 데이터베이스 샘플 유입 책임을 맡을 뿐만 아니라 동부실험실에 배정된 기술자에 대해 기술한 것과 유사한 직무를 실행할 것이다.

또한 자금은 유전자분석기 2대와 서비스 연락처, 유전자증폭기 2대, 추출 로봇 1대를 구매하는 데에도 쓰인다. 3500 xl 유전자분석기와 9700 유전자증폭기, AutoMate Express DNA 추출로봇은 자금을 받은 6개월 이내에 배치된다. 3500 xl 유전자분석기는 서부실험실의 3130 xl을 대체하고 동부실험실에는 추가 장비로 배치된다. 유전자증폭기 2대는 서부실험실의 장비가 최근 교체되었기 때문에 모두 동부실험실로 옮긴다. RSBI-DFS는 추출 로봇들을 이미 평가하였으며 ABI사의 AutoMate Express DNA 추출로봇이 우리 실험실 시스템에 가장 적합하다는 결론을 내렸다; 이전 자금이 그 기술을 인증하고 우리 실험실에 맞는 표준 운용 절차를 개발하는 데에 사용되었다. 이번 자금으로 구입될 추출 로봇은 동부실험실에 배치된다.

실험실 시스템에 있는 포렌식 분석가마다 1대씩, 총 10대의 랩탑 구입에도 자금이 쓰인다. 랩탑컴퓨터로 인해 각 분석가는 어디서든지 LIMS에 쉽게 접속할 수 있을 뿐만 아니라 자기 책상에서 자료를 해석하는 것이 가능하다. 실험실이 보유한 아주 오래된 데스크톱 컴퓨터 세트를 업데이트 하려면 많은 비용이 발생할 것이다. 이전 자금은 각 랩탑용 GMIDX와 LIMS 라이선스를 구입하는 데에 쓰였다. 우리 IT 부서에서 랩탑 평가를 할 것이고 구입은 자금을 받는 8개월 이내 이뤄질 것이다.

자금은 또한 우리 분석가들에게 필요한 평생교육 의무사항을 이행하는 데에도 투입될 것이다. 분석가 5명이 2016년 라스베이거스에서 열리는 전미포렌식사이언스아카데미 모임을 위해 출장을 떠나 DNA 워크숍에 참석할 것이다. 분석가 4명은 2016년 미니애폴리스에서 열리는 Promega 컨퍼런스-신원확인에 관한 국제 심포지엄-에 참석하기 위해 출장에 나설 것이다. 모든 분석가들에게는 존 버틀러의 저서 "Fundamentals of Forensic DNA Typing"을 제공할 것이다. 이 책은 자금을 받은 3개월 이내 구매한다. 또한 우리는 모든 분석가들을 대상으로 DNA 혼합 해석에 관한 실험실 내 훈련을 시킬 계획이다. 이 훈련은 가능한 일찍 준비하여 혼합 해석의 전문가가 우리 주를 방문할 수 있게 되는 즉시 진행될 것이다.

분석가들이 과학 논문에 접근하도록 포렌식사이언스 저널 기관 구독을 자금지원을 받는 4개월 이내에 할 것이다.

주요 인원 명단

지원금 연락처:

Jack Torrance, RSBI-DFS 포렌식 책임자, jtorrance@redfumstate.gov

레드럼 주 수사국 본부
555 North Arson Street
Homicide, Redrum 0001
jtorrance@redumstate.gov
555-555-5000

서부실험실 주요 인원
500 South Robbery Boulevard
Battery, Redrum 00002
511-555-0005

Wendy Jones

서부실험실 DNA 기술책임
wjones@redrumstate.gov

Stephen Kingsly
레드럼 주 CODIA 행정담당
skingsly@redrumstate.gov

동부실험실 주요 인원
5 East Hijack Avenue
Assault, Redrum 00003
501-555-5050
Dick Hallorann
동부실험실 DNA 기술담당
dhallorann@redrumstate.gov

2. 예산 서술

참조: 사례 작업 총계는 얼마나 많은 사례를 처리해야 하는지를 계산하는 데 사용된다. 데이터베이스 총계는 처리되는 실제 비용/데이터베이스 샘플을 계산하는 데 사용된다.

A. 인건비: 149,000달러

기술자들 급여는 이 자금지원을 통해 조달될 것이다. 기술자 1명이 증거 이전과 반환을 통해 사건처리 실험실에서 도움을 줄 것이다. 기술자 1명은 데이터베이스 실험실에 배치되어 새로운 샘플에 대한 접근과 샘플을 실험실로 보내고 검사하는 일을 돕는다. 이 지위를 위한 급여는 주정부 예산지원을 받는 RSBI-DFS 고용자들의 급여에 기초하고 있는데, 그들과 동등한 경험 및 훈련 수준을 지닌다.

또한 포렌식 분석가 10명의 초과근무 비용에도 쓰일 것이다. 포렌식 분석가 레벨1은 시간당 32달러로 5명에게 개인당 250시간씩 자금지원을 제공한다. 레벨2는 시간당 36달러로, 4명에게 개인당 250시간씩 자금지원이 제공된다. CODIS 분석가는 시간당 35달러로 250시간의 초과근무에 자금지원이 이뤄진다. 포렌식 분석가 9명 전원은 적체된 포렌식 사건들을 다루고 분석하는 데에 직접 관여한다. 또한 그들은 초과근무 중 아웃소싱 업체에서 온 사건 결과를 검토할 것이다. CODIS 분석가는 레드럼 주에서 수집한 모든 DNA 데이터베이스 샘플을 분석하고 초과근무를 하면서 분석, 검토, 업로드를 담당할 것이다.

B. 부가급여: 32,343달러60센트

이 범주에서 부가급여(역주: 기본임금 외에 받는 보수)는 FICA(6%, 역주: Federal Insurance Contributions Act의 약자로, 연방보험료적립법에 규정된 사회보장세금), 퇴직급여(12%), 의료급여(1.46%), 건강보험료(22%)에 대한 레드럼 주의 최근 평가에 근거하고 있다. 총 급여가 66,000달러인 기술자의 부가급여는 27,496달러이다. 레드럼 주에서는 FICA만이 초과근무에 대해 6%의 정규 비율로 계산된다. 이 프로젝트에서 케이스워크 분석가에 대한 초과근무 FICA는 4,560달러이고 CODIS 분석가의 초과근무 FICA는 420달러가 된다.

케이스워크: 케이스워크 실험실에서 사용될 전체 초과근무 급여와 부가급여 비용은 80,560달러다. 데이터베이스: 데이터베이스 실험실에서 소요될 전체 초과근무 급여와 부가급여 비용은 7,420달러가 된다.

C. 출장여비: 14,021달러

이 범주에서 출장 경비는 분석가 9명이 각자 전국 컨퍼런스에 1차례 참석하고 분석가 1명이 평생교육 기회로 전미포렌식사이언스 아카데미 워크숍과 Promega 심포지엄을 포함하는 연례 전국CODIS집행자컨퍼런스에 참석하기로 되어 있다. 비율은 각 지역 기준으로 정해진 숙박과 식사/기타경비에 대한 GWA 허용 일당에 근거하고 있다. 모든 경비는 연방 및 주정부 규제를 따른다.

D. 장비 401,460달러

장비 경비는 다음과 같은 항목을 포함한다:

- 대당 155,000달러인 ABI 사의 3500 xl 유전자검사기 2대–차세대 모세관전기영동 장비(capillary electrophoresis instruments)로, 이 두 장비구입은 서부실험실의 3130 xl 유전자검사기를 대체할 것이고 추가로 설치되는 동부실험실의 능력을 향상시킬 것이다. 두 장비의 설치, 훈련은 물론이고 RSBIDFS 분석가들이 분석을 마치는 데에 필요한 모든 분석 소프트웨어도 이 장비와 함께 구입된다. 이 장비는 Applied Biosystems 사의 플랫폼을 사용하는 기존의 교육 및 검증, Applied Biosystems 사가 유일한 제조사라는 사실을 기반으로 독점 공급원으로 구입된다.
- 장비당 8,730달러인 ABI사의 유전자증폭기 9700모델 2대. 두 장비는 모두 동부실험실의 노후화한 유전자증폭기를 대체하기 위해 구입될 것이다. 이 장비는 DNA 분석에서 증폭의 단계에 필요한 것이다.
- Applied Biosystems 사의 4만3000달러짜리 AutoMate Express DNA 추출로봇 1대. 이전에 받은 연방 자금을 활용하여 DNA 추출 로봇에 대한 평가가 이뤄졌고 AutoMate Express DNA 추출로봇이 RSBI-DFS에서 사용될 장비로 선정되었다.

연방 기금에 의해 제공된 인증 서비스는 이 장비에 대한 표준운용절차(Standard Operation Procedures, SOP)를 개발하는 데 도움이 되었다. 이 장비구매는 동부실험실에 대한 완벽한 설치와 셋업을 포함할 것이다. 유전자분석기와 더불어 이 장비는 실험실 체계에서 기존 SOP와 플랫폼에 근거하여 독점 공급원으로 구매가 이뤄질 것이다.

- 랩탑 10대. RSBI-DFS는 랩탑들을 평가하여 어느 브랜드와 모델이 우리 분석가들이 어느 곳에서든지 LIMS에 접근하고 그들의 개인용 작업 컴퓨터뿐만 아니라 자료해석 소프트웨어를 사용하는 데에 가장 유용한지를 결정할 것이다.

E. 소모품: 330,310달러

RSBI-DFS의 비품 예산은 전체 34대의 Promega PowerPlex 16 HS를 포함한다. 비용은 다음과 같이 분리될 것이다:

- 데이터베이스 부서는 분석할 전체 6800개 샘플에 대한 키트 17개를 사용할 것이다. 공급 및 초과근무 요청을 기준으로 6800개의 데이터베이스 샘플(340개의 QC 샘플을 포함한다)을 분석하기 위해 이 자금지원을 실제로 계산한 비용은 샘플 당 120,955달러 또는 18.88달러이다.
- 케이스워크 부서는 적체된 DNA 사건을 분석하기 위해 17개의 키트를 사용할 것이다. 또한 이 예산에는 AutoMate Express와 함께 사용되는 각각의 프리필러 시약과 프리필러 프라스틱 8개의 키트가 포함되어 있다. 이 소모품은 서부실험실에서 이미 온라인으로 접속한 AutoMate Express 추출 로봇에서의 케이스워크에 쓰인다. 이 자금지원에 따라 포렌식 사건 처리를 위해 요청된 초과근무와 보급품 사이에 최소한 206건의 지체된 DNA 사례가 분석될 것이다.

또한 이 범주에서 제시한 예산은 체포된 사람의 샘플 수집을 위해 주 전역에 걸쳐 법집행 기관들에서 사용될 Bode 사의 구강면봉 수집키트 400케이스를 포함한다. RSBI-DFS는 이미 Bode 사와 이 수집키트 계약을 했으며 이 계약을 위한 입찰을 이미 마쳤다.

F. 건설비: 0달러

이 예산 범주에서 필요한 자금제공은 없다.

G. 컨설턴트/계약: 79,000달러

이 범주에서의 예산 요구는 Orchid Cellmark 사에 대한 30건의 아웃소싱에 관한 것이다. RSBI-DFS는 Orchid Cellmark 사와 기존 계약 중에 있으며 건당 평균 1,333달러 비용으로 이 자금지원에 따른 계약을 지속할 것이다. 훈련비를 늘리고 모든 분석가가 필요한 연례 DNA 훈련을 받도록 보장하기 위해 실험실에서 혼합 해석 클래스를 개설하는 계약을 할 계획이다. ABI 3500 2대의 서비스 계약을 추가로 1년 늘리는 계약도 필요하다.

H. 기타: 6,415달러

이 범주에서 요청은 다음과 같다:

- 5명의 분석가들에게 전미포렌식사이언스아카데미 컨퍼런스와 1번의 평생교육 워크숍에 참석하기 위해 각각 200달러의 비용이 필요함
- 분석가 4명이 연례 Promega 컨퍼런스에 참가해 평생교육 요건인 정보 세션과 워크숍에 참석하기 위한 등록
- 존 버틀러의 저서 "Fundamentals of Forensic DNA Typing" 최신판 10권. 분석가마다 1권씩 받게 된다.
- 분석가들이 DNA 포렌식 분야에서 부상하는 최신 기술을 접할 수 있도록 포렌식사이언스 저널 기관 구독

I. 간접비용

이 예산 범주에서 요청되는 자금지원은 없다.

전체 요청 자금: 1,012,549.60달러

질문

1. 요청한 모든 자원들이 기술된 목적 및 목표에 부합하는가? 왜 그렇다고 또는 그렇지 않다고 생각하는가? 구체적인 자원의 사례를 2개 이상 제시하고 왜 그것들이 필요한지를 설명한다.
2. 이 지원서에서 가장 금액이 큰 예산 요소는 무엇인가? 그것을 한 두 문장으로 간략하게 요약하고 그 예산을 위해 제시된 정당화 근거를 기술한다.
3. 이 장에서 기술한 개념에 근거하여 이 지원서에서 빠졌거나 개선해야 할 것은 무엇인가? 구체적인 사례를 1개 이상 들고 설명한다.

사례연구 4.2 브래디법: 실행계획이 왜 필요한가[12)]

지시: 브래디법에 대한 논란은 더 강력한 총기규제가 필요하다는 논쟁의 수준을 훨씬 뛰어 넘었다. 브래디법 조항에 맞게 지방 범죄기록 정보시스템을 업데이트하고 자동화하는 비용을 누가 부담할 것인지에 대한 의견불일치가 뒤따랐다. 아래에 기술하는 전국범죄경력개선프로그램(National Criminal History Improvement Programs, NCHIP)이 만들어진 주요 이유다. NCHIP는 훌륭한 "실행계획"의 사례이다. 이런 법제화와 자금조달이 가능하지 않았다면 주 정부가 새로운 법을 준수하는 데 있어 발생하는 문제를 극복할 수 없었을 것이다. 마찬가지로 총기조사통계(Firearm Inquiry Statistics, FIST) 프로그램도 시간경과에 따른 법 실행 과정을 모니터링 할 필요가 있다. 아래에 있는 자료를 읽고 사례연구 마지막에 있는 질문에 답변하시오.

연방총기규제법(Federal Gun Control Act, GCA) 18 U.S.C. 922는 다음과 같은 사람에 대한 총기의 이전을 금지하고 있다:

- 1년 이상의 징역형에 처할 수 있는 범죄로 기소 중이거나 유죄선고를 받은 자
- 사법 도주자
- 금지약물을 불법적으로 사용한 자 또는 중독된 자
- 정신적 결함을 판정받았거나 정신 기관에 수용되었던 자
- 불법체류 외국인이거나 비이민비자 자격으로 미국 체류를 허가받은 자
- 미군에서 불명예 제대한 자
- 미국 시민권을 포기한 자
- 배우자 또는 동거인, 아이에 대한 괴롭힘, 스토킹, 위협을 금지하라는 법원 명령을 받은 자
- 가정폭력 관련 경범죄로 법원에서 유죄판결을 받은 자

GCA의 금지인물 범주는 모든 주에서 최소한의 것이다. 많은 주들이 유사한 금지조항을 두고 있는데, 알코올 관련 범죄나 청소년 범죄를 저지른 자를 금지인물 범주에 추가하기도 했다(Bureau of Justice Statistics, 2006).

7년간에 걸친 정치적 논쟁과 NRA(역주: National Rifle Association, 즉 전미총기협회) 반대를 겪은 이후에 브래디 법은 GCA를 수정하여 1994년 2월29일부터 1998년 11월29일까지 유효한 임시 조항 18 U.S.C. 922(s)를 포함시켰다.[13)] 미국 법무부는 57개월간의 임시 기간 동안에 브래디법의 영구 조항인 18 U.S.C. 922(t)가 승인한대로 범죄경력조회시스템(NICS로 알려진 National Instant Criminal Background Check System)을 개발하였다.

---

12) Bowling et al., 2003; Bureau of Justice Statistics, 2006 내용을 정리한 것임.
13) *Brady Handgun Violence Prevention Act*(Brady Act), PL, 103-159.

임시 조항은 각 주정부가 주의 범죄경력정보시스템을 획기적으로 바꿀 것을 요구한 새 법을 지킬 수 있도록 상당한 기간을 주기 위해 만들어졌다. 브래디법의 임시 조항에 따르면 면허를 지닌 총기 판매상은 예비 총기구매자가 거주하는 사법관할권의 법집행 최고책임자(Chief Law Enforcement Officer, CLEO) 에게 모든 잠재적인 총기 구매자들에 대한 판매전 신원확인을 요청하여야 한다. CLEO는 권총을 받거나 소지하는 것이 금지된 구매자인지를 결정하기 위해 "상당한 노력"을 기울여야만 한다. 연방총기면허 소유자는 CLEO로부터 조기 승인을 받지 않았다면 구매자에게 총기를 거래하기 전에 5일을 기다려야 한다. 또한 "임시 조항"은 주정부들에게 총기허가서 발행(예를 들어, 미주리 주), "즉석 확인(instant check)" 실행(예컨대, 버지니아 주), "판매시점(point of sale)" 확인 실행(예를 들면, 캘리포니아 주)을 포함하여 5일간의 대기기간을 대체할 수 있는 대안을 허용하였다.

이 임시 시스템은 모든 총기 구입에 대한 즉각 경력조회가 의무화하기 시작한 1998년 11월30일까지 효력을 유지했다. 브래디법의 "영구 조항"에 따라 NICS를 통해 판매전 조사가 이뤄졌다. 경력조회는 이용 가능한 기록을 근거로 하여 개인이 연방총기규제법 또는 주법에 의해 총기 소유가 금지되어 있는지 여부를 결정할 것이다. 브래디법은 늦어도 1998년 11월까지는 FBI에 의해 운영되는 NICS를 구축하도록 요구하였다.

1997년 6월 미국 대법원은 5대 4의 결정으로 연방정부가 지방 경찰에 권총을 구입하려는 사람들에 대한 신원조회를 실행하도록 요구할 수 없다고 판결하였다.[14] 안토닌 스칼리아(Antonin Scalia) 대법관은 그의 의견에서 연방정부는 주정부가 연방 규제 프로그램(연방주의로 알려진 논쟁)을 제정하거나 행정 관리하도록 강요할 수 없다고 밝혔다. 그 법에서 구체화된 5일 대기 기간은 주정부가 신원조회를 할지 말지에 대한 재량권을 지니는 이상 합헌이라고 판결되었다.[15]

주정부 전과기록은 FBI의 NICS 프로그램에 따라 각 주의 중앙 보관소와 주간확인지표(Inter-state Identification Index)를 통해 제공된다. FBI가 관리하는 이 지표는 주정부들이 보유한 전과를 즉시 알려준다. 게다가 FBI는 연방 범죄기록, 연방 차원에서 관리하는 주 자료, 비중범죄 자격박탈(nonfelony disqualification)에 관한 연방 자료를 제공한다. NICS의 비중범죄 금지(nonfelony prohibition)에 관한 문의에 대응해 주정부는 그들의 기록을 직접 제공한다.

완전하고 정확한 주정부 기록의 유효성 보장을 돕기 위해 브래디법은 교부금 프로그램인 전국범죄경력개선프로그램(NCHIP)을 구축하였다. 이 프로그램은 주정부들이 기존

---

14) *Printz, Sheriff/Coroner, Ravalli County, Montana v. United States* 117 S.Ct 2365,138 L. Ed. 2d 914(1997).

15) 브래디법 설계와 실행과 관련된 추가 정보를 얻으려면 연방알코올·담배·화기단속국(ATF) 웹사이트(http://www.atf.gov)를 방문하길 바란다. "Search" 메뉴를 선택하여 "Brady Act"를 입력할 것. 브래디법에 대한 풍부한 관련 정보를 확인할 수 있다.

전과기록시스템을 개발하거나 향상시키는 것을 돕고 NICS와 접점을 확립하도록 설계되었다.

총기조사통계(FIST) 프로그램은 금지대상인 총기 구매자의 신원을 확인하는 판매전 조회의 영향에 관한 자료를 개발하기 위해 NCHIP에 따라 만들어졌다. 조사 및 거절 횟수, 거부 이유를 요약한 자료는 매년 미국 법무부 사법통계국에서 발표한다.

총기규제법이 통과된 직후 ATF는 총기규제법 섹션 922(t)에 있는 브래디법의 영구조항에 의해 누가 무엇에 책임이 있는지에 관한 구체적인 질문 60개를 다룬 FAQ 항목을 제시하였다.[16] 이 조항들은 1998년 11월30일 발효되기 시작하였다. 아래에 10가지 사례가 제시되어 있다.

1. Q. 누가 브래디법에서 규정한 요건을 준수해야 하는가?
   A. 연방정부 면허를 받은 무기 수입업자, 제조업자, 판매상은 무면허 개인에게 어떤 총기를 판매하기 전에 브래디법을 준수해야만 한다.
2. Q. 브래디법의 영구조항은 언제 발효가 되었는가?
   A. 브래디법 영구조항은 1998년 11월30일 발효되었다. 이에 따라 1998년 11월 30일 이후 발생한 총기판매는 모두 이 법 요건의 적용을 받는다.
3. Q. NICS는 ATF에 의해 운영되는가?
   A. 아니다. NICS는 FBI가 운영한다.
4. Q. 모든 NICS 확인은 FBI의 NICS운용센터를 거치는가?
   A. 아니다. 많은 주에서 주 접촉지점(point of contact, POC)을 통해 NICS 확인을 시작한다.
5. Q. 주정부가 접촉지점(POC)으로서의 역할을 하고 있다면 모든 NICS 조회가 FBI 보다는 POC를 통해 이뤄진다는 뜻인가?
   A. 각 주에 달려 있다. 어떤 주에서는 POC가 모든 무기 거래의 신원확인을 실시한다. 또 다른 주에서의 허가를 위해서는 권총거래에 관해서는 POC에 연락해야 하고, 장총거래에 관해서는 FBI에 연락해야 한다.
6. Q. 면허를 받는 자가 NICS 조회를 시작하기 위해 FBI와 접촉해야 하는지, 주정부 POC로 접촉해야 하는지를 어떻게 알 수 있는가?
   A. 1998년 11월30일 이전에 ATF는 각 주에 있는 면허를 받는 자에게 공개서한을 보내어 당사자의 주에서 NICS 조회를 어떻게 시작해야 하는지에 대한 안내문을 제공했다. 이 시점 이후에 주의 절차가 바뀐 경우 ATF가 FFLs(역주: Federal

16) 연방총기규제참고지침(Federal Firearms Regulations Reference Guide)–2014년판(ATF P 5300.4)을 이제 이용할 수 있다. 2014년판 내용은 ATF 결정과 일반적인 정보, 질의응답을 포함하고 있다. 이 지침은 atf.gov 웹사이트(https://www.atf.gov/file/11241/download)에서 PDF 파일로 다운받을 수 있다.

Firearms Licenses로 총기 제조, 수입, 거래에 종사하도록 허가된 연방총기면허 소지자)에 경고해 왔다. 여러분의 지역 ATF사무소에서 NICS 조회를 위해 적절한 접촉 지점을 알려줄 수 있으며 여러분이 직접 ATF 웹페이지(https://www.atf.gov/)에서 확인할 수도 있다.

7. Q. NICS 조회는 유료인가?
   A. FBI는 NICS 조회를 하는 데에 요금을 부과하지 않는다. 하지만 주정부가 NICS 조회의 접촉지점으로 역할을 하는 주에서는 주법에 따라 요금을 부과할 수도 있다.
8. Q. 면허를 받으려는 자가 NICS에 접근하려면 FBI에 등록해야만 하는가?
   A. 면허를 받으려는 자는 FBI의 NICS운영센터를 통해 NICS 조회를 시작하기 전에 FBI에 등록이 되어 있어야만 한다. FBI로부터 등록 패키지를 받지 못했다면 FBI NICS운용센터 1-877-444-6427로 전화해서 등록 패키지를 보내달라고 요청해야 한다. 주 기관이 NICS 조회를 위한 접촉 지점으로 기능을 하는 주에서 면허를 받으려는 자는 주에 연락해 등록 정보를 얻어야 한다.
9. Q. 브래디법은 권총뿐만 아니라 장총의 이전에도 적용되는가?
   A. 그렇다.
10. Q. 브래디법은 앤티크 총기(antique firearms)의 거래에도 적용되는가?
   A. 아니다. 거래하려는 무기가 총기규제법에서 규정한 "앤티크 총기"에 해당한다면 브래디법을 따를 필요가 없다.

질문

1. ATF의 온라인 교육 비디오 세미나 중 하나를 선택하라(그리고 시청하라): https://www.atf.gov/content/firearms/firearms-industry/ATF-online-ecucational-seminars. 이 세미나는 FFL이 총기거래 요건을 다루는 데 도움이 되도록 고안되었다.
   (a) 이런 교육 형식은 이 장에서 논의한 개념(예를 들어, 자기 규제의 메커니즘 개발, 저항과 갈등 관리)을 어떻게 설명하고 있는지 토론한다.
   (b) ATF가 제공한 답변들이 여러분이 선택한 에피소드에서 제기된 특정 이슈를 얼마나 잘 다루고 있는지 분석한다. 여전히 불분명한 것이 있는가? 그 법의 특정 조항을 실행하는 데에 추가적인 어려움이 예상되는가? 왜 그렇다고 또는 그렇지 않다고 생각하는가?
2. 연방대법원 Printz v. United States 소송에서 다수 의견에 반대한 대법관 3명의 반대의견을 읽는다. 반대의견과 다수의견은 https://supreme.justia.com/cases/federal/us/521/898/에서 확인이 가능하다.

(a) 어느 대법관이 의견을 썼는지를 밝히고 그의 의견을 여러분의 말로 바꿔 요약한다.

(b) 이런 주장들에 동의하는가 아니면 동의하지 않는가? 왜 동의하거나 동의하지 않는가? 여러분의 입장을 지지하는 증거를 제시한다.

사례연구 4.3 사법 재투자: 실행계획[17]

지시: 아래 자료를 읽고 사례연구 맨 마지막의 질문에 답변하시오.

사법 비용의 상승은 재정 균형을 이루어야 하는 공무원들에게 어려운 선택의 문제를 안겨줬다(LaVigne et al., 2013). 사법 재투자는 공공 안전을 향상시키고 교정 및 관련 형사사법 비용을 줄이며, 절약된 비용을 전략적으로 재투자해 범죄를 줄이고 재범률을 감소시키기 위한 자료 중심의 접근법이다(Council of State Governments, 2015). 사법 재투자 이니셔티브의 목적은 형사사법 인적자원과 비용을 보다 효율적으로 관리하고 할당함으로써 공공 안전을 향상하는 증거기반 전략에 재투자할 수 있도록 비용절감을 하는 것이다(법무부 사법보조국, 2015). 이 이니셔티브에 참가한다는 것은 주의 입법부 지도부와 형사사법 당국자들로부터 약속을 받아내고, 정보공유 능력을 개발, 향상시킨다는 것을 의미한다. 또한 이것은 형사사법 자료를 수집, 분석하고, 자료에 근거한 정책 옵션과 전략을 개발하며, 공공 안전에 더욱 더 비용 효율적인 증거기반 정책을 만든다는 것을 뜻한다. 참가 지역은 이런 각 요소들에 대한 맞춤형 기술지원을 받는다.

사법 재투자는 공무원들이 고위험 범죄자들을 위한 지방 사법지출의 우선순위를 정하는 데 도움을 줄 수 있다. 또한 사법 재투자는 비용을 절감하고 재범을 줄이는 데 도움이 될 수 있는 지역사회에서 어떤 개인이 더 나아질 수 있는지를 파악하는 데 도움을 줄 수 있다(LaVigne et al., 2013). 재판이나 처분을 기다리는 범죄자에 대한 사건처리를 촉진하고, 폐지 정책을 개정하고, 구금에 대한 대안을 확대하며, 범죄자들에게 지역사회로의 성공적인 재진입에 대한 지원을 증가시킴으로써 비용 절감이 실현될 수도 있다. 라비뉴와 그의 동료들은 어떤 사법권에서든지 사법 재투자를 효과적으로 추진하기 위해 해결해야 할 6가지 주요 장애물을 자세하게 기술하였다.

역사적 장애물

어떤 사법관할에서는 형사사법 시스템에서 늘어난 교정기관 수용인원과 비용에 기여하는 특정 "인구동인(population driver)"–특정 범죄자집단(예컨대, 정신병 범죄자), 여건 설정(예를 들어, 주거의 결여)과/또는 결정 지점(예를 들면, 선고)을 다루기 위해 사법 재투자가 이

17) LaVigne et al., 2013 내용을 정리한 것임.

전에 시도되었을지도 모른다. 그러나 유사한 개혁이 이전에 시도되었을지 모르지만 완벽하게 실행되지 않았거나, 실행되었더라도 지속되지 못했을 수 있다. 사법관할은 이전의 시도(예컨대, 전환, 수용, 치료)가 왜 성공적이지 못했는지에 대한 몇 가지 의문을 검토할 것이다:

1. 이 인원 또는 프로그램이 과거에 과중한 시스템 소비자(heavy system consumer)로 확인이 되었는가?
2. 과거에 이 시스템 드라이버를 위해 어떤 조치가 있었는가? 어떤 프로그램들이 여전히 존재하는가? 어떤 것이 종료되었나? 왜 그렇게 됐나?
3. 이 전략이 과거에 실행되었는가? 실행되었다면: 왜 종료되었는가? 어떤 장애물이 지속성을 가로막았는가? 실행되지 않았다면: 검토가 되었나? 실행을 가로막은 장애물은 무엇인가?

자원의 장애물

많은 경우, 어떤 사법관할 당국이 특정 인구동인을 줄이기 위해 증거 기반의 접근법을 확인했으나 그것을 성공적으로 실행하기 위해 필요한 자금이 부족했을지 모른다. 사법관할 당국이 추가 자금이 필요한 것들과 달리 기존 자원으로 실행할 수 있는 전략을 확인하는 데에 몇 가지 질문이 도움이 될 수 있다:

1. 이 전략은 어떤 비용을 초래할 것인가?
   a. 인력
   b. 건설
   c. 출장
   d. 장비/비품
   e. 계약
   f. 기술
2. 이 전략은 새로운 자금을 필요로 하는가?
   a. 필요로 한다면, 이 전략을 실행하기 위해 필요한 자금은 얼마(1차례만으로)나 되는가?
   b. 이 전략을 지속하기 위해 필요한 자금(계속 진행하는)은 얼마나 되나?
3. 이 전략을 지원하기 위한 재정 자원은 무엇인가?
   a. 지역의 일반 기금
   b. 주정부 자금
   c. 연방 자금

   d. 민간 및 자선단체 자금
   e. 현물 자원
4. 기존 기술이 이 전략을 지원하는가?
   a. 구조적 주요 변화가 필요한가?
   b. 그런 변화의 비용은 얼마나 되나? 그 비용이 자금 수요에 반영되었는가?

물류 장애물

사법 재투자에 관련된 이해당사자들은 계획 과정을 통해 잘 협력할 수도, 그렇지 않을 수도 있으며, 과거 잘 협력했거나 그렇지 않았을 수 있다. 어떤 개혁이든지 계획과 실행 과정에서 기관 간 조정을 향상하는 노력이 있어야 한다. 이와 관련된 질문은 다음과 같다:

1. 이 전략은 2개 이상의 기관들 사이에 조정을 필요로 하는가?
   a. 기관들을 어떻게 조정할 것인가(회의, 체크인, 자동 업데이트)?
   b. 기관들이 조정하거나 소통하기 위해 필요한 도구는 무엇인가?
   c. 이 전략을 주도할 책임이 어느 기관에 있는가?
   d. 다른 이해당사자가 이 전략의 계획과 실행, 운영에 개입할 필요가 있는가?
2. 실행의 혜택은 정책 실행 이외의 다른 기관에도 이익이 되는가?
3. 이 전략이 절감 효과를 창출하기까지 얼마나 걸릴까?
4. 절감 효과가 재투자할 수 있을 만큼 충분한가?

법적 장애물

법적 장애물은 특정 문제들을 드러낼 수 있는(또는 이해당사자들에 의해 드러날 것으로 인식될 수 있는) 지역, 주, 연방 수준에서의 특정 법률들과 관련될 수 있다. 예를 들면, 사법관할 당국은 정신이상 범죄자에 대해 지역 건강기관과 공영주택, 사법 기관 간의 정보공유를 향상하기를 바라지만 환자 정보의 비밀유지를 규제하는 특정 법을 고려할 필요가 있다. 모든 이해당사자들(예컨대, 주 및 지역 입법자들)이 계획에 참여한다면 법적 장애물은 조기에 해결될 수 있다. 질문은 다음과 같은 사항을 포함할 것이다:

1. 이런 유형의 전략을 실행하는 데에 어떤 법적 장애물이 존재하는가?
   a. 이런 장애물은 지역 및 주 법규의 변화를 통해 해결될 수 있는가?
   b. 이런 장애물은 양해각서를 통해 해결될 수 있는가?

내부의 장애물

여러 기관의 임원과 감독관들이 새로운 사법 재투자 개혁의 기획과 실행에 참여할 수 있지만 현장 실무진(예컨대, 경찰관, 검사, 보호관찰관, 교정공무원)의 지원이 중요하다. 하지만 현장 실무진은 다양한 이유로 인해 참여하지 못하거나 참여하더라도 비중이 낮을 수 있다. 아래의 질문들은 특정 전략이 현장 실무진으로부터 반대에 직면할지 여부를 평가하는 데 도움이 될 것이다:

1. 현장 실무진은 이 전략에 어떻게 반응할 것 같은가?
   a. 누가 가장 지지할 것 같은가?
   b. 누가 가장 반대할 것 같은가?
   c. 훈련이 필요한가?
   d. 그들을 위해 전략에 들어 있는 것은 무엇인가?
2. 노동조합은 이 전략에 어떻게 반응할 것 같은가?
   a. 어느 조합이 가장 지지할 것 같은가?
   b. 어느 조합이 가장 반대할 것 같은가?
   c. 법적 도전은 어떨 것 같은가?

사법관할 장애물

사법 재투자 전략에 대한 도전은 정치적으로 강력한 정부 밖의 그룹들로부터 제기될 수도 있다. 예를 들면, 지역사회 집단이나 연합체들은 그들과 상의를 하지 않았거나 그 전략이 경제적 이해관계나 지역의 가치를 위협하는 것으로 여긴다면 특정 전략들(예를 들어, 그 공동체의 정신이상 범죄자를 위한 중간거처)을 반대할지 모른다. 새로운 개혁의 계획과 실행에 관여하는 이들은 스스로 다음과 같은 질문을 해 봐야 할 것이다:

1. 기업가 집단 또는 다른 공동체 집단들이 이 전략에 반대할 것인가?
   a. 누가 가장 지지할 것 같은가?
   b. 누가 가장 반대할 것 같은가?
   c. 교육이 필요한가?
2. 대중은 이 전략에 어떻게 반응할 것 같은가?
   a. 누가 가장 지지할 것 같은가?
   b. 누가 가장 반대할 것 같은가?
   c. 언론 홍보가 필요한가?

질문

1. 각 유형의 장애물을 정의하고 사례를 제시한다: (a) 역사적 장애물; (b) 자원 장애물; (c) 물류 장애물; (d) 법적 장애물; (e) 내부 장애물; (f) 사법관할권 장애물.
2. CSG 웹사이트(http://csgjusticecenter.org/jr/)로 가서 한 특정 주에서 현재 또는 과거의 사법 재투자(JR) 사례 중 하나를 찾아본다. 여러분이 거주하는 주가 아직까지 어떠한 사법 재투자에도 개입하지 않았다면, 이미 관여한 한 주(가급적 여러분의 주와 가까

운)를 골라 그 주에 대한 다음과 같은 질문에 답한다.

a. 이 사법관할권에서는 위에서 거론한 6가지 장애물 중 어느 장애물을 확인하고 감소시키기 위해 어떤 노력을 기울였는가? 최소한 사례 하나를 제시한다.

b. 위에서 확인된 6가지 장애물 중 어떤 것이 이 사법관할권에서 가장 극복하기가 어려웠을 것 같은가? 왜 그랬을까? 여러분의 답변을 지지하는 구체적인 증거를 제시한다.

참고 문헌

Bowling, M., Lauver, G., Hickman, M.J., & Adams, D.B.(3003). *Background checks for firearm transfers, 2002(NCJ200116)*. Washington, DC: U.S. Department of Justice, Office of Justice Programming, Bureau of Justice Statistics.

Bureau of Justice Assistance(2015). *Justice Reinvestment Initiative:FAQ*. https://www.bja.gov/programs/justicereinvestment/faqs.html에서 검색된다.

Bureau of Justice Statistics. (2006). *Survey of state procedure related to firearm sales, 2005(NCJ 214645)*. Washington, DC: U.S. Department of Justice, Office of Justice Programming, Bureau of Justice Statistics. https://www.bjs.gov/content/pub/pdf/ssprfs05.pdf에서 이용이 가능하다.

Counsil of State Governments (2015). Justice Reinvestment. http://csgjusticecenter.org/jr/에서 검색 가능하다.

Fisher, R., Ury, W., & Patton, B.(2011). *Getting to yes: Negotiating agreement without giving in*.(3rd ed.). New York: Penguin.

Kettner, P.M., Moroney, R.K., & Martin,L.L. (2008). *Designing and managing programs: An effectiveness-based approach*(3rd ed.). Thousand Oaks, CA: Sage.

LaVigne, N., Davies, E., Lachman, P., & Neusteter, S.R.(2013). Justice reinvestment at Urban Institute: Planning and Implementation guide (2nd ed.). Washington, DC: Urban Instutute. https://www.urban.org/research/publication/justice-reinvestment-local-level-planning-and-implementation-guide/view/full_report에서 검색가능하다.

Mikesell, J.L.(2014). *Fiscal administration: Analysis and applications for the public sector*(9th ed.). Boston: Wadsworth.

Miller, G., Rabin, J., & Hildreth, W.B., (2001). *Performance-based budgeting: An ASPA classic*. Boulder, CO: Westview.

Chapter 05

프로그램/정책 실행 및 모니터링

이 장의 개요

- 모니터링(monitoring)은 프로그램이나 정책 설계(제3장을 볼 것)가 계획한대로 실행되는지를 판단하기 위한 정보를 수집하는 것과 관련이 있다. 우리는 의도한 목표집단에 도달했는지 여부를 어떻게 알 수 있을까? 프로그램/정책 활동 또는 규정들이 실제로 계획한대로 실행되고 있는가? 적절한 실무자 또는 책임 있는 당국자들이 선발되어 훈련받았고, 그들은 맡겨진 임무를 실행하고 있는가?
- 데이터를 수집하기 위한 모티터링 도구를 디자인하라(예를 들어, 관찰, 설문조사, 인터뷰). 의뢰인이나 목표대상에게 실질적으로 전달되는 것이 무엇인지를 알아보기 위해 자료를 수집한다. 목적은 "서류상의 프로그램/정책(설계)"과 "실행 중인 프로그램/정책" 간의 차이를 확인하기 위해서이다.
- 회계 모니터링. 자금을 제공하는 측은 자금이 어떻게 쓰이는지에 관한 정기적인 재무보고서를 요구한다. 프로그램이나 정책이 실행되면 예산에 대한 조정이 필요해진다는 것을 누구나 알게 된다.
- 자료 수집, 저장 그리고 분석에 대한 책임을 부여하라. 어떤 정보를 수집하고, 정보수집은 누구 책임인지, 또는 정보를 어떻게 수집하고 저장하고 분석할지가 모호해서는 안 된다는 점을 분명히 해야 한다.
- 정보 시스템 능력을 개발하라. 정보 시스템은 문서 형태와 파일로 된 기록물 또는 완전히 전산화된 자료 입력 및 저장 시스템으로 구성될 수 있다.
- 실무자, 의뢰인 그리고 이해당사자에게 피드백을 제공하는 메커니즘을 개발하라. 모니터링 분석의 결과에 따라 실행 중인 작업("실행 중인 프로그램 또는 정책") 또는 의도한 설계("서류상의 프로그램 또는 정책")에 조정이 필요할 수 있다.
- 해석 범죄학은 무엇인가? 우리가 범죄를 예방하고 감소시키고 관리하기를 원한다면 과학적 발견을 정책과 실행으로 해석할 수 있어야만 한다. 해석 범죄학의 목적은 연구와 실행 사이의 역동적인 접점을 만들어냄으로써 기초 연구와 응용 연구 간의 벽을 허물어뜨리는 것이다.

우리는 실행중인 프로그램이나 정책을 관찰하기 위한 전략을 개발할 필요가 있다. 역사는 우리에게 좋은 의도만으로 충분하지 않다는 걸 가르쳐 왔다: 개입을 계획하는 것과 실행하는 것은 서로 다르다. 아래 사례는 같은 전략이 다른 위치에서 어떻게 다르게 실행될 수 있는지를 보여준다.

사례 5.1 "잡초와 씨앗"은 열매를 맺었는가?

잡초와 씨앗(Weed and Seed, W&S) 전략은 미국 법무부가 범죄발생이 많은 지역에서 법집행, 범죄예방, 지역사회 재활을 위해 여러 기관이 참여하는 접근법으로 채택하였다. 2010년 현재 전국적으로 46개 주와 2개 지역에 걸쳐 256개의 잡초와 씨앗 대상지가 존재한다(Trudeau et al., 2010). 여기에는 4가지 핵심적인 요소들이 포함되어 있다(Dunworth & Mills, 1999):

1. **잡초 뽑기**(Weeding): 목표지역에서의 폭력 범죄자와 마약 밀거래자 그리고 다른 범죄들을 확인하고 체포하고 기소하는 법집행 능력을 향상시킨다.
2. **씨뿌리기**(Seeding): 방과 후 학교, 주말 및 여름 청소년 활동을 포함한 인적 서비스; 성인을 대상으로 하는 읽고 쓰기 수업, 부모 상담, 추가 범죄를 예방하고 억제하기 위한 재활 노력.
3. **조정 향상**(Enhanced Coordination): 지역 문제에 대한 긴밀한 분석과 이를 해결하기 위한 전략 개발. 각 참여 장소에 대한 연방정부 감독 책임은 해당 지역 검찰청에 있다.
4. 지역사회 순찰(Community Policing) : 경찰이 특정 지리적 장소에 배치되는 사전 예방적 경찰/지역사회 개입과 문제 해결. 이 노력은 잡초 뽑기와 씨뿌리기를 잇는 교량처럼 보인다. 지역사회의 신뢰와 지지를 확보함으로써 경찰은 주민과 기업을 법집행 노력(예를 들면, 이웃 감시, 시민 행진 및 집회, 그라피티 제거)의 문제 해결 파트너로 개입시킨다.

8개 도시에 대한 국가적인 평가가 이루어져 프로그램 실행과 범죄 및 공공안전에 미친 효과를 점검하였다(Dunworth et al., 1999). 각 장소는 마약 밀거래와 마약 사용과 관련된 폭력 범죄 발생률이 높은 곳이다. 연구에는 자금지원 신청과 상이한 프로그램 서류에 대한 검토; 핵심 프로그램 집행자들, 선임 법집행 실무자, 씨뿌리기 활동의 관리자들, 서비스 제공자들, 지역사회 지도자들과의 인터뷰; 범죄 및 체포에 대한 사건 수준의 기록; 씨뿌리기 프로그램 참여자들과의 집단 인터뷰; 목표대상 지역의 주민에 대한 2차례 설문조사가 포함되었다.

특정 공동체에서 적절한 씨뿌리기 전략의 개발은 예상했던 것보다 훨씬 어려운 것으로 드러났다. 씨뿌리기 노력(예를 들어, 청소년 예방 및 레크리에이션 프로그램, 가족지원서비스, 지역사회 경제개발)은 다른 목적을 가지고 있는 다양한 단체들의 참여와 약속을 필요로 했다. 지역사회 참가자들은 계획, 관계 형성, 합의 및 약속 확보에 많은 시간이 필요하다는 사실을 발견하였다. 반대로 잡초 뽑기는 비교적 분명한 임무를 지녔고 보다 잘 확립된 법집행과 형사사법의 구조 내에서 실행되었다.

각 장소의 목표지역 내에서 잡초와 씨앗 프로그램 실행 직전 1년과 프로그램이 시작된 이후 다음해의 1군 범죄(역주: 살인, 강간, 강도, 가중폭행, 침입 강도 및 절도, 절도(자동차절도 제외), 방화) 추세를 비교하였다. 5개 목표지역에서 두 자리 숫자의 % 감소 결과가 나타났다: 하트포드의 스토빌리지 46%; 피츠버그의 크로포드로버츠 24%, 노스매너티 18%, 슈리브포트의 대상 지역 11%, 시애틀의 중심구역 10%. 목표지역 1곳(웨스트라스베이거스)은 한 자릿수 감소(6%)를 보였고 목표지역 3곳(사우스매너티 2%; 라스베이거스의 메도우빌리지 9%; 솔트레이크시티 14%)에서는 1군 범죄의 증가세가 나타났다.

통제 실험 연구가 불가능하므로 잡초와 씨앗 또는 다른 요인들이 관찰된 범죄의 변화에 어느 정도까지 기여했는지 연구자들이 명백하게 규정할 수 없다. 하지만 확보 가능한 증거를 보면 잡초와 씨앗 프로그램은 범죄율에 거의 영향을 주지 못한다는 사실을 발견했다. 주변, 즉 목표지역이 아닌 지역에서 범죄율은 목표지역에서 증가와 감소를 그대로 따라갔다. 예를 들면, 하트포드와 피츠버그의 경우 목표지역에서의 가장 큰 1군 범죄 감소율을 보였으나 또한 비 목표지역(예를 들어, 개입이 없었던 지역)에서도 가장 큰 1군 범죄 감소율을 보였다.

마약 체포율에서 변화는 전반적인 1군 범죄율의 변화와 연관된 것으로 보였다. 체포자료가 확보 가능한 6개 목표지역 중에서 잡초와 씨앗 프로그램 실행 1년 전부터 실행 다음 해까지 1군 범죄의 감소가 있었다고 보고한 4개 지역은 모두 초기에 높은 마약 체포 비율을 경험했는데, 이는 집중적인 잡초 뽑기 활동의 시작 기간 이후에 마약 체포 비율이 떨어진다는 사실을 발견했다. 법집행의 수준이 어느 정도 지속적으로 남아 있다고 가정하면, 이런 추세는 마약 활동 줄이기에서 어느 정도의 성공을 반영하는 것처럼 보인다.

참가자 인터뷰와 지역사회 설문조사가 함께 실시되었다. 인터뷰한 주민들에 따르면 씨앗뿌리기 프로그램은 목표지역에서 실행하지 않았더라면 얻을 수 없었을 서비스들을 제공해 주었다. 인터뷰를 한 주민 대부분은 씨뿌리기 프로그램 참여가 정서적으로, 물리적으로, 또는 2가지 측면에서 보다 안전하다고 느끼도록 하는 긍정적인 경험이었다고 응답했다. 참가자들이 인식하는 이익에는 목표지역 젊은이들의 삶에 대한 추가적인 구조와 규율 제공 그리고 성인들이 개인적 그리고 직업적 성장을 위해 일하도록 하는 기회와 지원이 포함되었다.

하지만 지역사회 여론조사는 서로 불일치하는 결과를 초래했다. 단 2개 지역(매너티와 피츠버그) 주민만이 경찰 효과성이 실질적으로 개선되고 범죄 심각성이 줄었다고 응답했다. 아콘과 시애틀 주민은 마약 관련 범죄에서 약간 감소했다고 생각했다; 하트포트 주민은 폭력과 갱 관련 범죄에서 어느 정도 감소가 있었다고 응답했다. 3개 지역(라스베이거스, 솔트레이크, 슈리브포트) 주민은 일반적인 공공안전이나 특정 유형의 범죄 심각성에서 어떠한 개선도 없었다고 느꼈다.

요컨대, 잡초 뽑기와 씨뿌리기 활동의 실행과 효과성은 8개 지역에 걸쳐 상당히 다르게 나타났다. 기존에 있던 공동체의 특징(예를 들어, 공동체 결속력)들이 잡초와 씨앗 노력을 향상하거나 약화하는 데에 핵심 역할을 한 것 같다. 기존의 사회 및 제도적 기반 시설(예컨대, 지역사회 기반의 조직 네트워크 구축과 커뮤니티 지도자), 범죄의 심각성, 경제 발전에 유리한 지리적 이점, 인구 유동성이 주요 요소들에 포함된다.

마찬가지로 트뤼도 등(Trudeau et al, 2010)은 별도 평가에서 잡초와 씨앗의 긍정적인 효과를 보여주는 증거를 발견하였으나 "불가능한 것만은 아니지만, 위에서 보고한 결과에서 확신을 갖고 잡초와 씨앗이 개선의 원인이 되었다고 밝히는 것은 어렵다고 판단했다. 이런 유형의 결과는 다양한 요인들에 의해 영향을 받으므로 어느 하나의 개입 효과를 분리하는 작업은 쉽지 않다. 의문이 되는 개입이 잘 설계된 제한적인 프로그램이 아니라 각 공동체의 우선 사항과 자원을 반영하여 각기 다른 위치에서 다른 모양을 취하는 포괄적인 전략일 때 이런 도전은 더욱 두드러진다"고 밝혔다(pp. 10-11). 특정 공동체를 위한 "잡초 뽑기"와 "씨뿌리기" 활동의 적절한 혼합과 순서는 여전히 강력한 도전과제로 남아 있다.

앞서 설계(제3장을 볼 것) 단계에서 "누가 무엇을 누구에게, 어디에서, 어떤 순서로, 얼마나 많이, 얼마나 자주?"를 확인하는 것에 대해 언급하였다. 모니터링 단계에서는 의도한 설계가 적절히 실행되는지(또는 실행되었는지), 또는 다른 장소에서 다르게 실행되었는지를 알아내는 데에 관심이 있다. 간략히 살펴보겠지만, 모니터링은 프로그램이나 정책의 전 과정을 통해서 지속적인 자료 수집을 요구한다. 실행과 모니터링을 구분하는 것이 유용하다.

실행

실행계획(제4장을 볼 것)의 시작, 운영, 관리. 프로그램이나 정책이 실제로 시작되면 계획했던 것(예를 들어, 프로그램이나 정책 설계)과 실제로 실행되는 것(예컨대, 실행 중인 프로그램이나 정책) 사이의 차이를 최소화하려고 한다.

모니터링 단계에서 우리는 프로그램이나 정책이 적절히 실행되는지 알아 보고자 한다. 모니터링은 설계 또는 청사진("서류상"의 프로그램이나 정책)이 계획한대로 실행되고 있는지를 판단하는 정보 수집과 관련이 있다. 자료(예를 들어, 관찰, 설문조사, 인터뷰)는 실제로 의뢰인에게 무엇이 전달되고 있는지(실행 중인 프로그램이나 정책)를 파악하기 위해 수집된다. 다음으로 개입의 설계(예를 들어, 서비스 전달 또는 정책 규정들)를 수정하거나 현재 실행 중인 것을 계획한 설계와 일치하도록 하는 조정이 필요할 수 있다. 다음의 사례는 지역 및 주의 사법 프로그램에 연방정부 자금을 제공하는 주요 제공원인 법무부 사법보조국(Bureau of Justice Assistance, BJA)의 모니터링 요구사항을 보여준다.

모니터링

프로그램이나 정책 실행이 계획한대로 진행 중인지 여부를 알아보기 위한 시도. 모니터링은 서류상의 프로그램이나 정책(설계)과 실행 중인 프로그램과 정책(실행) 사이의 차이를 확인하려고 시도하는 하나의 과정이다.

사례 5.2 법무부 사법보조국(BJA) 사법제도실(OJP)의 모니터링 요구사항

모든 교부금은 프로젝트 활동과 성취에 관한 반기성과보고서(OJP FORM 4587/1)를 제출하도록 요구한다. OJP는 적절한 정보를 일관성 있게 수집하기 위해서 6가지 주요 질문을 통해 교부금 실행과 목적 달성을 모니터링 한다.

보고요건. 여기에 제시한 보고요건은 교부금 제공기관에 교부금 실행과 목적 달성을 모니터링 할 수 있도록 충분한 정보를 제공하기 위해 설계되었다. 교부금의 효과적인 모니터링을 지원하기 위해 성과보고서는 반드시 교부금 지원서에서 제공된 교부금 실행계획의 핵심이 되어야 한다. 보고서는 특별히 다음과 같은 사항을 포함하여야 한다:

1. 이전 보고 기간에 완료 예정이었지만 실행이나 다른 문제로 인해 이월된 각 목적의 상태를 제시하시오.
2. 이번 보고 기간에 달성하도록 예정돼 있었던 각 목적의 상태를 명시하시오.
3. 실행 문제를 해결하기 위해 계획된 시정 조치를 기술하고, 프로젝트 달성을 위한 잔여기간 및 잔여 목적들에 대해 이 문제들이 미치는 영향을 기술하시오.
4. 적절하다면, 문제들을 극복하기 위해 교부금 지원서에서 구체적으로 밝힌 실행계획에서 어떤 변화가 필요한지를 확인하시오. 지원서에서 제시된 계획과/또는 목적을 변경하는 변화는 앞서 교부금 제공기관의 승인과 교부금조정고지서(Grant Adjustment Notice, GAN)의 발급을 필요로 한다.
5. 향후 6개월간 교부금 제공기관이 실행 문제를 해결하는 데에 도움이 되도록 어떤 기술적 지원을 제공해야 하는지 기술하시오. 실행 문제를 해결하기 위한 기술적 지원이 이미 제공되었다면 다뤄진 문제(또는 임무)와 제공된 지원의 결과(또는 영향)가 무엇인지 기술하시오.
6. 교부금 신청서(실행계획)에서 제시된 성과 측정에 근거하여 이번 보고 기간과 과거 누적기간 모두에 걸쳐 달성한 결과(프로젝트의 결과)를 양적 개념으로 제시하시오. 특

히 프로젝트 목표가 변경되었다면 그것을 설명하고 단서를 붙인 진술이 여기에서는 도움이 될 것이다.

출처: 미국 법무부(2014)

1. 모니터링을 위한 주요 질문 개요

모니터링은 설계단계와 직접 관련된다(제3장을 볼 것). 프로그램이나 정책 설계의 핵심 요소들이 적절히 실행되고 있는지 아닌지를 어떻게 측정할까? 우리는 모니터링 결과로 나타난 모든 핵심 질문을 해당 프로그램 또는 정책설계 기능 측면에서 지정할 수 있다(표 5.1을 볼 것).

표 5.1 모니터링을 위한 주요 질문

프로그램/정책 설계 기능	모니터링을 위한 핵심 질문
목표 집단	• 적절한 대상 집단을 선택했는가? 프로그램이나 정책이 목적으로 삼은 실질적인 대상자의 특징은 무엇인가? • 프로그램 또는 정책이 의뢰인 적격성(예를 들어, 나이, 성별, 소득, 지역 등) 및 서비스 대상 숫자면에서 지정된 기준을 충족하였는가? • 적절한 대상모집, 위탁, 검사 그리고 수용 절차가 이어지고 있는가? 대상선정 결정은 어떻게 이뤄졌는가?
프로그램 구성요소 또는 정책 조항	• 누가 무엇을 누구에게 어떤 순서로, 얼마나 많이, 얼마나 자주? 우리는 무엇을 했는지 측정하는 단위가 필요하다. 예를 들어, 약물 치료 프로그램에서 의뢰인에게 전달된 서비스를 측정하는 한 방법은 의뢰인에게 실제로 전달된 전체 상담 시간을 기록하는 것이다. 의뢰인들이 정기 프로그램 세션(가령, 그룹미팅)에 참석했다고 한 횟수, 프로그램을 성공적으로 수료한 의뢰인 숫자를 측정할 수도 있다. 삼진아웃법의 경우, 용의자 기소 및 처리 규칙을 기술하는 것 외에도, 기소되고 유죄 판결을 받은 사람들의 숫자를 파악할 수 있다. • 프로그램 서비스나 정책 규정들이 제공되는 방식에서 변화가 있었는가? 예를 들어, 한 프로그램에서 어느 의뢰인이 다른 이들과 분량이나 형태가 다른 서비스(가령, 대우의 질이나 빈도)를 받았는가? 프로그램 또는 정책이 실행된 장소 또는 위치가 한 곳 이상이었는가? 만일 그렇다면 서로 다른 장소에서 서비스가 일관되게 관리되었는가? 가

	령, 같은 주 내에서 일부 도시나 카운티의 법원이 다른 도시들에서 보다 삼진아웃법 규정에 따른 기소에 더욱 적극적이었는가?
정책을 실행하도록 임명된 프로그램 실무자 또는 개인	• 프로그램: 적절한 실무자를 선택해 훈련시켰는가? 그들은 명시된 직무 기술에 들어맞는가? 실무자는 본인의 임무를 이해하고 기대한대로 실행하는가? 다른 프로그램 실무자가 다른 방식으로 서비스를 제공하는가? • 정책: 개인이 분명히 명시된 정책을 실행할 책임이 있는가? 개인들이 정책과 자기 책임성을 이해했는가? 임명된 당국자들이 구체적 임무를 지속적으로 실행하기 위한 적절한 절차를 준수했는가? 다른 정책 당국자들이 같은 규칙을 달리 실행했는가?

우리는 프로그램 또는 정책 설계와 모니터링 간의 관련성을 도표 5.1의 차트를 참조하여 설명할 수 있다. 그리고 어떤 질문을 물어야 할지를 쉽게 알 수 있다. 첫 번째 세로줄에 우리는 대상, 실무자 또는 책임 있는 당국자 그리고 프로그램 구성요소 또는 정책 조항의 측면에서 모든 주요 설계특징을 요약한다. 우리는 프로그램이나 정책 설계에 대한 앞선 평가(제3장을 볼 것)로부터 이 모든 정보들을 확보해야 한다. 이어 두 번째 세로줄은 의도한 설계 기능이 적절히 실행되고 있는지를 확인하기 위해 데이터를 수집하는 몇 가지 방법(짧게 논의될)이 필요함을 보여준다. 세 번째 세로줄에서는 모니터링 결과를 보고한다: 프로그램이나 정책이 실제로 어떻게 실행되는가? 마지막으로 네 번째 세로줄에서는 프로그램 또는 정책 설계와 실행 사이에 발견되는 어떤 차이를 요약한다(첫 번째와 세 번째 세로줄을 비교해 보라). 모니터링 분석으로부터 수집한 정보는 발견된 실행 격차를 해결하기 위해 프로그램 또는 정책을 수정하는 데에 중요하다.

2. 모니터링 데이터 수집 도구

모니터링을 위한 4가지 데이터 수집 기법이 있다(Rossi, Lipsey, & Freeman, 2003): (1) 관찰 자료, (2) 서비스 기록(문서), (3) 서비스 제공자 자료(실무자), (4) 참여자 자료(표본). 가능하다면 1가지 기법 이상을 사용하고, 이용 가능한 시간과 자원에 따라 가능한 많이 사용하는 것이 좋다. 각각은 이점과 한계를 가지고 있다.

도표 5.1 모니터링 분석

	1. 의도했던 것은 무엇인가?(예를 들어, 서류상의 프로그램이나 정책, 프로그램 또는 정책의 설계)	2. 모니터링은 어떻게 진행되었는가?(예를 들어, 4가지 자료 수집 방법 중 어떤 것이 사용되었는가?)	3. 모니터링의 결과는 무엇인가?(예를 들면, 프로그램이나 정책이 실제로 어떻게 실행되었는가?)	4. 서류상 프로그램/정책(설계)과 실행 중인 프로그램/정책(실행) 간에 어떤 격차가 발견되었나?
목표(가령, 자격, 제공될 숫자, 접근, 검사, 수용)				
프로그램/정책 실행을 책임진 프로그램 실무자 또는 개인(예를 들어, 선택, 훈련, 임무)				
프로그램 요소나 정책 규정들(예를 들면, 특정 상품, 서비스, 기회 또는 전달될 개입)				

1) 관찰 자료

관찰 자료(observational data)는 프로그램 활동과 정책 조항에 대한 풍부하고 상세한 정보 출처를 제공할 수 있다. 관측 자료를 통해 우리는 평가자와/또는 훈련된 관찰자가 실제로 프로그램 또는 정책에 참여하거나 관찰한다는 것을 의미한다. 예를 들어, 고전적인 미니애폴리스 가정폭력 실험(Sherman & Berk, 1984)에서 훈련받은 관찰자가 경찰 차량에 탑승해 다니면서 경찰이 가정폭력 출동요청에 어떻게 대응하는지를 관찰하고 경찰이 3가지 개입(체포, 중재, 분리) 중 하나를 실행할 때 합의된 절차를 준수했는지를 관찰하였다. 하지만 좋은 관찰 자료가 프로그램이나 정책 현장에서 단순히 "어울려 다니는 것"만으로 얻어지지는 않는다. 관찰자는 어떻게 관찰하고, 관찰한 것을 어떻게 기록할지에 대한 훈련을 받아야 한다. 관찰하고 기록하는 몇 가지 체계적인 수단이 필요하다. 3가지 관찰 기법이 가능하다: (1) 내러티브 기법 (2) 자료 가이드 기법 (3) 구조화된 등급 체계(Sherman & Berk, 1984).

내러티브 기법(narrative method)을 사용할 때 관찰자는 사건이 발생하는 순서대로 자세하게 기록한다. 일기와 매우 유사하다. 3가지 기법 중에서 가장 구조화되지 않은 기법이지만 실행에 관해 풍부하고 상세한 정보를 제공할 수 있다. 관찰자는 어떤 서비스가 제공되었고 어떻게 의뢰인이 반응을 했으며 실무자는 어떻게 행동했는지 등을 기술한다.

자료 가이드 기법(data guide method)에서 평가자 또는 변화관리자는 관찰자에게 관찰결과로부터 답변에 필요한 구체적인 질문을 제공한다. 내러티브 기법보다 구조화(structured, 역주: 모든 대상자에게 표준화한 질문을 하는)된 기법이지만 구조화된 등급 체계보다는 덜 구조화됐다. 예를 들면, 관찰자는 음주운전 단속을 관찰하기 위해 경찰과 함께 나갈 수 있다. 관찰자는 각 단속에 대해 답변하려는 질문 목록을 제공받는다:

- 경찰관은 음주운전을 확인하기 위한 차량을 어떻게 선택했는가?
- 차량 안에 얼마나 많은 사람이 있었는가?
- 어떤 종류의 차량이었나(모델, 연식)?
- 운전자 특징을 기술하시오(나이, 성별, 인종).
- 용의자는: 공손했는가? 협력적이었는가?
- 경찰관은 공손했는가? 경찰관이 차량을 멈춘 목적을 설명했는가?
- 경찰은 어떤 행동을 취했나(예를 들면, 음주테스트; 혈중알코올농도측정; 경고; 아무 것도 없었나)?
- 검문 동안에 비정상적이거나 중요한 일이 일어났는가?

구조화된 등급 체계는 3가지 관찰 기법 중 가장 부자연스럽다. 관찰자는 표준화된 척도나 체크리스트에 근거해 어떤 종류의 행동에 등급을 매기도록 요구받는다. 관찰자는 경찰과 함께 음주운전 단속을 나간 앞의 사례를 사용하여 관찰자에게는 경찰이 차량을 멈출 때마다 작성해야 하는 체크리스트가 주어질 것이다. 체크리스트는 도표 5.2와 같은 항목을 담고 있다.

일반적으로 주요 관찰 수단의 이점은 관찰자가 제공하는 프로그램 활동을 직접 묘사한다는 데에 있다. 이 기술과 관련된 주요 문제점은 관찰자의 존재 자체가 프로그램 인력이나 참가자의 행동을 실제로 변경시켜버릴 수 있다는 것이다. 예를 들면, 경찰관은 민간인 관찰자가 그들을 지켜본다는 것을 알고 있을 때 말이나 행동을 더 조심하지 않을까? 다른 문제는 관찰자가 정보를 지속적으로 또는 정확하게 보고하거나 기록하지 않을 수 있다는 점이다. 덜 구조화된 관찰 체계일수록(예를 들어, 내러티브 기법) 관찰자 의존성과 상대성에 관한 우려가 커진다.

도표 5.2 음주운전 단속을 위한 관찰자 체크리스트

관 찰 자: ________________ 음주운전 단속

차량 종류: ________________ 날짜와 시간: ________________

관찰자 유의사항: 용의자와 경찰관 행동을 아래 제시된 대로 5점 척도로 평가하시오. 어떤 일이 일어났는지 여러분의 생각과 가장 적합한 숫자에 원표시를 하시오.

	1	2	3	4	5
1. 용의자는:	1 공손	2	3	4	5 모욕적
2. 경찰관은:	1 공손	2	3	4	5 모욕적
3. 경찰관의 지시는:	1 분명	2	3	4	5 모호

4. 취해진 행동은(한 곳만 체크):

________ 현장 음주 테스트 ________ 혈중 알코올 농도 측정

________ 경고 ________ 어떤 행동도 없었음

________ 기타(구체적으로 기술하시오: ____________________)

2) 서비스 기록 자료

서비스 기록 자료(service record data)는 실무자가 보관하는 서면, 타이핑 또는 전산회된 기록을 말한다, 많은 프로그램은 실무자로 하여금 프로그램 의뢰인, 서비스 전달, 실무자 임무 등에 관한 구체적인 정보를 수집하도록 요구한다. 간단한 1가지 사례는 프로그램 출석 자료다: 실무자는 의뢰인이 예정된 회합에 참석했는지 아니면 불참했는지를 기록하도록 요구받을 것이다. 또는 각 의뢰인이 프로그램에 참가한 전체 시간을 기록해야 할 수도 있다. 이 책의 제1저자가 캐나다의 연방 법의학 교도소에서 일한 적 있다. 이 시설에서는 법원과 치료 서비스기관을 위해 유죄판결을 받은 범죄자들의 심리 평가를 제공하고 있었다. 이곳은 교도소이면서도 공인된 병원이었으므로 의료 기록을 보관해야 했다. 실무자는 수용자를 방문할 때마다 매

번 의료 기록 바인더에 방문 목적, 방문 기간, 일어난 일, 의뢰인의 정서 상태, 의뢰인에게 취한 행동(만약 있다면) 등을 기록해야 했다. 일반적으로 많은 프로그램에서 프로그램 실무자는 각 의뢰인에게 무엇을 조치했고 다른 활동에 보낸 시간이 얼마나 되는지 등을 정기적으로 일지에 기술하도록 요청받을 것이다. 이런 기록은 복잡성과 신뢰성에 따라 다르겠지만 모니터링 정보에 좋은 출처를 제공할 것이다.

서비스 기록 자료는 최소한 2가지 이점이 있다: 그런 자료는 (1) 비싸지 않고 (2) 손쉽게 확보할 수 있다. 하지만 서비스 기록 자료는 2가지 일반적인 단점이 있다: (1) 프로그램 기록은 의뢰인과 적절한 서비스를 모니터링 하는 데에 필요한 충분한 정보가 포함되어 있지 않을 수도 있다, (2) 실무자가 이 정보를 지속적으로 정확하게 기록하지 않았을 수도 있다. 이런 문제들에 대한 3가지 가능한 해결책이 있다: (1) 모니터링 도구를 개발함에 있어 실무자의 참여를 모색한다, (2) 이 도구들을 어떻게 사용할지에 관해 실무자를 훈련시킨다, (3) 정기적인 품질관리 점검을 실시하여 기록이 제대로 유지되고 있는지 확인한다. 서비스 기록 자료를 활용하는 데 있어 3가지 핵심 가이드라인이 있다:

1. 빈약한 자료를 많이 모으는 것보다 적더라도 지속적으로 신뢰할 만한 자료를 모으는 것이 좋다.
2. 기록 양식은 프로그램 실무자가 쉽게 사용할 수 있도록 가능하면 항상 체크리스트로 구성되어야 한다.
3. 서비스 기록은 일관성과 정확성을 위해 작성 완료 직후 바로 확인되어야 한다. 정기적인 점검을 실시하고 필요에 따라 실무자에게 시정 피드백을 제공해야 한다.

3) 서비스 제공자 자료

서비스 제공자 자료(service provider data)는 평가자나 변화관리자가 프로그램이나 정책의 실무자로부터 직접 확보하는 정보와 관련이 있다. 예를 들면, 서비스 기록과 달리, 우리는 실무자에게 제공되는 구체적인 활동과 서비스에 대해 물어볼 수 있다. 의뢰인 참여가 높은지/낮은지, 다른 활동에 보낸 시간은 얼마나 되는지, 의뢰인은 어떻게 반응했는지 등을 질문할 수 있다. 실무자의 생각을 얻기 위해 비교적 비공식적이거나 보다 체계화된 인터뷰(structured interview, 역주: 모든 대상자에게 동일한 순서로 표준화한 질문을 하는 면접 방식)을 사용하거나 설문지 또는 설문조사를 활용할 수도 있다. 이 기법의 주요 이점은 프로그램 또는 기관의 사람들이 개입에 정기적으로 참여하기 때문에 종종 상세하고 직접적인 경험과 지식을 제공할 수 있다는 점이다. 주요 문제로는 잠재적인 주관성을 들 수 있다: 프로그램 실무자 또는 정책 당국자는 그들 자신이나 프로그램/정책을 잘 보이게 하는 답변을 할 수가 있다. 또 실무자는 이 기법을 위해 소요되는 추가 시간이나 작업(예를 들어, 더 많은 서류 작업)에 거부감을 보일 수도 있다. 따라서 연구자나 변화관리자는 실무자가 제공하는 정보가 미비하거나 부정확하지 않은지 확인해야 한다.

4) 참가자 자료

참가자 자료(participant data)는 평가자와 변화관리자가 의뢰인이나 목표로부터 직접 얻는 정보에 대한 것이다. 개입에 대한 의뢰인의 인식은 자주 무시되기도 한다. 실제로 어떤 서비스가 제공되었는지에 대한 의뢰인의 인식뿐만 아니라 프로그램 서비스나 정책 규정에 대한 그들의 만족도를 얻는 것이 중요하다. 예를 들어, D.A.R.E.(Drug Awareness Resistance Education) 프로그램이 제공한 서비스를 물을 때, 참가자에게 그들이 받은 정보를 제대로 이해했는지, 그 정보를 활용했는지(학생들은 프로그램에 참여한 결과 마약을 덜 사용했을까?) 여부를 질문할 것이다. 초등학교에서의 평가는 D.A.R.E 프로그램이 제공한 정보가 매우 잘 이해가 되었지만 마약 사용 행동에는 거의 영향을 미치지 않는 것으로 나타났다(Gottfredson, 1998; Ringwalt et al., 1994). 프로그램 서비스에 대한 실무자의 인식을 측정하는 경우처럼, 우리는 설문지/또는 설문조사를 활용하여 의뢰인의 인식을 평가할 수 있다. 의뢰인의 인식을 확보하는 이점은 의뢰인이 프로그램이나 정책 서비스에 대한 직접적인 경험과 지식을 많이 가지고 있는 유일한 당사자라는 점이다. 고려해야 할 단점으로는 주관성이 있을 수 있고(의뢰인과 목표대상은 그들의 개인적 경험에 근거해 개입을 "좋게" 또는 "나쁘게" 보이게끔 하려고 할지 모른다), 낯선 평가자나 "외부인"에 대한 불신을 지닐 수 있다는 점이다. 참가자로부터 유효한 반응을 얻어내기 위해서는 약간의 기술이 필요하다. 그렇다고 이 문제를 절대로 극복할 수 있는 건 아니다.

3. 회계 모니터링

모니터링 데이터의 추가적인 유형은 항상 자금출처에 의해 요구된다: 그들은 프로젝트, 프로그램, 정책을 실행하는 동안 자금을 어떻게 사용했는지를 자세히 담고 있는 정기적인(보통 분기 또는 반기) 재무 보고서를 요구한다. 개입을 실행하기에 앞서 믿을만한 회계 및 재무 보고 시스템을 제대로 갖추어 놓고(제4장의 "자원계획"을 참고할 것) 자금제공 기관의 보고 요건을 완벽하게 준수하는 것이 필요하다. 아래에 연방 회계 요구사항의 사례가 제시되어 있다.

사례 5.3 회계 관리 시스템 기준: 법무부 형사사법제도실(OJP)의 프로그램 회계 가이드 요약

모든 교부금 수령자와 2차 수령자는 충분한 회계 시스템과 재정 기록을 만들어 관리하고 그들에게 주어진 자금을 정확히 설명할 수 있어야만 한다. 수령자로서 교부금 자금의 수령, 의무, 지출을 기록하고 보고할 수 있도록 재무관리시스템을 제대로 갖춰야만 한다. 다음과 같은 모든 정보를 추적하기 위해 상세한 회계 기록과 문서를 보관해야 한다.

- 지급된 연방 자금
- 적립된 연방 자금
- 가능하다면, 주, 지역, 민간 기관의 매칭 펀드
- 프로그램 수입
- 서브어워드(양, 목적, 지급조건, 최근 상태)(subaward)
- 그 지급에 대해 지출된 계약
- 경비지출

더 자세한 정보를 원하면 Title 28 CFR Part 66과 Title 28 CFR Part 70을 참조하시오.

회계 시스템

- 적절한 회계 시스템은 지원금 지급과 연방 규제에서 요구하는 보고서를 작성하는 데 쓰일 수 있다. 귀하의 시스템은 다음과 같은 모든 사항을 지원해야 한다:
- 재무보고는 지원금의 요구사항에 맞게 정확하고, 최신이며, 완전해야 한다.
- 여러분이 수령자일 경우, 2차 수령인의 현금 잔액 및 현금 지출에 대한 보고서를

충분한 시간 내에 수령할 수 있게끔 하여 자금제공 기관에 대한 정확한 현금 거래 보고서를 작성할 수 있도록 적절한 절차를 마련한다.

- 회계 시스템은 지원받은 자금을 별도로 설명할 수 있어야만 한다(자금들 간 혼합금지).
- 적절한 회계 시스템은 귀하가 모든 연방 자금의 수령과 지출, 의무를 지원할 기록을 관리하도록 해 줄 것이다.
- 적절한 회계 시스템은 직접 및 간접비용에 대한 계획, 통제, 측정, 평가를 위한 재무 자료를 수집하고 보고한다. 여러분의 시스템은 모든 간접비용에 대해 연방기관으로부터 승인을 얻도록 여러분이 모든 관련 비용을 파악하는 것을 도와야 한다.

수령자와 2차 수령자의 회계 책임

1. 재무 운용의 검토
   - 직접 수령자는 자신들의 2차 수령자의 재무 운용, 기록, 시스템, 절차에 익숙해야 하고 정기적으로 모니터링 하여야 한다.
   - 수령자로서 여러분은 2차 수령자의 최신 재무자료 관리에 특별한 관심을 둬야 한다.
   - 2차 수령자 모니터링에 대한 추가 정보는 Chapter 3.14를 참고하기를 바란다.
2. 재무 활동의 기록
   - 수령자는 2차 수령자의 현금 서비스와 다른 재무 활동뿐만 아니라 자금 및 계약 의무를 요약 형태로 장부에 기록하여야 한다.
   - 수령자는 2차 수령자의 경비지출을 장부에 기록하여야 한다. 그 대신에 2차 수령자가 자신의 재무 활동에 관한 추적을 위해 보고양식을 보관해야 할지 모른다.
   - 2차 수령자가 수행하는 프로그램이나 프로젝트에 적용되는 비 연방 기부금도 프로그램 운영에서 발생하는 프로그램 수입과 마찬가지로 기록되어야 한다.
3. 예산편성과 예산 검토
   - 수령자는 각 2차 수령자가 자신의 자금지원 약속에 따른 적절한 예산을 준비하는지 확인해야 한다.
   - 수령자는 각 프로젝트 예산의 세부항목을 파일로 보관해야 한다.
4. 비 연방 기부금에 대한 회계
   - 비 연방 기부금은 현물 서비스(자원봉사 시간과 같은 기부 서비스) 또는 현금을 포함할 수 있다.
   - 수령자는 비 연방 기부금에 적절한 요건, 제한, 규제가 적용되도록 해야 한다.
5. 2차 수령자의 회계감사요건 구비 보장
   - 수령자는 2차 수령자가 이 지침(Chapter 3.19를 참조할 것)에 포함된 필수 회계감사요건을 만족하도록 하여야만 한다.

6. 부정사항 보고
   - 수령자와 2차 수령자는 불법적인 행위, 부정사항과/또는 제안되거나 실질적인 행위를 자금제공 기관과 연방관할회계감사 기관에 신속히 고지할 책임이 있다.
   - 불법 행위와 부정사항은 이해관계 충돌, 기록이나 보고서의 위조, 자금이나 다른 자산의 부정 유용을 포함한다.
   - 발생하는 어떤 부정행위라도 형사사법제도실(OJP) 내 해당 국 또는 프로그램 과로 알려주길 바랍니다.
7. 활동금지 및 직무정지 조치된 조직과 업무 회피
   - 수령자와 2차 수령자는 연방 지원 프로그램으로부터 활동금지 또는 직무정지 조치된 대상에게 절대로 자금을 제공하거나 허용해서는 안 된다.
   - 활동금지 절차와 관련한 자세한 사항은 Title 28 CFR Part 67, "Government-wide Debarment and Suspension"을 보길 바란다.
8. 보험
   - 자금제공 기관은 수령자가 연방 정부의 이익을 보호할 충분한 보장이 없는 경우 적절한 신원보증보험(fidelity bond)을 요구할 수 있다(Title 2 CFR Part 215, Subpart C를 참조할 것).

(Office of Justice Programs, 2014)

4. 자원계획 조정

프로그램이나 정책이 일단 실행되면 자원이 부적절한 것으로 드러나거나 잠재적인 자금 제공자들이 제안된 예산을 완벽히 제공하지 못할 수 있기 때문에 예산 조정이 필요함을 발견하게 된다. 첫 번째 경우, 실행 후 프로그램 경비가 너무 상승하기(이용 가능한 자금의 범위를 벗어나는 경우) 시작해 프로그램 활동과 그 목표를 줄여야 할지 모른다. 프로그램 설계를 실행하는 데에 필요한 자원이 없다는 것을 나중에 알아내는 것보다 지금 바로 줄이는 것이 좋다. 프로그램이 기술한대로의 목표를 달성하지 못한다면, "충분한 자원을 갖지 못했을 뿐이다"라는 변명을 아무도 들으려 하지 않을 것이다; 즉 말하자면: "예산을 세울 때 무엇을 하고 있었는지 몰랐다"고 하는 것과 다름없다. 그런 변명은 자신감을 불어넣지 못한다. 두 번째 사례로는 잠재적인 자금제공원이 자금 지원서를 받고 우호적으로 검토한 다음에 제안서 작성자에게 프로그램이나 정책 경비를 2~30%까지 삭감할 것을 요구했을 수 있다. 또는 심한 경우, 개입이 이미 시작된 이후 자금제공 기관이 재정적 어려움에 봉착해 교부금을 받는 이에게 비용을 25~30%까지 삭감하도록 요구할 수 있다.

그 결과 변화관리자(change agent) 또는 실행 시스템(action system, 예를 들어, 프로그램 책임자)의 구성원은 조정을 할 준비가 되어 있어야만 한다(다른 유형의 이해당사자들에 관한 논의를 보려면 제1장을 참조할 것). 계획한 프로그램이나 정책 설계를 실행하기에 불충분하다고 판단될 경우 자원 조정을 위한 4가지 옵션이 가능하다(도표 5.3을 볼 것).

도표 5.3 자원계획 조정: 4가지 옵션

1. 비용을 충당하기 위한 자금을 증가시키려고 노력하라: 프로그램 비용에 자금을 지원하기 위해서는 다수의 자금제공원이 필요할 수 있다. 아마 하나 이상의 교부금이 필요할 것이다. 가끔 자금 제공자는 자금제공을 지원하는 기관이 매칭 펀드를 마련하기 전까지는 어떤 자금도 없을 것이라는 요구사항과 함께 제공자의 기여에 부합하는 자금을 지원하도록 요구할 것이다.
2. 대상 선택과 자격 기준을 재정립하라: 의뢰인의 자격(예를 들어, 가장 필요로 하는 이들)을 제한하거나 서비스를 제공할 의뢰인 숫자(가령, 방과 후 비행 예방 프로그램을 애초 의도한 50명이 아니라 30명의 고위험 청소년에게 효과적으로 제공)를 줄이는 것과 관련이 있다.
3. 프로그램 목표를 줄이거나 수정하라(예를 들면, 목표의 숫자를 줄인다): 약물 남용예방 상담, 생활 기술 교육, 직업교육, 일자리 준비를 제공하기보다 프로그램 목표를 고용과 같은 하나의 목적으로 제한한다.
4. 프로그램 계획을 수정하라: 프로그램의 필수 요소라고 보기 어려운 것부터 시작해서 프로그램의 요소 하나 이상을 제거하거나 프로그램의 기간을 줄인다.

5. 데이터 수집, 저장, 분석에 대한 책임 부여

모니터링은 정보 수집을 필요로 한다고 강조하였다. 이는 대개 서비스 제공 임무 이외에도 프로그램 또는 기관 실무자에게 더 많은 작업이 필요하다는 것을 뜻한다. 하지만 그런 정보는 필수적이므로 어느 프로그램이나 기관도 이것 없이 생존하거나 성장할 수 없다. 예컨대, 모든 프로그램은 책임 목적을 위해 몇 가지 기본적인 정보를 기록할 필요가 있다. 집중감시 보호관찰에서 의뢰인과 만들어진 접촉의 횟수, 방과 후 비행예방 프로그램에 참여하는 시간 및 약물 남용예방 프로그램에서 그룹 상담 세션에 매주 참석하는 시간이 그 사례들에 포함될 것이다.

저자들은 비영리 단체 및 형사사법 기관들과 일하면서 자금제공 기관이나 프로그램 감독자들이 프로그램의 정보 보고 요건에 대해 명확하게 소통하거나 강조하지 않는다는 사실을 발견하였다. 또한 모니터링 자료 수집을 책임진 실무자는 종종 그런 임무를 실행하는 데에 필요한 훈련, 기술 그리고 시간이 부족하다는 사실도 알 수 있었다. 어떤 정보가 지속적이고 정확하게 기록되도록 하는 모든 책임은 프로그램 관리자나 책임자에게 있다. 이해당사자들은 서비스를 제공받는 의뢰인의 숫자와 특징, 필요의 수준, 프로그램 진행 및 참여 그리고 모든 결과에 대해 정기적으로 보고받기를 기대한다.

누군가가 그 일을 확실히 하기 위해 책임을 맡아야 한다. 프로그램 관리자가 이런 임무를 담당할 책임을 실무자에게 부여했다면, 또한 그것이 제대로 되게끔 확실히 할 책임도 그에게 있다. 어떤 정보를 수집하고, 누가 정보 수집에 책임이 있고, 어떻게 수집·기록·저장할지에 대해 어떤 모호함이라도 있다면, 프로그램 관리자는 프로그램이나 정책을 실행하기 전에 반드시 그런 모호함을 없애야 한다. 그런 차이가 나중에 발견된다면 반드시 채워야 한다. 이러한 "평범한" 검토사항을 심각하게 받아들이지 않는 위험은 자금 지원이나 승인에 대한 신뢰를 잃었을 때에 나타날 프로그램이나 정책의 잠재적 실패로 이어진다.

6. 정보 시스템 능력 개발

좋은 정보 시스템은 몇 가지 목적에 도움이 될 수 있다. 무엇보다도, 우수한 정보 시스템은 중요한 지원 또는 반대를 나타낼 수 있는 자금제공 기관과 지역사회, 다른 이해당사자들에게 책임감을 입증할 수 있다. 또한 좋은 정보 시스템은 계획을 실행하는 데에 유용하다: 좋은 정보 시스템은 계획이 얼마나 잘 진행되고 어떤 문제가 발생하는지를 프로그램 관리자나 정책 책임자가 잘 살펴볼 수 있게 하고 조정에 대한 결정을 용이하게 한다. 유용한 정보 시스템은 시간 경과에 따른 지속적인 모니터링을 가능하게 한다: 이는 프로그램이나 정책 설계에 있어 의도한 변화와 의도하지 않은 변화 모두에 민감하다. 5가지 가이드라인이 유용한 정보 시스템의 개발을 촉진해야 한다.

정보 시스템

정보 시스템은 의뢰인, 실무자, 프로그램이나 정책의 활동에 관한 자료를 수집하는 지속적인 방법이다. 이 시스템은 서류 양식과 기록으로 구성되거나 완전히 전산화된 자료 입력 및 저장 시스템으로 구성될 수 있다.

먼저, 실무자의 동의를 얻는 게 필수적이다. 추가적인 서류작업이나 온라인 자료 입력이 의미 있고 유용한 정보를 제공한다는 것을 보여주지 못한다면 이런 작업은 환영받지 못한다. 예를 들어, 만일 실무자들이 의뢰인 성과, 프로그램 서비스, 자신들의 성과에 대한 유용한 피드백을 받는다는 것을 알게 된다면 이런 작업에 보다 수용적인 자세를 취할 수 있다.

비용은 추가로 고려할 사항이다: 새로운 양식을 인쇄하는 것조차 작은 비영리 기관에는 부담이 될 수 있다. 확실히 새 컴퓨터를 구입하거나 조정된 컴퓨터 네트워크를 설치하는 것은 상당히 많은 비용을 필요로 한다. 하지만 기관 규모가 클수록 의뢰인의 숫자도 많고, 더욱 정교한 정보 저장 시스템이 필요하다. 또한 상세하고 정기적인 의뢰인 평가 및 재평가 절차(예를 들면, 전과자의 위험이나 필요성 분류), 다양한 의뢰인에게 제공되는 다양한 서비스들로 인해 필요성이 커질 수 있다.

호환성 또한 고려해야 할 사항이다: 어떤 정보가 이미 수집되고 있는가? 최신 정보시스템을 설계하는 대신 현재 정보시스템을 어느 정도 수정할 수 있는가? 다른 기관과 정보를 공유할 필요가 있는가?

정보를 안전하게 지키는 것은 중요하다. 예컨대, 비행 예방 프로그램에서 실무자는 청소년의 신상정보를 보호할 필요가 있다. 하지만 청소년의 필요사항을 적절히 평가하려면 프로그램은 청소년의 이전 범죄기록과 현재 학교 성적 같은 민감한 정보가 필요하다. 그런 정보를 다루고 사용하고 저장하는 데 대한 엄격한 절차가 개발되어야만 한다.

일반적으로 우수한 정보를 수집하기 위해서는 실무자 훈련이 필수적이다. 절대로 다른 사람에게 온라인 시스템의 개요를 제공하거나, 양식 패키지를 전달하고 "지침이 동봉되어 있음" 정도로 설명하지 말아야 한다. 실무자들이 스스로 어떤 일을 하도록 요구받고 있는지 그리고 왜 그런지를 이해하도록 해야 한다. 사례연구 5.3을 읽으면서 이 5가지 가이드라인을 검토해 보길 바란다.

7. 이해당사자에 대한 피드백 제공 메커니즘 개발

마지막으로, 모니터링 정보를 활용하기 위한 계획을 세워야 한다. 변화관리자는 적절한 이해당사자(예를 들면, 프로그램 의뢰인, 실무자, 다른 기관들, 입법자, 자금제공기관, 지역사회 대표들)를 확인하고, 결과에 대해 소통하기 위하여 개인 또는 단체 모임 일정을 세워야 한다. 일부 보고는, 특히 자금제공 기관에 대해서는, 프로그램 보고 또는 연구 보고서 형태로 이루어질 것이다. 차이가 발견되는 어느 곳에서든지 이를 바로 잡기 위한 행동을 논의하고 실행하여야 한다. 민간, 공공, 또는 비영리이든 간에, 어떤 효율적인 기관이라도 일이 얼마나 잘 되는지를 알아보기 위해 정기적인 정보 모니터링이 필요하다. 당신은 1년에 단 1번만 매출액을 조사하는 어떤 효과적인 사업을 상상할 수 있는가? 1달에 1번만 거래를 신고하는 주식시장? 시즌 마지막에만 시청률을 조사하는 텔레비전 방송국? 프로그램이나 정책의 성과를 모니터링하지 않는 건 좋은 사업이 아니다. 극단적인 경우, 그런 실패는 프로그램이나 정책에 치명적일 수 있다.

8. 해석 범죄학은 무엇인가?

2011년 국립사법연구소의 연구 컨퍼런스 주제는 '해석 범죄학: 연구를 통한 정책 수립 및 실행'이었다. 당시 소장이던 존 라웁(John H. Laub, 메릴랜드 대학교 칼리지 파크의 저명한 범죄학과 교수) 박사는 그의 주제 연설을 통해 국립사법연구소의 2가지 주요 목적은: (1) 과학적으로 엄격한 연구를 통해 지식을 창출해내고 (2) 경찰, 검사, 판사, 교정공무원 및 피해자 변호인과 같은 정책 입안자 및 실무자에게 유용한 방식으로 지식을 보급한다. 라웁(2011)에 따르면 국립사법연구소가 이 2가지 임무를 만족시키는 방식 중 하나가 "해석 범죄학(translational criminology)"을 통한 것이다.

해석 범죄학의 아이디어는 간단하지만 강력하다: 범죄를 예방하고 줄이려면 과학적 발견을 정책과 실행으로 해석할 수 있어야 한다. 해석 범죄학의 목적은 연구와 실행 사이에 역동적인 개입을 만들어냄으로써 기본 연구와 응용 연구 간의 장벽을 무너뜨리는 것이다. 이것은 양방향 도로다: 한 방향에서는 그 분야의 실행자들이 그들의 업무에서 매일 마주하는 도전들을 묘사한다; 다른 방향에서는 과학자들이 이런 도전을 극복하고 그 영향을 평가하기 위한 새로운 도구와 아이디어를 발견한다. 하지만 해석 범죄학은 전통적인 "연구실용화(research to practice)"를 뛰어 넘는다. 해석범죄학은 지식 전파 과정에 대한 체계적인 연구를 통해 진행되고, 연구결과의 성공적인 배포에는 여러 가지 전략이 필요할 수 있다. 성공적으로 보급하기 위해서는 증거가 올바르게 구현되어야 한다. 달리 말하면, 단지 어떤 것이 효과가 있다는 증거를 찾는 것에 그치지 않는다; 왜 그것이 작용하는지 그리고 어떻게 그 증거를 실제 환경에서 구현하는지를 알아내어야 한다. 더욱이 이러한 해석 범죄학의 측면은 적용가능성을 우선시한다. 즉 현실 세계에서 실행 가능성이 큰 연구에 우선순위를 두는 것이 무엇보다 중요하다.

맥과이어(Maguire, 2010)는 2009년 미국범죄학회(ASC) 컨퍼런스를 위해 작성한 정책 논문에서 최근에 떠오르는 증거 기반의 범죄학(EBC) 운동이 정책 도달 범위를 확장하고 범죄 예방과의 관련성을 높이기 위한 상당한 노력을 기울이고 있다고 주장하였다. 프로그램이나 정책이 "효과가 있다"는 충분한 증거가 있다면 조직은 그것을 지지하고 그것을 실행하기를 원해야 할 것이라는 점이 핵심적인 가정이다. 하지만 비합리성은 특별히 공공부문 조직에서 우려되는 사항인데, 비효과적이고 비효율적인 증거에도 불구하고 종종 지속될 수 있다. 결과적으로, 어떤 것이 효과가 있는지에 대한 증거가 조직에 어떤 것을 다르게 시도하도록 강요하기에는 불충분한데, 맥과이어(Maguire, 2010)는 "현재 실행은 증거 기반의 범죄학 운동에 있어 아킬레스건이다(267쪽)"라고 교묘하게 언급하였다. 증거 기반의 범죄학은 개입의 효과에 관한 양질의 연구 증거를 모으는 데 너무 집중해 왔기 때문에 그러한 개입을 실행하는 데 책임이 있는 기관들을 이해하는 데에는 지금까지 거의 관심을 기울이지 않았다.

더욱 잘 확립된 증거 기반 의학(evidence-based medicine, EBM, 역주: 체계적인 연구결과를 통해 얻어진 과학적 근거를 바탕으로 하는 의학행위로 '근거중심의학'이라고도 한다) 분야에서도, 증거에 맞는 임상 실험은 매우 불균등하게 이뤄지고 있다(Eisenberg, 2000; Instutute of Medicine, 2001). 비록 증거 기반 의학이 증거 기반의 범죄학보다 훨씬 더 진지하게 실행 이슈에 참여했지만, 의학 분야는 또한 지식과 실행 사이에 상당한 차이가 있음을 계속해서 보여주고 있다.

라웁처럼 맥과이어(Maguire, 2010)는 증거 기반의 실행을 채택하기 위한 형사사법 조직의 능력을 탐구하기 위해 보다 체계적인 연구 의제가 필요하다고 제안한다. 채택할 필요가 있다고 제안한다. 증거 기반 범죄학은 개입이 범죄를 감소시키는지 여부뿐만 아니라 기관들이 그러한 개입을 이행하고 유지할 수 있는지를 이해하기 위한 노력의 일환으로 범죄학, 보건 및 조직 과학의 통찰을 혼합하여 이익을 극대화할 수 있다.

9. 결론

모니터링은 서류상(설계)의 프로그램 또는 정책과 실행(실행)중인 프로그램 또는 정책 사이의 차이를 확인하기 위해 시도하는 과정이다. 해당 프로그램이나 정책 설계의 기능적 측면에서 모니터링을 위한 모든 핵심 질문들을 구체화할 수 있다: 대상, 실무자, 프로그램/정책 서비스 개념에서 무엇을 의도했는가? 둘째, 어떻게 우리는 이런 설계의 특징들이 실제로 어느 수준으로 실행되고 있는지를 판단하기 위해 데이터를 수집하는가? 셋째, 서류상의 프로그램이나 정책과 실행 중인 프로그램 또는 정책 사이에 어떤 차이가 존재하는가? 차이가 발견된 곳에서는 조정이 반드시 이뤄져야 한다: 설계(서류상의 프로그램이나 정책)를 바꾸든지, 프로그램이나 정책을 실행(실행 중인 프로그램이나 정책)하는 방법을 바꾸어야 한다.

모니터링의 목적이 단순히 본래의 프로그램이나 정책 설계를 잘 따르도록 하기 위해서만은 아니라는 점을 강조하고자 한다. 어느 프로그램이나 정책이든 간에 원래 설계와 실질적인 실행 사이에는 항상 약간의 변동이 있다. 시간이 지나면서 여건이 변하고 예기치 못한 어려움이 나타나면서 불가피하게 본래 설계를 조정하게 된다. 리더십이 바뀌고 실무자가 오가고 서비스가 변경된다. 때때로 이런 변화들은 필요하며 더 좋을 수도 있다. 지속적으로 이해하고 더 완벽하게 적응하는 혁신의 필요성은 제7장에서 논의한다. 결국 우리가 추구하는 것은 더 나은 프로그램과 정책이지 종이 한 장에 대한 맹목적인 복종이 아니다. 모니터링이 시기적절하고 지속적으로 이뤄진다면 프로그램이나 정책 설계에서 이런 변화를 관찰할 수 있고 구체적인 변화를 채택할지 여부를 놓고 분명한 결정을 내릴 수 있다.

이런 사례를 검토해 보자. 약물남용 거주 치료 프로그램에 대한 카운티의 자금제공이 심각한 약물남용 문제를 지닌 극소수의 의뢰인에게만 서비스를 제공하고 있다는 이유로 위험에 처해있다. 모니터링 자료에 따르면 심각하게 중독된 의뢰인들이 너무 문제가 된다는 이유로 의뢰인 수용을 책임진 실무자가 그들을 외면했다는 사실이 드러났다. 어떤 조치들이 취해져야 할까? 먼저, 자금 지원 수준을 유지하기 위해 의뢰인 자격기준을 덜 엄격하게 채택할 수 있다. 대안으로는 현재의 의뢰인 선택과 치료 절차에 보다 호의적인 기관에서 자금지원을 받는 방안을 모색할 수도 있다. 첫 번째 자격 기준과 관련해 의뢰인 선발에서의 변화(예를 들어, 더 심각한 약물 남용 문제를 지닌 더 많은 의뢰인들)는 프로그램 설계의 변화(예컨대, 중독이 심각한 의뢰인들을 위해 필요한 상담의 유형과 상담시간)를 필요로 할 것이다. 둘째로, 프로그램 자금지원에서의 변화는 프로그램의 전체 임무나 목적에 영향을 미칠지 모른다. 우리는 다음 사항을 강조하고자 한다: 원래 프로그램 또는 정책설계로부터 벗어나는 것은 의식적으로 의도하고, 명시적이고, 가시적이어야 한다. 모니터링은 프로그램이나 정책 설계에 대한 신중한 결정을 촉진시키고 의도하지 않거나 보이지 않는 쪽으로 "이동"하는 것을 막는 데에 도움이 된다.

모니터링은 책임 요건을 충족시키고, 프로그램서비스 또는 정책 실행을 정기적으로 개선하고, 원하는 결과를 향해 나아가는데 사용될 수 있는 필수적이고 지속적인 정보를 제공한다. 다음 장에서 살펴보게 될 것처럼, 철저한 모니터링은 프로그램이나 정책의 유효한 평가보다 선행되거나 동반되어야 할 것이다. 모니터링과 평가는 서로 연결되어 있기는 하나 모니터링이 보다 더 밀접하게 절차를 강조한다; 평가는 결과를 강조한다.

토의할 질문

1. (a) "모니터링"이라는 개념은 무엇을 뜻하는가?
   (b) 모니터링의 목적은 무엇인가?
2. 모니터링 단계에서 프로그램이나 정책에 대해 질문할 때 필요한 질문은 무엇인가? 구체적으로 설명하고, 답변을 설명할 사례를 제시한다.
3. 모니터링을 위한 자료 수집에 쓰일 수 있는 4가지 방법을 각각 설명한다. 각각의 장점과 단점을 논의한다.
   (a) 관찰 기법
   (b) 서비스 기록
   (c) 서비스 제공자 자료
   (d) 프로그램 참여자 자료
4. 자원들이 부적절한 것으로 드러났을 때 가능한 옵션은 무엇인가?
5. 정보 시스템의 목적은 무엇인가? 그런 시스템을 개발하기 위한 3가지 주요 가

이드라인을 기술한다.

6. 해석 범죄학의 목적은 무엇인가? 사례를 제시한다.
7. 약물법원 모니터링, 평가 그리고 관리 정보 시스템에 관한 보고서(http://www.ncjrs.gov/pdffiles1/bja/195077.pdf)를 읽거나 여러분의 강사가 배정한 다른 보고서를 읽는다. 안내대로 모니터링 분석 차트(도표 5.1을 볼 것)를 활용하여 모니터링 분석을 완성한다.

사례연구 5.1 프로그램 모니터링: 교정프로그램 평가목록(Correctional Program Assessment Inventory, CPAI)

지시: 아래 사례연구를 읽고 마지막에 있는 질문에 답하시오.

돈 앤드루스(Don Andrews) 교수와 폴 장드로(Paul Gendreau) 교수는 효과적인 교정치료 프로그램의 특징이 무엇이고, 이런 특징이 치료 결과를 어떻게 향상시킬 수 있는지를 광범위하게 조사하였다. 이런 접근법은 재활이 어느 정도, 최소한 특정 환경에서 특정 범죄자에게는 효과적이라는 경험적 근거에 기초를 두고 있다. 메타분석 기술을 활용하여 관련 결과를 담은 조사보고서들을 검토한 후 두 교수는 다른 특징들을 지닌 다른 프로그램들에 의해 생산되는 평균적인 "효과의 크기"를 검사하였다. 그들은 무엇이 "효과적인" 프로그램의 특징인지를 파악하고 했다(예를 들면, 평균적인 재범 감소보다 더 많은 것을 만들어낸 프로그램들). 그들의 주장은 단순하면서도 확실하다: 프로그램의 효과적인 특징들을 확인할 수 있으며 이런 특징을 평가하고 조정하여 프로그램 결과(예컨대, 재범 감소)의 성취를 높일 수 있다는 것이다. 앤드루스 등에 따르면 효과적인 프로그램은 위험, 욕구 및 반응성의 원칙을 증명하여야 한다(Andrews et al., 1990; Cullen & Gendreau, 2000).

1. 위험(risk): 효과적인 프로그램은 저위험과 고위험 의뢰인 간 차이를 분명하게 구별한다. 재범에 관한 가장 큰 효과는 저위험 범죄자보다 고위험 범죄자를 목표대상으로 설정함으로써 이뤄질 수 있다. 고위험 사례는 개입과 서비스의 강도 또한 높은 수준으로 받아야 한다; 저위험 사례는 최소한의 개입만 이뤄져야 한다.
2. 욕구(needs): 범죄를 유발하는 욕구들은 역동적인(예를 들어, 변화하는) 위험 인자들로서 재범을 예견할 수 있다(가령, 반사회적 인지와 정서 상태, 반사회적 동료와의 연계, 약물 남용, 부실한 자기통제 및 문제해결기술). 그런 개인적 욕구를 목표대상으로 삼아 감소시키는 프로그램들은 더욱 큰 재범 감소를 가져온다.
3. 반응성(responsivity): 의뢰인의 특정 욕구와 학습 스타일을 적절히 목표대상으로 삼

력을 상세히 평가할 수 있게 하였다.

- 먼데이의 RSAT 프로그램에 의해 제공된 치료와 서비스는 범죄를 야기하는 욕구를 목표대상으로 삼아 설계되었다.
- 이 프로그램은 이론적으로 다음 사항에 기초를 두고 있다: 치료공동체(Therapeutic Community, TC) 모델은 자기효능감을 불러 일으키는 모방과 행동적 리허설 기법에 기회를 제공하는 사회학습이론적 접근에 그 뿌리를 두고 있다. 또한 치료공동체 내에서 제공되는 특정치료 모임은 반사회적 태도에 저항하고 자기통제 절차를 개발하는 것을 목표로 하는 인지행동 접근법을 포함한다.
- 범죄자 근접 감시와 상세한 치료 매뉴얼은 서비스의 지속성에 기여하고 프로그램의 진실성을 유지하는 데에 도움이 된다.
- 치료는 RSAT 참가자를 위해 개별화 되었으며, 치료의 기간, 강도 및 성격이 의뢰인 및 요구 수준에 따라 달라진다.
- RSAT 실무자는 적정 학력과 면허 자격을 잘 갖추고 있다. 이직률이 낮고 실무자는 프로그램 개발 및 수정에 관여하였다.
- 먼데이는 프로그램이 얼마나 잘 기능하는지를 모니터링 하는 몇몇 메커니즘을 제대로 갖추고 있다. 우선, 지속적인 품질보증 메커니즘에는 파일 검토, 집단 관찰, 의뢰인만족 설문조사가 포함된다. 둘째, 치료팀 회의 및 LSI-R을 사용한 의뢰인 위험재평가를 통해 의뢰인 진행 상황을 모니터링한다. 셋째, 먼데이는 준-실험적 설계를 포함하고 있는 RSAT의 결과 평가에 참여하고 있다.

다음의 영역은 개선이 필요한 것으로 확인되었다.

- 임상 책임자는 범죄자의 직접 서비스 전달에 체계적으로 개입하지 않았다(예를 들면, 그룹 지휘, 범죄자 평가, 개인 상담). 이는 실무자와 의뢰인이 직면한 과제와 서비스의 효과적인 제공에 필요한 기술 수준 및 자원을 유지하는 수단으로써 임상책임자의 역할이 권장된다.
- 치료 실무자가 치료 계획을 검토하는 데 있어서 치료를 방해할 수 있는 반응성 요소 또는 개인적 특징과 관련한 정보를 이용할 수 없다. 이런 유형의 정보를 평가 및 배포하는 것은 치료 매칭(예를 들어, 의뢰인과 프로그램 간; 의뢰인과 실무자 간)이 향상되도록 도와준다.
- 먼데이 프로그램은 의뢰인 행동에 따른 보상과 처벌을 모두 활용하였다. 그러나 이런 보상과 처벌은 보다 체계적으로 사용되어 최소한 처벌 1에 대해 보상 4의 권장 비율 달성을 보장하고 처벌 행정에서 일관성과 즉각성을 촉진하여야 한다.
- 먼데이 프로그램은 친사회적 태도, 기술 및 행동의 획득 및 입증에 기초한 성공적

인 종료를 안내하기 위한 구체적인 프로그램 완료 기준을 개발하였다. 하지만 주정부가 명령한 최대 180일 체류 기간은 의뢰인이 더 오래 머물러야 혜택을 입을 수 있는 먼데이 프로그램의 능력을 무용지물로 만들어 버렸다.

- 먼데이는 가족 구성원이나 중요한 다른 이들을 범죄자 치료에 시스템적으로 개입시키지 않았다.
- 석방 후 감독을 책임진 카운티 보호관찰 부서의 숫자가 다르기 때문에 먼데이 의뢰인에게 사후 치료(aftercare) 또는 강화 세션(booster sessions)을 제공하는 범위에서 불일치가 존재한다.
- 실무자 훈련이 40시간의 현장 오리엔테이션을 통해 1차로 끝난다. 프로그램 실무자는 프로그램이 채택한 개입에 대한 정식 이론과 실무 훈련을 3개월에서 6개월간 받기를 권고한다.
- 임상 실무자가 집단감독(group supervision)을 받기는 하지만, 개별화된 임상감독은 문제 사례를 논의하고 임상 기술을 향상시킬 목적으로 정기적으로 제공되는 것이 권장된다.

전국 평균 점수와 비교한 먼데이 교정기관의 CPAI 결과

CPAI 평가는 그 프로그램이 어떤 것을 얘기하고 있는지 분명히 하는 소중한 자료를 제공해 준다: 예를 들어, 누가 서비스를 받는지, 어떤 의도를 가지고, 어떤 방식으로, 어떤 중기 및 장기 변화를 기대하면서. "평가가능성 사정(evaluability assessment, 역주: 한 프로그램이 평가될 수 있는지를 결정하는 것)"의 절차와 비슷하게(Rutman, 1984; Wholey et al., 2015), 프로그램 목적과 구조의 검사 및 설명은 프로그램 실무자와 책임자들에게 의미 있는 학습의 기회를 제공할 수 있으며, 공식적인 결과 평가를 실시하기 전에 유용하고 필요한 프로그램 조정을 알려줄 수 있다(제 6장을 참조할 것).

이런 접근방식은 프로그램 개발의 정상적인 원칙에 기초하고 있으며, 프로그램이 적절히 기능하는지를 판단하는 데 있어서 주관성을 줄이는 과학적 접근방식을 활용하고 있다. 앤드루스, 장드로와 그의 동료들이 교정 프로그램에 대해 내린 처방은 보다 다양한 개입에 적용될 수 있다: 약물치료 프로그램, 비행예방 프로그램, 가정폭력 범죄자들에 대한 상담 프로그램 등등. 지금은 업데이트되고 개정된 CPAI 프로그램은 이제 이 목적에 활용 가능하다. 교정 프로그램 체크리스트(Correctional Program Checklist)는 CPAI와 비슷하면서 본래의 CPAI에 존재하지 않는 수많은 항목을 포함하고 있으며, 본래의 CPAI에 있던 몇몇 항목은 재범과의 상호관련성이 긍정적이지 않아서 삭제되었다(University of Cincinnati Corrections Institute 2008).

질문

1. CPAI는 프로그램 설계 및 모니터링의 기본 범위를 어떻게 평가하는지를 기술한다. 도표 5.1을 가이드로 활용하여 첫 번째 세로줄("의도했던 것은 무엇인가"; 의뢰인들, 실무자, 프로그램 서비스)과 네 번째 세로줄("차이": 의뢰인, 실무자, 프로그램 서비스)의 각 빈칸과 관련된 사례를 짧게 기술한다.

사례연구 5.2 HOPE 복제하기[18)]

지시: 아래 자료를 읽고 사례연구 마지막에 있는 질문에 답하시오.

스티븐 앨름(Steven Alm) 판사는 마약을 사용 중인 집행유예자의 행동을 변화시키기 위해 "빠르고 확실한" 원칙을 사용한 프로그램을 도입하였다. 2009년 국립사법연구소(NIJ) 자금지원을 받아 이뤄진 엄격한 평가 결과는 그가 옳았음을 보여주었다. '하와이의 기회 집행유예(Probationers in Hawaii's Opportunity Probation with Enforcement, HOPE)' 프로그램은 약물검사에 실패하거나 보호관찰에서 탈락한 확률을 현저히 낮췄다. 또한 그들은 프로그램에 참가하지 않은 보호관찰 대상자 보다 보호관찰 취소로 인해 징역형에서 더 적은 시간의 선고를 받았다.

이제 전국의 사법관할 당국이 하와이의 HOPE 프로그램을 채택하면서 1가지 핵심 질문이 제기되었다: 하와이의 성공사례는 복제가 가능할까? 이를 알아보기 위해 국립사법연구소와 법무부 사법보조국(Bureau of Justice Assistance, BJA)이 인구 집중도와 지형학적 위치가 매우 다양한 4곳의 사법관할에서 HOPE 프로그램을 복제하고 평가하였다: 오리건 주의 클랙커머스(Clackamas) 카운티, 매사추세츠 주의 에식스(Essex) 카운티, 아칸소 주의 설린(Saline) 카운티, 텍사스 주의 타런트(Tarrant) 카운티가 그곳이다. 복제 프로그램이 하와이에서 그랬던 것처럼 잘 작동하는지를 확인하기 위해 연구자들은 프로세스 및 결과 평가, 비용 평가를 실행하고 있다.

국립 사법 연구소는 하와이 HOPE 프로그램을 평가한 안젤라 호킨(Angela Hawken)에게 HOPE 스타일의 프로그램을 실행할 때 사법관할 당국이 직면할 수 있는 몇 가지 도전-몇 가지 성공 열쇠뿐만 아니라-에 대해 논의해 줄 것을 요청하였다. 호킨은 페퍼다인대학교 공공정책학교의 경제학 및 정책분석과 부교수이다.

NIJ: 본래의 HOPE 프로그램은 어떻게 작동하였고 그 결과는 무엇인가?

안젤라 호킨(AH): 일부 사법관할에서 하와이의 HOPE 프로그램은 "오리엔테이션 청문

18) Pearsall, N. (2014). Replicating HOPE: Can others do it as well as Hawaii? NIJ Journal, 273, 37-41을 재인쇄한 것임. 원문은 http://nij.gov/journals/273/Pages/replicating-hope.aspx#noteReference1에서 찾아볼 수 있다.

(orientation hearing)"이라고도 부르는, "경고 청문(warning hearing)"으로 시작한다. 경고 청문 동안에 판사는 프로그램의 규칙과 구조를 분명하게 펼쳐 보여주며 보호관찰 대상자는 위반 시 처벌될 것임을 고지 받는다. 판사는 보호관찰의 성공이 전적으로 당사자의 통제 내에 있다는 사실을 강조한다.

HOPE 프로그램은 보호관찰 위반에 대한 신속하고 확실한 대응을 포함하고 있다. 이 프로그램은 약물 조건을 지닌 보호관찰 대상자에게 정기적인 무작위 약물 검사(첫 몇 달간은 월 6차례)를 받게 한다. 정기적인 무작위 약물 검사를 통해서 걸리지 않는 보호관찰대상자들은 약물 사용의 "안전한 창문(safe window)"을 제거한다. 보호관찰 대상자는 주중 매일 아침 핫라인으로 전화를 걸어 그날 약물 검사를 받을지 여부를 알게 된다. 약물 테스트를 통과하지 못한 보호관찰 대상자는 즉각 체포된다. 몇 시간 또는 며칠 이내에 그들은 법정에 세워지고 판사는 교도소 수용을 포함하여 보호관찰 조건을 수정할 것이다. 교도소 수용 기간은 더욱 엄격한 제재가 적용되는 보호관찰 대상자의 도주가 아닌 이상 대체로 며칠간으로 그리 길지 않다. 하지만 보호관찰대상자가 연속적으로 규정을 위반하면 상당 기간의 교도소 수용 등과 같은 그에 상응하는 처벌을 받게 된다.

마약치료전환 프로그램이나 약물법원과 달리 HOPE 프로그램은 치료를 요청(낮은 비율만이 치료 위탁을 요청한다)하는 보호관찰 대상자와 약물 검사를 지속적으로 통과하지 못하거나 놓친 이들을 위해 따로 치료를 보류한다. 2009년 NIJ 자금지원을 받은 연구에서 우리는 신속한 제재에 대한 믿을 만한 위협에 직면했을 때 보호관찰 대상자의 80% 이상이-오랫동안 마약 사용의 경력을 지닌 이들조차 포함하여-약물 사용을 중단했다는 사실을 밝혀냈다. 이 프로그램은 모든 사람을 치료하여 결과적으로 자원을 고갈시키기보다는 가장 필요로 하는 이들을 대상으로 삼아 치료 자원을 투입한다. 그 결과 이 프로그램은 대부분의 전환 프로그램이 그 의뢰인들에게 하는 것처럼 단 한차례의 외래환자 상담에 의존하기보다 장기 거주 치료를 포함한 집중적인 치료 서비스를 가능하게 했다.

하와이의 HOPE 프로그램은 긴밀한 모니터링-적발된 위반자에 대한 신속하고 확실한 대응과 결합하여-이 약물 사용을 단념하는 것을 포함하여 보호관찰 조건을 더 잘 준수하도록 한다는 사실을 보여주었다. 우리 연구에서 HOPE 보호관찰 대상자의 절반가량이 최초의 경고 청문 이후-그래서 제재를 필요로 하지 않게 된-테스트에서 한 차례도 양성 반응이 나타나지 않았으며 약 4분의 1은 단 한 차례 양성 반응을 보였다. 전체적으로 약물 검사를 통과하지 못하거나 양성 반응을 보인 비율은 80% 이상 떨어졌다(Hawken & Leiman, 2009). 다른 핵심적인 결과로, 신규 범죄와 전반적인 수용에서의 감소를 들 수 있다(1차적으로 보호관찰이 취소된 보호관찰 대상자의 숫자가 줄어든 탓이다).

NIJ: 인상적인 결과이기는 하지만 하와이는 독특한 곳이다. 이 프로그램이 본토에서도 잘 작동할까?

AH: HOPE 프로그램이 본토에서도 잘 작동할지 여부는 경험적으로 따져봐야 한다. 이 접근법이 본토에서 약물 사용과 위반 행동을 줄일 수 있음을 보여주는-다만 그 모델의 핵심적인 특징, 즉 신속하고 확실하면서도 비례원칙에 맞는 제재를 충실하게 실행하였다면-작은 규모의 실험을 살펴보았다. NIJ와 BJA는 최근에 4개 주에서 실행 및 평가 노력을 지원하고 있는 중이다. 이를 통해 HOPE 프로그램이 다른 사법관할에서도 작동하는지 여부와 그 모델을 성공적으로 실행하는 데 필요한 현지 여건에 대한 통찰력을 제공할 것이다.

NIJ: 얼마나 많은 지역에서 이러한 신속하고 확실한 처벌 모델이 시도 중이며 주로 어느 곳에서 시행되고 있는가?

AH: 18개 주에서 최소한 40여 곳의 사법관할 당국이 유사한 모델을 실행한 것으로 안다. 가장 큰 주는 워싱턴 주다. 100곳 이상의 현장사무소와 15,000명 이상의 범죄자를 포함하는 워싱턴 주 교정국의 지역사회 관리하에 있는 누구나, 이제는 HOPE 프로그램의 특징을 공유하는 주의 전환과 특정프로그램(Swift and Certain Program)에 속해 있다.

NIJ: 이 본토 프로그램의 대부분은 매우 새로운 것이다. 작동하는 방식이나 결과에서 어떤 뚜렷한 차이가 있다고 보는가?

AH: 하와이와 텍사스 주가 가장 오래된 HOPE 형태의 프로그램 버전을 가지고 있다; 2곳 모두 2004년 파일럿 버전을 시작하였다. 텍사스 기반의 연구자들이 텍사스 모델-'특별제재법원과 집중법집행감시(Special Sanction Court and Supervision With Intensive enForcemenT, SWIFT)'로 불리는-를 평가하였을 때 결과는 하와이에서 우리가 원래 발견한 것과 유사했다: 위반 비율과 신규 범죄 비율이 떨어졌다.

텍사스와 하와이 버전에 약간 차이가 있다. 텍사스는 정기적인 즉석 컵 (소변)약물 검사와 함께 모발 샘플을 활용한다. 텍사스도 약물 검사에서 양성 반응이 나오면 다음 날 체포하는데 즉각 체포할 때 보다 논리적으로 더 단순하고 비용도 덜 든다. 만일 누군가 불법 약물을 사용하는 것으로 검사된다면 텍사스 시스템은 판사가 영장을 발부하고 보안관 사무실로 영장을 수작업으로 건넬(hand delivered) 것을 요구하고 있다. 따라서 즉각 체포를 실행하기가 어렵다. 대신에, 텍사스 주의 범죄자는 다음 날 아침 법원에 출석하도록 명령받는다. 판사 앞에 출석하면 보안관이 그들을 구금한다. 익일 체포는 절차 단순화와 비용 절감을 가져온다. 범죄자는 불출석이 사태를 악화시킬 것이고 결국 붙잡힐 것임을 알고 있다. 출석하지 않은 사람은 체포되었을 때 더욱 엄격한 제재를 받는다(법집행 당국은 이런 영장을 최우선적으로 다루고 대부분 매우 신속하게 해결된다). 그래서 텍사스 시스템은 더 잘 작동하는 것으로 보인다; 94%가 지시대로 출석하였다.

워싱턴 주의 신속하고 확실한 프로그램은 원래 HOPE 모델과 몇 가지 중요한 방식에서 차이가 난다. 우선, 워싱턴 주의 대부분의 사법관할에서는 가석방될 사안으로 여기는 이들을 목표대상으로 삼으며, 그들은 위험성이 높다. 워싱턴 주도 지시사항이 분명한 행동 책임성 가이드를 만들어 활용하는데 거기에는 제재사항이 기술되어 있다. 1차 적발은–예를 들어, 약물 검사결과 양성반응 또는 담당자 방문을 하지 않은–보통 규정된 합의로 이어진다. 2차에서 5차까지의 위반은 1~3일의 구금의 결과를 가져온다; HOPE와 같이 점진적으로 증가하는 일은 없다. 범죄자가 심각한 위반을 저지르면–예를 들어, 무단이탈하거나 신규 범죄를 저질렀다면–더욱 엄격한 제재가 적용된다.

NIJ: 비교적 작은 지역에서 작동하는 파일럿 프로그램을 채택하고 이를 여러 카운티 또는 전체 주에 적용하려고 할 때 발생하는 어려움은 무엇인가?

AH: HOPE 프로그램을 설명하는 것은 쉽지만 잘 실행하기 위해서는 상당한 조정과 협력이 있어야 한다. 핵심 역할을 하는 기관이 잘 준비되었다는 확신이 없다면 어떤 사법관할 당국도 HOPE 프로그램을 시작하는 계획을 세워서는 안 된다. 법집행 파트너들, 구치소, 검사, 공공변호인, 치료 제공자, 무엇보다도 더욱 중요한 것은 판사와 보호관찰 공무원들이 여기에 모두 포함된다. HOPE 법원과 보호관찰 사무소가 함께 잘 협력하는 것이 필수적이다. 이것이 판사 중심의 그리고 보호관찰 중심의 모델이다.

성공적인 실행을 위해서는 재판관의 헌신이 필수적이다. 그러나 필수적인 다른 파트너들의 개입이 없다면 이 프로그램은 지속가능하지 않을 것이다. HOPE 프로그램은 협력이다. 이 프로그램은 훌륭한 소통과 지도자를 필요로 한다. 훌륭한 지도자는 모든 파트너들에게 의견을 구하고 응답할 수 있어야 한다. 워싱턴 주는 일괄적으로 전개된 HOPE 스타일 프로그램으로서 최고의 사례연구를 제공하고 있다. 몇 달 이내에 그 주는 10,000명 넘는 범죄자를 신속하고 확실한 프로그램 대상으로 포함하였다. 많은 사람들이 불가능한 임무라고 여겼고 법집행이 마비상태에 빠질 것이라고 걱정하였다. HOPE에서는 불쾌감을 주는 행동이 앞쪽에 과부하가 걸리는 경향이 있기 때문에, 시스템을 압도하지 않기 위해서, 시차를 두고 등록하게 했다.

워싱턴 주는 그 과정에서 약간의 동요를 경험했지만 전반적으로 진행과정은 인상적이었다. 지도자급의 지원이 이 성공에 필수적이었다. 워싱턴 주 교정국 지도자들은 일찍부터 영리한 움직임을 보여주었다: 그들은 프로그램 전개를 지원하기 위해 존경받고 헌신적인 공동체 교정 전문가들로 구성된 실행 팀을 만들었다. 이 팀은 부 내에서 미니 싱크탱크로 운영되었고 프로그램의 많은 세부사항을 설계하고 100명 이상의 현장 요원을 훈련시키는 책임을 맡았다. 지도자들이 더 학습하면서 워싱턴 주는 여전히 프로그램을 수정해 나가고 있으나 지금까지 징후들은 성공적인 실행을 알려주고 있다.

NIJ: 이제 이 문제를 시도하고 있는 모든 사법관할권에 근거하여, 당신은 성공에 기여하는 몇몇 핵심 요소들을 분리해 낼 수 있는가? 형사사법 관료들이 회피해야 하는 위험성은 어떤 것인가?

AH: 성공적인 실행을 위해서는 핵심적인 세 파트너들의 협력과 열정이 필요하다; 지명된 HOPE 판사, HOPE 담당건수를 감독하는 보호관찰 부서 그리고 법집행 기관이다. 공공 변호인과 검사들이 위반 청문에 출석하게 될 사법관할에서도 세 파트너들의 지지는 필수적이다. 이 핵심 참가자들의 지지를 확보하지 못하면 HOPE 법원의 절차가 중단될 수 있다.

분위기도 문제가 된다. 핵심 참여자가 새로운 것을 시도하기를 원하고 프로그램 근간이 되는 행동-변화 원칙에 열정적인 사법관할 지역에서, HOPE 프로그램을 잘 실행하는 것이 더 쉽다.

관계도 문제된다. 보호관찰 공무원과 판사는 상호 존경심을 갖고 있어야만 한다. 다른 핵심 형사사법 참가자들-검사, 공공 변호인, 법 집행 공무원-이 대화에 조기에 참여하여 자신들의 완벽한 지지를 제공하는 것이 필수적이다.

소통도 문제가 된다. 모든 사법관할 당국은 실행 경험으로부터 학습한대로 프로그램을 수정할 필요가 있을 것이다. 모든 참가자에게 변경 사항을 알려야 하며 프로그램 개혁에 주력할 기회를 제공해야 한다.

규율도 문제된다. HOPE는 지속성에 의존하는 프로그램이므로 판사와 보호관찰 사무소가 충실하게 이 프로그램을 실행할 수 있는 사법관할에서만 시도되어야만 한다. 규율을 적용하는 데 있어 지속성이 없으면 그 모델의 행동-변화 원칙을 손상시키고, 실행자와 보호관찰자 대상자들 사이에서 분노를 일으킬 수 있다.

HOPE를 작동하게 하는 5가지

(1) **개입이 문제가 된다.** 모든 핵심 참가자들이 모두 참여하도록 하라: 지명된 HOPE 판사, HOPE 담당건수를 감독하는 보호관찰 부서, 지역 법 집행 파트너들, 구치소, 검사, 공공 변호인과 치료 제공자들.

(2) **분위기가 문제가 된다.** 핵심 참가자들이 프로그램의 근간이 되는 원칙에 열정적이고 새로운 것을 시도하기를 원하는지 확인하라.

(3) **관계도 문제가 된다.** 보호관찰 공무원과 판사 간 상호 존중을 배양하라. 다른 핵심 형사사법 파트너들-검사, 공공 변호인, 법 집행 공무원-을 대화에 참여시켜라.

(4) **소통이 문제가 된다.** 경험을 통해 배우고 거기에 맞춰 프로그램을 수정하라. 모든 참가자들에게 어떤 변화든지 알려주고 그들에게 주력할 기회를 주도록 하라.

(5) 규율이 문제가 된다. HOPE 프로그램의 핵심 특징을 충실하게 실행하라: 신속하고 확실하며 비례원칙에 맞는 제재. 규율에서 지속성이 없으면 실행자와 보호관찰 대상자 사이에서 분노가 발생할 수 있다.

NIJ: 원래의 HOPE 프로그램에 참가한 보호관찰 대상자와 이전의 보호관찰 대상자의 인터뷰에서 어떤 것을 얻었는가?

AH: HOPE는 실행자뿐만 아니라 보호관찰 대상자를 위한 약간의 수정이다. 많은 보호관찰 대상자와 가석방 대상자들은 제재가 산발적으로 전달되는 감시에 익숙하다. HOPE는 더 면밀한 감독, 신속하고 확실한 제재 전달을 포함하고 있다. 그러나 이 제재 수준은 대체로 보통이다–전통적인 수주, 수개월 또는 심지어 수년의 감시와 비교해 며칠 구금될 뿐이다. 일단 보호관찰 대상자들이 프로그램에 더 친숙해지면, 일관성과 예측가능성에 고마워하는 경향이 있다. 보호관찰 대상자와 인터뷰를 해보면 대다수가 HOPE를 긍정적으로 평가하고, 규칙이 명확하고 프로그램이 공정하다고 말했다. 또한 많은 사람들은 약물 테스트 양성 판정 대응의 지속성과 속도가 그들이 약물 사용을 중단하는 데 도움이 되었다고 언급하였다.

NIJ: 이런 프로그램은 약물 문제를 지닌 이들한테만 작동하는 것인가?

AH: 약물 검사 결과가 행동 변화를 검사할 수 있는 편리한 수단이기 때문에, HOPE는 원래 약물과 관련된 보호관찰 대상자를 검사하였다. HOPE 프로그램으로 배정된 범죄자들은 약물 사용에서 현저한 감소를 보였다.

하지만 HOPE는 약물범죄자 감시 모델은 아니다. 모든 보호관찰 조건에 적용될 수 있다. 오아후(Oahu)에서는 모든 흉악 성범죄자 및 가정폭력 범죄자가 이제는 HOPE 모델 아래에서 감시를 받는다. 다른 사법관할들에서 우리는 HOPE 프로그램이 혼합된 케이스로서 또는 어떤 경우에는 전용 HOPE 법원을 통해 다양한 범죄자들에게 적용되는 것을 보고 있다. 예를 들면, 텍사스 주의 트래비스 카운티에는 전용 HOPE 가정폭력 법원이 있다.

NIJ: 형사사법 관료들이 이 프로그램에 대해 알아야 할 다른 것은 무엇인가?

AH: 이제 본토에 HOPE 스타일의 모델이 최소 40개 복제되어 있다. 이 프로그램들에 대한 평가가 HOPE 프로그램을 성공적으로 실행하는 데에 필요한 지역적 여건을 확인하고, 신뢰할만한 제재 위협에 반응하는 범죄자와 그렇지 않은 이들의 특징을 확인하는 데에 도움을 줄 것이다. 하와이에서 HOPE 프로그램 아래에서 약물 사용을 중단할 수 없는 범죄자는 위험성이 높은 마약 관련 범죄자들을 수용하기 위해 재편된(그러지 않았더라면 교도소 행이었다)약물법원으로 보내진다. HOPE 스타일의 법원을 검토 중인 사법관할 당국은 기꺼이 준수하려는 의지를 보이는 보호관찰 대상자에 대해서는 감시의 강도를 줄이고 위반을 계속하는 사람들에게는 강도를 높이면서 연속 감시를 제공하는 시스템 전반의 접근방식에 대해 생각하고 싶을 것이다.

HOPE 스타일의 프로그램을 실행할 것을 계획 중인 사법관할 당국은 최근의 공동체 감시 관행을 상당히 재조직할 필요가 있을 것이다. 이런 관행은 관할권에 따라 다르기 때문에 HOPE를 어느 사법관할에서든 정확하게 복제할 수는 없을 것 같다. 하지만 그 모델을 각 사법관할에 맞춤식으로 만들 필요가 있을지라도 모든 프로그램이 그 모델의 필수적인 특징을 그대로 본뜨는 건 아주 중요하다: 모든 당사자들이 협력하는 노력, 보호관찰 위반을 적발하는 노력의 강화, 위반에 대응하여 신속하고 확실하게-그러나 비례원칙에 맞게-대응하는 지속성이 바로 필수적인 특징이다.

추가 정보를 원하면

- HOPE 프로그램에 대해 더 알아보자
  http://nij.gov/topics/corrections/community/drug-offenders/pages/hawaii-hope.aspx
- 2009년 NIJ 자금지원을 받은 HOPE 평가 최종보고서, "Managing Drug Involved Probationers with Swift and Certain Sanctions: Evaluating Hawaii's HOPE."를 읽자
  http://www.ncjrs.gov/pdffiles1/nij/grants/229023.pdf
- BJA 실행과 NIJ 평가 프로젝트(pdf, 2쪽)를 더 읽어보자
  https://ojp.gov/newsroom/pressreleases/2011/OJP_PR-101811.pdf
- 앨름 판사가 HOPE에 대한 그의 비전에 대해 얘기하는 동영상을 시청하자
  https://youtu.be/tbPwyaarO9w

질문

다음 실행의 이슈 중 어느 것이 다음 사항들과 관련하여 논의가 되었는가: (a) 표본집단 (b) 프로그램 요소 또는 정책 규정들 (c) 프로그램 실무자 또는 정책 실행을 위해 지명된 개인들? 여러분의 답변을 설명할 구체적 사례를 제시한다.

어떤 유형의 모니터링 자료가 본토에서 HOPE 복제에 대해 제기된 질문들을 해결하는 데 유용한가? HOPE를 모니터링하고 원래 프로그램 설계에 대한 충실도를 입증하기 위해 어떤 종류의 자료를 사용할 수 있는지 2가지 구체적인 사례를 제시한다.

HOPE에 대한 비평에서 뒤리에즈, 컬렌, 맨책(Duriez, Cullen, & Manchak, 2014)은 다음과 같이 비판했다: "HOPE 프로젝트는 효과가 제한적이고, 실행하기 어려우며, 범죄자 변화

에 대해 지금 알려진 것에 관심을 기울이지 않는 지역사회 감시모델을 제공함으로써 잘못된 희망을 조성할 수 있다(p. 58).” 뒤리에즈 등(Duriez et al., 2014)이 쓴 논문과 클레이만, 킬머, 피셔(Kleiman, Kilmer, & Fisher, 2014)[19]가 쓴 답변을 읽고 다음 질문에 답한다.

(a) HOPE에 대한 그들의 비평에서 뒤리에즈 등이 펼친 핵심 주장은 무엇인가? 그들은 자신들의 주장을 지지하기 위해 어떤 증거를 제시하였는가?

(b) 클레이만 등이 그들의 반박에서 드러낸 핵심 주장과 증거는 무엇인가?

(c) 여러분은 뒤리에즈 등이 펼친 주장에 동의하는가, 동의하지 않는가? 왜 그런가? 여러분의 답변을 지지하는 주장을 펼치고 두 논문에서 구체적인 증거와 사례를 제시한다.

사례연구 5.3 약물법원은 왜 좋은 정보 시스템이 필요한가?[20]

지시: 아래의 사례연구를 읽고 마지막에 제시된 질문에 답하시오.

약물법원은 약물 관련 사건들을 관리하는 독특하고 정보 집중적인 접근방식을 대표한다. 약물법원은 치료와 사법 감시, 등급화 된 제재와 같은 기술을 통해 약물남용과 재범을 줄이기 위해 개발되었다.

보통 각 약물법원 팀(판사, 약물 치료 제공자, 법원 코디네이터, 검사, 변호인, 보호관찰 및 심리전 서비스와 같은 필수적인 참가자들)은 비폭력적인 피고인의 약물 없는 삶으로의 여정을 세심하게 모니터링하고 지속적으로 보고한다. 예를 들어, 대부분의 약물법원은 참가자들이 고교졸업자격 검정시험(General Educational Development, GED) 증서를 취득하고, 일자리를 유지하고, 약물법원 비용이나 자녀 지원을 포함해 최근의 재무적 의무사항을 지키도록 요구한다(가능하다면).

참가자가 프로그램 요건을 준수하는지를 점검할 때, 약물법원 구성원들이 “전체 진행상황도(total progress picture)”를 신속하고 정확하게 활용할 수 있어야 참가자를 효과적으로 관리할 수 있다. 약물법원 팀은 이러한 진행상황도를 분석하고 요약하여 약물법원이 일상 업무를 모니터링하고 그들의 사업 및 영향을 평가하고 자신의 프로그램에 대한 비용 및 혜택을 보여주는 자료를 제공할 수 있어야만 한다.

---

19) Duriez,S. A., Cullen, F. T., & Fisher, D. T. (2014). Is Project HOPE creating a false sense of hope? A case study in correctional popularity. Federal Probation, 78(2), 57–70을 볼 것. http://www.uscourts.gov/file/document/fed-probation-sept-2014에서 자료를 얻을 수 있다; 그리고 Kleiman, M.A.R., Kilmer, B., & Fisher, D. T. (2014). Response to Duriez, Cullen, and Manchak: Theory and Evidence on the Swift-Certain-Fair Approach to Enforcing Conditions of Community Supervision. Federal Probation, 78(2), 71–77. http://www.uscourts.gov/file/document/fed-probation-sept-2014에서 자료를 얻을 수 있다.

20) SEARCH, The National Consortium for Justice Information and Statistics, 2003을 요약한 것임.

안타깝게도 대부분의 프로그램은 의욕적인 평가 계획이나 자동화된 경영정보시스템(management information system, MIS)의 혜택 없이 시작하였다. 이런 격차를 인식하고, 법무부 사법제도실 산하 약물법원프로그램실(Drug Courts Program Office, DCPO)은 정보기술, 훈련 평가 및 기술 지원에 대한 법원의 요구를 정량화하고, 약물법원의 최우선 요구사항을 해결하기 위한 훈련 및 기술지원 솔루션을 개발하기 위한 시책을 수립했다.

미국 내 약물법원의 75% 이상이 전국적인 설문조사에 참여하였는데, 이는 대형 마약 사건을 취급하는 이들이 정보수집 도구의 향상에 대한 그들의 요구를 평가하는 것을 돕기 위해 설계되었다. 그 설문조사는 미국에서 약물법원으로 알려진 전체를 조사 대상으로 삼았다. 설문조사 당시 운용 중이던 340개 약물법원 중 257곳(76%)이 설문에 응답했다. 주요 결과는 아래 10개 핵심 요점으로 요약되어 있다:

1. 개인용 컴퓨터에 대한 접근은 광범위했지만, 중요한 자료는 자동시스템에 입력되지 않았고, 약물법원의 팀 구성원들 사이에서 자료에 대한 적절한 공유 접근이 보편화 되지 않았다. 설문조사에 응한 법원의 4분의 1 미만이 자동화를 통해 판사가 피고인 담당건수와 상호작용하는 것을 돕고 있었다.
2. 판사가 실패한 약물검사의 결과를 받는 데 걸리는 시간과 자동화 사이에는 강한 상관관계가 존재했다. 약물법원이 정보의 가치에 중요성을 두는 것이 핵심 요인이었다.
3. 조사 대상인 약물법원의 압도적인 다수가 제안된 모든 기술적 지원 옵션을 흔쾌히 사용하여 적절한 자동화를 이루고 기술을 유지하며 정기적인 생산성 보고서를 만드는 데에 필요한 교육을 확보하겠다는 뜻을 나타냈다.
4. 약물법원이 추가로 필요한 자동화 및 약물법원 사법행정을 개선하기 위한 훈련과 기술적 지원을 획득하지 못하는 요인으로는 자금제공 부족이 가장 큰 이유였다.
5. 자금제공의 장애에 덧붙여 약물법원은 다른 시스템들과 연결하는 데 있어서의 어려움을 자동화 시스템의 주요 장애로 거론했다.
6. 가장 큰 약물법원(200명 이상의 참가자들이 있는)은 훌륭한 MIS 지원을 받아 고도로 자동화되어 있었다.
7. 약물법원은 수요평가 및 기술계획 개발, 이해당사자에 대한 자금후원 제안서 작성 등 초기 단계의 도움을 포함하여 자동화와 관련된 모든 측면에 대한 기술적 지원이 필요하다고 명시했다.
8. 설문조사한 약물법원은 평가 및 경영정보시스템을 다루기 위한 추가 교육 및 훈련을 실시할 의향이 있음을 보여줬다. 감시, 평가 및 MIS 개발을 위해 마련된 워크숍과 비디오테이프 교육 세션이 설문조사 대상 법원들 사이에서 높은 평가를 받았다.

9. 자료 입력과 공유가 어려운 이유는 약물법원이 정기적인 평가 정보를 제공할 필요성에 대해 무관심해서가 아니었다. 실제로, 설문조사한 약물법원의 절반 이하만이 지금의 시스템이 평가를 위한 정보 제공을 잘하거나 매우 잘하고 있다고 평가하였다.
10. 전체 약물법원 중 15% 미만만이 전체 프로그램 평가에 필요한 보고서를 작성하는데 필요한 자동화를 마쳤다고 응답하였다.

설문조사 결과는 현재의 컴퓨터 시스템으로 약물법원에 자동화를 지원하는 건 부적절함을 분명하게 보여주었다. 적절한 기술이 없었기 때문에, 약물법원이 그들의 결과에 대한 정보를 법원 목적과 연결시키기가 어려웠다.

질문

1. 약물법원에 대한 다른 이해당사자들의 정보 요구를 기술한다. 최근의 정보 시스템은 그런 요구를 얼마나 잘 충족시켰는가?
2. 어떤 것을 개선할 필요가 있을까? 제5장에서 논의한 유용한 정보 시스템 개발하기와 관련한 지침을 재검토하고 이 사례연구에 어떻게 적용되는지를 의논한다.
   - 실무자 받아들이기
   - 비용
   - 호환가능성
   - 정보 보호
   - 실무자 훈련

참고 문헌

Andrews, D. A. (1995). *Assessing program elements for risk reduction: The correctional program assessment inventory (CPAI)*. Paper presented at the "Research to Results" conference, sponsored by IARCA, Ottawa, Canada, October 11-14.

Andrews, D. A., Zinger, I., Hoge, R. D., Bonta, J., Gendreau, P., & Cullen, F. T. (1990). Does correctional treatment work? A clinically relevant and psychologically informed meta-analysis. *Criminology*, 28, 369-404.

Cullen, F., & Gendreau, P. (2000). Assessing correctional rehabilitation: Policy, practice and prospects. In J. Homey (Ed.), *Criminal Justice 2000*. Vol. 3 (NCJ-182410) (pp. 109-175). Washington, DC: U.S. Department of Justice, Office of Justice Programs, National Institute of Justice. Retrieved from: http://www.ncjrs.gov/criminal_justice2000/vol_3/03d.pdf.

Dunworth, T., & Mills, G. (1999). *National evaluation of weed and seed* (NCJ-175685). Washington,

DC: U.S. Department of Justice, National Institute of Justice. Retrieved from: https://www.ncjrs.gov/pdffiles1/175685.pdf.

Dunworth, T., Mills, G., Cordner, G., & Greene, J. (1999). *National evaluation of weed and seed: Cross-site analysis (NCJ-176358)*. Washington, DC: U.S. Department of Justice, National Institute of Justice. Retrieved from: https://www.ncjrs.gov/pdffiles1/176358.pdf.

Duriez, S.A., Cullen, F.T., & Manchak, S.M. (2014). Is Project HOPE creating a false sense of hope? A case study in correctional popularity. *Federal Probation*, 78 (2), 57-70. Available at: http://www.uscourts.gov/file/document/fed-probation-sept-2014.

Eisenberg, J. M. (2000). Quality research for quality healthcare: The data connection. *Health Services Research*, 35, 12-17.

Fulton, B., Latessa, E., & Pealer, J. (2001). *MonDay community correctional institution: RSAT process evaluation, final report*. Retrieved from: https://www.ncjrs.gov/pdffiles1/nij/grants/188871.pdf.

Gendreau, P., & Andrews, D. A. (1996). *Correctional program assessment inventory* (6th ed.). St. John, New Brunswick: University of New Brunswick.

Gottfredson, D.C. (1998). School-based crime prevention. In L. W. Sherman, D.C. Gottfredson, D. MacKenzie, J. Eck, P. Reuter & S. Bushway (Eds.), *What works, what doesn't, what's promising: A report to the United States Congress*. Prepared for the National Institute of Justice [Online]. Retrieved from: https://www.ncjrs.gov/works/.

Hawken, A., & Kleiman, M. (2009). *Managing drug involved probationers with swift and certain sanctions: Evaluating Hawaii's HOPE (NCJ 229023)* [Final report to the National Institute of Justice]. Retrieved from: https://www.ncjrs.gov/pdffiles1/nij/grants/229023.pdf.

Institute of Medicine. (2001). *Crossing the quality chasm: A new health system for the 21st century*. Washington, DC: National Academy Press. Retrieved from: http://www.nap.edu/catalog/10027/crossing-the-quality-chasm-a-new-health-systemfor-the.

Kleiman, M.A.R., Kilmer, B., & Fisher, D.T. (2014). Response to Stephanie A. Duriez, Francis T. Cullen, and Sarah M. Manchak: Theory and evidence on the swift-certainfair approach to enforcing conditions of community supervision. *Federal Probation, 78 (2)*, 71-77. Retrieved from: http://www.uscourts.gov/file/document/fed-probation-sept-2014

Laub, J.H. (2011). Strengthening NIJ: Mission, science and process (NCJ 235891). *NIJ Journal*, 268, 16-21. Retrieved from: https://www.ncjrs.gov/pdffiles1/nij/235891.pdf.

Maguire, E. R. (2010). Taking implementation seriously: A response to Mastrofski, Weisburd, and Braga. In N. A. Frost, J. D. Freilich & T. R. Clear (Eds.), *Contemporary issues in criminal justice policy: Papers from the American society of criminology conference* (pp. 265-270). Belmont, CA: Wadsworth.

Pearsall, N. (2014). Replicating Hope: Can others do it as well as Hawaii? (NCJ 244148). *NIJ Journal*, 273, 37-41. Retrieved from: http://nij.gov/journals/273/Pages/replicatinghope.aspx#noteReference1.

Perry, C.L., Komro, K.A., Veblen-Mortenson, S., Bosma, L.M., Munson, K.A., Stigler, M.H., Lytle, L.A., Forster, J.L., & Welles, S.L. (2000). The Minnesota D.A.R.E. + P.L.U.S. project: Creating community partnerships to prevent drug use and violence. *Journal of School Health*,

70, 84-88.

Perry, C.L., Komro, K.A., Veblen-Mortenson, S., Bosma, L.M., Farbakhsh, K., Munson, K.A., Stigler, M.H., & Lytle, L.A. (2003). A randomized controlled trial of the middle and junior high school D.A.R.E. and D.A.R.E. + P.L.U.S. programs. *Archives of Pediatric and Adolescent Medicine*, 157, 178-84.

Ringwalt, C. L., Greene, J. M., Ennett, S. T., Iachan, R., Clayton, R. R., & Leukefeld, C. G. (1994). *Past and future directions of the D.A.R.E. program: An evaluation review.* [Draft Final Report]. Washington, DC: U.S. Department of Justice, Office of Justice Programs, National Institute of Justice. Retrieved from: http://www.nij.gov/pubs-sum/152055.htm.

Rossi, P. H., Lipsey, M. W., & Freeman, H. E. (2003). *Evaluation: A systematic approach* (7th ed.). Thousand Oaks, CA: Sage.

Rutman, L. (1984). *Planning useful evaluations: Evaluability assessment.* Beverly Hills, CA: Sage.

SEARCH, The National Consortium for Justice Information and Statistics (2003). *Drug court monitoring evaluation, and management information systems: National scope needs assessment (NCJ 195077).* Washington, DC: U.S. Department of Justice, Office of Justice Programs, Bureau of Justice Assistance. Retrieved from: https://www.ncjrs.gov/pdffiles1/bja/195077.pdf.

Sherman, L. W., & Berk, R. A. (1984). The specific deterrent effects of arrest for domestic assault. *American Sociological Review*, 49, 261-272.

Trudeau, J., Barrick, K., Williams, J., & Roehl, J. (2010). Independent evaluation of the national Weed and Seed strategy (NCJ 232244) [Final Report]. Washington, DC: U.S. Department of Justice, Office of Justice Programs. Retrieved from: http://www.jrsa.org/projects/WnS_Final_Evaluation_Report.pdf.

University of Cincinnati Corrections Institute (2008). Summary of the evidence based Correctional Program Checklist. Retrieved from: http://www.uc.edu/corrections/services/program_evaluation.html.

U.S. Department of Justice (2014). *2014 Financial Guide.* Washington, DC: U.S. Department of Justice, Office of Justice Programs, Office of the Chief Financial Officer. Retrieved from: http://ojp.gov/financialguide/PDFs/OCFO_2014Financial_Guide.pdf.

Wholey, J. S., Hatry, H.P., & Newcomer, K.E. (2015). *Handbook of practical program evaluation* (4th ed.). San Francisco: Jossey-Bass.

결과 평가

이 장의 개요

- 증거 기반 패러다임. 최근, 우리는 새로운 규범적 가치를 광범위하게 채택하는 것을 보았다: 형사사법 및 소년사법 시스템은 엄격한 평가 연구를 통해 효과적이라고 입증된 프로그램을 실행해야 한다는 것이다.
- 평가의 유형. 영향, 성과 그리고 효율성. 프로그램 또는 정책이 목표를 달성하고, 시간이 지남에 따라 결과가 변화하며 그리고 프로그램 또는 정책의 실행에 공헌하는 자원의 투자가치가 있는가? 영향 평가에서는 관찰된 결과를 다른 잠재적인 영향보다는 개입에 의한 영향을 확인할 수 있는 방법에 의존한다. 메타분석은 다른 개입의 시도나 시행이 또 다른 개입들보다 더 잘 작동하는지 판단하기 위해 많은 개별 평가 연구들의 결과를 취합한다.
- 평가를 위한 3가지 전제조건이 충족 되여야 한다. (1) 목표는 명확히 정의되고 측정이 가능해야 한다. (2) 개입은 충분히 잘 설계되어야 한다. (3) 개입은 잘 실행되어야만 한다.
- 평가성 사정 및 논리모형. 이것은 평가 준비단계에서 프로그램의 구성 요소들을 검토하는 2가지 방법이다. 이 2가지 방법 모두 프로그램과 정책 설계를 명확히 하는 데 도움이 된다.
- 결과 측정은 개입의 목표로부터 도출되어야 한다. 좋은 결과 측정은 특정한 프로그램 목표에 대해 타당하고 신뢰할 수 있는 지표이다.
- 잠재적인 교란 요인 식별(개입이외의 편향된 관찰값). 일반적인 교란 요인은 편향된 선택, 편향된 감소와 시간경과를 포함한다. 이러한 요인을 최소화하기 위한 3가지 주요 기법이 있다: (1) 무작위 배정, (2) 비동등 비교 집단(nonequivalent comparison group), (3) 성향점수 분석(propensity score analysis).
- 사용할 연구 설계의 구체화. 예를 들어 간단한 사전사후검사설계, 통제집단을 포함한 사전사후검사설계, 다중 사전검사설계를 포함한 사전사후검사설계, 처리 및 통제집단을 포함한 종단적 설계, 코호트 설계 및 시계열 분석이 포함된다.
- 평가 결과의 사용자 및 용도 식별. 의도된 청중은 누구이고, 결과를 어떻게 효과적이고 효율적으로 전달할 것인가? 결과는 어떻게 이용될 것인가?

이제 개입의 영향을 측정해야 할 때가 왔다. 프로그램이나 정책이 의도한 효과(들)가 달성되었는가? 어떻게 알 수 있는가? 이 단계에서 목적은 프로그램이나 정책의 결과(목표에 의해 정의된, 문제에서의 의도한 특정 변화)를 측정하는 연구 설계를 하는 것을 말한다. 프로그램이나 정책에서 의도했던 목표를 달성했는가? 달성할 수 있었던 이유는 무엇이고 달성하지 못했다면 왜 달성하지 못했는가?

평가의 필요성이 명백해 지더라도, 많은 프로그램과 정책들이 평가된 적이 없다. 종종 평가를 실행하지 않은 이유로 비용 문제를 들지만, 이해당사자들의 대중 이미지, 정치적 영향력 그리고/또는 기관의 예산이 특정 프로그램이나 정책의 성공 및 실패와 연결되어 있기 때문에 우리는 평가가 이해당사자들에겐 위협이 될 수 있음을 인식해야만 한다. 때때로 평가를 하지 않는 것이 책임을 회피하는 효과적인 수단으로 사용되기도 한다.

하지만 점차 자금을 지원하는 기관은 결과에 대한 책임을 요구하고 있다. 미 법무부 국립사법연구소(National Institute of Justice, NIJ)와 같은 연방기관이 공공기관 또는 민간기관에 제공하는 자금은 전형적으로 평가 요소가 필요하며 종종 독립적인 연구자가 평가를 해야 한다. 건강 및 정신건강 분야에서 관리 의료 기관들은 그들의 관리하는 자금이 효과적으로 사용되는지를 확인하기 위해 결과와 비용을 신중히 평가한다. 이런 식의 사고방식이 형사사법 분야에도 유입되고 있다.

목표를 설정할 때 각각의 목표(제3장을 참고할 것)에 대한 결과와 기준(평가를 위한 기준)을 식별해야 한다는 사실을 떠올려 보자. 이런 목표들이 평가의 초점이 된다.

1. 증거 기반의 패러다임

최근에 우리는 새로운 규범적 가치가 광범위하게 채택되는 것을 보았다 형사사법 및 소년사법 시스템은 엄격한 평가 연구를 통해 효과적이라고 입증된 프로그램을 채택해야 한다는 것이다.

검증된 프로그램 설계를 반복해서 되풀이하는 것은 효과가 없는 현재의 프로그램을 과감하게 대체할 수 있다는 것을 의미한다. "증거 기반"의 개념은 이제 정책결정자들의 중요한 언어가 되었고 몇몇 기관들, 특히 소년사법과 행동건강 분야에서 이런 검증된 프로그램 설계의 활용을 증진시키기 위해 애쓰고 있다.

- CrimeSolutions.gov는 온라인 사이트로, 범죄예방, 물질 남용, 청소년과 같은 분야의 프로그램 효과성 정보를 얻을 수 있다. 국립사법연구소에서 제공하는 이 서비스는 평가를 받은 프로그램에 관한 상세한 정보뿐만 아니라 최신 정보

를 포함하고 있다. 마크 립시(Mark Lipsey)의 연구결과에 따라 www.crimesolution.gov은 효과적인 프로그램이 공통적으로 가지고 있는 특징들도 문서화하고 있다. 프로그램들은 '효과적', '유망한', '비효과적'으로 세분화되어 있다.

- 소년사법및정신건강센터(National Center for Mental Health and Juvenile Justice, NCMHJJ): 증거기반의 시행은 표준화된 처리를 포함하며, 여러 연구 집단에 걸쳐 개선된 결과를 산출하기 위해 통제된 평가연구를 통해 입증된 개입으로 정의된다. NCMHJJ가 제안한 증거기반의 실행에는 다중체계 치료(Multisystemic therapy, MST), 단기 전략적 가족치료(Short Strategic Family Therapy, BSFT), 치료적 위탁양육(Therapeutic Foster care)이 포함된다(http://www.ncmhjj. com 참고).
- 폭력예방을 위한 청사진(Blueprints for Violence Prevention, BVP): 콜로라도 주 형사사법부(Colorado Division of Criminal Justice), 질병통제 및 예방센터(Centers for Disease Control and Prevention), 펜실베니아 주 범죄 및 비행 예방위원회(Pennsylvania Commission on Crime and Delinquency), 법무부 산하 소년사법 및 비행예방국(Office of Juvenile Justice and Delinquency Prevention, OJJDP)이 자금을 지원하여 볼도 소재의 콜로라도 대학이 개발한 프로젝트인 BVP는 다음 기준에 따라 "유망 프로그램"뿐만 아니라 "모델 프로그램"으로 여겨지는 프로그램을 연구했다: 강력한 연구 설계, 지속적인 효과 그리고 다중장소 복제에 의한 억제 효과의 증거. BVP에 의해 식별된 프로그램들은 다중체계치료(MST), 기능적 가족 중재(Functional Family Therapy, FFT), 공격성 대체치료(Aggression Replacement Therapy, ART)이다(https://cspv.colorado.edu/blueprints/ 참고).
- OJJDP: 모델 프로그램 가이드(The Model Programs Guide, MPG): 이 가이드는 증거기반의 예방 및 구현 프로그램을 실행하는 데 있어 실무자와 공동체를 지원하기 위해 OJJDP에 의해 개발 되었다. OJJDP는 4가지 기준에 근거한 특정 예방 및 개입 프로그램의 문헌 평가를 기초로 한 평가 시스템을 사용한다. 프로그램의 개념적 틀; 프로그램 충실도; 평가 설계; 문제 행동의 예방 또는 감소, 문제 행동과 관련된 위험 요소의 감소 또는 문제 행동과 관련된 보호 요소의 강화를 보여주는 경험적 증거. 모델 프로그램에는 인지행동치료(Cognitive Behavioral Therapy CBT), 기능적 가족 중재(FFT), 랩어라운드 사례 관리(Wraparound Case Management)가 포함된다(https://dsgonline.com/mpg2.5/mpg_index.htm 참고).

2. 평가의 유형

어떤 종류의 평가 자료를 수집해야 할지 정의하기에 앞서 평가에 대한 다른 접근 방식을 아는 것이 중요하다. 먼저, 평가를 설계하기 전에 질문해야 할 평가 질문의 종류를 분명히 할 필요가 있다. 영향 평가는 어떤 정책이 목표를 달성하고 있는지를 확인하기 위해 필요하다. 프로그램과 정책의 평가는 전형적으로 3가지 접근방식 중 하나를 취한다: (1) 영향 평가 (2) 지속적인 평가 (3) 효율성 분석. 또 다른 유형의 평가인 프로세스 평가는 프로그램이 설계된 대로 실행되는지 여부에 초점을 둔다. 프로세스 평가는 프로그램 효과성을 측정하기 위한 것은 아니다.

이 장에서 평가 수단들의 복잡성을 다루려고(또는 다루는 척 하려고) 하는 것이 아니다(Berk & Rossi, 1998; Patton, 1996; Rossi et al., 2003; Wholey et al., 1994). 우리는 독자들이 평가를 이해하는 데에 필요한 몇 가지 기본 개념에 익숙해지길 바랄 뿐이다. 우리는 이 책에서 학생이나 정책 시행자들로 하여금 그들 자신의 측정방법을 어떻게 설계할지를 가르치려고 하지 않을 것이다. 왜냐하면 이것은 연구방법론의 영역이기 때문이다.

1) 영향 평가

영향 평가(impact evaluation)는 가장 일반적인 평가유형의 형태로 이 장에서 우리가 주로 다룰 평가유형이다. 일반적으로 영향을 평가하기 위해서 실질적인 결과와 기대했던 결과(목표)를 비교한다. 이러한 부분을 확인하려면, 프로그램 참여자가 개입에 노출되기 이전에 기대했던 결과에 대한 유효한 측정과 참여자에 대한 정보가 필요하다. 예를 들어 비행예방 프로그램에서 대부분의 참여자가 높은 자존감을 나타난 채 프로그램에 참여했다면 높은 자존감이라는 의미는 무의미한 요인이 될 수 있다. 이것은 어떤 변화가 일어났다는 것만으로 원인을 이야기하기에 충분하지 않다. 적용된 프로그램이나 정책이 관찰된 변화의 원인이었는지 여부를 판단할 필요가 있다. 개입이 없었더라면 그런 변화가 일어나지 않았을 것인지를 알 필요가 있는 것이다. 이것을 알려면 그 개입에 노출되지 않은 유사한 유형의 사람들에 관한 정보가 필요하다. 유사한 유형의 그룹에서도 똑같은 변화가 일어났다면 변화가 개입의 영향으로 일어났다고 할 수 없다.

프로그램의 장기 효과에 관심을 가질 수도 있다. 예를 들면, 재범은 프로그램 이

전에 측정 하는 것은 아니지만, 다른 사람들에 대해 높아진 애착, 개선된 분노 통제나 학업 성취처럼 프로그램이 가져올 수 있는 변화들에 영향을 받을 가능성이 있다. 장기간의 결과에 대한 프로그램의 영향을 평가하기 위해서는 프로그램을 적용받지 않은 집단과의 비교가 필요하다. 프로그램에 참여한 사람들 사이의 재범이 비교집단과 아무런 차이가 없다면 두 집단은 재범과 관련 있다고 여겨진 특성에 있어 동일하므로 프로그램이 효과가 없다는 증거를 갖게 된다.

2) 성과 평가: 결과 기반의 정보 시스템

많은 영향 평가의 1가지 약점은 그 결과가 시간상 특정 시점으로 제한된다는 점이다. 특히, 프로그램은 실무자, 의뢰인, 서비스 그리고 목적에 따라 지속적으로 변화한다. 직원 이직, 개입의 유행, 정치 환경의 변화 및 새로 유입되는 의뢰인의 특성 변화는 모두 프로그램 결과에 변화를 일으킬 수 있다. 심지어 가장 잘 설계된 영향 평가의 결과라 할지라도 점차 쓸모없게 된다. 성과 평가(performance evaluation)가 그 대안을 제시한다. 모든 의뢰인에 대한 결과 정보를 상시적으로 수집하고 분석하는 것은 어떨까? 이러한 방식으로 이해당사자들이 결과 데이터로부터 학습하고 대안을 제시하면서 시간 경과에 따른 대안 적용의 결과를 볼 수 있을 것이다. 형사사법 내에서 전산화된 정보 시스템의 성장은 이러한 접근방식을 점점 더 실용적이고 유용하게 만들고 있다.

이런 학습 과정은 모니터링과 관련하여 지난 장에서 언급한 내용 중 많은 부분을 포함하지만 실행의 적절성을 평가하기보다는 결과를 개선하는 데에 중점을 둔다. 게다가 평가에 대한 이러한 상호작용적인 접근방식은 커트 르윈(Kurt Lewin, 제2장 참고)이 도입한 "실행 연구(action research)"의 개념을 통합한다. 설계의 개념에서 결과 기반의 정보 시스템은 각각의 코호트(특정 의뢰인 그룹)에 대한 결과를 시간 경과에 따른 추세로 비교할 수 있는 다중 코호트 설계(multiple cohort design)이다(이번 장의 '연구 설계 구체화'를 참고할 것).

이 아이디어에 한 걸음 더 나아가 보자: 이러한 학습 시스템은 전체 프로그램 시스템에서 결과 정보를 모니터링 할 때 훨씬 더 강력하다. 예컨대, 도시나 주는 마약범죄자나 청소년 범죄자와 같은 특정 의뢰인 집단에 서비스를 제공하는 모든 프로그램에 대한 구체적인 결과 자료를 모니터할 수 있다. 비교집단은 서비스를 받지 못하는 의뢰인들로 구성되지는 않지만, 서로 다른 서비스를 받는 매우 유사한 의뢰인들(일치하는 비교집단)로 구성된다.

이러한 정보를 통해 시간 경과에 따른 프로그램 비교는 왜 특정한 결과가 생산되고 있는지에 대한 더 많은 정보를 생성한다. 개입이 긍정적인 개선을 보이고 있다면, 실험 설계를 활용하여 평가를 실행하는 것을 고려해야 한다. 전산화된 정보 시스템은 형사사법 내에서 점점 일반화되고 있다. 이러한 시스템의 중점은 일반적으로 관리 요구(예를 들어, 인사, 재무 및 사례 통제)에 맞춰져 있지만 프로그램이나 정책의 성공을 평가하는 조직의 역량을 강화하기 위해 의뢰인별 결과 정보를 쉽게 추가할 수 있다.

3) 효율성 평가

마지막으로 최근에 주어진 프로그램이나 정책이 얼마나 효율적인지를 알아보려 한다. 효율성 평가에는 2가지 유형의 분석이 유용하게 사용되며 비용편익 분석과 비용효과 분석이 있다. 비용편익 분석(cost-benefit analysis)에서 산출되는 변화의 양(편익)이 비용의 가치가 있는지(보통 금전적 개념으로)를 묻는다. 반대로 비용효과 분석(cost-effectiveness analysis)은 유사한 결과를 만들어내는 프로그램과 정책을 비교하기 위해 실질적인 관점에서 결과를 표현한다. 이 경우에 상대적 편익을 판단하기 위한 기준으로 비용과 결과를 모두 사용하여 프로그램이나 정책을 경쟁자로 보고 있다.

예를 들어, 8학년 학생들 중 비행 고위험이 있는 것으로 판단된 학생들에게 3개월짜리 학교 기반의 문제해결 수업을 커리큘럼에 적용하는 것을 고려해보자. 의도한 변화가 일어나고 있다면, 다양한 편익의 측정이 가능해질 것이다(예들 들면, 표준화된 테스트에 의해 측정된 문제 해결 기술의 단위 증가; 18세까지 어떠한 후속 체포를 피한 어린이들 숫자). 그 비용들 중 일부는 다른 비용들보다 덜 명백하겠지만 이제 비용을 정확하게 측정해야 한다. 예를 들면, 문제해결 수업 진행과정에 필요한 재료들(노트, 비디오 등)을 구입하고 교사들이 커리큘럼을 운영하도록 교육하는 데에 얼마나 많은 비용이 들었는가? 학생들이 얻지 못한(예를 들어, 문제해결 기술 커리큘럼을 위한 공간을 비우기 위해 수학이나 과학 학습에서 줄어든 부분) 측면에서 비용은? 그런 다음 각각의 체포를 방지함으로써 절약된 전체 비용(예를 들어, 각각의 판결 받은 청소년 체포 및 처리, 기소, 감독의 비용)과 문제해결 기술 커리큘럼을 운영하기 위해 지출한 비용을 비교할 수 있다. 다시 말해, 비용 대비 편익 비율을 계산하는 것이다. 낮은 비용으로 적당한 이익을 얻었다면 훨씬 더 많은 비용을 지불해 약간 더 많은 것을 얻은 것보다 더 가치 있는 프로그램이라는 뜻일 것이다. 같은 프로그램에 대한 비용효과 분석은 비행청소년 코호트를 비행을 저지르지 않는 청소년으로 변화시키는 데에 지출한 전체 비용을 계산하고 이 접근방식을 똑같은 결과를 내기 위해 시도한 다른 방식들(예를 들면, 구금 확보)과 비교할 것이다. 그러면 어느 프로그램이 바라는 결과를 만들어 내는 데에 가장 효율적인지를 판단할 수 있다.

또한 추정되는 비용과 실질적인 비용을 비교할 수도 있다: "효율적"인 프로그램은 예산에 맞추거나 그 예산 아래로 명백한 편익을 만들어내는 것이다. 대부분의 경우 동일한 수준의 편익을 달성하는 비용을 여러 프로그램, 정책 또는 심지어 설정에서도 비교할 수 있다. 그러므로 효율성 분석은 이해 당사자들과 정책 결정권자들이 경쟁적인 프로그램, 정책, 프로젝트를 선택하도록 도와주는 가치 있는 정보를 제공한다.

하지만 정확하게 얼마나 구체적으로 비용과 편익이 정의되어야 하는지는 논란이 있고, 효율성 분석을 위한 절차가 꽤 복잡하다. 정책 입안자들과의 비용 관련 논쟁이 얼마나 중요한지를 알기 때문에 베라사법연구소(Vera Institute of Justice)에서는 비용편익 분석의 기초에 대해 무료로 이용 가능한 툴킷(toolkit)을 개발하였다.(https://www.vera.org/publications/cost-benefit-analysis-and-justice-policy-toolkit), (Henrichson & Rinaldi, 2014).

앞서 언급한 3가지 유형의 평가 모두 왜, 어떻게, 어디서 그러한 분석이 사용되는지를 알고 있어야 하지만, 실제로 실행하기 위해서는 정교한 훈련과 전문지식이 필요하다. 이는 특히 효율성 분석에서 그러하다(Stokey & Zeckhauser, 1978; Thompson, 1980).

4) 메타 분석

영향 평가를 통하여 특정한 프로그램의 성공이나 실패에 대해 알 수 있을지라도 프로그램의 어떤 요소들이 관찰된 결과의 원인이 되었는지를 확신할 수는 없다. 대부분의 프로그램(program)은 집단 상담, 레크리에이션, 행동 계약, 교육과 같은 몇 가지 명확하게 개별적인 활동(activities)을 제공한다. 하지만 이 활동 중 어느 것이 또는 어느 활동들의 조합이 성공을 야기하는지 어떻게 알 수 있을까? 물론 프로그램(program)은 활동(activities). 그 이상이다. 프로그램에 참여하는 다른 의뢰인, 실무자, 시설 그리고 프로그램을 제공하는 조직의 관리가 있다. 이 모든 프로그램 특징이 의뢰인의 프로그램 경험에 영향을 미칠 수 있고, 결과적으로 프로그램 결과에 영향을 줄 수 있다.

특정한 처리가 효과를 냈는지를 알아보기 위하여 마크 립시(Lipsey & Wilson, 1993, 2001)와 폴 장드로(Gendreau & Little, 1996) 같은 연구자들은 프로그램 결과의 대안적 원인들을 검증하는 통계학적 방법론을 활용하였다. 메타분석은 실험 또는 적절한 준실험 설계를 사용한 연구를 의미하는 잘 설계된 평가만을 선택하여, 개입을 받은 사람들과 각 연구에 참여하지 않은 사람들 간 차이의 크기, 즉 "효과 크기(effect size)"를 계산한 다음, 다른 연구들에 걸쳐 이런 효과 크기들을 처리 접근법의 영향을 측정하는 하나의 척도로 조합하는 것이다(Lipsey & Wilson, 2001).

지금까지 메타 분석을 통해 다양한 유형의 의뢰인 중심의 비간접적 치료보다 행동주의 방법론과 인지행동주의 방법론이 비행청소년에게 더욱 효과적이라는 사실이 드러났다(Lipsey & Wilson, 2001). 성인 교정 치료와 관련해서는 인지행동주의와 행동주의 접근방식이 다른 치료법보다 효과가 있다. 집중적인 교도소 마약 치료 프로그램은 특별히 공동체 사후관리 프로그램과 연계되었을 때 효과를 나타내는 것으로 보인다(Lipsey & Cullen, 2007). 교육, 직업훈련, 교도소 노역 프로그램은 약간의 효과를 가지고 있다. 성범죄자 치료의 효과는 불분명하다. 주의할 것은 메타분석의 발견은 종종 분석된 연구들의 방법론적 취약성, 주제와 치료에 대한 상세한 정보의 결여 그리고/또는 의심스러운 실행 또는 프로그램 충실도에 의해 제한된다는 점이다(Gaes et al., 1999; Zajac, 2004).

3. 평가를 위한 3가지 전제조건

실질적으로 프로그램이나 정책을 평가하기에 앞서 3가지 주요 기준(전제조건)을 만족시켜야 한다. 이 전제조건은 도표 6.1에 정의되어 있다. 이 3가지 전제조건 중 하나라도 충족하지 못한다면 평가 시도는 성공하지 못할 가능성이 높고, 그 결과는 설득력이 없을 것이다. 실제로 "평가 가능성 평가(evaluability assessment)"라고 불리는 전체 방법론이 이러한 중대한 우려사항을 해결하기 위해 개발되었다 (Rossi et al., 2003; Rutman, 1984; Wholsey et al., 1994).

도표 6.1 평가의 3가지 전제조건

1. 프로그램 또는 정책의 목표가 명확하게 구체화되어야 하며 목표들은 측정 가능해야만 한다(제2장 참고).
2. 개입은 잘 설계되어야만 한다(제3장 참고). 그 논리는 의미 있어야 하고 이해하기 쉬워야 한다.
3. 개입은 잘 실행이 되어 그 핵심 요소들(행동)이 설계대로 의뢰인에게 잘 전달되어야 한다. 모니터링을 하는 이유가 바로 이런 것임을 알아야 한다. "실행 중인 프로그램 또는 정책"이 "서류상의 프로그램이나 정책"과 맞는지를 확인하기 위해서다(제5장 참고).

4. 평가성 사정

어떤 프로그램의 개입을 평가하려는 상황에서 개입의 어떤 측면을 측정할 수 있는지를 결정하기 위해서는 종종 프로그램이나 정책을 먼저 검토하는 것이 종종 바람직하다. 프로그램이 명확하게 목적을 밝혔으나 측정 가능한 목표를 만들어 내는 임무를 완수하지 못했을 수 있다. 만약 한 프로그램의 목적이 미래의 기회에 대한 범죄자의 인식을 향상시키는 것이라면 이 인식이 바뀌었는지를 어떻게 알 수 있을까? 다른 프로그램 실무자들이 프로그램의 목적과 관련하여 다른 견해를 가지고 있는 경우도 있을 수 있다. 이런 차이들이 존재하는 한 평가가 다른 목적들을 대상으로 삼고 있을지도 모른다.

평가성 사정(evaluability assessment)은 실질적인 프로그램 요소들을 발견해 내고 측정 가능한 요소들을 분리해 내는 방법이다(Wholsey, 1994). 이 프로그램의 평가 모델은 평가에서 테스트된 프로그램이다. 측정할 수 없는 프로그램은 배제된다. "사정"은 보통 프로그램을 설명한 문서 읽기, 관리자와 실무자 인터뷰, 사례 파일 읽기, 프로그램 의뢰인 인터뷰까지를 포함한다. 이러한 정보의 각 출처는 프로그램 목적과 목표, 프로그램 활동, 영향 모델, 프로그램 자원, 계획 메커니즘 및 변화가 필요한 영역에 대해 질문 받게 된다. 평가성 연구의 결과는 프로그램 관리자와 실무자가 정확성을 위해 검토하는 단일 프로그램 모델이다. 이 모델은 종종 프로그램 담당자들이 그들의 차이점과 마주하게 하고 처음으로 프로그램의 중요한 측면에 대해 의견 일치를 이루도록 한다.

5. 논리 모델링

제 2장에서 언급한 **영향모델**(impact model)은 개입과 문제의 원인을 연결하고, 문제의 원인과 문제 자체를 연결한다고 하였다.(그림 6.2 참고). 개입이 문제의 원인을 변화시켜 그 문제에 영향을 미칠 것이라는 게 이 모델의 논리다. 개입을 평가할 때 프로그램이나 정책의 논리를 직접 그려보는 것이 종종 유용하다. 실제로 종이에 그려지는 이 지도를 **논리모델**(logic model)이라고 부른다. 논리모델은 프로그램이 어떻게 설계되었는지를 한눈에 볼 수 있는 간결한 방법이다.

논리모델은 프로그램의 주요 요소들을 요약하고 프로그램의 활동들이 프로그램의 목표 및 측정 가능한 결과와 어떻게 연결되는지를 보여준다(Forgatch et al., 2005; Guevara & Solomon, 2009; Mihalic, 2004). 논리모델의 사례를 그림 6.2에서 볼 수 있다. 논리모델은 이해 당사자들과 프로그램이나 정책의 의도에 대해 효과적으로 소통하는 데에 쓰일 수 있고, 평가를 설계하는 기본 틀을 제공할 수 있다. 그것은 개입의 효과를 시험하기 위해 측정되어야 하고 측정할 수 있는 결과를 명확히 한다.

그림 6.2 논리모델

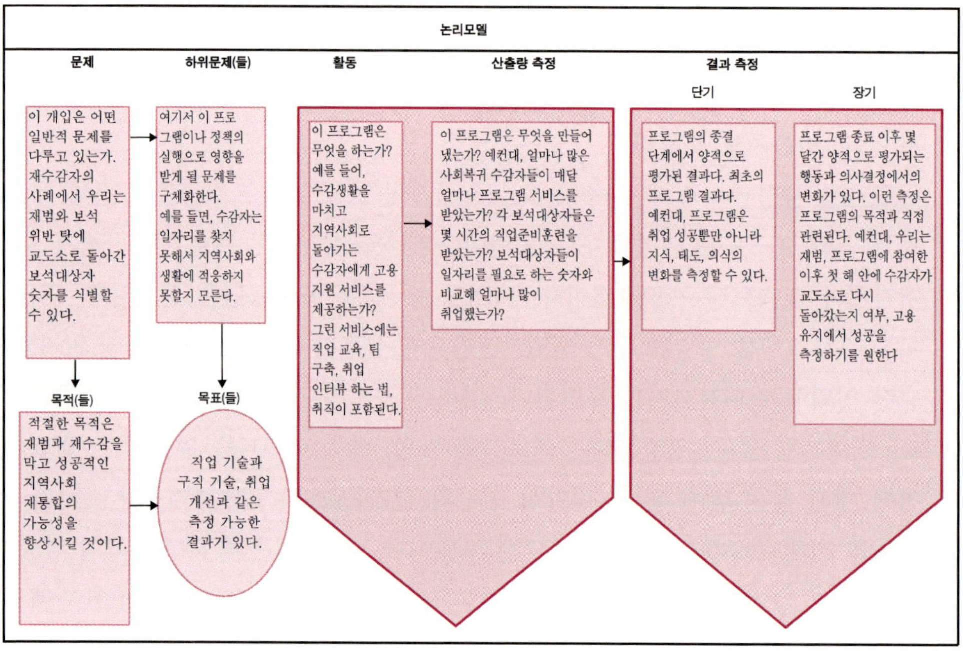

왜 논리모델을 개발하는가?

논리모델은 많은 용도와 이점을 지니고 있다. 논리모델은 최소한 4가지 다른 목적으로 사용될 수 있다.

1. 전략적 기획 및 프로그램 기획-논리모델 개발은 전략적 기획의 한 형태다. 이 과정을 통해 비전, 프로그램의 근거, 프로그램 작동 방식을 파악해야 한다. 이 과정은 또한 프로그램 계획에 참여하는 다양한 프로그램 이해 관계자들을 확보하고 프로그램 설계 및 운용에 관한 합의를 형성하도록 하는 좋은 방식이다.
2. 효과적인 커뮤니케이션-논리모델은 자금 제공자, 실무자, 정책 결정자, 미디어 또는 다른 동료들에게 여러분의 프로그램 및 의도한 결과에 대해 스냅사진으로 보여줄 수 있다. 여러분이 하는 일이 전략적이며 책임감 있는 계획을 가지고 있음을 보여주기 위한 방법으로서 자금조달 제안서에 특히 유용하다.
3. 평가 계획-논리모델은 평가에 대한 기본적인 틀을 제공한다. 이것은 프로그램의 계획으로부터 산출할 수 있는 목표를 설정하고 그 결과를 측정 가능한 용어로 설정한다.
4. 지속적인 학습 및 개선-완성된 논리모델은 원하는 결과의 달성을 위해 프로그램이 지속적으로 측정될 수 있는 기준점을 제공한다.

6. 실행 평가

두 번째 사정은 평가 중인 프로그램이나 정책이 설계에 충실하게 실행되었는지, 즉 활동과 실행이 설계에 잘 들어맞는지, 프로그램이나 정책의 분량 정도가 적절한지, 실무자는 서비스를 전달할 자격이 있는지 또는 결정권자들이 정책의 절차나 규정들과 관련해 훈련을 받았는지 확인하기 위해 평가 연구 자체에 앞서 종종 실행된다(이 논리모델의 견본은 법무부 소년사법 및 비행예방국(OJJDP)의 웹사이트(https://www.ojjdp.gov/grantees/pm/logic_models.html)에서 2015년 7월 20일 검색됨). 우리는 주로 잘 설계된 개입의 영향에 관심이 있다. 실행 중 또는 실행 후에 프로그램이나 정책의 측면이 바뀌었다면, 측정되고 분석된 결과를 이해하는 게 불가능할 것이다. 그래서 평가자는 프로그램이나 정책이 제대로 잘 실행되었는지를 확인하는 것이 중요하다.

7. 결과 측정 개발

결과 측정방식을 개발하기 위해서는 개입의 목표들을 다시 언급해야 한다. 어떻게 이런 목표들을 적절하게 측정할 것인가? 적절한 목표는 4가지 요소를 포함한다는 사실을 기억하자(제2장 참고); 시간 프레임, 대상 모집단, 주요 결과 그리고 측정 기준. 구체적인 개입(프로그램 또는 정책)이 문제에서 의도한 변화를 만들어냈는지를 판단한다. 영향 모델은 그런 예측이나 가설을 구체화한다는 제3장의 내용을 상기하자.

프로그램의 영향을 설정하는 것은 우연성을 설정하는 것과 같다. 다른 말로 하면, 개입이 구체적인 효과, 즉 문제에서 의도한 변화를 일으켰는지를 결정하고자 한다. 그렇게 하려면, 적절한 측정방식과 적절한 연구 설계가 필요하다.

측정의 타당성(validity)은 측정 또는 절차가 그것이 하고자 하는 것(측정)을 성공적으로 실행하는 정도를 나타낸다. 대부분의 전문가들은 이런 유형의 타당성을 구성 타당도(construct validity)라고 말한다. 달리 말해, 측정이 실질적으로 평가하기로 되어 있는 구성이나 개념을 평가하는지 여부를 어떻게 얘기할 것인가?

예를 들어, 로젠버그의 자존감 척도(Rosenberg, 1965)와 같은 자존감 측정방식을 쓸 수도 있고, 전국 약물남용 조사 연구(National Survey on Drug Use and Health, NSDUH)처럼 자기 보고된 약물 사용 측정을 사용할 수도 있다(https://www.oas.samhsa.gov/nhsda.htm)에서 자료를 얻을 수 있다). 질문은 다음과 같다: 각 측정이 얼마나 정확한가? 측정하려는 구조에 좋은 지표인가? 이런 질문은 측정이 종종 동일한 개념의 일부 알려진 지표와 관련되어 있음을 증명하기 위한 연구를 통해 조사가 이루어진다. 우리는 학생의 자존감을 측정하고 이어 학생 자신의 평가 점수와 그 학생의 친구들과 가족이 한 평가 점수의 연관성을 보여줄 수 있다. 우리는 우리의 측정과 동일한 개념의 일부 다른 지표 사이에 관계가 있는지를 알아보고 싶어 한다. 또는 우리는 자기 보고된 약물 사용이 낮춰져 있는지 또는 과장되어 있는지를 판단하기 위해 실제로 약물 검사 기술을 활용해 자기 보고된 약물 사용을 검증할 수 있다. 가능한 경우, 이전의 연구가 타당성에 대한 합리적인 증거를 제시한 측정방식을 사용하려고 시도한다.

측정의 신뢰도(reliability)는 일관성과 관련이 있다. 예를 들어, 동일한 측정 수단(즉, 검사-재검사 신뢰도)을 반복해서 사용해 동일한 결과를 얻을 가능성이 있는가? 측정은 시간이 흘러도 어느 정도 일관적이고 그 결과가 바뀌지 않는다고 확실히 하고자 한다. 예를 들면, 자존감은 비교적 안정적인 성격 특성으로 보인다. 신뢰할 만한 측정

방식이라면 한 개인의 자존감에 대해 측정한 시기에 따라 매우 이질적인 결과를 만들어 내서는 안 된다. 자존감과 같은 자기 보고된 측정의 신뢰성을 확립하려는 시도는 대개 연구를 통해 측정 항목의 내적 일관성 또는 동일 시험의 두 개 이상의 독립된 관리에서 얻은 점수 간의 관계를 조사한다.

8. 잠재적 교란 요인 식별

앞서 언급한 바와 같이, 프로그램의 영향을 설정하는 것은 인과관계를 설정하려는 시도이다. 개입이 문제에서 관찰된 변화를 만들어 냈을까? 몇 가지 기본적인 연구 설계를 살펴보기에 앞서 교란 요인(confounding factors)을 논의할 필요가 있다. 이는 결과 측정에서 관찰된 변화(예를 들면, 문제에서 증가 또는 감소)를 설명할 수 있는, 여러분의 프로그램 이외의, 요인을 나타낸다. 교란 요인은 프로그램 결과의 측정에 편견을 미치며, 연구 설계 교과서에서 이런 교란 요인들은 종종 실험의 내적 타당성에 대한 위협으로 분류된다.

편향적 선택(biased selection)은 주의해야 할 일반적인 하나의 교란 요인이다. 많은 형사사법 개입에 있어 특히 범죄자 처리와 석방 후 프로그램에서, 연구자들은 재범 감소를 주요 목표로 삼는다. 하지만 많은 개입을 면밀히 들여다보면 종종 그 치료를 받도록 선택된 많은 대상자들에겐 처음부터 높은 위험성이 없었다. 비행예방 프로그램에서 청소년이 처음부터 주목할 만한 위험 인자(체포 전력, 무단결석, 학업실패, 또는 가족 문제와 같은 행동)가 없다면 그런 청소년들이 프로그램을 마치면서 낮은 재범률을 보이더라도 놀라운 일이 아니다. 이 경우 개입이 효과가 있었다고 할 수 있을까? 아니면 의뢰인 선정에 선입견이 있어서 프로그램이 실제로 작용한 것인지를 판단할 방법이 없다는 뜻일까?

교란 요인을 얘기할 때, 우리는 다른 것(개입 그 자체 이외의)이 문제에서 관찰된 변화의 원인이 되었거나 문제의 변화를 측정하는 방법에 지장을 줬다(교란시켰다)고 말하게 된다. 여러분은 잠재적인 교란을 예상하고 그것을 최소화하는 평가를 설계할 필요가 있다. 모든 개입의 평가는 잠재적인 교란을 다뤄야만 한다. 여기에 교란의 가장 일반적인 3가지 유형을 제시한다:

1. 편향적 선택(biased selection): 참여자 선정 절차에서 처리집단에 실제로 문제해결이 필요한 참여자의 숫자를 적절히 포함시키지 못한다면 체계적인 편향을 보일 것이다. 때때로 '크리밍(creaming, 역주: '기름을 친다'는 뜻으로, 특정 개입 프로그램을 통해 가장 성공 가능성이 높은 대상자가 프로그램을 이용하도록 하는 것을 말한다)'이라고 불리는 이 문제는 의도적으로든 무의식적으로든 개입의 필요성이 가장 큰 의뢰인 보다는 가장 유리한 결과를 보여줄 것 같은 의뢰인을 선택할 때 발생한다. 예를 들어, 많은 민간 마약치료 프로그램들이 경이로운 성공률을 주장하지만 선택 대상을 가장 문제의 심각성이 낮은 의뢰인으로 제한했음을 종종 발견할 수 있다. 달리 말해, 가장 필요성이 높은 의뢰인은 선택되지 않았고 프로그램 결과를 비교할 통제집단이 전혀 없었을 것이라는 의심까지 든다. 따라서 이런 결과는 절대로 신뢰할 수가 없다.
2. 편향적 감소(biased attrition): 다른 비교집단의 피실험자보다 높은 비율로 피실험자를 제외했기 때문에 결과 측정에 선입견이 들어간다. 예를 들면, 마약치료 프로그램에서 흔한 어려움은 가장 문제의 심각성이 큰 이들이 프로그램 종료 전에 탈락하는 것이다. 관찰된 결과는 치료 프로그램에 끝까지 남은 이들이 통제집단에서 똑같은 피실험자들보다 낮은 재발률을 보인다. 하지만 이 치료 프로그램은 가장 높은 재발률을 보일 것 같은 피실험자들을 잃었기 때문에 결과가 편향되어 있다.
3. 시간의 경과(history): 개입의 초기에서 마지막 프로그램 종료까지 일부 예기치 않은 일들이 프로그램 목표의 측정에 편향을 주기도 한다. 예를 들면, 만일 가정폭력과 관련한 주 법률의 주요 변화가 의무적 체포 실험 과정 동안에 발생했다면 개입보다는 새로운 법이 배우자 폭행으로 체포된 사례의 증가라는 관찰된 결과를 더 설명하는 것일지도 모른다.

사례 6.1 미니애폴리스의 가정폭력 실험에서 잠재적 교란 사례

미니애폴리스의 가정폭력 실험(Sherman & Berk, 1984)은 잠재적 교란 요인으로 인해 비판을 받아왔다. 일부 의견에 의하면 의무적 체포 정책이 중재 또는 분리보다 더 효과를 미치는지를 알아보는 실험으로 적절히 판단할 수 없다고 주장한다. 사용된 측정방법 중 하나는 피해자와의 후속 인터뷰(follow-up interview)였는데, 경찰의 개입 이후의 피해자화를 질문하였다. 개입 직후 바로 피해자를 인터뷰한 다음에 24주간 2주마다 매번 후속 인터뷰를 하였다. 연구자들은 반복적인 학대의 피해 보고가 적은 것으로 측정되어서 감소의 결과가 있었다고 보고하였다. 의무적 체포의 개입이 적용된 부부 중에서 피해자의 19%가 후속 연구에서 추가 학대를 보고하였는데 이는 분리와 중재의 개입에서 각각 학대 반복 비율이 33%, 37%인 것과 비교된다.

이 부분에서 어려움이 따른다. 이전 경찰의 개입(체포, 중재, 분리) 이후에 배우자한테서 위협을 받았거나 구타를 당했기 때문에 여성이 추가로 학대 사건을 보고하는 것에 겁을 먹었다면? 셔먼과 버크는 그들의 표본에서 상당수 피해자가 연구에서 제외되었다고 보고했다. 최초 피해자와 인터뷰는 전체 사례의 62%에 대해서만 완료되었다. 다른 사람들은 찾을 수 없었거나 인터뷰를 거절하였다. 2주마다 진행한 인터뷰는 원표본 대상자의 49%에 대해서만 이루어졌다. 연구는 실험 이후에 반복 학대의 피해자일지 모를 많은 이들을 놓쳤을 수 있다.

셔먼과 버크는 그들이 실질적으로 접촉한 피해자들 중에서 "차별적인(differential)" 제거는 없었다고 보고하였다(예를 들어, 실험의 피해자 탈락 비율은 3가지 개입 각각에 대해 거의 같았다)(sherman & Berk, 1984). 하지만 많은 이들이, 우리가 접촉하지 못했지만 실질적으로 더 심한 학대를 경험했는지를 알 길은 없다. 비판론자들은 이 잠재적 교란 때문에 경험적 결과에 대해 의심을 나타냈다(Lempert, 1989). 게다가, 다른 사법관할에서 미니애폴리스 실험의 결과를 복제하려는 시도가 성공적이지는 않았다(Sherman, 1992).

요약하면, 개입(의무적 체포)이 관찰된 결과(보고된 학대 사건의 감소)에 효과를 미쳤는지는 완전히 명백하지가 않다. 원래 대상자의 절반 이상이 인터뷰에서 제거되었기 때문에 이러한 결과에 편견이 작용했을 가능성을 완전히 배제할 수가 없다. 후속 연구에서 인터뷰를 거절한 피해자들이 인터뷰에 동의한 이들보다 더욱 더 피해자화를 경험했을지도 모를 일이다. 반복된 학대 사건에서 감소 현상이 관찰된 건 실험에서 탈락한 피해자들이 경찰이나 인터뷰하는 사람에게 추가적인 학대 사건을 보고하기를 두려워했기 때문일 수도 있다.

9. 교란 효과 최소화를 위한 주요 기법

교란 효과를 최소화하는 3가지 주요 기법이 있다: (1) 무작위 배정, (2) 비동등 통제집단(nonequivalent control group), (3) 성향점수 분석(propensity score analysis). 이 3가지 기법은 각각 비교집단을 만드는 것을 포함하고 있다: 재범과 같이 결과 측정에 영향을 줄 수 있지만 개입을 받지 않는 요인에 대해 처리집단과 동등한 다른 참여자 집단.

1) 무작위 배정

무작위 배정은 연구자가 적격의 참여자들을 처리집단과 통제집단으로 분리하여 무작위로 할당하는 것을 뜻한다. 이것은 절대로 이뤄질 수도 없는 무작위 선택과는 같지 않다. 학생들은 종종 이 2가지 개념을 구분하는 것을 어려워한다. 샘플링 전략으로서 여론조사나 의견조사에 참여할 피실험자를 무작위로 선택해야 할 것이다. 그 목적은 일반 인구집단에서 대표성 있는 무작위의 표본 집단을 확보하기 위해서다. 반대로 어느 누구도 개입을 위한 참여자 선택을 무작위로 할 수 없을 것이다; 대신에 누가 그 프로그램에 적격인지, 누가 그 프로그램을 필요로 하는지를 판단해야 할 것이다. 일단 적격의 참여자 풀이 결정되면 이어 처리집단과 통제집단의 피실험자로 무작위로 배정될 것이다. 어떤 개입에서든 참여자는 무작위로 선택되지 않는다; 그들은 필요성이나 적격성을 기준으로 신중히 선택된다. 일단 선택되면 처리집단 또는 통제집단으로 무작위로 배정되어야 한다.

이론적으로 무작위 배정은 결과에 편향성을 가져올 수 있는 알 수 없는 차이점(예를 들면, 지능, 과거 범죄 경력 등)에 관해 두 개의 다른 집단을 동등하게 만드는 것이다. 충분히 큰 표본을 가지고 있으면 처리집단과 통제집단으로 피실험자의 특성을 골고루 배분할 확률이 매우 높아진다. 이것이 가능하다면 교란을 다루는 가장 좋은 방법이다. 하지만 윤리적 이유와 실용적 이유로 무작위 배정이 항상 가능한 것은 아니다. 많은 사회적 개입에서 개입의 필요성이 가장 큰 이들이 선택되어야 하며, 무작위화는 공정하지 않거나 심지어 비윤리적일 수도 있다(이 장의 마지막 사례를 볼 것).

2) 비동등 통제집단

종종 우리는 피실험자를 처리집단과 통제집단으로 무작위 배정할 수 없지만 동등한 특성을 지닌 참여자들로 이뤄진 처리집단과 통제집단을 구축하려고 시도할 수는 있다. 두 집단이 프로그램 필요 수준과 관심 결과(예를 들어, 재범)에 영향을 미칠 수 있는 특성 면에서 유사하다는 점이 중요하다. 우리는 정확하게 어떤 요인들에 대한 통제가 이뤄져야 할 것인지를 신중히 결정해야 한다. 우리는 보통 이전의 연구를 들여다보고 중요 변수들을 결정한다. 그 다음에 맞는 통제집단을 만들어서 평균적인 참여자 특성들이 상대적으로 균등하게 두 집단으로 분포(통합적 매칭)되게 하거나 처리집단의 모든 참여자가 통제집단에서 동등한 비의뢰인과 일대일 매칭(개별적 매칭)이 되게끔 하려고 할 것이다. 매우 큰 규모의 적격 참여자 풀을 다루는 것이 아니라면 통합적 매칭이 개별적 매칭보다 훨씬 용이하다. 개별적 매칭은 더 정확하지만 아주 많은 변수들에 관해 집단보다 개인을 매칭하려고 시도하는 것이므로 아주 많은 잠재적인 사례들을 잃게 된다. 예를 들어, 우리는 재범을 프로그램 결과로 측정할 수 있다. 이전 범죄 행위, 가해자의 나이, 고용, 직무 기술 등과 같이 재범에 영향을 미치는 것으로 알려진 변수에 대한 처리집단과 통제집단을 매칭하는 것이 중요하다.

3) 성향점수 분석

최근 평가 연구는 무작위 배정이 불가능할 때 처리집단과 비교집단 간의 차이를 자연적으로 발생시키는 방법을 사용하여 비교 그룹을 식별할 수 있음을 보여 주었다. 성향 점수(propensity scoring)로 알려진 방법은 연구자가 개인들을 프로그램에 단일 점수로 배치하기로 한 결정과 관련된 변수를 축소하고 해당 점수를 통제함으로써 처리효과를 추정할 수 있게 한다(Rosenbaum & Rubin, 1983, 1985; Rubin, 1997). 이것은 관심 결과와 관련 있다고 여겨지는 모든 알려진 변수들에 대해 비교할 수 있다고 검토되는 비교집단과 처리집단을 만들어 낸다. 성향점수 분석은 평가 중인 프로그램에 할당되는 것과 관련이 있을 수 있는 모든 알려진 요인을 나타내는 단일 점수로 실험 대상을 일치시키는 무작위 대조시험(randomized control trial)에 가깝다.

10. 연구 설계 구체화

여기에서는 프로그램 영향을 평가하는 데 쓰이는 가장 기본적인 연구 설계 중 몇 가지에 익숙해지길 바란다. 일반적으로 이런 설계들은 프로그램의 영향을 평가하기 위한 조치가 언제 그리고 어떻게 수집될 것인지를 구체화한다. 각 설계는 결과를 평가하기 위하여 특정 피실험자 집단의 비교와 특정 기간 동안 특정 변수들에 관한 측정과 관련된다. 우리는 가장 보편적으로 사용되는 몇몇 연구 설계를 도식화하여 설명할 것이다.

다양한 연구 설계들의 도식과 설명을 살펴보면서 예제를 생각해 보기 바란다. 예를 들어, 약물 남용의 고위험 청소년을 위해 설계된 6주간의 예방 프로그램을 생각해보자. 이 프로그램은 청소년의 자존감을 향상시키기 위한 것이다. 자존감 향상은 동료들의 영향을 지나치게 받지 않고 스스로 결정하는 능력을 높이는 수단이라는 것이 이 프로그램의 근거다. 자존감에서 변화를 측정하기 위해 '로젠버그의 자존감 척도'와 같은 자기보고식 자존감 측정 도구가 사용되었다(Braga et al., 2008; Gover et al., 2003). 변화는 단기적 결과이고, 장기적 결과는 나중에 약물을 사용하는 것이다.

도표 6.3 연구 설계 다이어그램의 용례

아래 각 다이어그램에서:
"X"는 개입 또는 "처리"를 나타낸다
"O"는 관찰 또는 측정을 뜻한다
"PRE"는 개입 전 관찰과 관련된다
"POST"는 개입 후 관찰과 관련된다

1) 단순 사전사후검사설계(The Simple Pretest-Posttest Design)

단순한 사전사후검사설계(표 6.4를 볼 것)는 사용하기 쉬운 설계이지만 좋은 설계는 아니다. 이 설계에는 비교집단이나 통제집단이 없기 때문에 프로그램이나 다른 측정되지 않은 영향(교란요인)이 O_1에서 O_2까지 관찰된 변화를 만들어냈는지를 적절히 판단할 수가 없다. 예를 들면, 개입 없이도 자존감이 증가할 것인지 또는 감소할 것인지를 어떻게 알 수 있을까? 개입을 받지 않은 유사집단과 의뢰인 집단을 어떻게 비교할까?

도표 6.4 단순 사전사후검사설계

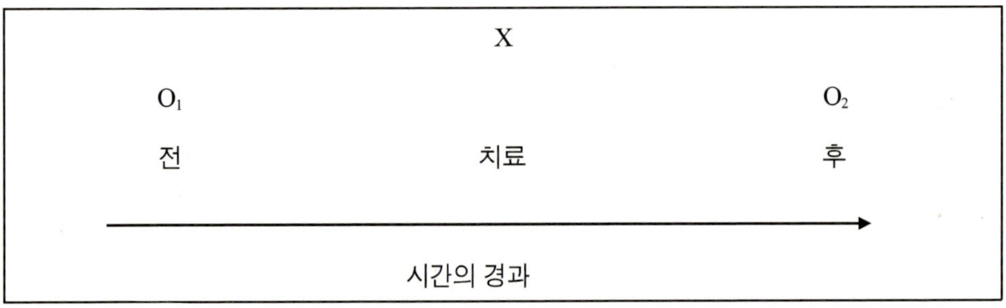

2) 통제집단을 포함한 사전사후검사설계(The Pretest-Posttest Design with Control Group)

통제집단을 포함한 사전사후검사설계(표 6.5를 볼 것)는 단순 사전사후검사설계보다 훨씬 나은 설계이다. 통제 그룹이 있어 초기 측정과 나중의 측정을 비교할 수 있다. 두 집단이 결과 측정에 영향을 미칠 가능성이 있는 변수에 대해 상대적으로 동등한 경우, 두 집단에 대해 관찰된 결과를 비교하여 프로그램 영향을 평가할 수 있다. 처리집단에 대한 결과 측정의 변화가 비교집단에 대한 측정의 변화보다 유의하게 양호하다면 그 프로그램이 효과적이라는 증거가 될 것이다.

도표 6-5 통제집단을 포함한 사전사후검사설계

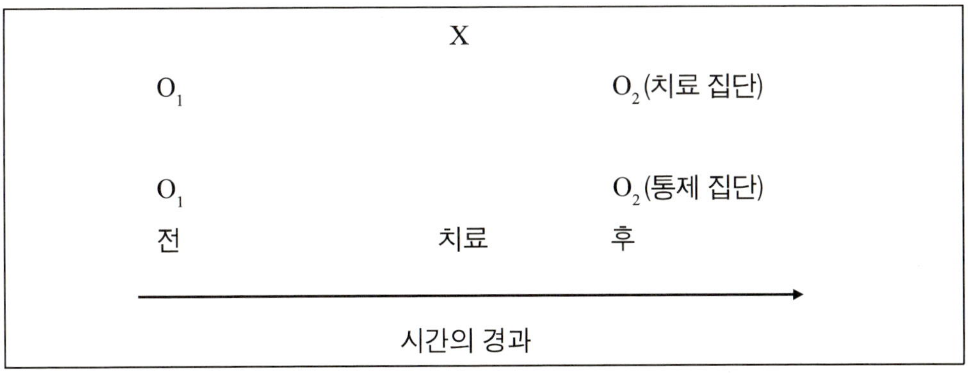

3) 다중 사전검사를 포함한 사전사후검사설계(The Pretest-Posttest Design with Multiple Pretests)

다중 사전검사를 포함한 사전사후검사설계(표 6.6을 볼 것)는 통제집단이 있는 사전사후검사설계를 약간 개선한 것이다. 태도와 같은 일부 조건이 가변적이기 때문에 참여자와 비참여자의 처리 전 상태를 더 잘 평가할 수 있게끔 해 준다. 이 설계를 통해 우리는 개입이 시작되기 전에 각 집단에 대한 행동 또는 태도의 기준을 얻을 수 있다. 개입 전 특성에 대한 일회성(횡단면의) 평가보다 항상 기준선이 선호된다. 이는 우리가 관심을 가질 수 있는 특정 행동이 얼마나 안정적이거나 불안정한지 그리고 처리집단 또는 비교집단이 처리 전 기준선에서 다른지 여부를 훨씬 더 잘 보여주기 때문에 가치가 있다. 표 6.6에서 처리가 시작되기 전에 결과 측정에 대한 별도의 분석이 필요하다는 것을 알 수 있다.

도표 6.6 다중 사전검사를 포함한 사전사후검사설계

		X	
O_1	O_2	O_3	O_4 (치료 집단)
O_1	O_2	O_3	O_4 (통제 집단)
전	치료		후

시간의 경과 →

4) 처리집단과 통제집단을 포함한 종단적 설계(The Longitudinal Design with Treatment and Control Group)

처리집단과 및 통제집단을 포함한 종단적 설계(표 6.7을 볼 것)는 가장 선호하는 설계이지만 비용이 많이 들고 시간이 오래 걸리며 실행하기도 어려운 경향이 있다. 이 설계는 개입이 시작되기 전후 모두에서 처리집단과 통제집단 양쪽에 대한 기준을 제공하기 때문에 가장 선호된다. 이 설계로, 결과가 안정적이라는 것을 확실히 하기 위해 처리가 끝난 후 여러 지점에서 결과를 측정한다.

5) 코호트 설계(The Cohort Design)

실제로 참여자를 처리집단과 통제집단으로 할당하기 어려울 때, 평가자는 동일한 시스템이나 경험을 겪었지만 다른 시간대에 있는 유사한 집단을 활용한 코호트 설계(표 6.8을 볼 것)를 사용할 수 있다. 한 코호트는 개입 프로그램이 적용되었고 다른 코호트(통제집단)는 그렇지 않다. 이 설계는 종종 학교에 관한 연구에서 활용된다. 예를 들어, 한 학교에서 9학년을 마약 실험에 특히 취약한 집단으로 확인했지만 여전히 "접근할 수 있는(reachable)" 집단으로 확인할 수 있다. 코호트 설계를 위해서는 다음과 같은 단계를 거쳐야 한다.

1. 2014-2015년 9학년 학급의 마약 사용에 대한 자기보고를 측정한다.
2. 다음 학년도(2015-2016)가 시작할 때 새로운 9학년을 대상으로 마약위험성 인식 교육 프로그램을 시작한다.

3. 그 학년도(2015–2016)가 끝날 때 두 번째 코호트 집단에서 마약 사용의 수준을 측정한다.
4. 그 프로그램이 적용되지 않은 첫 번째 코호트(2014–2015) 보다 두 번째 코호트(2015–2016)에서 마약 사용이 낮은지 여부를 판단한다. 이 설계는 학교에서 다른 모든 조건(예를 들어 자금지원, 보안 수단)이 첫 해부터 다음 해까지 비교적 일정하게 유지되었다고 가정한다.

도표 6.7 코호트 설계

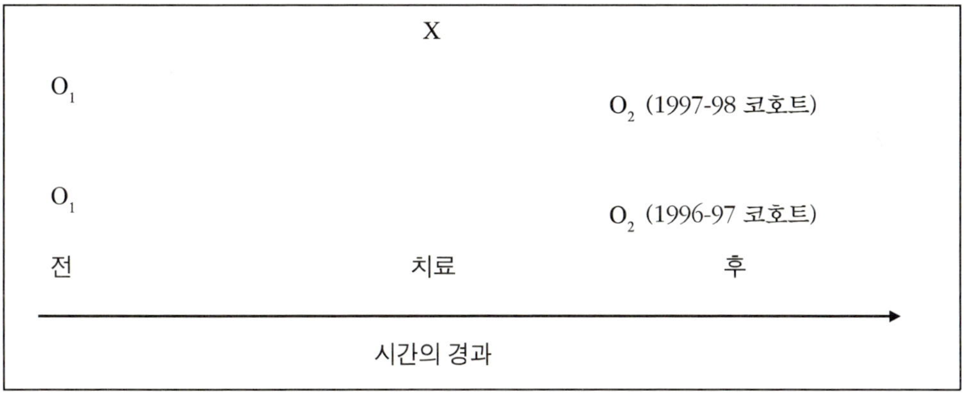

6) 시계열 분석(Time Series Analysis)

전체 집단이 영향을 받는 개입을 평가하는 경우가 종종 있으며, 이를 위해 대안적인 평가 설계와 통계적 분석이 필요하다. 시계열 분석은 정책의 개입에 앞서 오랜 기간에 걸쳐 인구집단 내에서 총기폭력사건이나 가정폭력 체포와 같은 어떤 현상의 비율을 분석한 다음 이러한 데이터를 실행 이후 일정 기간 동안 동일한 비율 정보와 비교하는 것과 관련 있다. 데이터 포인트는 월간, 분기별 비율처럼 정확하게 동일한 기간으로 분리되어야 한다(Choate et al., 2015; Braga et al., 2008; Gover et al., 2003). 일부 연구에서는 동일한 절차가 비교집단에도 실행되지만 종종 개입 이전의 기간이 비교를 제공한다.

일반적으로 개입 전 데이터는 연구 이전에 이미 존재한다. 예를 들어, 고버와 동료(Gover et al., 2003; 노트 18을 참고)들은 사우스캐롤라이나 주 렉싱턴 카운티에서 가정폭력 법원의 설립이 가정폭력으로 체포된 피고인들 사이에서 재범률을 현저하게 감소시킨 사실을 발견하였다. 이 연구에서 시계열(추세선과 유사한)을 구축하기 위해 60

개월 데이터를 활용하였다. 가정폭력 법원은 34개월 말에 시행되어 현 상태를 중단시켰다. 이후 나머지 26개월간 재범 데이터가 수집되었다. 이러한 중단은 가정폭력 법원이 전형적인 재범 경향에 어떤 영향을 주었는지를 보여 주었다.

법원의 시행이 발생한 전후 몇 달 간의 변화를 발견하는 것만으로는 충분하지 않다. 시계열 분석에서 정책 실행 이전 기간에 대한 통계 모델은 계절적 변동(겨울에 집에서 더 많은 시간을 보내면 따뜻한 날씨 때보다 가정폭력이 더 많이 발생할 수 있음), 개별 피고인들의 특징, 경찰 활동에서의 변화, 그 외에 비율에 영향을 줄 것으로 예상되는 다른 요소들을 고려하여 구성된다. 이런 통계 모델은 개입이후 개입에 의한 변화인지를 평가하는 데 쓰인다. 만약 다른 형태의 폭력행위가 가정폭력과 같은 방식으로 변한다면, 법원 시행이 아닌 다른 요소가 이러한 변화를 일으키고 있을 것이다. 이러한 일반적인 형태의 폭력에 기초한 시계열을 만들어냄으로써, 가정폭력 재발의 이유에 대한 가설들을 또한 검증할 수 있다. 이 연구의 저자들은 가정폭력 법원이 피고인들의 재범을 줄였다는 결론을 내릴 수 있었다.

11. 평가결과의 사용자와 용도 확인

누가 평가의 결과에 관심이 있고 그들은 이 정보를 어떻게 사용할까? 어떤 평가가 유용하려면 프로그램이나 정책 및 이해 당사자의 정보 요구를 충족시켜야 한다(제2장 참고). 주요 이해당사자에는 자금지원 기관이 포함되지만 모든 개입에는 시민, 정치인, 형사사법 관료, 자원봉사자, 대상 등의 여러 이해당사자가 존재한다. 이해당사자를 식별하고 소통하는 데에 이전에(2단계와 3단계에서) 보낸 시간을 허비해서는 안 된다. 평가는 이해당사자들에게 책임감 그리고 바라건대 효과성를 보여주는 핵심적인 수단이다.

일반적으로 평가의 용도는 성공적인 프로그램과 정책의 확장 및 복제, 실패한 프로그램 및 정책의 소멸, 발전성 있는 프로그램 개발에 대한 투자이다. 평가 결과는 프로그램과 정책에 대한 판단에만 사용되거나 지속적인 개선 과정의 일부가 될 수 있다. 후자의 경우에서는 보다 나은 결과를 얻을 수 있는 가능성을 향상시킨다고 여겨지는 프로그램을 변화한 다음, 수정된 프로그램 설계를 다시 테스트한다.

변화관리자는 계획을 개발하고 평가 결과를 패키지화하고 전달하는 책임을 다른 사용자들에게 할당해야 한다. 다른 청중들이 이해할 수 있는 전달수단을 찾는 것이 특히 중요하다. 예를 들어, 학술회의에서도 발표자가 어수선하고 복잡한 통계학적 결과를 머리 위로 제시할 경우 청중들이 지루해한다. 그 결과가 유용하고 사용되려면, 의도한 청중들이 이해하고 반응할 수 있는 의사소통 수단을 만들어야 한다. 이 해당사자들은 보고서 작성자나 발표자와의 대화에 참여할 수 있어야 한다.

토의할 질문

1. "평가"라는 용어는 무엇을 의미하는가?
2. 성과 평가와 영향 평가의 주요 차이는 무엇인가?
3. 전산화된 정보 시스템은 어떻게 평가 데이터의 유용성을 높일 수 있는가?
4. 효율성 분석에 대한 예시를 정의하고 기술하라.
5. 평가의 3가지 전제조건은 무엇인지 설명하라.
6. 논리모델 개발로부터 무엇을 배울 수 있는가?
7. 다음 개념을 정의하라: (a) 신뢰도 (b) 타당도
8. (a) 교란 요인을 정의하라.
   (b) 교란 요인의 가장 일반적인 3가지 유형을 설명하라.
9. 사례 6.1(미니애폴리스의 가정폭력 실험)을 참조한다. 이 예에서 교란 요인은 어떻게 설명되었는가?
10. 평가에서 가능한 교란 효과를 어떻게 최소화할 수 있나? 2가지 기법을 논의하라.
11. 중간(단기) 결과와 최종 결과는 어떻게 다른가?
12. 다음과 같은 연구 설계들을 각각 설명하라. (a) 단순 사전사후검사설계 (b) 통제집단을 포함한 사전사후검사설계 (c) 다중 사전검사를 포함한 사전사후검사설계 (d) 처리 및 통제집단을 포함한 종단적 설계 (e) 코호트 설계 (f) 시계열 분석

연습 6.1

당신의 강사가 당신에게 게재된 평가 연구를 분석하도록 요구할 수 있다. 좋은 사례 중 하나가 주요 연구 센터인 캘리버(Caliber, 2007)가 실행한 '인신매매 피해자에 대한 종합서비스 평가: 핵심 결과와 교훈(Evaluation of Comprehensive Services for Victims of Human Trafficking: Key Findings and Lesson Learned)'으로, http://www.ncjrs.gov/pdffiles1/nij/grants/218777.pdf에서 이용이 가능하다. 이 보고서는 평가성 구현을 포함하고 있어 특별히

의미가 있다. 이 논문을 다운받아 읽고 다음 질문에 답하시오: (a) 프로그램이 의도한 결과는 무엇인가? (b) 연구자들이 다룬 교란 요인은 무엇인가? (c) 어떤 연구 방법이 사용되었는가? (d) 이 프로그램은, 의도한 성과 목표가 있다면 어느 정도까지 달성하였는가? 여러분의 답변을 지지할 구체적인 사례와 증거를 논문에서 찾아 제시한다.

사례연구 6.1 불법이민 단속 정책의 평가

지시: 아래 사례연구를 읽고 이어지는 질문에 답변하시오.

일부 연구 설계들이 다른 것보다 강력할지라도 평가 연구들에서는 다른 질문들에 답하기 위해 또는 연구로부터 얻은 결론의 타당성을 높이기 위하여 종종 다양한 방법들을 활용한다. 그런 연구 중 하나가 버지니아 주 프린스 윌리엄 카운티에서 실행된 불법 이민 단속 정책에 관한 평가다. 프린스 윌리엄 카운티는 버지니아 주에서 부유한 지역이며 워싱턴 D.C. 대도시권 일부이기도 하다(Guterbock et al., 2010). 평가에는 3개의 연구 센터가 관여하여 새로운 정책의 영향과 관련한 몇 가지 질문들을 다루기 위하여 다양한 방법을 활용했다. 2000년에서 2006년 사이 프린스 윌리엄 카운티는 히스패닉 주민들 숫자가 급격히 증가하는 현상을 겪었다. 이런 새로운 주민 중 많은 사람이 불법 이민자일 가능성뿐만 아니라 이 집단과 관련된 범죄도 증가할 것이라는 우려가 제기되었다. 카운티 위원회는 곧 경찰로 하여금 어떤 이유에서든 검문을 받는 사람은 누구라도 그리고 이민 상태를 의심할만한 이유가 있는 누구든지 심문을 할 것을 요구하는 불법이민법을 통과시켰다. 이 법은 또한 불법이민자로 드러난 모든 사람에게는 카운티의 서비스를 줄이도록 했다. 겨우 2달 뒤 경찰의 단속이 법 위반으로 체포된 사람만 대상으로 하는 것으로 바뀌었고 그래서 잠재적인 불법 상태 확인 숫자를 좁히는 결과로 이어졌다. 이는 소수인종 논란을 피하기 위한 것이었다.

목적 및 결과

불법 이민 단속정책은 불법 이민자 숫자와 길거리 범죄, 공공 무질서를 줄이고 불법 이민자들에 대한 서비스에 카운티 예산을 지출하는 기회를 줄이기 위해 설계되었다. 동시에 카운티 위원회는 카운티에 대한 일반적인 평판을 보호받는 것도 원했다. 물론 이 정책으로 인해 일부 대상자가 자신들이 받은 취급(treatment)에 항의하고 카운티가 자신들의 시민권을 침해했다고 소송을 내고 히스패닉 지역사회와의 바람직한 관계가 훼손될 가능성이 남게 되었다.

사용된 방법들

이 연구는 정책의 경찰 관련 규정과 절차에 주로 집중하였다. 그래서 연구자들은 경찰 활동 결과로부터 경찰서에 미친 영향과 지역사회에 끼친 영향을 측정하였다. 명백하게 실험적 설계의 활용 기회는 전혀 없었으며 비교집단의 사용이 제한되었으나 범죄통계보고서 데이터를 활용하여 프린스 윌리엄 카운티의 몇 가지 범죄 유형의 비율을 인접 카운티들과 비교하는 노력이 이뤄졌다.

양적 분석은 주로 카운티 경찰서에서 FBI의 범죄통계보고서(Uniform Crime Report, UCR) 시스템에 보고한 데이터와 인접 카운티들의 범죄통계보고서 데이터, 메트로폴리탄 워싱턴 정부위원회(Metropolitan Washington Council of Governments)의 범죄 자료, 프린스 윌리엄 카운티의 모든 제복 경찰관들에 대한 쌍방향 설문조사, 카운티 전역에 걸친 전화 설문, 미국 인구통계자료, 마이크로 샘플의 형태에서 활용 가능한 일부에 의존하였다.

이 연구를 위해 채택한 질적 자료에는 경찰관 포커스 그룹, 정부기관 지도자들과 지역사회 이해당사자들과의 핵심 정보원 인터뷰, 주요 정보원 인터뷰(key informant interview), 지역사회 단체들을 통해 신원확인이 된 히스패닉 주민들에 대한 소규모 샘플 인터뷰, 경찰관의 정책 실행 방식에 대한 관찰이 포함되었다.

이런 데이터들을 분석하는 데 사용된 주요한 방법은 추세 및 시계열 분석이다. 예를 들어, 프린스 윌리엄 카운티와 인근 카운티들 양쪽에서의 시간 경과에 따른 범죄율의 변화를 분석하고 그 모델에 새 정책의 실행을 주입하는 것이 가능했다. 인구통계 자료도 시간 경과에 따른 이민 추세와 불법 이민 정책의 개입이 이런 추세의 궤적을 변화시켰는지 여부를 보여주었다.

질적 데이터는 양적 데이터를 해석하는 데에 주로 유용했다. 이 데이터는 연구자가 정책의 실행에 대한 가정을 테스트하고 다양한 관점(경찰, 다른 이해당사자, 비 히스패닉 지역사회 구성원들, 히스패닉 지역사회 구성원들)에서 실행 문제를 검토하도록 해 주었다.

결론

경찰의 정책 실행 경험은 히스패닉 지역사회와 관계에서 약간의 손상이 있었으나 충분한 훈련과 봉사활동 프로그램을 통해 이 손상은 최소화될 수 있으며 좋은 관계가 회복된다는 것을 보여주었다. 게다가 미국 이민세관단속국(U.S. Immigration and Customs Enforcement)과의 절차가 곧 순조롭게 진행되어 초기에 긴장되었던 구금서비스가 더 이상 인구 급증으로 인해 부담을 갖지 않게 되었다.

결국 평가자들은 이 정책이 해당 카운티에서 불법 이민자의 수를 줄였으며 카운티 내 히스패닉 인구 증가 속도도 감소시켰다고 결론지었다. 가중 폭행 범죄율만이 예외로 새 정책의 영향을 받지 않았는데, 가장 큰 원인은 히스패닉 주민들이 비교적 숫자상 적고 1차적으로 공공질서 범죄로 체포되었기 때문이었다. 게다가 정책 시행에 점진적으로 반응한 것이 아닌 정책 발표에 반응하여 가중 폭행이 감소했던 것으로 보인다. 또한 기존 주민들이 대규모 이민자 유입에 종종 부정적으로 반응한다는 것을 알 수 있었다. 변화의 두려움, 신규 주민을 향한 분노가 공공 안전에 대한 우려만큼 표출되었으며 정부 개입에 대한 요구가 곧 뒤따랐다. 지방 정부와 경찰이 이런 반응에 어떻게 대응하느냐가 평화적인 변화와 갈등의 증가 간의 차이를 만들 수 있다.

질문

1. 사례연구 6.1은 제6장에서 논의한 다음과 같은 개념들을 어떻게 보여주고 있는지를 여러분의 답변을 지지할 증거를 제시하여 설명하라: (a) 시계열 분석 (b) 비동등 통제집단 (c) 교란 요인.
2. 왜 평가 연구에서 다양한 연구 방법들을 활용하는 것을 종종 선호하는가?

사례연구 6.2 공동체 기반 비행예방의 결과 평가[21)]

지시: 아래 사례연구를 읽고 이어지는 질문에 답하시오.

문제, 프로그램 설계 그리고 목적

펜실베니아 주 소년사법 시스템에서 소수인종의 과잉대표성에 관한 우려를 평가하기 위해 그리고 연방 소년사법 및 비행예방(Juvenile Justice and Delinquency Prevention, JJDP) 포뮬라 그랜트 프로그램에 참여하는 주정부들에 대한 연방정부의 가이드라인 변화에 대응하기 위하여 펜실베니아범죄및비행위원회(Pennsylvania Crime and Delinquency Commission, PCCD) 소년자문위원회는 소년사법 시스템으로의 소수계 진입 또는 재진입을 늦추려면 몇몇 조치가 취해질 수 있다고 결론짓고 지역사회를 기반으로 한 개입 활동의 개발과 지원을 권고했다. 1991년부터 1992년까지 도핀 카운티(해리슨 시)에서 5개의 프로그램이 자금지원을 받았다. 이 프로그램은 1994년 초 PCCD 자금 조달의 3번째이자 마지막 연도를 마쳤다. 2년 반 동안 PCCD에서 자금 조달을 한 후에는 프로그램이 자체 자금을 얻을 것으로 예상되었다.

모든 프로그램은 청소년을 문제로부터 지키는 감시활동의 가치를 강조하였다. 그리고 "생활기술 훈련"을 제공하였는데 종종 문제해결 기술, 분쟁 해결, 문화적 다양성, 인지 훈련을 포함하였다. 일부 프로그램은 숙제 또는 개인지도 지원, 조직적 레크리에이션 또는 현장학습, 일정 형태의 경력 개발 또는 직업 훈련 그리고 지역사회 서비스를 제공하였다. 모든 프로그램은 PCCD 자금지원 요구대로 2가지 법제화된 목적을 가지고 있었다: (1) 향후 소년사법에 관여하는 것을 줄이고 (2) 학교에서의 활동과 성과를 향상시킨다.

21) Welsh, Jenkins, & Harris, 1997, 1999에서 요약한 것임.

연구 설계

우리는 프로그램 운영이 시작된 지 꽤 오랜 후에 평가자로 계약했으며 기관들은 이미 다양한 위탁 자원을 활용하고 있었다. 무작위 추출이나 매칭된 통제집단이 없었기 때문에 비교집단을 형성하려는 우리의 선택은 제한을 받았다. 우리는 의뢰인 선택과 위탁을 통제할 수 없었고 위탁은 다양한 자원(예를 들어, 본인과 가족, 보호관찰, 학교, 경찰)으로부터 이뤄졌다. 또한 정보를 제공해 사전 동의를 받아야 한다는 요건도 연구 설계 옵션을 제한했다. 개별적인 프로그램 의뢰인들에 관한 감시 기관(예를 들면, 경찰, 보호관찰, 학교) 자료들에 접근하기 위하여 우리는 의뢰인과 부모가 서명한 정보공개 양식을 확보할 필요가 있었다. 그 결과 엄격한 "통제" 집단은 불가능했다(가령, 처리가 전혀 제공되지 않았다는 점을 제외하고는 개입 그룹과 동일한 것이었다). 이미 동의를 얻어 이후 어떤 프로그램에도 참여하지 않는 한, 비 참여자에 관한 경찰 및 학교 기록을 얻는 것은 불가능했다. 수많은 연구들은 처리의 강도(예컨대, 접촉의 빈도, 접촉시간의 숫자)가 알코올 및 약물 치료와 비행 예방을 포함하여 개입의 성공에 영향을 미치는 가장 중요한 변수들 중 하나임을 보여주었다(Palmer, 1992). 프로그램이 잘 작동한다면 의뢰인 결과에 영향을 미치는 중요 변수는 처리의 강도나 프로그램에 대한 노출 정도라고 예상할 것이다. 우리는 프로그램으로 위탁된 참여자의 정보 공개에 서명했으나 프로그램에 직접 참석하지 않았다는 사실에서 도움을 받았다.

각 코호트에 대해 구성된 비교집단의 적합성을 판단하기 위하여 편견이 선택에 작용되었을 가능성을 검사하였다(예를 들면, 그 집단은 관심 결과에 영향을 미칠 수 있는 중요한 사전선택 변수에 따라 달라졌는가?). 우리의 데이터는 수많은 위험 요소에 대한 집단의 차이를 검사하도록 해주지만, 검사해야 할 가장 중요한 요소는 종속 변수에 제일 크게 영향을 미칠 수 있는 요인들이다. 예를 들어 재범은 과거 범죄활동 및 나이(나이든 청소년들은 체포와 다시 체포될 위험이 더욱 크다)와 관련이 있는 것으로 알려져 있다. 위탁 자원들은 비교집단에 잠재적으로 편견을 줄 수가 있을 것이다(예를 들어, 보호관찰 위탁은 다른 위탁보다 다시 체포될 가능성이 높을 수 있다). 학교 결과에 대한 분석을 위해 교육적 결과(정학, 무단결석, 핵심 GPA)에 영향을 미칠 수 있는 사전선택의 차이를 검사하는 것이 좋다. 우리는 선택에 영향을 미쳤을 인구통계학적 요소들(예컨대, 인종, 가족 구성, 부모의 고용상태)도 검사하였다.

우리는 해리스버그에 있는 2개의 별도 참여자 집단에 대한 결과를 보고하였으며, 1992–1993년도 기간에 프로그램에 참가한 이들과 1993–1994년도에 참가한 이들이었다.

1992–1993학년도 표본은 187명의 참여자로 이뤄져 있다. 우리의 첫 번째 비교집단("통제" 집단)은 어떤 프로그램에도 참가한 적 없는 80명(43%)의 참여자로 구성되었다. 두 번째 비교집단은 1992–1993학년도에 걸쳐 프로그램에 가끔 참석하였으나 그 시간이 프로그램 전체 30시간보다 적은 45명(24%)으로 이뤄졌다. 세 번째 비교집단은 1992–

1993학년도 기간에 30시간 이상 프로그램에 참가한 62명(33%)으로 이루어졌다. 세 집단은 이전 체포 경험, 성별, 가족 구조, 부모의 고용상태, 이전의 무단결석, 과거 정학의 개념에서 눈에 띄게 다르지 않았다. 하지만 비교집단들은 나이(참가율이 높은 대상자들이 약간 더 어렸다); 위탁 자원(보호관찰 위탁이 가장 참가율이 낮았다; 자의 또는 가정 위탁의 참가율이 높았다); 인종(전체 표본의 75%가 흑인계였으나 히스패닉 아이들은 저 참석 및 고 참석 집단에서 약간 과잉대표 되었다); 학생이 이전 학년도에 상급학년으로 승격하였는지 여부; 이전 학년도의 학업성취(비참가자가 약간 낮은 등급이었고 덜 승격한 것 같았다)정도의 개념에서는 차이가 났다. 대상자를 비교집단으로 무작위 배정하는 것이 불가능하였기 때문에 우리는 비교집단이 관심의 종속 변수들과 관련된, 다른 측정되지 않은 사전 개입 변수에 따라 다를 가능성을 배제할 수 없다. 재범과 교육적 결과에 대한 분석의 경우, 우리는 대부분의 우려 요소(이전 체포, 정학, 무단결석)들이 결과를 오염시키지 않는다는 것을 확신할 수 있다. 비교집단(예컨대, 연령, 위탁 소스, 인종, 이전 학년 승격, 무단결석)들을 통계적으로 차이 나게 하는 모든 사전선택 요소들은 통계 분석에서 통제 변수로서 검사하였다.

1993-1994년도 표본에서는 97명의 참가자를 검사였다. 첫 번째 비교집단("통제" 집단)은 프로그램에 전혀 참가하지 않은 32명(33%)의 학생으로 이뤄졌다. 두 번째 비교집단은 1993-1994학년도에 걸쳐 프로그램에 가끔 참석하였으나 그 시간이 프로그램 전체 50시간 보다 적은 31명(32%)으로 구성되었다. 세 번째 비교집단은 1993-1994학년도 기간에 50시간 이상 프로그램에 참가한 34명(34%)으로 이루어졌다. 이렇게 구성된 비교집단들의 적합성을 판단하기 위하여 편견이 개입된 선택의 가능성을 검사하였다(예를 들면, 그 집단은 관심 결과에 영향을 미칠 수 있는 중요한 사전선택 변수에 따라 달라졌는가?). 프로그램으로의 유입에 있어서 3개 비교집단은 이전의 체포 경험, 연령, 성별, 인종, 가족 구조, 부모의 고용상태, 학력의 지속(1992-1993학년도), 이전의 정학(1992-1993학년도), 핵심 GPA(1992-1993학년도)의 개념에서 명백한 차이는 없었다. 비교집단들은 위탁 자원(보호관찰과 경찰 위탁의 참가율이 낮았다; 본인과 가족 위탁의 참가율이 높았다; 인적 서비스로부터 위탁이 가장 참가율이 높았다)과 이전 학년도 무단결석(비참가자와 참가율이 낮은 이들이 참가율이 높은 이들보다 무단결석 비율이 더 높았다)의 개념에서 차이가 났다. 거듭 얘기하지만, 대상자를 비교집단으로 무작위 배정하는 것이 불가능하였기 때문에 우리는 비교집단이 관심의 종속 변수들과 관련된, 다른 측정되지 않은 사전 개입 변수에 따라 다를 가능성을 배제할 수 없다. 재범과 교육적 결과에 대한 분석의 경우, 대부분의 우려 요소(이전의 체포 경험, 연령, 이전의 정학, 이전의 성적등급)들이 결과를 오염시키지는 않는다. 모든 사전선택 요소들(예컨대, 위탁 소스, 무단결석)이 차이를 있게 하는 모든 사전 요소들은 통계 분석에서 통제 변수로서 검사하였다.

결과

재범

1992–1993학년도 해리스버그 표본의 결과는 프로그램이 고위험 의뢰인에 대해 재범을 감소시키는 데에 성공했음을 보여준다. 참가율이 높은 집단의 3년 동안에 걸친 재범율(25.8%)은 특히 이 의뢰인의 절반 가까이가 위탁되기 이전에 과거 체포 경험을 지녔다는 점을 감안하면 인상적이다. 반대로, 통제집단은 같은 기간에 53%의 재범율을 보였다.

1993–1994학년도 해리스버그 표본의 결과는 덜 긍정적이었다. 참가율이 높은 집단의 2년간 기간에 걸친 재범율(23.5%)은 만족할 만했으나 이 의뢰인에서 거의 같은 비율(약 4분의 1)로 그들의 위탁에 앞서 과거 체포 경험을 지니고 있었다. 그러면 프로그램 개입보다 과거의 체포경험이 재범에 더욱 강력한 영향을 지녔다는 뜻이다. 이전 학년도(1992–1993학년도)와 비교할 때 1993–1994학년도 프로그램이 훨씬 나이가 젊고 과거 체포의 경험이 훨씬 적을 것 같은 의뢰인들을 대상으로 삼았다.

학업 성취

자료 누락으로 다변량 검사에서 바람직한 것보다 더 작은 표본이 나왔지만, 학업 성취에 미치는 영향은 다소 실망스러웠다. 1992–1993학년도와 1993–1994학년도 표본 모두에 대해 학업 성취는 2년간에 걸쳐 모든 비교집단에서 안정된 상태를 유지하거나 약간 감소하였는데, 통계 분석은 프로그램들이 성적등급에 중요한 영향을 미치지 않는다는 점을 시사한다. 시간에 지나면서 성적등급에서 직접적 향상이 없었다는 건 프로그램이 의뢰인들의 교육적 성과에 영향을 미치는 데 있어 거의 진전이 없었음을 보여준다.

탈락 비율

1992–1993학년도 표본에서 해리스버그 프로그램들은 탈락 비율에서 눈에 띄는 효과가 없었다. 이전의 열악한 학업성취 만이 상당히 탈락 비율을 설명하였다. 1993–1994학년도 표본이 더 어리고 추적기간이 짧았을지라도 결과는 프로그램이 탈락 비율에 통계적으로 눈에 띄는 어떤 효과를 미쳤음을 보여주지 않았다. 하지만 1993–1994학년도 표본은 긍정적인 결과를 나타내었다(높은 프로그램 참석률을 보인 집단은 탈락 비율이 4.3%로 통제집단의 26.9%와 비교되었다).

무단결석

1992–1993학년도 표본에서 해리스버그 프로그램들은 무단결석에서 눈에 띄는 효과가 없었다. 모든 비교집단들은 1991–1992학년에서 1993–1994학년도까지 무단결석에서 큰 증가를 보였다. 비록 표본이 어리고 추적기간이 짧았지만 1993–1994학년도 표본의 결과는 비슷하게 실망스러웠다. 하지만 통계적으로 무단결석에 영향을 미친 프로그램 효과는 발견되지 않았으나 결과는 긍정적이었다(예컨대, 1993–1994학년도에서

1994-1995학년도까지 무단출석에서 약간이기는 하지만 통계적으로는 무의미한 감소가 있었다). 1993-1994학년도 표본에 대한 개입 후 무단결석에 대해 유일하게 의미 있는 예측 변수는 이전(개입 이전)의 무단결석이었다.

함의

결과는 다소 실망스러울지라도 이 결과가 프로그램 전체의 성공이나 실패를 반영하지 않는다는 것을 인식하는 게 중요하다. 예컨대, 재범에 관한 조사 결과는 1993-1994학년도 표본에서 과거 체포 경험이 있는 청소년이 거의 없다는 사실로 절충되었다. 학업 성취, 탈락 비율, 무단결석은 눈에 띄게 개선되지는 않았으나 프로그램에 단지 간헐적으로 참가한 청소년들에게 극적인 변화를 기대한다는 건 현실적이지 않다. 더 나아가 학교와 가족이 만들어내는 효과가 청소년에게 더욱 잘 흡수되는 것과 비교하여 프로그램은 교육적 성과에 단지 작은 수준의 효과성을 나타낸다.

결과는 다양한 요인들에 의해 영향을 받을 수 있는데, 일부는 우리 데이터로 설명이 가능하고(가령, 프로그램 서비스 전달에서 차이, 청소년의 프로그램 참가에서 일관성 없는 패턴, 불충분한 프로그램 자원, 의뢰인의 기술이나 태도에 관한 부적절한 측정) 일부는 우리의 평가에서 기준 밖의 요인들이다(예를 들면, 공립학교에 대한 불충분한 자금지원, 가난, 가족의 트라우마). 또한 일부 프로그램은 결합된 표본으로서가 아니라 개별적으로 평가될 때 더 긍정적인 결과를 만들어내는 경우도 있을 것이다. 안타깝게도 각 프로그램에 참여한 참여자의 숫자가 적고 누락된 데이터들이 많기 때문에 우리는 개별 프로그램에 대한 결과를 효과적으로 평가할 수 없었다.

프로그램들이 달성하려고 노력한 추가적인 목표들(예를 들어, 자존감 향상, 문제해결 기술, 대인간 행동)을 적절히 측정해야 한다는 필요로 인하여 다른 문제점이 드러나기도 했다. 우리는 1994-1995학년도 코호트에서 참여자 행동에 대해 자기보고식 측정과 실무자의 평가를 활용하여 결과들을 측정하려고 의욕적으로 노력하였으나 실무자는 요구대로 3개월 단위로 평가 절차를 완수할 시간이나 자원을 지니고 있지 않았다. 그래서 우리가 적절히 측정할 수 없는 프로그램 영향의 영역이 있을 수 있다.

1993-1994학년도 동안은 위탁자원들의 다양한 성격에 대한 우려가 제기되었다. 1993-1994학년도 의뢰인 유입은 각 프로그램에 대한 적합성을 토대로 의뢰인을 선택하기보다 매우 다양한 의뢰인의 특성과 요구 사항에 따라 마케팅이 이루어졌으므로 아마도 가능한 어디에서든 위탁을 확보하려고 연합정부에 의한 필사적인 노력이 있었을 것임을 나타내고 있다. 그러므로 프로그램 자금지원은 의도된 대상 집단 인구를 정의하고 특정 의뢰인 요구를 충족시키기 위한 서비스 전달을 강화하는 데에 집중할 수 있을 정도까지는 아직 안정화되지 않았을 수 있다.

질문

1. 사례연구 6.2는 제6장에서 논의된 개념을 어떻게 보여주고 있는지 답변을 지지할 증거를 제시해 설명하라: (a) 타당도과 신뢰도 (b) 비동등 통제집단; (c) 교란 요인; (d) 전체 프로그램 또는 정책 계획 재평가

사례연구 6.3 펜실베니아의 교도소 기반 치료적 공동체 약물치료 프로그램의 평가

지시: 아래 사례연구를 읽고 질문에 답변하시오.

이 프로젝트는 1999년 시작한 템플 대학교와 펜실베니아 주 교정국(PA-DOC) 간 협력 연구 파트너십에 따라 세워졌다(Welsh, 2003). 펜실베니아 주 교정국의 선임 집행진과 연구 및 치료 인력, 필라델피아 템플대학의 공공정책센터의 연구원들로 구성된 운영위원회는 연구 활동에 지침을 주고 교정국의 전체 연구 의제를 활성화하기 위하여 만들어졌다. 이 그룹은 계속해서 지속적인 모임을 갖고 연구 과정을 관리감독하고 그 연구가 만들어내는 보다 큰 조직적·정책적 쟁점을 검토하였다. 운영위원회 위원들은 이 프로젝트의 전반적인 관리감독에 참여하였다. 결과는 운영위원회 모임에서 소개되고 논의되었는데 위원들은 이 보고서의 초기 버전에 유용한 코멘트를 해 주었다.

교도소 내 치료 공동체(Therapeutic Community, TC)는 형사 범죄로 유죄선고를 받은 강성 약물 사용자들을 위한 집중적이고 장기적이며 고도로 구조화된 거주치료 양식이다. TC는 수감자들에게 대상자가 치료 전과 치료 도중에 그리고 이후에 자신의 행동에 책임을 가져야 한다고 강조한다. 교도소 내 TC에 대한 몇몇 평가는 유망한 결과를 만들어냈다. 하지만 연구들은 작은 표본 크기, 잘못된 연구 설계(예컨대, 선택 및 소모의 편향), 수감자 특성, 치료 과정 및 치료 결과 사이의 상호작용에 대한 불충분한 주의로 인해 비판을 받아왔다. 어느 연구도 여러 장소에 걸친 교도소 기반의 TC를 검사하거나 결과 분석에 프로그램 및 문맥적 차이를 포함하려고 시도하지 않았다. 재소자 특성, 치료 프로그램 및 다양한 결과 측정치에서 측정하지 않은 차이점의 잠재적 영향에 대해서는 여전히 의문이 남는다.

이 연구에서 우리는 TC 약물 치료 프로그램에 참가한 수감자(n=749)와 5개 주 교도소의 비교집단(n=2,060)을 포함해 수감자 2809명에 대한 치료 중 측정치와 다양한 석방 후 결과를 조사했다. 매칭된 비교집단은 약물 의존성, 치료 필요성, 범죄 경력 등의 알려진 예측 변수를 기반으로 똑같은 5개 기관에서 TC 자격이 있으면서 덜 집중적인 치료(예컨대, 단기 약물 교육과 통원 처리집단)에 참가한 이들로 구성되었다. 절차 및 성과 측정에는 제도적, 중간단계의(예를 들면, 태도 및 행동의 변화, 치료 참가), 석방 후(예컨대, 약물 재사용, 재체포 및 치료의 재진입)의 다양한 측정치가 포함되었다. 이 보고서 당시 TC 수감자 464

명과 비교집단 수감자 1152명이 출소했으며 후속 치료는 최대 26개월(평균=13개월)까지 기간을 늘려 이뤄졌다. 두 집단은 석방된 이후 위험에 처한 총 시간에 있어서 큰 차이를 보이지 않았다. 우리는 계속하여 전체 표본에 대해 석방과 재범을 추적하였다. 주요 발견사항과 권고사항 그리고 결론은 다음과 같다. 분석과 추가 논의에 대한 자세한 사항은 이 프로젝트 최종 보고서에 제공되어 있다.

주요 발견사항

- 범죄자들은 비교 그룹 수감자들이 받은 것의 15배에 달하는 치료 "용량"을 TC에서 받았다.
- TC 치료가 재수감과 재체포 비율에 긍정적인 효과를 미치지만 약물 재사용 비율에는 그렇지 않다는 걸 발견하였다(표 A).
- 석방 후 고용은 약물 재사용과 재체포, 재수감의 가능성을 강하게 그리고 현저하게 감소시켰다(표 B).
- 치료 결과는 기관들 사이에서 변함이 없었으나 중요한 예외가 하나 있었다. 크레송(Cresson)(44%)과 하우츠데일(Houtzdale)(43%)에서 약물 재사용의 비율이 현저하게 높아 웨이마트(Waymart)(24%), 헌팅던(Huntingdon)(32%), 그레이트포드(Gratepord)(35%)와 비교되었다.
- TC 수감자들은 TCU REST(Resident Evaluation of Self and Treatment) 양식과 TCU CRC(Counselor Rating of Client, CRC) 양식의 하위척도(subscale)가 나타내듯 심리사회학적 기능과 첫 치료 6개월간의 치료 개입에서 긍정적인 개선에 있어서 많은 증거를 보여줬다. TC 수감자들은 우울증과 위험스런 행동에서 현저한 감소가, 자존감, 치료 참여, 개인적 발전, 집단에 대한 신뢰, 프로그램 실무자의 의견들, 상담사 역량에 대한 인식에서 현저한 증가가 있었다. 다섯 개의 TC 프로그램에서 가장 일관성이 강하게 나타나는 영역은 수감자들이 상담사와 교감 및 상담사 역량에 부여한 높은 평점이었다.
- 각 단위는 기본 TC 철학을 실행하면서 프로그래밍 방식의 차이를 나타냈다. 예를 들어, 5개 TC 유닛 중 2개 유닛이 다소 컸다(100+ 수감자). 큰 유닛은 긍정적인 동료 간 상호작용에 크게 의존하는 TC 철학을 적절히 실행하기 어렵게 한다. 둘째, 전체 TC 종료 비율(26%)은 괜찮은 수준이었으나 1개의 프로그램(웨이마트)은 아주 낮았고(5%) 다른 프로그램(그레이트포드)은 매우 높았다(26%).
- 수감자 심리사회적 기능의 다양한 양상과 치료에 대한 반응을 측정하는 18개 REST 척도와 8개 CRC 척도를 재범의 3가지 척도(다른 모든 변수들을 통제하고)의 예측 변수로 설정하여 로지스틱 회귀 분석을 실시했다. 재수감의 중요 예측 변수로는 불안, 적

대감, 치료 참여, 상담사와 관계, 프로그램 구조의 평가등급 그리고 다른 수감자들과의 관계가 포함되었다. 재체포의 추가 예측 변수는 통계적으로 중요하지 않았다. 약물 재사용의 중요한 예측 변수로는 자기효능감(self-efficacy), 위험감수, 자기대면(self-confrontation)이 포함되었다.

- 표본에 있는 모든 재소자들의 총 치료 노출을 정확하게 설명할 수 있었고, 치료 노출의 효과를 대조군으로서 검토하였다는 점에서 조사 결과의 타당성은 지지된다. 하지만 이전의 연구들은 그렇게 하지 못했다.

표 A. 3가지 측정에서의 TC와 비교집단과 효과

	비교집단	TC 그룹
재수감 비율	41%	30%*
재체포 비율	33%	24%*
약물 재사용 비율	39%	35%*

* $p<0.05$.

참고: 표시된 통계는 TC 대 비교집단의 자격을 나타내는 범주형 변수를 포함한 모든 통제 변수를 분석에 사용한 로지스틱 회귀분석 결과에 기초하고 있다. 따라서 표시된 결과는 모든 변수의 영향을 통제하는 결과를 반영하고 있다(추가 세부 사항은 전체 보고서의 "결과" 부문을 참조할 것).

표 B. 3가지 측정에서의 석방 후 고용의 효과

	풀타임	파트타임	일할 수 있으나 고용되지 않음	일할 수 없고 고용되지 않음
재수감 비율	17%	26%	24%	65%*
재체포 비율	21%	34%	27%	41%*
약물 재사용 비율	30%	39%	38%	44%*

* $p<0.05$.

참고: 표시된 통계는 TC 대 비교집단의 자격을 나타내는 범주형 변수를 포함한 모든 통제 변수를 분석에 사용한 로지스틱 회귀분석 결과에 기초하고 있다. 따라서 표시된 결과는 모든 변수의 영향을 통제하는 결과를 반영하고 있다(추가 세부 사항은 전체 보고서의 "결과" 부문을 참조할 것).

한계점

- 주요 한계로는 추적 기간이 짧고 다변량 분석에 이용 가능한 관련 표본 크기가 작다는 점이다. 더 많은 수감자가 석방되고 위험에 놓인 평균 시간이 늘어날 때 우리는 이 보고서에 제시된 분석과 결론을 재검토할 것이다.
- 석방 후 결과를 검사하는 우리 능력은 사후치료 참가와 관련된 자동화된 데이터를

활용할 수 없어 제한되었다. 사후치료는 결과에 영향을 주는 고용과 다른 관찰된 사전 변수들과 상호작용할 수 있다. 교도소 기반의 약물 치료는 석방 후의 필요와 자원들을 더 잘 결합하는 방법을 검토하여야 할 것이다.

- 어느 정도의 고용이 원인인지 또는 결과인지 판단하기가 어려웠다. 판단하기 위해서는 집행유예 배상자의 석방 후 고용 형태, 피고용자의 업무실행, 수입 등 더욱 상세한 정보를 확보하는 게 유용할 것이다. 잠재적인 원인들을 분리하기 위해 연구는 또 다른 요인들(예를 들어, 지능, 인지 능력, 교육, 교도소 내 및 수감 전 활동 이력, 직업 훈련)이 석방 후 결과(고용, 약물 재사용, 재수감, 재체포)에 영향을 미치는 약물 치료와 관련해 얼마나 상호작용하는지를 판단해야 할 것이다.
- 하지만 본 연구에서 검토한 대조군 변수(예를 들면, 약물 치료에 대한 필요의 평가된 수준, 과거 및 최근의 범죄 심각성, 연령)들 중 어느 것도 고용과 재범감소 간에 관찰된 관계를 실질적으로 약화시키지 못해 우리는 석방 후 고용의 효과가 매우 강하다고 결론을 내리지 못하였다.

질문

1. 사례연구 6.3은 제6장에서 논의한 개념들을 어떻게 보여주고 있는지 여러분의 답변을 지지할 증거를 제시해 설명하라: (a) 타당성과 신뢰도; (b) 비동등 통제집단; (c) 교란 요인; (d) 전체 프로그램 또는 정책 계획 재평가

참고 문헌

Berk, R. A., & Rossi, P. H. (1998). *Thinking about program evaluation* (2nd ed.). Newbury Park, CA: Sage.

Braga, A. A., Pierce, G. L., McDevitt, J., Bond, B. J., & Cronin, S. (2008). Strategic prevention of gun violence among gang-involved offenders. *Justice Quarterly*, 25 (1), 132-162.

Caliber. (2007). *Evaluation of comprehensive services for victims of human trafficking: Key findings and lessons learned.* Fairfax, VA: Caliber. Retrieved from: https://www.ncjrs.gov/pdffiles1/nij/grants/218777.pdf.

Choate, D. E., Katz, C. M., Hedberg, E. C., & Fox, A.M. (2015). Evaluation of the Phoenix TRUCE project: A replication of Chicago CeaseFire. *Justice Quarterly*, 32 (1), 85-115.doi:10.1080/07418825.2014.902092.

Forgatch, M., Patterson, G., & DeGarmo, D. (2005). Evaluating fidelity: Predictive validity for a measure of competent adherence to the Oregon model of parent management training. *Behavioral Therapy*, 36, 3-13.

Gaes, G. G., Flanagan, T. J., Motiuk, L. L., & Stewart, L. (1999). Adult correctional treatment. In

M. Tonry & J. Petersilia (Eds.), Prisons: *Crime and justice, a review of research*. Vol. 26 (pp. 361-426).

Gendreau, P., & Little, T. (1996). A meta-analysis of the predictors of adult offender recidivism: What works! *Criminology, 34*, 575-608.

Gover, A., MacDonald, J., & Alpert, G. (2003). Combating domestic violence: Findings from an evaluation of a local domestic violence court. *Criminology and Public Policy*, 3, 109-132.

Guevara, M., & Solomon, E. (2009). *Implementing evidence-based policy and practice in community corrections* (2nd ed.). Washington, DC: National Institute of Corrections.

Guterbock, T. M., Koper, C. S., Vickerman, M., Bruce, T., Walker, K. E., & Carter, T. (2010). *Evaluation of Prince William County's illegal immigration enforcement policy: Final report*. Charlottesville, VA: Center for Survey Research, University of Virginia. Retrieved from: http://www.pwcgov.org/docLibrary/PDF/13188.pdf.

Henrichson, C. & Rinaldi, J. (2014). Cost-benefit analysis and justice policy toolkit. New York: Vera Institute of Justice. Retrieved from: http://www.vera.org/sites/default/files/resources/downloads/cba-justice-policy-toolkit.pdf.

Lempert, R. (1989). Humility is a virtue: On the publication of policy-relevant research. *Law and Society Review*, 145-161.

Lipsey, M., & Cullen, F. (2007). The effectiveness of correctional rehabilitation: A review of systematic reviews. *Annual Review of Law and Social Science*, 3 (1), 297-320.doi:10.1146/annurev.lawsocsci.3.081806.112833.

Lipsey, M. W., & Wilson, D. B. (1993). The efficacy of psychological, educational and behavioral treatment: Confirmation from meta-analysis. *American Psychologist, 48*, 1181-1209.

Lipsey, M. W., & Wilson, D. B. (2001). Practical meta-analysis. Thousand Oaks, CA: Sage.

Mihalic, S. (2004). The importance of implementation fidelity. *Emotional & Behavioral Disorders in Youth, 4* (83-86), 99-105.

Oberweis, T., Bennett, L.A., & Harris, P. (2004). Improving juvenile justice treatment programs through automated, quick-turnaround evaluations. *Journal for Juvenile Justice Services*, 19 (1&2), 19-28.

Palmer, T. (1992). *The re-emergence of correctional intervention*. Newbury Park, CA: Sage.

Patton, M. Q. (1996). *Utilization focused evaluation: The new century text*. Thousand Oaks, CA: Sage.

Rosenbaum, P. R., & Rubin, D. (1983). The central role of the propensity score in observational studies for causal effects. *Biometrika, 70*, 41-55.

Rosenbaum, P. R., & Rubin, D. (1985). Constructing a control group using multivariate matching methods that incorporate the propensity score. *The American Statistician, 39*, 33-38.

Rosenberg, M. (1965). *Society and the adolescent self-image*. Princeton, NJ: Princeton University Press.

Rossi, P. H., Lipsey, M. W., & Freeman, H. E. (2003). *Evaluation: A systematic approach* (7th ed.). Thousand Oaks, CA: Sage.

Rubin, D. B. (1997). Estimating causal effects from large data sets using propensity scores. *Annals of Internal Medicine, 127*, 757-763.

Rutman, L. (1984). *Planning useful evaluations: Evaluability assessment*. Beverly Hills, CA: Sage.

Sherman, L. W. (1992). *Policing domestic violence: Experiments and dilemmas*. New York: Free Press.

Sherman, L. W., & Berk, R. A. (1984). The specific deterrent effects of arrest for domestic assault. *American Sociological Review*, 49, 261-272.

Stokey, E., & Zeckhauser, R. (1978). *A primer for policy analyses*. New York: Norton.

Thompson, M. (1980). *Benefit-cost analysis for program evaluation*. Beverly Hills, CA: Sage.

Welsh, W. (2003). *Evaluation of prison-based therapeutic community drug treatment programs in Pennsylvania: Executive summary*. Philadelphia: Department of Criminal Justice, Temple University. Retrieved from: http://www.pccd.state.pa.us/pccd/site/.

Welsh, W. N., & Zajac, G. (2004). A census of prison-based drug treatment programs: Implications for programming, policy and evaluation. *Crime & Delinquency*, 50, 108-133.

Welsh, W. N., Jenkins, P. H., & Harris, P. W. (1997). *Reducing minority over-representation in juvenile justice: Results of community-based intervention in Pennsylvania*. Philadelphia: Temple University, Department of Criminal Justice.

Welsh, W. N., Jenkins, P. H., & Harris, P. W. (1999). Reducing minority over-representation in juvenile justice: Results of community-based delinquency prevention in Harrisburg. *Journal of Research in Crime and Delinquency*, 36, 87-110.

Wholey, J. S. (1994). Assessing the feasibility and likely usefulness of evaluation. In J. S. Wholey, H. P. Hatry & K. E. Newcomer (Eds.), *Handbook of practical program evaluation* (pp. 15-39). San Francisco: Jossey-Bass.

Wholey, J. S., Hatry, H. P., & Newcomer, K. E. (Eds.). (1994). *Handbook of practical evaluation*. San Francisco: Jossey-Bass.

재평가 및 검토

이 장의 개요

- 실패 방지. 개입실패는 여러 이유로 인해 발생할 수 있다. (1) 상충되거나 지나치게 야심찬 목표 (2) 빈약한 설계 (3) 미흡한 실행 (4) 주요 이해당사자들의 지지 유지 실패
- 성공을 위한 계획. 지속적인 재평가, 학습, 수정은 성공적인 개입에 있어 핵심적인 요소들이다. 6가지 과제가 성공의 기회를 향상시킬 수 있다: (1) 이해당사자들과의 소통 (2) 선도 및 학습을 위한 내부 역량 강화 (3) 프로그램이나 정책 성과 연구 (4) 충실성을 보장하기 위한 절차 공식화 (5) 새로운 실무자에 대한 지속적인 훈련 (6) 환경의 요구 및 특성과 프로그램이나 정책의 역량 간의 적합성 증대
- 학습 및 적응. 개입, 그 조직 및 주위 환경은 시간이 지나면서 변화하며 성공적인 개입은 프로그램이나 정책을 의식적으로 조정함으로써 변화에 적응해야 한다.
- 프로그램과 정책의 존속에 대한 주의사항. 개입은 때때로 비효과적인 것으로 알려진 이후까지도 오래 존속한다. 존속은 종종 개입이 주요 이해당사자들의 개인적인 목적에 얼마나 부합하였는지에 따라 달려 있다.
- 실행의 과제. 3단계에서 6단계까지 계획이 최종적으로 실행된다: 설계 시작(3단계 계획 실행); 실행계획 시작(4단계 계획 실행); 프로그램 및 정책 실행 모니터링(5단계 계획 실행); 사용자 및 이해당사자에 대한 피드백 평가 및 제공(6단계 계획 실행).

이 시점에서는 프로그램이나 정책은 실행될 준비가 되었다. 이상적으로는 계획의 모든 6가지 단계가 개입의 최초 시작일 이전에 완료되어야 한다. 하지만 우리는 계획 과정에 부과된 시간 제약으로 인해 최적의 프로그램 설계 및 실행계획보다 더 적은 결과를 초래할 수 있다는 것을 인정한다. 그럼에도 불구하고 이 단계에서 처음으로 우리의 프로그램이나 정책은 생기가 돈다. 계획 및 검토는 지속적인 과정이지만, 이제 우리가 계획한 것을 시작한다.

우리는 정책이나 프로그램들이 실행되는 환경을 거의 통제할 수가 없다: 우리의 새로운 혁신과 무관할지도 모르는 비전과 목적에 의해 움직이는 그들 자신의 삶을

가지고 있다. 아니면, 전적으로 그것들은 비이성적이면서도 우리 가치와 상충되어 보일 수 있는 정치적, 재정적 방식에 의해 주도될 수도 있다. 우리 프로그램이나 정책이 역동적인 조직적 또는 시스템 환경에서 작동하기 때문에 정치 환경, 자금원의 재정 건전성, 주요 정책 입안자 및 우리의 개입과 관련된 정책과 같은 분야에서 발생하는 변화에 주의를 기울여야 한다. 때때로 이런 변화들은 우리의 개입과 무관하게 발생하겠지만, 다른 경우에는 우리의 개입이 적응을 필요로 하는 반응을 야기하기도 할 것이다. 현장분석과 관련해 제1장에서 논의한 것처럼, 시간 경과에 따라 문제나 이슈를 지속하는 힘의 일부는 다른 힘보다 더 강력하다. 이러한 강력한 힘이 변화함에 따라 프로그램과 정책이 변화하는 것이 아주 중요해진다. 예를 들어, 주정부 기관에서 최고 경영자들 사이의 교체를 고려해 보자.

사례 7.1 최고위권 교체

새 주지사가 선출되면 공공기관의 고위급 행정직을 최근까지 그 자리를 차지했던 이들보다 더 가치 있는 사람들로 바꾸는 것이 일반적이다. 고위층에서의 이런 변화들은 주정부 기관들 내에서 다른 변화를 만들어 내고 새로운 행정가들은 여러분의 개입을 다르게 여길지 모른다. 새로운 행정부와 관계 구축은 주요한 정치적인 교체가 일어날 때마다 중요한 도전이 된다.

우리는 서론에서 경고한 것을 되새길 필요가 있다: 계획된 변화가 성공적인 개입의 가능성을 높이기는 하지만 보장하지는 않는다. 우수한 계획은 실패 또는 성공으로 이끌 수 있는 중요한 요인을 분명하게 고려함으로써 성공할 가능성을 증가시킨다.

사례 7.2 형사사법 계획과 '쥐라기 공원'의 교훈

합리적인 계획을 선호하는 건 집필과 연구를 설명하는 하나의 가치이다. 하지만 우리는 조심스럽게 계획한다고 항상 성공적인 결과를 만들어낸다고 믿을 정도로 순진하지는 않다. 최상의 주의를 기울여 입안한 계획조차도 아무런 효과를 내지 않고 문제를 악화시키거나 의도하지 않은 효과를 낳을 수 있다. 계획 절차가 너무 일찍 끝나버린 탓에 에너지와 자원이 낭비된 시기가 있었다. 일반적으로, 형사사법 시스템의 미묘한 측면(제2장을 볼 것)이 좋은 계획을 좌절시킬 수 있다. 현실 생활에서, 시스템이 우리가 원하는 방식대로 항상 작동하는 건 아니다.

책 '쥐라기 공원(Jurassic Park, 크라이튼, 1990)'에서 수학자 이안 말콤(1993년 영화에서 제프 골드브럼 분, 유니버설필름, 1993) 박사는 위대한 과학적 진보로 보이는 것을 훼손할 수 있는 더 크고 강력한 자연의 리듬에 대해 경고한다. 그는 "내 말은 지구상의 생명체는 스스로를 돌볼 수 있다는 거지"라고 열변을 토한다. "인간의 사고로 100년은 긴 시간이지...하지만 지구에게는 100년이 아무 것도 아니야. 100만년, 그것도 아무 것도 아냐. 이 지구는 매우 광대한 규모로 살아 숨 쉬고 있지. 우리는 느리고 강력한 리듬을 상상할 수 없으며, 겸손한 시도는 하지 못했어. 우리는 눈 깜빡할 동안 여기에 살고 있는 거야. 우리가 내일 사라진다고 해도 지구는 우리를 그리워하지 않을 거야."

돌레샬(Doleschal, 1982)은 같은 맥락으로 형사사법 개혁 노력에 대해 직접적인 경고를 하였 다. 그는 형사사법 시스템을 지속적으로 형성하는 세력들이 자연스럽게 상호작용할 수 있어야 한다고 주장하였다. 개혁을 실행했을 때 결과가 종종 의도한 것과는 반대로 도출된다. 예를 들면, 지역사회 기반의 프로그램을 만들어 교도소 수용인원을 줄이려고 의도한 많은 노력들이 실패했다. 대신에 지역사회 프로그램은 덜 심각한 범죄자들에 대한 감시와 통제로 확장되었다. 정책 변화를 포함하는 다른 사례로는 시스템에서 좀 더 눈에 띄지 않는 다른 의사결정 지점으로 재량권을 이동시키는 재량권 축소이다. 예를 들어, 의무적 양형 정책은 재량권을 판사에서 검사로 변경하지만 전체적으로 재량권이 결코 사라지는 건 아니다. 돌레샬은 이러한 개혁을 알래스카와 캐나다에서 자연의 포식자인 늑대로부터 카리부(역주: 북미산 순록) 무리를 보호하기 위해 행해진 프로그램에 비유한다. 환경운동가들은 늑대를 사냥함으로써 카리부 숫자가 늘어나기를 희망했다. 하지만, 이전에 늑대들에게 죽임을 당하고 잡아 먹혔을 늙고 병든 카리부들은 대신에 기아와 질병으로 죽음을 맞았다.

우리는 계획을 포기하기 보다는 이러한 경험으로부터 배울 수 있다. 많은 경우에 실패는 우리가 바꾸려고 하는 힘의 본질과 장점을 발견하는 수단이 된다. 종종 우리는 우리의 지식과 자원이 그 임무에 불충분하다고 결정할 수도 있지만, 다른 경우 다시 시도할 수 있는 더 나은 준비가 된다.

서론에서 우리는 새로운 프로그램 시행을 계획하기보다 기존 프로그램을 재평가하고 있을 수 있다고 언급했다. 개입의 효과성을 평가하는 것은 조직 및 개인이 운영 환경에서 채택한 범위를 검토하는 것이 포함된다. 혁신을 지역적으로 적용하는데 사용한 전략을 검사함으로써 성공 또는 실패, 대중성 또는 비대중성, 확장 또는 소멸에 기여한 요인들을 더 잘 이해할 수 있다.

1. 실패 방지

프로그램이나 정책의 실패는 2가지 광범위한 유형의 어려움과 관련되어 있다: (1) 실행 기관 또는 그 환경 내에서의 극복할 수 없는 장애물 (2) 계획 절차에서의 와해 또는 생략.

우선, 프로그램이나 정책은 설계자가 완전하고 신중하게 계획했을 때조차 실패할 수 있다. 특정 장애가 너무 크거나 너무 강력해서 극복할 수 없거나 계획을 실행하는 데에 쓸 만한 자원이 부적절한 경우일 것이다. 제1장에서 논의했듯, 그런 장애는 물리적(예를 들어, 법원의 물리적 설계가 더 효율적인 사건 처리를 가로막는다), 사회적(예컨대, 계층, 성, 인종과 관련해 현존하는 장애들은 프로그램이나 정책에 의해 변하지 않는다), 경제적(예를 들어, 충분한 자금의 부족), 교육적(가령, 개입을 실행하는 데에 특별한 훈련이나 교육을 필요로 한다), 법적(예컨대, 형사사법 기관들은 종종 법적으로 특정한 일을 하도록, 또는 다른 어떤 것을 하지 못하도록 의무화되어 있다), 정치적(가령, 정파적 이해당사자들의 동기가 특정 변화를 가로막을 수 있다), 기술적(예를 들어, 새로운 정책의 실행이 필요한 정보 시스템 운영의 문제)일 수 있다. 형사사법 시스템 분석과 역장분석(force field analysis)은 계획하는 사람으로 하여금 장애를 예측하고 극복할 전략을 개발하는 데에 도움을 주어야 한다. 그러한 활동들이 성공의 가능성을 높여준다.

두 번째 일련의 어려움은 계획의 와해, 누락 또는 결손과 관련된 것이다: 하나 이상의 중요 계획 과제들이 제대로 실행되지 않았다. 앞서 제1장에서 제6장까지 제시된 사례들과 사례연구들은 계획 과정에서 가장 부족할 것 같은 것을 보여준다. 여기에서 각 단계별 일반적인 어려움을 다시 강조한다(도표 7.1을 볼 것).

다음 사례를 검토해 보자: 윌슨과 데이비스(Wilson & Davis, 2006)는 '그린라이트 프로젝트(Project Greenlight)'라고 불린 뉴욕시의 출소자 사회적응 프로그램을 평가하였는데 증거기반의 프로그램 설계를 활용한 프로젝트다. 설계부터 우리는 이 프로그램이 성공적일 것이라고 기대했지만 결과는 그렇지 않았다. 사실 그린라이트 프로젝트 참가자들은 통제집단에 비해 더 심각하였다. 윌슨과 데이비스는 이 결과에 대한 선택 편향이나 프로그램 설계 설명을 거부한다. 대신에 그들은 인지기능 수업의 참여자 숫자를 두 배로 늘리거나 일부 관리자와 참여자 간 빈약한 관계와 같은 현실적인 문제를 강조하였는데, 이는 일부 실무자가 자신이 실행해야 할 역할에 적합한 자격을 갖추지 못했다는 것을 암시한다. 게다가 처음에 채택한 위험 평가 도구가 탈락함에 따라 빈약하게 실행된 프로그램은 단순히 실패하는 것이 아니라 실질적으로 악영향을 만들어낼지도 모른다.

실행 실패는 리더들이 보다 큰 정치적 환경에서 이해당사자들의 지지를 얻기 위해(1단계) 프로그램이나 정책의 목적을 과장할 때(2단계) 쉽게 발생한다. 혁신을 과장할 때에 이해당사자들은 속아서 당했다고 느낀다. 클리어, 플린, 샤피로(Clear, Flynn, & Shapiro, 1987)는 집중 보호관찰 서비스(intensive probation services, IPS)에 대한 약속의 범위를 유머로 관찰했다: "IPS 프로그램의 지지자들은 이러한 프로그램에 대해 그들이 주장하는 것이 겸손하지 않다. 흔히 IPS는 교도소의 과밀을 감소시키고 공공안전을 향상시키고 범죄자를 사회로 복귀시키고 보호관찰의 가치를 보여주고 비용을 절약할 것으로 기대된다. 회의론자의 마음이 움직일 것이다.(32쪽)" 이 과장된 목표들은 결국 평가에 문제가 되었다(6단계). 피터실리아와 터너(Petersilia & Turner, 1990)는 14개의 IPS 프로그램에 대한 평가에서 집중적인 감시라는 주된 목적은 거의 달성되지 않았음을 발견하였다:

- 프로그램이 교도소 과밀을 경감시키지 못했고 어떤 곳에서는 증가시켰을 수 있다.
- 일반적으로 실현되는 것보다 훨씬 많은 비용이 든다(5단계).
- 일상적인 집행유예와 가석방보다 재범을 줄이는 데에 효과적이지 않다.

그러한 실망스러운 결과를 가져올 때 기대할 수 있는 최선의 방법은 전체 계획과정에 대한 신중한 재평가, 이후 필요한 조정(7단계), 특히 목적과 목표에 대한 보다 현실적인 계산(2단계)이다.

도표 7.1 각 단계별 보편적인 계획의 누락

1단계: 문제 분석

- 문제에 대한 불충분한 정보. 문제가 얼마나 크고, 어디에 있고, 누가 영향을 받는지를 잘 모른다. 문제에 대한 명확한 정의조차 갖지 못했을 수 있다.
- 개입을 안내할 어떤 이론도 없다. 예상되는 변화가 어떻게 또는 왜 일어나야 하는지 모른다.
- 이전 개입의 부적절한 검사: 문제를 변화시키려는 이전 시도에서 제대로 배우지 못해서 소용없는 일을 했거나 낡고 쓸모없는 이전 시도를 다시 반복했을지도 모른다.
- 중요한 이해당사자들을 확인하지 못했거나 계획 절차에 포함시키지 않았다.

- 보다 큰 시스템 또는 환경에 대해 부적절한 검사가 이뤄졌다.

2단계: 목적과 목표 설정
- 목적과 목표가 분명하게 표시되지 않았다.
- 목적 또는 목표에 대한 주요한 대립이 이해당사자들 사이에 지속되고 있다.
- 보다 큰 시스템 내에서 대립하는 목적이나 가치들이 확인되지 않았다.
- 핵심 이해당사자들의 지지를 확보하기 위해 과장된 목적이 제시되었다.
- 기관 간 협력에 대한 요구를 충분히 다루지 못했다.

3단계: 프로그램 또는 정책 설계
- 어떤 구체적인 개입의 접근법도 확인되지 않았다.
- 대상 집단과 선택이 부적절하게 확인되었다.
- 프로그램 요소들이나 정책의 규정 및 절차가 불분명했다.
- 프로그램 실무자 또는 정책 책임자의 책임이 불분명했다.

4단계: 실행계획의 개발
- 필요한 자원을 적절히 확인하지 않았다.
- 필요한 자원을 확보하지 못했다.
- 실행에 대한 책임감을 명확하게 배정하지 않았다.
- 실무자들이 충분히 교육되지 못했다.
- 지지를 유지하고 저항을 예상하는 데에 충분한 관심을 기울이지 않았다.

5단계: 프로그램/정책 실행 모니터링을 위한 계획 개발
- 프로그램이나 정책의 실행에 대해 어떤 검토도 시도하지 않았다.
- 검토를 위한 정보 시스템이 부적절했다.
- 검토 수단이 신뢰할 만하지 않았다.
- 자료 수집과 저장 또는 분석에 대한 책임감이 불분명했다.
- 검토 자료를 프로그램이나 정책에 필요한 조정을 하는 데에 쓰지 않았다.

6단계: 결과 평가를 위한 계획 개발
- 평가의 전제조건들을 적절히 충족시키지 못했다.
- 결과 평가가 신뢰할 수 없거나 유효하지 않았다.
- 연구 설계가 결과를 결정하기에 부적절했다.
- 교란 요인을 적절히 다루지 않았다.
- 평가 결과의 사용자를 적절히 확인하거나 상담하지 않았다.

7단계: 프로그램 또는 정책 계획 재평가 및 검토
- 실행이 시작되기에 앞서 계획 과정에 대한 검토를 부적절하게 실행했다.
- 실행 기관 또는 그 환경 내의 핵심적인 장애가 프로그램이나 정책의 목표를 뒤집었다.

- 계획의 와해, 실수, 생략이 발생하였다.
- 변화관리자가 실행 동안에 학습하고 적응하는 데에 실패했다.
- 변화관리자가 계획을 적절하게 집행하는 데에 실패했다.

2. 성공을 위한 계획

실행의 단계에서 유념해야 할 중요한 점은 계획 과정은 아직 끝나지 않았다는 것이다. 사실 절대로 끝나지 않을 것이다. 프로그램 또는 정책과 관련된 새로운 정보가 등장할 것이며, 그 중 일부는 평가 연구를 통해 원래 설계에 대한 수정을 제안할 수 있다. 이것이 학습에 관한 것이다. 조직의 학습능력은 혁신의 목적이 달성되는 정도를 크게 결정할 것이다. 현 시점에서 성공의 기회를 높이기 위한 6가지 과제가 강조된다.

1. 소통: 프로그램이나 정책에 대한 필요성을 구성원과 잠재적인 반대자들과 지속적으로 소통한다. 광범위한 공직자들 사이에서 프로그램이나 정책에 대한 지지자를 형성하여 자신이 어떤 일을 하고 있는지에 대한 비전을 다른 사람들에게 전달하도록 하라. 프로그램 및 그 성과에 관한 정보를 널리 그리고 자주 알린다.

2. 선도 및 학습을 위한 내부 역량 구축: 설계에서 설명된 활동들을 실행하는 사람들은 여러분의 가장 가치 있는 자산이다. 설계에 기술된 비전, 목적, 활동에 대한 그들의 능력은 혁신의 성공에 결정적이다. 서로를 이끌고, 지지하고, 전략적으로 사고하고, 적응하고 그리고 자신에게 주어진 과제를 실행하는 그들의 능력은 프로그램의 성공에 필수적이다. 여러분의 조직은 그들을 개발하는 데에 투자할 필요가 있다.

3. 연구: 정보에 대한 필요성은 학습에 필수적이다. 프로그램이나 정책 설계의 실행과 관련된 정보, 성과에 관한 정보, 환경에서의 변화에 관한 정보를 추적하고 핵심 이해당사자들 사이에서 논의해야 한다.

4. 절차 공식화: 프로그램이나 정책의 사용이 시작이나 시스템 전반에 확산되어짐에 따라 설계에 대한 충실도가 유지되는 것이 중요하다. 공식적인 절차와 기록 시스템을 만들어냄으로써 우리는 사람이 달라져도 필요한 단계가 일관적이도록 도울 수 있다.

5. 지속적인 교육: 실무자 교체는 불가피하다. 프로그램 전달 또는 정책 관련 결정에서 지속성을 유지하기 위하여 새로운 실무자가 성과에 대한 기대가 명확하도록 교육을 받아야 한다.

6. 적합성 향상: 환경의 필요와 특성에 관한 새로운 정보가 등장하고 프로그램이나 정책의 역량이 발전함에 따라 혁신이 구체화되도록 의도적으로 허용한다. 정치적 환경의 요구와 우선순위에 더 잘 부합할수록 수용의 수준은 더욱 커질 것이다.

이 6가지 과제가 효과적인 프로그램 또는 정책 운영의 영구적인 부분이 되고 프로그램 관리의 질을 평가하는 데 쓰일 것이다.

3. 학습과 적응

서론에서 상호 적응(mutual adaptation)의 개념을 언급하였다: 프로그램(또는 정책)과 그것이 운영되는 조직 환경은 실행 과정에서 모두 바뀔 것이다. 프로그램은 시간이 지나면서 변화한다. 프로그램 설계가 실행으로 옮겨지기 전에 지속적으로 재구성이 이뤄질 뿐만 아니라 프로그램은 "최초 실행 순간" 이후 계속 변화하고 있다. 이러한 프로그램 특성 변화로 프로그램 설계의 구성 요소만으로는 프로그램의 성공을 예측하지 못한다. 그런 다음, 프로그램 실무자, 프로그램 의뢰인 및 의사결정자들은 실행 절차에서 수동적인 참여자보다 기존 조직 구조와 규범에 혁신을 적용시키고 자신의 목적을 위해 사용함으로써 직접적으로 혁신이 어떻게 사용되는지에 영향을 미친다.

게다가, 같은 프로그램 설계도 다른 환경에서는 현저히 다른 결과를 만들어낼 수 있는데, 이는 맥락이 결과에 중요하다는 결론을 지지해 준다. 민간 부문이 수년간 형사사법에서 중대한 역할을 실행해왔다는 시스템 분석과 관련하여 제1장에서 논의한 내용이 떠오를 것이다. 하지만 일부 지역의 형사사법 시스템은 민간 분야 프로그램에서 참담한 경험을 겪었다. 예를 들어, 교정 분야에서 민간 교정기관이 얻을 수 있는 재정적 이점이 언제나 구체화되는 것은 아니다(Shichor, 1995).

실행 과정 동안 변화를 겪는 건 혁신뿐만이 아니다: 혁신이 활용되는 조직도 변화를 겪는다. 특별히 텍사스 주의 보호관찰 프로그램과 관련하여 마클리(Markley, 1989)는 프로그램 운영 인력이 변화할 때 현장 실무자는 "사기가 저하"된다는 사실을 밝혀냈다. 프로그램에 대한 그들의 헌신은 몇몇 개인이 제공하는 리더십에 달려 있었다. 다른 일반적인 혼란으로는 새로운 프로그램에 대한 인사이동, 새로운 프로그램에 대한 외부인력(새 실무자) 고용 그리고 일을 계속하기 위해 새로운 기술을 습득해야 한다는 요구 등이 있다.

어느 조직 환경에서든 프로그램이나 정책의 실행은 실행 과정의 성공을 위해서 개인에 의한 적응과 혁신의 적응이 모두 필요하다(Castro et al., 2004; Durlak, 2008). 상호 적응의 이런 과정은 똑같은 혁신도 다른 환경에서는 다르게 보일 수 있다는 것을 암시한다(Ellickson & Petersilia, 1983). 프로그램이나 정책은 활용되는 환경에 신중하게 조정되지 않으면 성공적인 실행이 이루어지지 않는다는 점이 중요하다(Harris & Smith, 1996).

뉴욕시의 '대안선고 및 고용 서비스 센터(The Center for Alternative Sentencing and Employment Services, CASES)'가 그들의 의뢰인이 대상 집단에 부합하기 위해 취해온 접근법에서 이런 종류의 대표적인 혁신의 조정(tailoring) 사례이다: 보호관찰 쪽 범죄자보다는 교도소 쪽 범죄자. 뉴욕에서 선고에 관한 데이터는 5개 자치구(borough, 역주: 퀸스 버러 등 뉴욕시의 자치구)에 걸쳐 양형 관행이 다르다는 것을 보여줬다. 예를 들어, 퀸스 버러의 판사들은 상당 기간의 교도소 수용생활을 하도록 하는 양형을 범죄자들에게 선고하기에 앞서 맨해튼 버러의 판사들보다 더 적은 경범죄를 요구한다. CASES의 '공동체서비스양형프로젝트(Community Service Sentencing Project, CSSP)'가 보호관찰의 대체 제도로 활용되지 않도록 하기 위해 범죄자를 CSSP로 수용하는 기준은 자치구 수준의 양형 패턴에 따라 조정된다(Neises, 1993).

조정 그 자체가 효과적인 적응을 촉진할 뿐만 아니라 조직의 구조적 특성도 촉진한다. 예컨대, 프로그램 통제의 분산화는 다른 지역들에서 자신들만의 속도로 프로그램 설계를 개발하도록 허용하고 성공적인 실행의 기회를 높이는 방식으로 프로그램이 각 지역만의 독특한 특성에 맞춰 적응하는 것을 인정해 준다. 프로그램이 다른 조건들보다는 어떤 조건 아래에서 더 효율적일 수 있지만, 다른 방식의 적응이 혁신으로 하여금 다양한 조직 환경에 적응하도록 해 주는 경우도 있다.

프로그램이 적응하는 또 다른 방식은 대상 집단 또는 대상 집단에 대한 우리의 지식에 변화가 있는 경우이다. 성인과 청소년 교정 프로그램은 모두 전통적으로 소년들에 관한 연구에서 나온 문제와 필요성에 기반을 두고 있다. 하지만 소녀들 사이에서 비행과 관련된 위험 요인은 소년들에게서 발견되는 것과 다르다. 물론 청소년 사이에서 강한 유사성이 있기는 하지만 프로그램을 소녀들의 독특한 필요에 부합하도록 조정할 필요가 있다. 프로그램 변경을 필요로 할 정도로 소녀들 사이에서 발견되는 몇몇 위험 요인은: 가정불화; 성적, 물리적, 정서적 학대; 낮은 자존감; 약물 남용이다(Bloom et al, 2002). 소녀들은 소년들보다 외상 후 스트레스 장애(PTSD)를 겪을 가능성이 훨씬 더 높다(Dixon et al., 2005). 몇몇 주에서는 연구자와 전문가들이 소녀들의 특정한 필요에 맞게 교정 프로그램을 적용할 수 있도록 지원했다.

실행하는 동안 의도된 프로그램이나 정책 설계의 변화를 발견하고 그것을 설명하는 것이 중요하다. 이런 변화들은 원래 계획에서 벗어난 것이고, 건실한 평가가 수행되기 전에 반드시 이해해야 한다.

4. 존속에 대한 주의

상호 적응은 혁신에 대한 수용과 지속적인 지원이 의사결정자의 개인적인 목표에 도움이 될 수도 있음을 의미한다. 예컨대, 프로그램이 사례를 검토하고 신속하게 적용 여부를 결정할 수 있다면 보호관찰관 및 판사와 같은 관련 인사들이 더 쉽게 프로그램을 실행할 수 있다. 검사들에게 더 많은 재량권(권력)을 주는 정책이 통과될 수 있다. 이것은 기소가 양형을 결정하는 많은 의무적 양형 체계에서 나타났던 사례이다. 로스만(Rothman, 1980)은 이런 후자의 동기를 편의(convenience)라고 불렀는데, 이는 혁신의 창조자들에게 동기를 부여할지 모르는 자선적인 이익(benevolent interests)(로스만이 양심(conscience)이라고 부르는 것)과 대조되는 것으로 언급된다.

불행하게도 혁신이 실패하고 있다는 분명한 증거가 있는데도 불구하고 이런 편의의 이익은 혁신을 계속 지속하게 할 정도로 강력할 수 있다. 그러면 유망한 프로그램과 정책의 서비스에 더 유용할 수 있는 가치 있는 자원이 낭비될 수 있다. 예를 들면, D.A.R.E(역주: Drug Abuse Resistance Education, 1983년 로스앤젤레스에서 초등학생을 대상으로 시작한 약물남용저항교육) 프로그램의 효과가 없다는 압도적인 연구 증거에도 불구하고 D.A.R.E 프로그램은 계속해서 존재하였다(Birkeland et al., 2005; Rosenbaum & Hanson, 1998). 이러한 현상의 이유는 다음과 같은 사실을 포함한다: (1) 학교의 행정가들은 D.A.R.E 프로그램이 약물 사용을 예방할 것이라고 결코 기대하지 않았으나 다른 프로그램을 제안하지도 않았고 (2) D.A.R.E가 젊은 학생과 경찰 사이에 긍정적인 관계를 형성하는 데 유용하다고 여겨지는데 이는 D.A.R.E의 어떤 목표와도 무관하다. 이 문제에 대체하기 위해서는 무엇이 효과가 있고 무엇이 그렇지 않은지에 대한 증거가 가능한 널리 공유되어야 한다. 평가 자료가 수집되지 않고 결과가 전파되지 않거나 개인의 정치적 이익을 보호하기 위해 기밀로 유지하고 있다면, 우리는 "편의(자기 이익)"가 승리할 위험을 감수해야 한다. 그러나 D.A.R.E 프로그램 사례가 보여주듯, 널리 받아들여진 비효과적인 증거조차도 프로그램의 목표 달성을 제외하고는 목적에 대응하는 데에 충분하지 않을 수 있다.

5. 새로운 혁신을 구현하는 과제

프로그램이나 정책 계획을 검토하는 것(7단계)에는 프로그램 설계(3단계)및 실행계획(4단계)의 작동, 실행의 모니터링(5단계) 그리고 적절한 경우 결과 평가(6단계)가 포함된다. 평가 자료가 분석되면 피드백이 모든 이해당사자에게 제공되며 프로그램은 철저하게 재평가를 받아 어느 곳에서 수정이 필요한지가 결정되어야 한다. 프로세스의 마지막에 변화관리자는 프로그램 목표를 충족하기 위해 추가 조정이 더 필요한지를 묻는다. 프로그램의 강점과 약점은 무엇인가? 프로그램이 계속되어야 하는지 그리고 추가 자금지원을 받아야 하는지에 대한 결정이 내려져야 할 수도 있다. 프로그램이나 정책에 대한 재평가와 검토는 이 시점부터 주기적으로 이루어져야 한다.

1) 프로그램/정책 설계의 시작

제3장에서 우리는 프로그램이나 정책이 어떻게 구성되는지를 살펴보았다. 모든 프로그램이나 정책은 다음 사항을 포함하는 명확하게 정의된 설계를 가져야 한다:

대상(예를 들어, 적격성, 서비스 대상 숫자들, 접근, 검사, 수용), 프로그램이나 정책의 실행을 책임지는 프로그램 실무자와 개인들(예를 들면, 선택, 훈련, 임무), 프로그램 구성요소 또는 정책 규정들(예컨대, 특정 상품, 서비스, 기회, 또는 전달될 개입). 다음으로 설계를 시작하려면 앞서 구체화한 모든 사항을 실행할 것을 요구한다. 실행계획과 함께 설계는 실행을 위한 주요 과제를 제시한다.

2) 실행계획의 시작

제4장에서 프로그램이나 정책을 성공적으로 착수시키거나 실행하기 위해 완수해야 할 전체적인 임무들의 순서를 구체화 한 실행계획을 개발하는 방법을 학습하였다. 여기에는 기술적 임무와 대인관계에 대한 임무가 포함된다(예를 들면, 필요한 자원의 확인과 획득, 사무실 공간과(또는) 회의 공간 배치, 실무자 채용 및 훈련, 의뢰인 수용 및 보고 양식 설계, 장비와 기구 구입하기, 특정 임무를 완수하는 시한 설정과 책임성 부여). 본질적으로 실행계획은 프로그램이나 정책의 비전을 어떻게 현실로 바꾸는지를 설명하는 하나의 "청사진"이다.

오케스트라의 지휘자처럼 변화관리자는 프로그램이나 정책과 관련되는 다른 모든 개인과 단체들의 프로그램 또는 정책 활동들을 조정해야만 한다. 관리자는 실무자를 고용하고 훈련시켜야 한다; 잠재적인 위탁 기관들(예를 들어 경찰, 학교, 보호관찰소)과 좋은 관계를 형성해야 한다; 그들은 실무자들이 필요한 양식을 사용하고 의뢰인 기록을 유지하도록 훈련시켜야 한다; 그들은 이웃의 시민과 기업들과도 좋은 관계를 구축해야 한다; 그리고 그들은 자금 제공자들에게 프로그램 진행 상황에 관한 정기적인 보고서를 제공해야 한다. 원활한 조정을 위해 3가지 지침을 기억하자: (1) 실무자들의 실질적인 임무와 그들의 직무 기술이 일치하도록 일관성을 유지한다 (2) 실무자들 사이에서 그리고 실무자와 감독자 간에 소통이 명확하고 빈빈하게 이뤄지도록 유지한다 (3) 시각표(timeline)를 주시한다: 한 단계에서 다음 단계로 성공적으로 진행하기 위해 필요한 활동들이 제때에 실행되도록 확실히 한다(예를 들어, 실행계획에서 구체화된 날짜가지 실무자를 채용하고 교육시키는 것을 확실히 한다; 실무자가 모든 기록 보관 양식을 출력하고 절차를 분명하게 이해하도록 확실히 한다).

새로운 프로그램이나 정책의 시작과 더불어 일부 저항은 불가피하다는 것을 기억하자. 저항은 관여하는 어느 참가자에게나 생길 수 있다: 의뢰인, 대상, 또는 프로그램이나 기관의 자체 실무자(예컨대, 실행 시스템)일 수도 있다. 나타난 저항은 공정하고 진지하게 다뤄야 한다. 갈등은 결코 비용을 들여 피할 수 있는 것이 아니다. 오해를 확인하고 해결할 수 있는 기회를 제공하고 실제로 관심을 가졌어야 할 실행의 어려움을 지적해 줄 수도 있다.

3) 프로그램/정책 실행의 모니터링 시작

5단계(제5장을 볼 것)에서는 프로그램 또는 정책 실행을 모니터링 하기 위한 계획을 수립하였다. 프로그램이나 정책 운용이 시작되면 검토를 시작해야 할 때다. 실행(implementation)은 실행계획의 시작, 관리, 행정을 말한다. 이 주제는 아주 중요해서 지금은 이 주제에만 전념하는 실행 과학(implementation science)이라는 학술지가 있다.

일단 개입이 실제로 시작되면 우리는 계획했던 것(서류상의 프로그램이나 정책 설계)과 실제로 실행되는 것(실행 중인 프로그램이나 정책) 사이의 대립을 최소화하고자 한다. 모니터링은 프로그램/정책의 실행이 계획대로 진행되는지 여부를 결정하려고 시도한다. 모니터링은 서면상의 프로그램이나 정책(설계)과 실행 중인 프로그램과 정책(실행) 사이의 차이를 확인하려고 시도하는 과정이다.

대상 집단의 경우 모니터링 데이터는 다음과 같은 질문을 평가해야 한다: 개입의 대상이 된 실제 개인들의 특성은 무엇인가? 진정으로 필요하거나 위험에 놓인 이들을 대상으로 선택하였는가? 개입은 대상의 적격성(예를 들어, 연령, 성별, 소득, 지역)과 서비스 대상 숫자 측면에서 구체적인 기준을 충족하고 있는가? 적절한 대상 모집, 검사, 수용 절차가 뒤따르고 있는가? 추천은 어떻게 이루어졌는가? 프로그램 구성요소와 관련해서 모니터링 데이터는 다음과 같은 질문에 답해야 한다: 누가 무엇을 누구에게 어떤 순서로, 얼마나 많이, 얼마나 자주? 서비스 전달과 활동들에서 변화가 있었는가? 다른 실무자가 프로그램을 다른 방식으로 전달했는가? 프로그램 장소나 위치가 한 곳 이상이었는가, 만일 그렇다면 프로그램 활동이 서로 다른 장소에서 일관성 있게 관리되었는가? 모니터링 데이터는 또한 서비스 과제들과 책임 있는 기관들에 대한 정보를 명백히 제공해야 한다: 적절한 실무자와 당국이 확인되었는가? 그들은 특정 역할과 직무 기술에 적합한가? 그들은 모두 적절한 교육을 받았는가? 그들은 기대한대로 그들의 임무를 이해하고 실행하였는가?

4) 평가 시작과 사용자 및 이해당사자에 대한 피드백 제공의 시작

어떤 평가가 유용하려면 개입과 이해당사자들의 정보 요구를 충족시켜야 한다(제1장 참조). 가장 주목할 만한 것은 프로그램이나 정책의 주요 이해당사자들이 자금지원 기관을 포함하지만 어느 개입이든지 지역사회, 기업, 정치인, 형사사법 기관들, 자원봉사자, 의뢰인 등과 같은 다양한 이해당사자들이 있다. 이해당사자를 확인하는 데 소요된 시간(1단계에서)을 허비되어서는 안 된다. 평가(6단계)는 이해당사자에게 책임과 바라건대 효과성까지 보여주는 중요 수단이다. 변화관리자는 이제 평가 결과를 다른 사용자에게 패키지화하고 전달하기 위한 개별적인 책임을 부여해야 한다. 결과가 유용하려면 그리고 사용되려면, 청중이 이해하고 반응할 수 있는 의사소통 수단을 만들어야 한다.

6. 기존 프로그램 또는 정책을 위한 과제 계획

기존 프로그램이나 정책의 재평가에서 우리는 기획 임무가 계속되고 있는지를 확인하고자 할 것이다. 결국, 시간이 지나면서 혁신에 대한 우리의 경험은 혁신을 개선하거나 다른 곳에서 효과적으로 복제하는 데 쓰일 수 있는 가치 있는 정보를 생성한다. 현재 진행 중인 기획 임무의 핵심을 서론에서 기술하였다. 먼저, 목적과 목표가 현실적이었는지, 유익한 방식으로 목표를 측정할 수 있었는지의 관점에서 검토할 필요가 있다. 예를 들면, 어떤 프로그램이 출소자 사회적응 프로그램 참가자들 사이에서 고용을 늘리려고 시도하고 있는데, 그 목표가 실행 6개월 내 100% 고용이라면, 지나치게 의욕만 앞세운 경우이다.

또 다른 중요한 문제는 재평가, 학습 그리고 프로그램 설계의 수정(이 단계는 정책의 사례와 관련성이 떨어진다)이 진행 중인지 여부다. 중간 결과와 장기 결과에 대한 평가가 진행 중이어야 할 것이다. 결국 의뢰인 교체, 실무자 교체 그리고 보다 큰 시스템의 변화는 프로그램 서비스의 전달에 영향을 미칠 수 있다. 우리는 프로그램이 한번 평가되었다고 해서 동일한 프로그램이 영원히 효과적일 것이라고 절대 가정해서는 안 된다. 평가는 지속적인 프로그램 개발을 위한 도구이다.

개입을 둘러싼 환경의 변화는 프로그램이나 정책을 변경해야 할 수 있다. 지역사회 순찰 전략을 실행했던 도시가 급속한 젠트리피케이션(둥지 내몰림)에 직면했다면 경찰은 그 지역의 변화하는 인구 그리고 가난한 시민들이 이주하고 있는 지역에 가해지는 압력 모두에 적응할 필요가 있다. 경찰에 대한 기대와 태도는 젠트리피케이션이 이뤄진 지역에서 과거에 있었던 상황과 비교해서 매우 다를 것이다. 게다가 저소득층 거주자들이 이주하는 지역이 안정적이지 않아 이웃들 사이에 더 높은 수준의 갈등을 야기할 수도 있다.

시간이 지나면서 프로그램 설계에 변화가 발생할 수 있다. 지식의 발전과 지역 환경의 요구와 수요의 변화 모두 프로그램이나 정책의 설계를 재검토하고, 실행계획의 변경을 고려하고, 모니터링 방법을 개선하고, 평가 절차를 업그레이드하는 것이 필요하다.

7. 결론

실행(implementation)은 적응, 협상, 소통이 진행 중인 과정이다. 프로그램이나 정책 그리고 그것들이 시작되고 개발될 수 있는 환경 사이의 상호 적합성을 극대화하기 위해서 혁신과 환경 모두가 변화해야만 한다.

이 시점에서, 여러분이 특정 문제를 줄이거나 예방하기 위해서 무엇이 효과가 있는지 파악하기 위해 필요로 하는 질문들과 분석들에 대해 좋은 아이디어를 얻기를 바란다. 우리는 이 책을 통해 많은 형사사법 개입이 빈약한 계획, 빈약한 실행, 빈약한 평가로 인해 그들의 목적에 미치지 못한다고 지적하였다. 우리가 진정으로 필요한 것은 더 많은 프로그램과 정책, 또는 새로운 프로그램과 정책 그 자체가 아니다: 더 나은 프로그램과 정책을 필요로 한다. 우리는 형사사법 개입의 효과성을 높이기 위해 계획된 변화를 더 잘 이해할 필요가 있다. 그런 변화는 정부, 지역사회, 민간, 비영리 기관들 어디에서나 찾아볼 수 있다. 이 책은 기존의 개입을 분석하고 개선하기 위한 체계적인 7단계 프레임워크를 제공하기 위한 것이지만 새로운 개입을 계획해서 성공의 기회를 극대화하기 위해서이기도 하다. 분석의 주요 단계는 표 1.1과 표 1.2에 요약되어 있다.

다음에 나오는 개입들 중 어느 것이 효과적인가? 어떻게 알 것인가 또는 어떻게 알아낼 것인가?

- 교도소 기반의 약물 치료와 지역사회 사후관리, 직업 및 기초교육, 석방 후 고용지원, 전통적인 형사 제재와 연계된 평가 및 치료 서비스를 제공하는 사회재진입 법원(reentry courts)을 포함하는 재소자 사회 재진입 계획과 프로그램들.
- 초·중·고교 학생들을 위한 약물남용억제교육(D.A.R.E., Drug Abuse Resistance Education).

- 갱단 폭력을 줄이기 위해 만들어진 Cease Fire프로그램.
- 학대받는 여성을 위한 쉼터, 상담, 피해자 지원.
- 부인학대 용의자에 대한 의무적 체포 정책.
- 청소년권리포기법(Juvenile waiver laws)(심각한 청소년 범죄가 성인 법원으로 넘겨지거나 자동적으로 성인 범죄로 재판을 받을 수 있다).

우리는 몇 가지 주요 제안을 반복함으로서 결론을 맺고자 한다. 첫째, 우리는 어떠한 변화 노력을 위해서든지 체계적인 계획이 필요하다. 새로운 개입이든, 이전의 개입이든지 간에 철저한 조사와 분석이 이뤄질 필요가 있다. 성공적인 개입은 힘든 작업, 신중한 계획 그리고 필요한 곳을 수정하려는 의지가 만들어 낸다.

둘째, 좋은 의도는 성공적인 변화를 가져오기에 충분하지 않다. 변화에 대한 선의의 지지자는 무엇이 문제인지 그리고 무엇이 필요한지를 이미 알고 있다고 가정하는 "활동가 편견(activist bias)(Sieber, 1981)"을 조심하라. 그러한 지지자들은 우리가 이 모든 장기간의 계획을 중단하고 단순히 "계속해서 그걸 해"라고 주장할 지도 모른다. 계획하지 않거나 빈약하게 계획된 변화의 위험이 이제는 명백해졌어야 할 것이다: 비용이 많이 들고, 제대로 표현되지 않고, 제대로 실행되지 않으며, 부족한 자금을 얻기 위해 성공적으로 경쟁할 수 없는 비효과적인 프로그램과 정책들.

셋째, 프로그램 또는 정책 계획은 상호 작용적이고 진행 중인 과정이다. 분석의 각 단계에서 계획을 검토하고 수정(필요한 곳에서)하는 것이 중요하다. 이것은 시간이 걸리기는 하지만 반드시 필요하고 유익한 시간이다.

넷째, 합리적인 계획 접근방식은 논리적이고 효과적인 프로그램과 정책 개발을 위한 틀을 제공한다. 기본값(너무 일반적으로)은 계획을 안내하기 위해 미해결 가정과 검증되지 않은 가정을 사용하는 것이다.

다섯째, 변화 과정 전반에 걸쳐 모든 주요 실행자 또는 이해당사자들(예를 들어, 프로그램 실무자, 의뢰인, 그들의 협력이 필요한 개인 또는 기관, 자금지원자, 개입의 영향을 받는 시민, 선출직 대표들)과의 참여와 의사소통이 성공의 열쇠이다. 신중한 계획과 분석이 성공을 보장할 수는 없지만, 성공의 가능성을 증가시킬 것이다. 그리고 마지막으로 시간이 지남에 따라 프로그램을 유지하기 위해서는 공식 절차를 만들고 실무자 훈련이 계속되어야 한다.

토의할 질문

1. 개입의 계획 및 평가는 왜 정기적으로 이뤄져야 하는가? 왜 지속적으로 수정하고 재평가할 필요가 있는가?
2. 혁신에서 성공할 기회를 증가시키기 위해 무엇을 할 수 있는가? 실패 기회를 증가시키는 요인은 무엇인가?
3. "프로그램 또는 정책 계획의 시작"은 어느 단계(활동)와 관련되는가?
4. 프로그램이나 정책을 실행한 이후 이해당사자 또는 구성원의 지지가 유지될 수 있는 몇 가지 방법은 무엇인가?
5. 프로그램들은 왜 실행이 된 이후에도 계속 변화하는가?
6. 시간이 지난 후 어떻게 프로그램을 유지할 수 있는가?
7. 상호 적응은 무엇이며 왜 중요한가? 사례를 제시하라.
8. 작동하지 않는 것으로 알려진 프로그램이 계속 지지를 받을 수 있는 이유는 무엇인가?
9. 프로그램이나 정책을 평가할 준비가 되었는지 어떻게 알 수 있는가?

사례연구 7.1 실행의 문제: 주교도소 수용자들을 위한 '약물남용거주치료 (RSAT, Residential Substance Abuse Treatment)' 제공하기

지시: 아래 배경을 먼저 읽고, 이어지는 기사를 읽으시오. 사례연구의 마지막에 있는 질문에 답하시오.

"생쥐와 인간의 최선의 계획마저도 종종 꼬여 버리니까….(The best-laid schemes o' mice and men gang aft agley, 역주: 로비 번스의 시 '생쥐에게'에 나오는 구절.)" 스코틀랜드 시인 로비 번스(Robbie Burns, 1759~1796)가 잘 얘기했다. 아무리 조심스럽게 "작은 겁먹은 짐승(Wee tim'rous beasties, 역주: 번스의 같은 시의 구절 'Wee, Sleekit, cow'rin tim'rous beastie'를 인용한 것으로, '생쥐'를 일컫는다)"과 인간이 미래를 위한 계획을 세울지라도 절대로 일이 계획한대로 이뤄지지는 않는다. 계획한 변화가 성공적일 때조차 그 변화가 영원하지 않을 수 있다. 여러분은 "왜 그렇죠?"라고 물을지 모른다. 지도자 역할을 포함하여 핵심 역할을 하는 사람들("이해당사자들")이 시간이 지나면서 나타났다가 사라지고, 초기 열정은 식고, 정치적 환경은 변하고, 특정한 공공 문제에 주어진 우선순위가 바뀌고, 그 결과로 발생한 실제 변화는 새로운 지지를 유지하거나 이끌어내기에 충분히 극적인 것이 아닐 수 있다. 계획된 변화는 해결하고자 하는 문제처럼 역동적이다. 교도소 재소자들 사이의 약물 남용 치료의 필요성은 광범위하게 받아들여진다. 그 필요성을 다룰 효과적인 수단을 개발하는 것은 전혀 다른 문제다. 다음에 나오는 사례연구는 연방정부가 주도하는 이니셔티브가 직면한 실행의 문제 일부를 요약하고 있다(Harrison & Martin, 2003).

배경

약물남용거주치료(RSAT)는 증가하는 문제를 해결하기 위해 그리고 주의 교정 시스템 요구를 충족시키기 위한 1994년 폭력범죄통제지원법(Violent Crime Control and Law Enforcement Act)의 일부로서 만들어졌다. 이 법을 통하여 주 공무원들은 자신들만의 지역적 치료 프로그램을 만드는 데에 도움을 주는 자금, 기술지원, 혁신의 네트워크에 접근할 수 있었다. 모든 주는 이런 자금들의 혜택을 보았고 2001년 3월까지 2000개가 넘는 RSAT 프로그램이 청소년 범죄자들뿐만 아니라 성인 수용자와 가석방자들에게 서비스를 제공하는 것과 관련이 있었다.

그렇게 많은 프로그램이 가동되면서 다른 치료 방식들의 효과성을 배우려는 요구가 커졌다. 결과적으로 연방 정부가 전국적인 평가 프로그램을 후원하고 나섰다. 감시의 관점에서 볼 때, 많은 수의 수용자와 가석방자들이 치료를 받았지만, 어떤 일이 일어나는지 알기 위해서는 시간이 소요된다. 한편, 실행에 관한 정보가 수집되어 지속적인 프로그램 개발을 위한 전략의 일부가 되었다. RSAT 프로그램이 직면한 주요 실행 상 어려움의 일부가 아래에 요약되어 있다.

프로그램의 어려움들

주 공무원들이 보고한 가장 심각한 문제는 적절한 시설의 배치 또는 건축, 훈련받은 치료 실무자 모집, 장황하거나 복잡한 입찰 및 제안 절차 하에서 치료 실무자들과의 계약이다. 절반 이상(53%)이 거주치료프로그램을 위한 시설을 배치하는 어려움과 관련해서 보통 또는 심각한 지연이 있었다고 보고했고, 37%가 건축을 하거나 기존 구조물을 물리적으로 바꿀 필요성 탓에 빚어진 지연을 경험했다고 보고했다. 주의 4분의 1(28%) 가량이 주의 규제 결과로서 어려움을 겪었고 5분의1(21%)이 주 입찰 또는 경쟁적인 절차 탓에 지연되었다고 보고했다. 거의 주의 3분의2(62%)가 치료 실무자에 대한 훈련을 확보하는 데에서 겪는 어려움을 보고했다.

사후치료의 부재

전국 평가 보고서는 특히 주 당국이 사후치료 서비스가 포함된 교도소 내 프로그램을 우선적으로 제공해야 한다고 강조한 RSAT의 제안서(REP) 때문에 사후치료의 부재에 대한 우려를 나타냈다. 하지만 사후치료에 대한 자금제공은 이뤄지지 않았고 RSAT 기금은 오직 거주치료 요소에만 사용할 수 있었다. 전국 평가는 RSAT 프로그램의 절반 이하에서 노동석방(23%)(work release, 역주: 재소자의 교도소 밖 노동을 허용하는 것)

또는 중도거주(20%)(역주: 주간에 직장에서 일하고 야간에 수용시설에서 지내는 것)가 사후치료 프로그램으로 통합되었음을 발견하였다. 몇몇 다른 사람들은 사후치료의 일환으로 가석방 감시 치료를 받았으나 이 숫자는 전국 평가에 보고되지 않았다. 전국 평가는 RSAT 교도소 내 치료 프로그램의 86%가 이수자들이 어떻게 지역사회에서 치료를 계속 받을 수 있을지를 구체화하거나 그렇게 할 의사가 있다는 것을 보여주었다. 치료의 지속성은 범죄자 치료에서 중요한 요소이며 재범과 마약 사용 감소와도 밀접하게 연관되어 있다.

치료 요소 취합

전국적인 평가는 또한 치료 요소 취합에 관한 우려사항을 보여주었다. RSAT 프로그램들은 다각적으로 접근함으로써 수용자들의 인지적, 행동적, 사회적, 직업적 기술과 다른 기술을 향상시키기 위함이었다. 그러나 평가자들은 치료적 공동체와 특정한 12단계 프로그램은 다른 이론과 실습에 기반을 두고 있다고 지적했다. 12단계 프로그램은 전문적인 이론과는 달리 정신적으로 기반을 두고 있다. 그럼에도 불구하고 12단계 프로그램은 수년간 치료적 공동체와 협력해 왔다. 전국적인 평가는 복합적인 치료를 충분히 평가하지 않았으며 많은 복합적인 치료가 요소들을 희석시켜 치료 효과를 떨어뜨리는 결과를 초래했을 수 있다고 지적했다.

다른 문제들

전국 평가는 RSAT 프로그램의 55%가 한 개 이상의 조작적 치료 요소들이 부족하고, 프로그램 당국자들의 53%가 프로그램이 RSAT 중간지점에서 안정 단계보다는 여전히 "시험(shakedown)" 단계에 상주한다라고 여기고 있음을 보여줬다. 프로그램들은 RSAT 보고서에서 제안한 것처럼 치료적 공동체 및/또는 인지행동 방법에 훈련된 실무자를 모집하는 데에 어려움을 겪었다. 많은 주정부들이 교도소 치료적 공동체에서 범죄자 출신을 상담원으로 모집하고 중독자를 회복시키는 데 있어 난관에 부딪혔다; 종종 범죄기록을 지닌 개인들은 일하거나 방문할 기관의 출입이 허용되지 않았다. 하지만 치료적 공동체 실무자의 효율성에 관한 증거는 회복된 치료적 공동체 수료자와 다른 상담 전문가들의 혼성으로 실무자가 구성되어야 한다는 것을 보여준다(Wexler, 1997).

질문

서론(표 1.2)에 제시된 차트를 지침으로 활용해서 전국 규모의 RSAT 프로그램에서 일어난 일을 설명하는 데에 도움이 될 수 있는 계획된 변화의 7단계 모델에서 주요 2가지 단계를 구체적으로 제시한다. 교재에 나오는 특정 개념을 사용하여 여러분의 답변을 지지할 증거를 글에서 제시하시오.

참고 문헌

Birkeland, S., Murphy-Graham, E., & Weiss, C. (2005). Good reasons for ignoring good evaluation: The case of the Drug Abuse Resistance Education (D.A.R.E.) program. *Evaluation and Program Planning*, 28 (3) , 247-256.

Bloom, B., Owen, B., Deschenes, E. P., & Rosenbaum, J. (2002). Moving toward justice for female juvenile offenders in the new millennium. *Journal of Contemporary Criminal Justice*, 18, 37-56.

Castro, F. G., Barrera, M., & Martinez, C. R. (2004). The cultural adaptation of prevention interventions: Resolving tensions between fidelity and fit. *Prevention Science*, 5 (1), 41-45.

Clear, T., Flynn, S., & Shapiro, C. (1987). Intensive supervision in probation: A comparison of three projects. In B. McCarthy (Ed.), *Intermediate punishments: Intensive supervision, home confinement, and electronic surveillance* (pp. 31-51). Monsey, NY: Criminal Justice Press.

Crichton, M. (1990). *Jurassic Park*. New York: Ballantine.

Dixon, A., Howie, P., & Starling, J. (2005). Trauma exposure, posttraumatic stress, and psychiatric comorbidity in female juvenile offenders. *Journal of the American Academy of Child & Adolescent Psychiatry*, 44 (8), 798-806.

Doleschal, E. (1982). The dangers of criminal justice reform. *Criminal Justice Abstracts*, 14 (1), 133-152 (March).

Durlak, J. A. (2008). Implementation matters: A review of research on the influence of implemen tation on program outcomes and the factors affecting implementation. *American Journal of Community Psychology*, 41 (3-4), 327-350.

Ellickson, P., & Petersilia, J. (1983). *Implementing new ideas in criminal justice*. Santa Monica, CA: RAND.

Harris, P.W., & Smith, S.H. (1996). Developing community corrections programs: An implementation perspective." In A. Harland (ed.) *Choosing correctional options that work* (pp. 183-222). Thousand Oaks, CA: Sage.

Harrison, L. D., & Martin, S. S. (2003). *Residential substance abuse treatment for state prisoners: Implementation lessons learned (NCJ 195738)* [NIJ Special Report, web-only document]. Washington, DC: U.S. Department of Justice, Office of Justice Programs, National Institute of Justice. Retrieved from: http://www.ncjrs.org/pdffilesl/nij/195738.pdf.

Markley, G. (1989). The marriage of mission, management, marketing and measurement. *Research in Corrections*, 2, 49-56.

Neises, E. (1993). *Report: The Center for Alternative Sentencing and Employment Services*. New York: The Center for Alternative Sentencing and Employment Services. Retrieved from: http://www.cases.org/programs/abh/.

Petersilia, J., & Turner, S. (1990). Comparing intensive and regular supervision for highrisk probationers: Early results from an experiment in California. *Crime & Delinquency*, 36 , 87-111.

Rosenbaum, D. P., & Hanson, G. (1998). Assessing the effects of school-based drug education: A six-year multilevel analysis of project D.A.R.E. *Journal of Research in Crime and Delinquency*,

35 (4), 381-412.

Rothman, D. (1980). *Conscience and convenience: The asylum and its alternatives in progressive America.* Boston: Little, Brown.

Shichor, D. (1995). *Punishment for profit: Private prisons/public concerns.* Thousand Oaks, CA: Sage.

Sieber, S. D. (1981). *Fatal remedies.* New York: Plenum.

Universal Films. (1993). *Jurassic park.* Directed by Steven Spielberg. Produced by K. Kennedy and G.R. Molen. Written by M. Crichton and D. Koepp. Based on the novel by M. Crichton. Photographed by D. Cundey. Edited by M. Kahn. Music by J. Williams.

Wexler, H. K. (1997). *Therapeutic communities in American prisons: Prison treatment for substance abusers. In F. Cullen, L. Jones & R. Woodward (Eds.), Therapeutic communities for offenders* (pp. 161-179). Chichester, NY: John Wiley and Sons.

Wilson, J. A., & Davis, R. C. (2006). Good intentions meet hard realities: An evaluation of the project Greenlight Reentry Program. *Criminology & Public Policy,* 2, 303-338.

찾아 보기

저자소개

이창한

- 동국대학교 경찰행정학과 학사 및 석사
- 동국대학교 경찰학박사
- 일본 게이오대학(慶應義塾) 대학원 법학연구과 객원연구원
- 제41회 행정고등고시 합격
- 국무총리실 대테러센터 자문위원
- 현 동국대학교 경찰사법대학 경찰행정학부 교수, 미래융합대학 학장

황성현

- 부산대학교 사회과학대학 사회학과 학사 및 석사
- 미국 플로리다대학교(UNIVERSITY OF FLORIDA) 범죄사회학 박사
- 미국 플로리다대학교 CENTER FOR STUDIES IN CRIMINOLOGY AND LAW 박사후 연구원(POST-DOC.)
- 현 고려사이버대학교 경찰학과 교수

이완희

- 미국 머레이주립대학(MURRAY STATE UNIVERSITY) 언론학 학사
- 미국 테네시대학(THE UNIVERSITY OF TENNESSEE AT MARTIN) 법의학 수료
- 미국 샘휴스턴대학(SAM HOUSTON STATE UNIVERSITY) 범죄학 석사
- 미국 써던미시시피대학(THE UNIVERSITY OF SOUTHERN MISSISSIPPI) 범죄학 박사
- 미국 테러리서치센처(THE INSTITUTE FOR THE STUDY OF VIOLENT GROUP/ISVG) 수석연구원
- 가천대학교 경찰·안보학과 교수
- 현 동국대학교 미래융합대학 융합보안학과 교수

이강훈

- 동국대학교 경영학과 학사
- 동국대학교 경찰행정학과 경찰학 석사
- 동국대학교 경찰행정학과 경찰학 박사
- 동해지방해양안전심판원 비상임심판관
- 해양경찰교육원 교육발전 자문위원
- 현 강원도립대학교 해양경찰과 교수

이준형

- 동국대학교 경찰행정학과 학사 및 석사
- 동국대학교 경찰학박사 수료
- 영국 포츠머스대학(University of Portsmouth) 산업보안학박사 수료
- 현 고려사이버대학교 경찰학과 외래교수

도서출판
그린

형사사법정책론

저자와의
협의하에
인지생략

초 판 인쇄 ▶	2020년 2월 20일
초 판 발행 ▶	2020년 2월 25일
역 자 ▶	이창한·황성현·이완희·이강훈·이준형
발행처 ▶	도서출판 **그린**
발행인 ▶	윤 덕 우
출판등록 ▶	제8-161호(1995. 5. 3.)
주소 ▶	서울특별시 서대문구 연희로5길 50(연희동) (우) 03716
전화 ▶	02)333-2574, 2575
Fax ▶	02)333-2561
E-mail ▶	greenpress@greenpress.co.kr
Homepage ▶	http://www.greenpress.co.kr

정가 : 20,000원

ISBN 978-89-5727-295-4 (93360)